解读王朝

【全新角度思考历史
解密王朝宫廷风云】

韶华 亚方 邓荫柯 主编
吴梦起 著

中国青年出版社

目　录

代序　关于《解读王朝》（韶华）	001
郑庄公计杀共叔段	001
汉高祖儿女们的悲剧	014
“七国之乱”的前因后果	032
卫太子的冤案及其他	053
刘荆兄弟迷信惹祸	071
孙仲谋的儿孙们	085
乱糟糟的“八王之乱”	100
石勒和石虎的后代	127
成汉皇子自相攻杀	143
兄弟阋墙招致败亡	153
刘宋皇子开杀戒	162
萧宏父子的皇帝梦	177
大杀六亲的隋炀帝	185

玄武门的“刀光箭影” 213

唐太宗诸子争东宫 231

对子女心狠手辣的武则天 247

两个想做“武则天第二”的公主 267

唐明皇虎毒“食”子 291

非要当皇帝不可的朱高煦 306

建庶幽死，福王宠杀 317

康熙帝群子争夺宝座 329

附录　历代被害王子简表 344

代序　关于《解读王朝》

我不是一个历史知识很丰富的人,从来也没有想过要当历史学家。但是我常常读些史书,想从历史的发展中寻找一些带有规律性的东西。这几年我从上古到清末,系统地读了些史料。使我吃惊的是,自西周以来近3000年的历史中,死于非命的帝王竟然那么多!占在位帝王的比例那么大!我便按朝代做了若干张统计表。其中一张是"死于非命的历代帝王比例表"。此表分为四栏:

一、纪元:自公元(前、后)××年至××年。

二、在位帝王:该朝从××帝至××帝,在位帝王共××代,亡于×朝。

三、该朝在位帝王平均享年(生卒年月不详者未计)。

四、死于非命的帝王数目、死亡原因及其在该朝在位帝王中所占的比例。

这几项统计,头两项前人作过,属于普及知识范畴,但后两项,就我所接触的史书,尚未见过。我列了二十几张各朝各代表和一张"总表"(因为夏商史料不全、不准,我是从西周开始统计的)。统计数字所表明的结果很令人吃惊:

一、从公元前1046年到公元1911年,共2957年。

二、从西周武王到清朝溥仪,共84个王朝,882个在位帝王。

三、在位帝王平均享年41.7岁。

四、在882个在位帝王中,有288个不得善终(被杀死、缢死、饿死、毒死),占在位帝王的32.6%。也就是说,100个在位帝王中,有近1/3不得善终。其中有4个王朝100%的帝王被杀,有25个王朝50%以上的帝王被杀。帝王的平均寿命40来岁,可以说是短命鬼。

五、在被杀帝王中,有18个未成年帝王,占被杀帝王的7.4%。

帝王是权力的最高象征，掌握着举国的生杀大权，这么多在位帝王被杀，就不能不令人想一想有关“什么是历史”和“权力”的一些问题了。

令人深思的还有：这些被杀帝王中，按我们习惯认识的常理，应该是被农民起义军所杀。可是统计表明，他们基本上都是在宫廷政变的夺权斗争中互相残杀而死的。找来找去，找到了一个崇祯皇帝，是在李自成攻进北京时，上吊自杀的（只能算半个）。所以，我在“总表”的“附记”中说了一句：“被农民起义军杀死的极少，其比例小到可以忽略不计的程度。”这又为我们认识历史提供了一个新的思路。

“总表”有一个“附表”，即把在位30年、活到50岁以上的皇帝列了一个“长寿皇帝表”。按我掌握的资料，在历史上可以说寥若晨星，一共不到30个。我列了20个，并在一条“小注”中作了说明。

从此表可以看出：

凡是开国的、治国的、对人民实行“仁政”或“勤政”、重视文化的朝代，延续的时间都比较长，帝王平均享年高，被杀的少；凡是继位的帝王反复争权夺位的、荒淫无道的、压迫人民特别残酷的王朝，统治时间都比较短，被杀的帝王比例大，帝王大多是短命鬼。这也是一种规律。

统治和被统治是残酷的，统治集团内部之间的这种斗争也是非常激烈和残酷的。

其中还有值得思索的一个问题是：历史是怎么发展的？每次农民起义建立的只是一个新的封建王朝，战争之后无不哀鸿遍地，尸横荒野。倒是某个王朝统治比较稳定的时期，科学文化发展了，则会有一个被称之为“盛世”的时期。

在“非正常死亡表”中，还有三张“王子”、“后妃”和“重臣”的“非正常死亡表”。

在某一个皇帝在位时，如果不立太子，内部矛盾暂时潜伏下来，一旦要立太子了，即这种统治权力更迭时，皇帝与太子、皇子与皇子（因为皇帝的儿子很多）、拥立此皇子与拥立彼皇子继位的大臣派系之间，甚至王妃之间的斗争，便激化起来，使用的手段也特别毒辣、残酷。父子之间、母子

之间、兄弟之间便互相杀将起来。但本表只统计在位皇帝的"非正常死亡";如果把被杀的王子、王妃、大臣也统计在内(还有其他原因被杀的),那就太多了!纵观古今各朝各代,概莫能外。因此,后三张表统计都比较简单。因对方施展阴谋而"暴崩"的皇帝,史学家未证明是被杀的,也未计算在内。

制订了这些个"表格"后,我没想到发表,只是作为自己认识历史、思索权力的规律性的一个资料,有时也作为和二三好友谈话的题目。后来和一位文学界的朋友谈及此表,他建议我编一种套书。我本来有许多小说要写,可是,我觉得此事很有意义,自己也有兴趣,即组织几位又是史学家又是作家的朋友(即阎德荣、吴梦起、郎享伯、孙宝镛同志)着手编写,又过了一年多,编成了四卷书。

编写之前,我和这几位同志曾经商量了几个问题:

第一是读者对象问题。此书是作为史料写,还是作为文学作品写?我们认为,对象应该是最广大的普通读者,让他们通过此书了解历史和思索历史;不是为史学家提供资料——他们掌握有比我们还多的资料。要特别注重可读性、知识性和趣味性,力争达到雅俗共赏。

第二是文学性和历史真实的关系问题。第一要符合历史真实,但必须有文学性,有可读性。我们遵循的原则是:大事不虚,小事不拘。大事,即主要人物和主要事件,要符合历史真实;小事,即情节和细节,可以运用文学描写手段。或者叫作"以史为骨,以文为肉"。这是用文学手段写作历史题材作品的共同规律。

第三是选材问题,即多和少的关系问题。历朝历代的宫廷斗争,留下多少惊心动魄的故事!我们只能选择具有典型性和有特色的故事来写。如果悉数收录,那是百八十卷也写不尽的。

第四是篇幅问题,即大和小的关系问题。每个帝王,每段历史上的这类故事,都可以写成一部中篇、长篇小说,或者多集电视连续剧,如果尽情地这么写开了去,这不是本书所能做到的。所以,我们规定每个入选的故事写5000至1万字。每卷三四十个故事,约25万到30万字。

第五是求全和不全的关系问题。在近3000年历史84代王朝中，280多个帝王被杀，还有数不清的王子、后妃、重臣被害，而我们只选择几十个故事，显然不足以囊括历史。为补缺遗，我们在每卷后面列了一个"附表"，或可从中约略窥见全貌。

《解读王朝》的四卷分别为：

第一卷《帝王卷》，主要写历代帝王为夺取江山、巩固自己的权力，互相杀戮的故事，特别是内部宫廷政变中的自相残杀，是极其残酷的，本书第一卷的附表中，有18个未成年皇帝被杀，有的只当了一天皇帝就送了小命，可见内部的夺权斗争的激烈！

第二卷《王子卷》。权力这个东西是极其敏感的，历代王朝都是如此。平常矛盾还隐蔽着，每当要立太子时，即权力的转移时刻，矛盾便激化起来。要保这个太子登基和要推那个太子继位的各个派系，互相间便争得不可开交，大多以阴谋或血刃相见。因为他们权力的"运行机制"是世袭，是皇帝指定"接班人"，立长立庶有老规矩，但由于各种因素又不能尽行老规矩，或是由于实际威胁，或是由于猜忌多疑，于是便父杀子，子弑父，兄杀弟，弟杀兄，宫廷便笼罩在刀光血影之中，要说明的是：皇帝们的王子太多，不可胜记，其中被杀者数目不准，也无法像对在位帝王一样列出比例，后面的附表只能由斑见豹。

第三卷《后妃卷》。我国古代女人本来是不参政的。但后妃们一旦置身于权力的漩涡中，和立太子、当太后联系起来，也就卷入了权力斗争，有的成了牺牲品，有的则"比男人更凶残"，如吕后。也是因为皇帝们的后妃太多，被杀者难以列表，更算不出比例。如果算出来一定是个可怕的数字！但我们还是列了个"历代后妃非正常死亡情况表"。

第四卷《重臣卷》。俗话说"伴君如伴虎"，稍不小心，皇帝老儿就会要你的脑袋。况且不少重臣为了自己的利益，也参与了夺权斗争，被杀头、赐死的难以胜记。冤假错案不少，作恶多端该死者也不少。这一卷主要写他们的故事。

编就这四卷书，掩卷深思：权力这个东西像张魔椅，都想坐上去；坐上

去为了保住它，什么道德、良心、父子之情、夫妻之义，全化烟化灰了，其残忍程度有时比对异族他国的敌人都凶。还觉得可悲的是：这些帝王们自己也读史书，殷鉴不远，但那魔椅总是驱使他们去重复这段历史，这里有什么不可抗拒的规律吗？

电视连续剧《唐明皇》的主人公——这个曾经开创“开元盛世”的李隆基也曾杀了自己的三个儿子，废了几个皇后，杀人者、被杀者都没有好结果，悲哉！

这套书分别由四位作家写作。文章的风格基本上是统一的，但也不免有些差别。我想，在一套书中，不求统一风格也好，若总是一个调子，会引起读者的“审美疲劳”。换换口味，可能更有兴味。

我是怀着浓厚兴趣提议编这套书的，和几位作家一起做了“总设计”，由我主编，荫柯和亚方同志任副主编。

在我制作第一卷那一部分“附表”的时候，曾经请教作家、清史研究家凌力同志和本书的另几位作者，为我作了校订，在这里表示感谢。

韶华

2008年8月28日于北京

郑庄公计杀共叔段

著名的古文选集《古文观止》选的头一篇文章，题目叫《郑伯克段于鄢》，讲的是郑伯和他的弟弟共叔段争夺郑国国君的故事。原文载于《左传》。现在就拿这个故事来作为这部书的开篇。

一

郑伯就是春秋时期的郑庄公。他是郑武公的长子。郑武公娶了申国国君的女儿。申国国君姓姜，女儿做了武公的夫人，便叫“武姜”。

武姜生庄公的时候很不顺利，用今天的话说就是难产。胎儿不是头先下，而是脚在前面。那时又没有剖腹产，产妇只好硬挨。姜氏疼得几次昏死过去。好容易孩子才生下来，是个粗壮的小男孩，啼声洪亮。养个健康的胖娃娃，母亲本来应该喜欢，可姜氏因为这儿子差点要了她的命，心生厌恶，很不待见，便给他起了个名字叫“寤(wù)生”。

“寤”字有个解释是睡醒。所以有的书如《东周列国志》说庄公是姜氏在睡梦中生出的，姜氏吓了一跳，因此才叫他寤生。这是不正确的，如果分娩真的那么顺利，姜氏也就不会厌恶这个儿子了。

姜氏喜欢的是她的第二个儿子，名字叫段。既然母亲对第二个儿子有了偏爱，那就处处向着段，逼寤生让着弟弟。所以在宫中，这两个小王子就有了明争暗斗。

寤生为人深沉，他表面上依着母亲，对弟弟的欺侮逆来顺受。这也就养成了段的嚣张心理，处处要占哥哥的上风。

在儿子还小时，郑武公没立太子。姜氏就经常在武公跟前嘀咕，说段怎样聪明伶俐，说段怎样文武全才，反过来就说大儿子是如何木讷无能，

劝武公立段为太子。武公说：

“自周公订《周礼》以来，规定国君要以嫡长子来继承。寤生既是长子，理应为太子。”

“你是国君，还不是你说了算吗？”

“那也不行，因为大臣们会反对。再说，立段为太子，怎么处置寤生呢？不是会出乱子吗？”

武公见姜氏还不时絮叨，就毅然宣布，册立寤生为太子（古代天子皇帝的继承人称太子，诸侯的继承人称世子。郑国不过是个诸侯国，但《史记》是以太子称呼寤生的，本文便依这个称呼来记述），却把段公封到一个叫共的小城。以后，人们便把段叫作共叔段（古时候以长为“伯”，以次为“叔”）了。

姜氏对这种封法很不满意。可是武公已经决定并且宣布了，她也没有办法。不料就在当年，武公病死了，太子寤生继承了国君的位子。这就是郑庄公。

姜氏见她喜爱的小儿子只得到一个小小的封邑，就去对庄公说：

“你继承了国君的位子，享地几百里，全国都是你的。可是你弟弟只封到共邑那样一个小城，你能忍心吗？”

“那母亲说怎么办好？”

“我看，你就把制邑封给他吧！”

制邑在郑国南疆，北临黄河，地势险要，是古代的军事重镇。庄公一想，这制邑可不能分给弟弟，如果他凭借险要来争夺君位，那可就不好对付了。便编了一套话对母亲说：

“制邑这个地方太险，父亲临去世的时候嘱咐过，这个地方不许分封。因此，孩儿不敢从命。其他的地方，就全听母亲吩咐。”

“那就把京分给他！”姜氏没好气地说。

庄公低着头考虑。姜氏不耐烦了，说道：

“既然京也舍不得，那就算了，你把他赶到别国去，让他自己谋个差使糊口吧！”

庄公考虑的是，京邑也是个大城，离制邑不远，本来也不想答应，但刚才既然说“全听母亲吩咐”，也就不好再改口。又一想，让他去京邑也好，让他闹去吧，等闹到份上，那时再说。

古人曾把战争中和政治上使用的计策收集起来，称作“三十六计”。其中有一计叫“欲擒故纵”，意思是要想擒住对方，就先对他放纵，这样做一是麻痹他，让他放松警惕；二是让对方受到鼓舞，可能提前发作，事实上也就是引他上钩。庄公想，母亲这样纵容段，早晚是个祸害，那就让他猖狂吧！只有让他闹大发了，才好有借口收拾他。于是庄公答应了母亲的请求，改封共叔段于京邑。

第二天升殿，庄公向大臣们宣布封段于京邑的决定。大夫祭仲谏阻说：

“这不好吧！古话说，‘天无二日，民无二君’，京邑比国都新郑还要大些，地广民众，主公把共叔封到那里，岂不是国有二君了吗？”

“可是，”庄公做出无可奈何的样子说，“母亲这样决定，我也没办法呀！就那么办吧！”

祭仲还想说什么。庄公挥挥手，阻止他说下去，接着宣共叔段上殿，宣布对他的新的任命。

那共叔段自从父亲封他共邑之后，十分不满，便赖在国都不走。此时听说哥哥把他从小小的共城迁封到比国都还要大的京邑，自是喜出望外。但他骄纵惯了，一向不把哥哥放在眼里，所以此时心里虽然高兴，外表却不露出，只是绷着脸大咧咧地向哥哥谢恩。但到后宫来见母亲时，已是忍不住满面笑容了。他对姜氏说：

“有好消息告诉母亲，寤生封我到京邑了。”

姜氏撇撇嘴说：

“封你个京邑，就值得那么高兴吗？你可知道，寤生为什么要将你改封？”

“为什么？”

“还不是为娘替你力争的！”

共叔段搂着母亲的脖子撒娇说：

“如此说来要多谢母亲喽！等孩儿到了京邑，安置好了之后，便接母亲去跟孩儿同住。”

“哼！”姜氏向四外一指，“你那京邑有这么巍峨华丽的宫室吗？我在这儿住惯了，不想离开。”

“那，”共叔段搔搔头说，“孩儿就常常回来看你。”

“没出息！”姜氏挥挥手，让侍女们退出，才低声对小儿子说，“你哥哥为人刻薄，这次改封，是我百般恳求，他才答应。但他心中未必情愿，说不定何时又生事端。为娘也实在不愿和他生活在一起。你到京邑之后，那是个大邑，可以施展才能。你便招兵揽士，作个准备。等到时机成熟，我这里写信告诉你，你便起兵前来，由我做内应，将你哥哥擒住，也把他封到共邑，由你来做国君。这就是为娘的最大心愿。”

共叔段听姜氏这么打算，当然高兴。姜氏又拿出她积蓄的金银珍宝，给共叔段做招兵的资本。共叔段便带着自己的亲信和侍卫，兴冲冲地到京邑去了。

二

共叔段来到京邑，安顿下来，人们以后便称他为京邑太叔。现在他大权在握，可以在这里为所欲为了。京邑虽大，但还只是一个城池，四外辖地甚小。他见西鄙（鄙即郊野，周代以五百户为鄙）、北鄙有两个小邑，便把邑宰唤来，告诉他，以后西鄙、北鄙统归京邑管辖，租税也到京邑交纳，至于兵马车辆，当然也全部归他太叔统率。那两个小邑本不在京邑辖境，可是现在是国君的弟弟来下命令，他们又知道共叔段是姜太夫人的爱子，谁敢违抗？于是便一一答应。

共叔段开始招兵了。春秋时战争以车战为主，一辆战车需四匹马来拉，每车随十名战士。车马当然要用钱买，还有战士们的盔甲服装、长矛短剑，处处都要花钱。虽然来时母亲给了他一批珍宝，但远远不够开销。京邑

府库里的藏金被他占用，西鄙、北鄙的存储也让他夺来了，再不够他就向老百姓索取。因此，他到京邑不久，就闹得民怨沸腾。

共叔段招了一批兵马，天天以打猎为借口，到野外去操练。然后以突袭的方式开进了鄢陵，把邑宰赶跑，占领了这个地方。接着又用同样的方法占据了廪延。这样一来，地盘扩大了，人口增加了，共叔段就又从百姓中抽取壮丁，发展自己的军队。

鄢陵和廪延的邑宰逃到国都新郑，将共叔段攻占二邑的不法行为报告给庄公。庄公觉得现在“纵”得还不够，只笑了笑没说什么。大夫公子吕却憋不住了，对庄公说道：

“上次祭仲大夫说得不错，国无二君，现在太叔这样大闹，主公打算怎么办？如果想把君位让给他，臣请去事他为君。如果不是，那就应该向他问罪。否则，他内仗着太夫人的宠爱，外靠京邑的牢固，天天讲兵习武，不断扩充势力，长此下去，必将养痈成患，那时再除他就困难了。”

庄公做出为难的样子说：

“他那里靠近卫国，练兵是为了防卫，不能算错。平时打打猎更是常事。怎能为这个便处置他呢？”

“可是他霸占了二鄙和鄢陵、廪延。这都是先君留下的土地，岂容他脔(luán)割？”

庄公笑着说：

“他是姜氏的爱子，寡人的胞弟。寡人宁可丢失一些土地，也不愿伤兄弟之情，违国母之愿啊！”

“臣不是怕失去一点土地，怕的是将要失去国家。现在太叔这样大闹，全国人心惶惶，有的已在观望，这样下去，难保没人滋生二心。今天主公能容太叔，怕异日太叔却不容主公了。”

庄公又笑笑说：

“何至于到那一步呢？”他不愿在殿堂上多说这个问题，便对公子吕说，“你先下去吧，容我好好想一想。”

公子吕从殿里出来，正好和大夫祭仲走在一起，两个便谈起方才的

事。公子吕说：

“主公只讲宫闱的私情，而不考虑社稷大计，实在令人担心。”

祭仲说：

“主公才智过人，对这件事不会心中无数，只是殿堂之上，耳目众多，有些话也不便明说。你是宗室大臣，不妨私下问一问他，就会知道他究竟怎么想了。”

公子吕点点头。到了晚间，他便一个人到宫里求见庄公。庄公让他进来，叫着他的字说：

“子封夜间找我，莫不是还为白天殿堂上说的事吗？”

“正是。”

“那你就坐下，慢慢谈。”

公子吕坐在庄公对面，开口说：

“我听先君武公说过，主公之立，不是太夫人之愿，那时她是想立段为太子的。只是武公坚持法统，主公才得以继位。如今太叔盘踞京邑，横行无忌，万一里外合谋，变生肘腋，郑国就危险了。所以臣寝食难安，深深为这件事忧虑。”

“可是这件事关系到姜氏，不好简单处理。”

这是公子吕第二次听庄公把他母亲叫作“姜氏”，心中也就有了底，便接着说：

“主公没听说周公诛管、蔡的事吗？”

这是发生在本朝初年的事。周公旦和管叔鲜、蔡叔度都是周武王的弟弟。武王死后，儿子成王即位。成王年幼，周公辅政。管叔鲜和蔡叔度勾结商纣王的儿子武庚作乱，被周公平定，将管叔杀死，蔡叔流放。这件事庄公当然知道。明白这是公子吕让他学周公呢，便不做声，听公子吕继续说下去：

“太叔上不尊敬国君，下不亲近兄长，一意孤行，他的目的已经很清楚了。俗语说，‘当断不断，反受其乱’，希望主公早早决计。”

庄公见公子吕的确是对他忠心耿耿，便把实话告诉他：

“这件事寡人早就考虑了。只是段虽然无法无天，但还没到公开造反的地步。我若现在处置他，姜氏必从中阻拦，国中百姓也会说寡人不孝不悌，岂不让人议论？我现在且不管他，让他随意闹去，他见无人干涉，便会得意逞志，肆无忌惮。等他一旦公然叛逆，那时再明斥其罪，兴兵讨伐，国人谁也不会助他，而姜氏也就无话可说了。”

公子吕听庄公说了他的打算，方悟到庄公原来早就成竹在胸，自己是多操心了，便说：

“主公远见，非臣所及。不过蔓草不除，等到蔓延开来再去芟除，就困难了。既然主公已洞察太叔的野心，何不趁他势力尚弱时给他一个机会，让他提前发作，除他也容易。否则等他势力养成，那时再来除他，就要事倍功半了。”

公子吕的话正合庄公心意，庄公便向公子吕问计。公子吕说：

“主公久不入朝，想是防范太叔的缘故。今可扬言，主公将去洛阳朝见天子，然后率车乘出发。太叔听说后可能认为国内空虚，便会乘机来攻。臣预先带兵埋伏在京邑左近，等他一出，便把京邑占了。主公再率军杀回来，两面夹攻，太叔便走投无路了。那时他的罪行已彰，太夫人也无法袒护。”

庄公连连点头，说：

“好计，好计！”又嘱咐公子吕：“那就照计而行吧！过几天你点战车二百乘，假说巡边，绕向京邑背后。我则往洛阳辅政。朝中之事就交给祭仲处理吧！”

原来前些时，天子周平王迁都洛阳，郑伯武公有功，被平王封为卿士。因此武公不但是郑国的国君，也是周朝朝廷的重臣。郑都新郑又与周都洛阳相去不远。郑武公活着的时候就常常两下里跑。武公逝世后庄公把卿士的职位也继承下来。所以他宣布要到洛阳去朝见天子，没人怀疑。

公子吕和庄公商量妥当，第二天便要照计行事，“欲擒故纵”了。公子吕辞了庄公，步出宫门，见明月当空，街衢寂寂。这时他的乘车驱了过来，公子吕坐到车上，不由得不佩服祭仲：“这位老兄可真是料事如神啊！”

三

宫中扬言，国君又要入朝辅政了。以前武公活着的时候就常常入朝，时间多则半年，少则三月。所以姜氏听说大儿子也要入朝，心想这可是个好机会，趁他不在国中，让太叔乘机来攻，定能得手。那时她心爱的小儿子做了国君，就让那讨厌的寤生留在洛阳，当他的卿士吧！

姜氏写了封信，派一个亲信侍者送往京邑。那侍者出了新郑北门，走出不远，便遇着一队巡逻的士兵拦住盘问。原来公子吕早已料定姜氏会派人给共叔段送信，故而在这里候着，果然候个正着。那时还没有纸张，姜氏的信是刻在竹简上，再用皮条拴成一串。那侍者的打扮也让人一见便知是宫中出来的人。军士一摸他背上的包袱，竹简"哗哗"作响，便押着他去见公子吕。打开包袱一看，果然是姜氏给共叔段的信。

公子吕把送信的侍者关押起来，另派人假扮侍者，将姜氏的信送往京邑，并向共叔段索讨回书。共叔段看到母亲的信，喜出望外，立刻回信说，他这里稍作准备便可起兵，并约定以5月5日为期，要母亲派人在接应的地方竖一面白旗在城楼上，便可以从这儿杀进城去。

假使者把共叔段的回信交给公子吕。公子吕拿去给庄公看了。信当然要留下，因为这是重要的证据。然后公子吕带战车二百乘"巡边"去了。接着庄公又带车乘离开新郑，前往洛阳。临走的时候，庄公到后宫向母亲辞行。姜氏还假意地嘱咐儿子在外要注意饮食，不要过于劳累。庄公则假意地要母亲保重身体。母子二人各怀鬼胎，表面上却都装出若无其事的样子。

那边共叔段作好了起兵的准备。算定了日期，便尽率他在京邑和鄢陵、廪延以及二鄙招募征集的士卒，开往新郑。对外只说是庄公入朝去了，让太叔回新郑监国。却不料刚走了两日，背后便有自家留在城中的家将赶来，说京邑已被公子吕攻陷了。

原来公子吕率着战车，绕个大弯来到京邑的北方。他派出探子，打探

到共叔段果然率军离开京邑朝南去了，他这里便率战车前来攻城。京邑的军队绝大多数都被共叔段带走了，城中剩下的少许将士只是为了维持治安。公子吕率二百辆战车来攻，守城将士哪里抵挡得住！公子吕攻入城中，下令士兵秋毫无犯，又派人在通衢宣言共叔段的篡国罪行。京邑的百姓原来就对太叔的横征暴敛不满，如今听说他要叛逆，自然人人都说太叔的不是。

共叔段接到家将的报告，顾不得再去攻打新郑，还是先救自家老窝要紧。他驱着人马赶回京邑。一看城门紧闭，城头上飘扬着公子吕的军旗，便把军队屯驻下来，准备第二天开始攻城。

不料当天夜里，城里的居民有几个人悄悄地缒(zhuì)出城来，到共叔段的军营里找自家被征募来当兵的亲人，告诉他们城里发生的事。结果一传十，十传百，那些被征来的当地士兵都跑了。有人报告共叔段。共叔段想阻止也阻止不住，不到天明，他统率的军队就只剩下当初随他来的那些人了。

天亮了，共叔段走出军营，朝京邑望去，只见城墙高耸、楼堞(dié)分明。当初，他为封到这么一个坚城而高兴，如今却对它无能为力了。他知道攻城是徒劳的，只好带着残兵去据守鄢陵。等他刚刚入城，庄公统率的大军就到了。一声号令，郑军奋勇攻城，鄢陵便告失陷。这也就是“郑伯克段于鄢”的过程。

共叔段带着百来名亲兵从鄢陵仓皇逃出，想起自己还有个封地共邑，便急急奔去。这时庄公和公子吕的两路大军已随后追来。小小的共邑又怎能抵挡！共叔段这时只好叹口气说：

“姜氏(他此刻管母亲也叫‘姜氏’了)误我！姜氏误我！”

当郑庄公的两支大军的马蹄声和车轮声如急风暴雨般响彻共邑城郊的时候，共邑的城门大开，邑宰署里躺着共叔段的尸体，他是用剑自刎的。

庄公进来，看见弟弟的尸体，却也流下几滴眼泪，还向着尸体说：

“傻弟弟，这是你自己惹的祸！”

检查共叔段的行装，庄公发现了姜氏写给共叔段的信。他派人回新郑

把这信交给祭仲，又让祭仲把共叔段的回信找出，然后入宫把这两封信一起交给姜氏，并让祭仲代传庄公的话：

“母亲如此不仁不义，不到黄泉就不必再见了！”并让祭仲将姜氏送往颍地安置。

姜氏正眼巴巴地盼着。前些天，她派人送信给小儿子，一直未得到回信，那送信的使者也没回来，不知信送到没有。几天前，大儿子已去洛阳了，这是多好的机会呀！难道说太叔没收到那封信吗？就在这时，祭仲来了。她看到那两封信，才知道自己早已落入大儿子的彀(gòu)中，连累得小儿子也自杀身亡。但这又该怨谁呢？

四

郑庄公把弟弟逼死，把母亲撵走，他的国君宝座就有了保障。然而过了些日子，他却又有点不舒心，因为人们对他有了微词(隐含贬意的话)。

古代人们提倡“孝悌忠信”，称为“四德”，而把“孝”放在首位，“孝，德之始也”。老百姓俗话也说：“世上只有不是的儿女，没有不是的爹娘。”这里所说的“不是”指的是“错误”，意思是即使父母错了，对儿女来说也不算错——当然后来有人批判，认为一味盲从那是“愚孝”。但在春秋时期还没有“愚孝”这个说法，所以人们才对庄公把母亲撵走有了微词。

对共叔段被逼自杀，人们倒没说什么闲话，因为除了公子吕和祭仲之外，一般人并不知道庄公还有个“欲擒故纵”之计。但作为母亲，庄公对待姜氏未免过分了一点，让一个老太太孤零零地待着，身边一个亲人也没有，何况她这时对庄公已没有任何威胁——人们议论的就是这个。

有一天，郑国大夫颍考叔来见庄公，还带来几只野鸟进献。庄公问道：“这是什么鸟？”

“此鸟名叫鸱鸮(chīxiāo)，俗名又叫猫头鹰。主公可曾听说过周公赋《鸱鸮》的事？”

“不曾听说。”庄公故意说。

“周公辅佐侄儿成王，把他看成自己的儿子一般。那时管叔鲜、蔡叔度勾结武庚，要推翻成王，成王却反而对周公有所猜疑。所以周公才赋《鸱鸮》以明心志。”

“哦，是这样！”

“臣把首尾两节唱给主公听听，如何？”

“大夫请唱！”

于是颍考叔双手叉腰，仰头唱了起来：

鸱鸮鸱鸮，
既取我子，
无毁我室。
恩斯勤斯，
鬻(yù)子之闵斯。

予羽谯谯，
予尾翛翛(xiāo)，
予室翘翘。
风雨所漂摇，
予唯音哓哓。

“这歌词是什么意思呢？”庄公问。

“这是周公借鸱鸮的禽言来抒发他的心情。诗的大意是说，‘不要取走我的孩子，不要捣毁我的窝巢。我辛辛苦苦，就是为了养活我的孩子啊’！后来鸱鸮老了，它的孩子却不管它。它只能哀唱，‘我的羽毛已经稀少，我的尾巴也已干枯，我的窝巢也已摇摇晃晃。然而风还在吹，雨还在落，我只能吓得嗷嗷乱叫’。鸟儿们都是这样，老鸟辛辛苦苦把小鸟养大，小鸟翅膀硬了，便自己飞走，却不管它的母亲。”

庄公听了默默无言。

这时正是吃午饭的时候，庄公留颍考叔一起用餐。厨夫送来一只蒸羊。庄公让厨夫割一条羊腿送到颍考叔几上。颍考叔先不忙着自己吃,而是拿起进餐切肉用的小刀,把好肉割下来,掏出一方绢帕将肉包起,藏入怀中。庄公笑着说:

“大夫很爱吃肉吗？”

“臣家中有一老母,很爱吃肉。但她只能吃到臣射来的野鸟。像主公御厨做的这种肉,我母亲还从来不曾吃过。因此臣想带点回去,让母亲也尝尝美味。”

“唉！”庄公叹口气说,“真可算是孝子啊！”

“主公为什么叹气呢？”颍考叔故意问。

“你有母奉养,得尽人子之情,这有多好!而寡人……”庄公说到这里,却不再说下去。

“主公又怎样？”颍考叔追问。

“你没听外间议论,寡人与母亲绝情的事吗？”

“哦！这倒未曾听说。”

于是庄公便把前事对颍考叔说了一遍。当然,他把责任全都推到母亲和弟弟身上。他接着又说:

“现在国中臣民为这件事对寡人颇有微词,你方才唱《鸱鸮》歌不也是有意唱给我听的吗？虽然姜氏对寡人薄情,但她终究是寡人的母亲,想起你唱的‘风雨所漂摇,予唯音哓哓’的情景,寡人也未尝不感到怅然。只是我已发誓,不到黄泉不与母亲相见。誓言发出,无法收回,只好徒唤奈何了。”

“主公如为此忧心,臣倒有个办法。”

庄公高兴地说:

“你且讲来。”

“主公发誓不到黄泉不与太夫人见面。黄泉自是指的人死后归于地下。现在只要掘地见泉,修一地室,主公和太夫人在地室见面,不就不违及黄泉相见的誓言了吗？”

庄公大喜,便派颍考叔负责这件事。颍考叔带五百名壮丁,在曲洧掘地成屋,然后引庄公沿隧道进入地室,母子得以会面。姜氏想想,自己对这个大儿子,从他生下来就厌恶他,只为他是“寤生”,难道那是他的责任吗?而庄公想的呢,则是对他用计杀了弟弟感到歉疚。假如那时不是故意放纵弟弟,而是以一个哥哥的身份对他严加约束,逼他到共邑去,他也就不会野心越来越滋长,以至于一发不可收拾。母子二人各怀心思,起初是相对默然垂泪,接着便搂到一起抱头痛哭。

地下相会过了,应了誓言,庄公不由自主地唱道:

大隧之中,其乐也融融。

姜氏出了地道,也唱道:

大隧之外,其乐也泄泄。

“融融”的意思是和畅,“泄泄”的意思则是舒散。后来就有了一个成语,叫“融融泄泄”。

这件事传扬开去,郑国的臣民人人赞扬,称为佳话。不过人们赞扬的不是地下认母的郑庄公,而是那与人为善的颍考叔。

汉高祖儿女们的悲剧

一

公元前205年，楚汉相争。楚霸王项羽率大军北击田横。汉王刘邦乘机联络各路诸侯聚兵五十五万人，攻占了项羽的根据地彭城。

刘邦占领彭城后，自恃兵多将广，便不把项羽放在心上，天天跟将领们"置酒高会"，还把楚宫中的宝货和美人据为己有。却不料项羽听到彭城失陷的消息后，让随军的大将继续和田横作战，自己却率三万精兵偷偷杀了回来。双方兵力虽然悬殊，但汉军是各处征调来的，基本上是乌合之众，又麻痹轻敌。而项羽统率的子弟兵却个个勇猛精悍。双方刚一接触，汉军就死伤累累，四处溃散了。彭城境内有榖(gǔ)水、泗水两条河流。汉军被楚军逼入河中，淹死十余万人。其余的汉军奔向南山。楚军跟踪追击，又把汉军赶入灵璧以东的濉(suī)水。这一仗，汉军死伤达二十余万人，濉水中挤满了汉军的尸体，河水竟阻塞不流。

刘邦率领百余名亲兵逃过濉水。一大队楚军在后面追赶。幸好突然刮起了西北风，一刹时天昏地暗，树倒屋坼(chè)，飞沙走石。楚军个个睁不开眼睛，有的伏到凹处避风，有的竟四外逃散。等大风过去再聚拢来，已找不到刘邦等人的踪影。追兵只好再到别处去找。

这边刘邦带着剩下的几十个人仓皇逃走，路过沛县。沛县是刘邦的老家，亲人还在家中，刘邦想顺便把父亲和妻子接走。不料到家一看，家人全都不在，不知是出去避难还是被敌人掳去。刘邦只好继续西行。

当时刘邦乘坐的是一辆马车，参乘(古代乘车，御者在中间，主人坐在左边，右边还坐一个人，是为了维持平衡，防止车子倾斜，这个人就是"参乘"，又叫"车右")是滕公夏侯婴，其余几十人则骑着马在车后追随。正走

着，夏侯婴突见路边有一个约十岁的小女孩，领着一个七岁左右的小男孩，正在慢慢走着。等走近了一看，原来是汉王的儿子刘盈和他的姐姐。夏侯婴赶忙下车，把两个孩子抱到车上。刘邦无意中找到一双儿女，也很高兴，问他们爷爷和妈妈哪里去了。他们说，听说彭城打仗，审食其叔叔带领他们全家出来避难。途中走散，也不知爷爷和妈妈到什么地方去了。

夏侯婴把两个孩子安置在车后，一行人继续前进。正走着，忽见后面尘土大起，想是楚兵追来了。刘邦忙令御者打马飞奔。楚军逐渐追近。刘邦急了，嫌马车跑得慢，认为是载人太多的缘故，竟将刘盈姐弟推下车去。夏侯婴一见，急忙跳下车将两个孩子抱起，又放回车上。就这样刘邦接连推了三次，夏侯婴抱回三次。刘邦怒斥夏侯婴：

“你只顾他们，想让大家一齐丧命吗？”

夏侯婴回答说：

“这是大王的亲骨肉，怎能遗弃？”

刘邦气得拔出剑来，想杀夏侯婴，想想现在正是倚靠他的时候，只好再把剑放进鞘中。就这样又跑了一程，终于逃脱敌人的追逐。这两个孩子也才得以保全。

事后刘邦想想，觉得有些对不住孩子们，便于当年册立七岁的刘盈为太子，封女儿为鲁元公主。

那刘邦的父亲刘太公和刘邦的妻子吕雉(zhì)在避难中跟刘盈姐弟失散，却碰上了楚军。楚军掳他们回营。项羽便把他们留在营中，作为人质。

嗣后楚汉两方继续作战。两年后，双方在广武相持。楚军粮食不足，项羽便想了个办法，派人把刘太公带来，在军中置俎［割肉用的砧(zhēn)板］，让太公伏在上面，然后派人传话给刘邦：

“如果汉王不退兵，我就把太公烹了。”

刘邦让使者回报项羽：

“我和项羽曾经共事怀王，约为兄弟，我的父亲就是他的父亲。既然他要烹他的父亲，希望分给我一杯肉羹！”

刘邦这种无赖的腔调把项羽的肚子都要气破了。项羽下令将刘太公杀掉。经他的叔叔、暗中跟刘邦勾结的项伯说情，刘太公才幸免一死。

当年8月，刘邦和项羽讲和，项羽将太公和吕雉放回。然而当项羽率军东返的时候，刘邦却不守和约，在后边追蹑。终于垓下一战，项羽自杀，刘邦拥有天下，成为汉朝的开国皇帝。

二

刘邦动作粗野，喜欢骂人，这可能跟他的亭长出身有关。秦朝时候，十里设一个亭，由亭长来主持，也就相当于后来的乡长吧。亭长管老百姓，动不动就要责骂训斥，有时还会抡起拳头打人。后来他做了领兵的主帅，再后来又当了皇帝，但老毛病仍然没改。他讨厌文人，客人中如果有戴儒冠的，他就把人家的帽子摘下来，往帽子里撒尿。跟人说话，动不动就破口大骂。他还喜欢对客人箕踞而坐。那时人们坐在席上。箕踞是把两条腿伸开，像一个簸箕的样子，这是极不礼貌的姿态。可他并不以为然。有一次，郦食其去见他，他正在箕踞而坐，让两女子给他洗脚，他就那个样子接见郦生。郦生也不客气，对他长揖不拜，说：

“足下是想助秦来攻诸侯呢，还是想率领诸侯攻秦呢？”

刘邦骂他说：

“你这浑蛋儒生，天下受秦的苦已经很久了，所以诸侯才联合起来伐秦。你怎么还说助秦攻诸侯呢？”

郦生说：

“如果是想大家联合，举义兵来伐秦，你就不该这样对长者不礼貌！”

刘邦一听知道郦生有点来头，这才不再洗脚，站起来整整衣冠，请郦生上坐，赔礼道歉，然后向郦生请教。

插叙这一段，是想说明汉开国皇帝有这么个不良习惯。有一次，刘邦还差点为这个送了命。而这件事却又与他的大女儿鲁元公主有关。

高帝七年（公元前200年），鲁元公主已达及笄（jī）之年（十五岁），刘邦

把他嫁给了老朋友张耳的儿子张敖。那时张耳已死，张敖袭爵赵王。有一次，刘邦跟匈奴冒顿单于打仗，被围在白登七天，幸而突围逃出，班师时路过邯郸。赵王张敖以子婿之礼拜见他。刘邦遭受挫折，心情不顺，接见张敖时又摆出箕踞的姿势，还把张敖骂了一顿。在他来说也许不是有意的，只是旧习难改，借机出口气罢了。张敖是他的女婿，还不觉怎样，倒是赵相贯高和大臣赵午等人忍受不了，觉得皇帝这么侮辱赵王，赵国的群臣也太难堪了。贯高等人聚在一起商议，认为赵王过分懦弱。贯高去见赵王，说：

"方今天下豪杰并起，谁有能耐就做皇帝。而大王对皇帝执礼那样恭敬，皇帝却如此无礼，不如趁机杀了他。"

张敖一听，吓得把手指放进嘴里，竟咬出血来。他说：

"公言错了！想先王亡国（指张耳一度被逐），是靠皇上才得以复国的。我等得有今天，全是皇上的赐予，子孙都感念皇上的恩德。请公千万别再说这样的话。"

贯高不再说什么。但他跟赵午等人总觉得皇帝无缘无故把赵王臭骂一顿，太伤赵国的尊严。赵王不肯背德，宁愿受辱，但作为赵国的大臣，却难以咽下这口气。他们商量，决定不告诉赵王，瞅机会杀了皇帝。如果计谋败露，他们自己承当，而不连累赵王。

第二年冬天，刘邦带兵出征，路过柏人县。柏人县地属赵国。贯高等人事先在驿馆厕所中埋伏了刺客，等皇帝住下后上厕所的时候刺杀他。偏偏刘邦觉得这个县名不吉利，"柏人者，迫于人也"，于是不在柏人县住宿而继续往前走了。贯高的计划便落了空。

但这件事做得不机密，让贯高的一个仇人知道了，便向皇帝上疏揭发。高祖下诏将赵王张敖和贯高、赵午等参与计谋的人一齐逮捕，押往京师。赵午等十几个人都自杀了。贯高却骂他们说："谁让公等做这件事的？现在大王也被捕了，而大王对这件事并不知情。如果公等都死了，谁去证明大王没有谋反？"

贯高和张敖被校尉们押往长安，下廷尉（掌刑狱的衙门）审问。贯高一口咬定是他和赵午等人干的，赵王绝不知情。役吏拷打他，用铁刺刺他，以

至于身上竟没有再下刺的地方，贯高也总是不改口。

吕后对皇帝说：

“赵王是驸马，冲着公主，他也干不出这样的事来。”

刘邦却怒冲冲地说：

“假如让张敖据有天下，他岂在乎少了你的女儿！”他不听吕后的劝，让廷尉继续审问。

但廷尉把一切酷刑用尽，贯高还是那句话：“赵王不知道！”廷尉实在问不出别的，只好去报告皇帝。刘邦听说倒挺赞赏贯高的硬骨头。他问朝臣：

“谁跟贯高认识？凭私人交情问问他吧！”

中大夫泄公说：

“贯高和臣是同一邑的人，以前有过交情。他这个人讲义气，重信诺，让臣去问问他。”

刘邦答应了。泄公来到廷尉，那时贯高由于体无完肤，已不能站立行走，役吏们用竹编的抬轿把他抬出来，跟泄公见面。泄公见他被折磨成这个样子，也不觉惨然。但贯高却神色自若，跟泄公谈起家常，和老朋友重逢一样，谈得十分亲热。谈了一阵，泄公问他：

“我知道兄是信人，那么请你告诉我，赵王到底知不知道柏人县的事？”

贯高回答说：

“人谁不爱他的父母妻子？如今我三族都将论死，难道爱赵王还超过我的亲人吗？不过赵王的确不曾谋反，都是我等因皇上谩骂赵王，心中怀愤才做出来的。”接着他把上次皇帝过赵时辱骂赵王的事说了。泄公回去向皇帝报告。刘邦当然知道自己的毛病，没想到随便骂人竟差一点惹出杀身之祸，也不免有些惭愧。于是将张敖赦免，贬为宣平侯。同时，将贯高也赦免了。

泄公去告诉贯高说已将赵王放了。贯高还不大相信，一再询问。泄公说：

“圣上不但赦了赵王，对足下的义气也挺满意，让我来放你出去。”

贯高神色黯然地说：

“我虽然一身已无完肤，然而忍痛不死，就是为了证明赵王没有谋反啊！如今赵王出狱，我的责任已经尽到，虽死也无憾了。而且作为臣子的，已经有了篡弑君主的罪名，又有什么脸面再去效力皇上呢？即使是皇上不杀我，我于心也有愧呀！”说着双手扼住自己的喉管，等泄公前去抢救时，贯高已自杀身亡了。

泄公去回奏皇帝，刘邦也不禁叹息，想不到自己这喜欢骂人的毛病，竟险些让年轻轻的女儿鲁元公主做了寡妇。

下面再讲太子刘盈的故事。

三

刘邦不喜欢大儿子刘盈，给他两个字的评语，“仁弱”。他自己出身一个区区的亭长，凭三尺剑扫荡群雄，纵横天下，终于当上皇帝。他喜欢的是豪迈英挺，太子“仁弱”的性格不合他的意，所以他总想把太子换换。

他看中的是他的小儿子，赵王刘如意。

刘邦做了皇帝之后，自然也要像历代的帝王一样，弄些年轻美丽的少女在身边，封为姬妾。史书说他“姬妾数百”，可见数目是不少的。其中有一位戚夫人生得分外漂亮，十分合皇帝的意，因此皇帝外出巡幸的时候常常带着她。

吕雉是刘邦的结发妻子，战争年代跟着刘邦吃了不少苦，如今做了皇后，享尽荣华富贵，倒也心满意足。但她也和皇帝一样，都已是半百的年纪，人老珠黄，皇帝对她虽然尊崇，却很少有爱恋之意，而只钟情于那些年轻貌美的妃姬。吕后看在眼里，恨在心中。尤其对那常常陪着皇帝外出的戚夫人，更是恨之入骨。想当初她也曾多次陪随皇帝，但那是千军万马之中，经受着火与血的磨难，甚至于还曾在项羽的营中做了两年俘虏。而如今功成业就，陪随皇帝巡幸的人不用再担惊受怕，变成了游山玩水的享

受。那戚夫人又仗着什么凭空获得这样的福分呢？这太不公平了！

而刘邦看中的那个儿子赵王刘如意，恰恰是戚夫人生的。

《尚书大传》说："爱人者，兼其屋上之乌。"历史上这一类的事太多了。刘邦喜欢戚夫人，就觉得戚夫人生的刘如意也格外可爱——比他的任何一个儿子都合他的意。再加上戚夫人在他面前白天黑夜地嘀咕，要皇帝立刘如意为太子。刘邦既嫌太子刘盈"仁弱"，就觉得小小的刘如意竟各方面都像自己，于是就存下了废长立幼的念头。

废立太子是大事，刘邦想先听听大臣们的意见。许多大臣不同意，惹得刘邦的野蛮脾气又发作了："你等都不同意，我就非换不可！"君臣在朝堂上僵住了。御史大夫周昌不怕皇帝发火，大声争辩。他有个口吃的毛病，越焦急越说不出话来。刘邦问他：

"为什么说太子不能换？"

"臣、臣口不能言，然臣期、期知其不可，陛下欲废、废太子，臣期、期不奉诏！"

刘邦见周昌结结巴巴、面红耳赤的样子，不由得笑了。这件事就暂时搁置下来。散朝之后，在殿东厢窃听的吕后找到周昌，跪下谢他，说：

"不是公力争，太子险些被废了。"

吕后生了一子一女，女儿是鲁元公主，差一点做了寡妇；儿子就是刘盈，如今又碰到了被废的危险。吕后知道，周昌的力争只能暂时维持局面，危险依然存在。就去和她娘家哥哥建成侯吕泽商量。吕泽建议去找张良。因为张良是刘邦的谋士，刘邦对他可说是言听计从。吕后便托吕泽去向张良问计。

"公是皇上的谋臣，如今皇上要更立太子，足下怎么还能高枕而卧呢？"吕泽见到张良后开门见山地说。

"不错，"张良回答，"当初皇上在困急的时候，我有幸曾经出过几次主意。但如今天下安定，皇上以自己的爱恶要易太子，这是皇家骨肉之间的事情。朝堂上大臣们虽然谏过，皇上不听，我又有什么办法！"

"这些我都不管，我只是向你问计！"

张良沉吟着说：

“恐怕口舌之争是难以奏效的了。我知道有四位有学问的老人，人称‘四皓’。皇上几次派人征召他们。他们不肯答应，原因就是皇上喜欢侮骂人，他们不愿受辱，所以避匿于山中。如果你能找到这四个人，卑辞厚礼，请他们出来做太子的侍臣，让皇上看见，必定大为惊奇，说不定太子的位子可以保住。”

“这四人是谁呢？”

“他们都把真名隐去了，对人只称外号，叫东园公、绮里季、夏黄公、角里先生。他们隐居在长安东南约二百里的商山。你派人到那儿打听‘商山四皓’，便能够找到。”

吕泽回去以后，跟吕后合计好了，让太子亲笔写了书信，诉说目前的困境，请“四皓”帮助解脱。还派了能说会道的使者，带了不少礼物，找到商山。“四皓”看了太子的信，非常同情他，答应下山，到长安后就住在建成侯吕泽府中，做了太子的客人。

后来淮南王英布起兵反汉，刘邦正好有病，想让太子带兵出征。“商山四皓”说：

“太子带兵出征，有了功也不能再增加地位，但如果失败，正好做了被废的借口。”

“那怎么办呢？”吕泽问。

“四皓”便教给吕泽一套话，让吕泽传达给吕后，用这套话去说服皇帝。吕后听从了。她到刘邦的病榻前，先问候了皇帝的病，然后问：

“听说陛下要派太子去征讨英布，可有此事吗？”

“是呀，寡人有疾，只好让盈儿代劳了。”

吕后哽咽着说：

“想那英布乃是天下有名的猛将，善于用兵，盈儿怎是他的敌手？何况朝中的众将都是陛下起事时的元勋，让盈儿这样的孩子去指挥他们，无异是让一只羊来指挥狼群，谁肯听他的呢？让英布知道是盈儿挂帅，他非鼓行而西不可。”

“那怎么办呢？”刘邦点点头，问。

“依臣妾看，还是陛下亲征吧！陛下虽然御体欠安，但勉强乘车，卧着指挥，众将也不敢不尽力。陛下虽然吃了苦，但也是为了妻子儿女啊！”说着，吕后流下泪来。

这段话既晓之以理，又动之以情，刘邦只好振作起精神说：

“我也知道没出息的小子难以依靠，还是老子自己去吧！”

刘邦御驾亲征，终将英布打败。刘邦凯旋回京，大摆庆功宴席，太子刘盈侍坐。刘邦见太子身后站着四个老人，须发斑白，似乎都在八十岁以上，便奇怪地问：

“这四个老儿是谁？”

“四皓”分别行礼回答：

“臣东园公。”

“臣角里先生。”

“臣绮里季。”

“臣夏黄公。”

刘邦一听，惊讶得张开大嘴，原来这就是“商山四皓”啊！他问：

“朕寻求公等好几年了，公等避逃不见，如今怎么却从我儿游呢？”

四人回答说：

“陛下轻慢文士，又喜欢骂人，臣等义不受辱，所以才惧而逃匿。后来听说太子的为人仁孝、恭敬、爱重士人，天下人莫不愿为太子效死，故老臣等才愿奉侍太子殿下。”

刘邦摇摇头，再一次为自己的好骂人感到遗憾。酒宴散了，“四皓”随在太子的身后蹒跚而去。刘邦身边只剩下戚夫人一人。刘邦指着“四皓”的背影对戚夫人说：

“这四人是天下民望，人人尊重。如今他们来辅佐太子，太子的位子就难以撼动了。”

戚夫人不由得哭了起来。刘邦说：

“你为我跳个‘楚舞’吧，我为你唱‘楚歌’助舞。”于是皇帝唱起来：

鸿鹄高飞，
一举千里。
羽翮已就，
横绝四海。

横绝四海，
当可奈何！
虽有缯缴，
向安所施！

这歌的意思是，鸿鹄的羽翼已经养成了，可以一飞千里，虽有网罗，也无能为力啦！

皇帝最终没能更换太子。

早在两年以前，刘邦虽然起意想立赵王为太子，但不知能否成功，曾为刘如意的将来预作打算。刘如意被封为赵王，接替他姐夫张敖的爵位。那时赵相贯高虽然由于愚妄惹下了大祸，但他最终舍身救主的精神还是可取的。刘邦便想找一个能真心保护刘如意的人，让他做赵王的国相。他问符玺御史赵尧，有谁是皇后、太子和群臣都敬畏的人。赵尧向他推荐了御史大夫周昌。刘邦想起周昌既然敢于在朝堂上“期期”地保太子，那么把赵王托给他也一定会尽心维护。于是便任命周昌为赵相，陪护赵王就国。那年赵王只有十岁——那是高祖十年的事。

高祖十二年，汉朝的开国皇帝刘邦崩于长乐宫，卒年五十三岁。

四

皇帝死了，十七岁的太子刘盈即位，是为惠帝，尊母亲吕后为皇太后。

吕后早盼着这一天啦！她立刻下令，将戚夫人的头发剪了，穿上赤土

染的囚服，押在永巷（监禁宫人的处所）里让她舂米。又派人去宣召赵王刘如意。

使者到了邯郸，宣读了太后颁的诏书。赵相周昌对使者说：

"我听说太后怨恨戚夫人，想召赵王回去一同诛死，因此我不敢遣赵王回京。而且赵王正在生病，也无法奉诏。"

使者回复了吕后。吕后便又想了个办法。她找了个借口，把周昌召回长安。等周昌来到之后，才另派人去召赵王。十二岁的刘如意哪里知道这位嫡母的用心，反而以为又有了和母亲戚夫人见面的机会，便高高兴兴地随着使者上路了。

这边惠帝听说母亲派人去召赵王，不禁大吃一惊。他虽然经受过废立的波折，但他也明白这都是父皇和戚夫人的主意，跟小弟弟刘如意无关，他还是非常喜欢他这个伶俐的小弟弟的。听说赵王将到，他亲自到长安城外的霸上去迎接。然后带回自己的宫中，跟他同吃同住。吕太后虽然屡次想杀刘如意，但都没能成功。

惠帝身体不好，想加强锻炼，所以常常早起到御苑练习射箭。惠帝元年十二月，一个很冷的天气，惠帝起来穿好箭服，拿起弓箭。往常射箭他都把赵王带着，还特制了小弓小箭让弟弟练习。可是今天外边太冷了，又见刘如意睡得正酣，就不忍心叫醒他，独自到御苑去了。等他练完箭的时候，天已亮了。想起弟弟，他急急忙忙回宫，等到寝室里一看，小王子直挺挺地躺在那里，面色青紫，七窍流血，分明是被毒死的。他喝问内侍，内侍吞吞吐吐地告诉他，太后宫中来了两个太监，给赵王灌了药酒。惠帝听了大叫一声，仰面跌倒。

惠帝病了，太后来看他。他爱答不理，对母亲十分冷淡。太后知道是为赵王的事情，索性就再刺激他一下。过了两天，惠帝已经痊愈，便有太后宫中的一名太监来宣他，要他去看一件东西。他跟太监去了，到了一处厕所，只见厕所地上摆着一个怪物，血肉模糊。他很奇怪，不知母后要他来看这个干什么，便问太监：

"这是何物？"

“人彘（zhì，彘就是猪）。”

惠帝第一次听到这个名称，仔细再看，发现这正是一个人的身躯，但两只手臂、两条腿都没有了，只剩下躯干和头部，五官已分不清，满头竟全是血淋淋的窟窿。那人并没有死，筋肉不时还抽动一下，看了越发令人毛骨悚然。

“这是谁？”惠帝颤声问。

“戚夫人。”太监低声回答。

惠帝一听大哭起来。他想到这位父亲的爱姬之前花容月貌，如今竟被母亲作践到如此地步，母亲的心也太毒了，手也太狠了。他让那太监去告诉太后：“这不是人做的事！朕是太后的儿子，日后有什么脸面来治理天下？那就一切由太后做主吧！”

太监把惠帝扶进后宫，去回报太后。太后听了把牙一咬，说了句：“好吧，随他去！”

惠帝这一病病了将近一年。这期间，国政便由太后管理。太后乘机大封她娘家的子侄，不少人封王封侯，就连她的妹妹吕媭（xū）也被封为临光侯。

第二年惠帝病好了，但他心灰意冷。看到朝廷已为母亲和诸吕操纵，他也不去管，只是“日饮为淫乐，不听政”。他用这种自暴自弃的态度来作践自己，也可以说是慢性自杀吧！

惠帝二年十月，齐王刘肥来朝。高祖刘邦年轻做亭长的时候，曾有外室，生下了刘肥。所以刘肥的年龄比惠帝还大，是惠帝的大哥。刘邦登基以后，找到刘肥母子，封刘肥为齐王。惠帝很尊重哥哥，带他来拜见母亲。太后便设宴招待这个庶出的儿子。在安排座位的时候，太后坐在上面。惠帝认为宫中应以兄弟齿列为序，用不着讲君臣之礼，就让齐王坐在他上首。太后看了很不高兴，竟然让宫女放一杯毒酒在齐王面前，想毒死他。太后请齐王饮酒，祝他身体健康。齐王赶忙站起来。这时惠帝也站起来陪饮，却端起了齐王面前的酒杯。太后一看亲生儿子要喝毒酒，赶忙一巴掌把惠帝手里的酒杯打掉。齐王见了很奇怪，就不敢再饮，假装饮酒过量，辞谢出

宫。回去以后,把这件事告诉陪他进京的齐王府长史。长史说这是太后要害他,让皇帝拦住了。齐王很害怕。长史给他出主意,让他把齐的一个郡——城阳郡赠给鲁元公主做汤沐邑。也就是说,以后城阳郡的税收就归鲁元公主了。太后这才高兴了,准许齐王回国。

惠帝四年(公元前191年),太后做主,册立皇后。史书上记载:“四年,冬,十月,立皇后张氏。后,弟姊鲁元公主女也,太后欲为重亲,故以配帝。”

这里有两个问题。第一个问题是,皇后跟皇帝是什么关系?第二,皇后年龄多大?

第一个问题比较容易解释。史书上说得明白,“后,帝姊鲁元公主女也”,既然是姐姐的女儿,那就应该跟皇帝叫舅舅。外甥女嫁给舅舅,是“太后欲为重亲”的缘故。“重亲”就是亲上加亲,于是便不管人们讥讽为“人伦之变”了。

第二个问题需要算一算。公元前205年,刘盈跟姐姐鲁元公主一起逃难,那年刘盈七岁,鲁元多大?史书上没有记载,但滕公夏侯婴保护这对姐弟,将他们三次抱上车,估计鲁元的岁数也大不了。鲁元的丈夫前赵王张敖挨刘邦骂那年是公元前200年。离逃难那年只有五年,可能鲁元刚刚及笄就嫁给张敖了。而到公主嫁女的公元前191年,中间只差了九年。也就是说,小皇后嫁给二十岁的惠帝的时候,顶多只有九岁。

太后让九岁的小外孙女做皇后,目的也只有一个,那就是让这小女孩把皇后的位子占住,不让别家的女儿做皇后,反正小皇后总会一天天长大的——想不到皇家也招“童养媳”。

然而没等小皇后长大,惠帝就死了。那是公元前188年,那年他二十四岁。

太后为了亲上加亲,给刘邦的另两个儿子也都娶了她娘家吕氏的闺女。刘友原封淮阳王,赵王刘如意死了之后,太后改封刘友为赵王,把吕家一个女儿嫁给了他做赵王妃。

可是刘友不爱这位王妃,惹得王妃发火,跑到长安去向太后进谗,说:“赵王说过,‘姓吕的凭什么资格封王?等太后百年以后,看我一个一个收

给他们'！"太后一听当然大怒，立刻把刘友从邯郸召来，禁闭于京中的赵王府邸，派士兵看守，还不给他饭吃。有的赵府官员偷偷给赵王送点食物，让士兵发现，立即处死。刘友终于饿死了。太后不许以王礼葬他，而把他埋在了长安城郊的乱葬岗上。

赵王刘友死了，太后把刘邦的另一个儿子梁王刘恢改封为赵王。太后给刘恢娶的是吕王吕产的女儿。而吕产是太后的哥哥建成侯吕泽的儿子，是太后的侄儿。这样一来，刘恢夫妻就又差了一辈。

刘恢由梁迁赵，心中不乐，因为梁大赵小，而且他在梁住惯了，不喜欢搬家。偏偏这位王妃倚仗她父亲吕产太傅的身份，不把赵王看在眼里，而且她还随带了不少心腹，做了赵王府的官属。赵王刘恢处处受王妃监视，行动竟不自由。赵王有个爱姬，王妃也把她毒死了。赵王不胜悲愤，终于自杀。

刘邦有三个儿子先后封为赵王，他们是刘如意、刘友、刘恢，却又都一个一个地死于非命，这不算是一种巧合吧！

五

惠帝六年，齐王刘肥病逝。至此，刘邦的儿子除惠帝外，还剩下两个，一个是代王刘恒，一个是淮南王刘长。

惠帝死后，张皇后没有儿子。太后收养了别人的孩子，假托是张后生的，继承帝位。而把那孩子的母亲杀掉了。

太后找来的这个小皇帝还是个娃娃。你想，皇后那年也不过十三四岁，给她找来个大儿子也说不过去。皇帝年幼，吕太后还跟以前一样临朝称制。所以史书上就称这一年为"高后元年"。

高后八年，吕太后死了。大臣们联合起来，诛杀诸吕，迎立代王刘恒即皇帝位，他便是文帝。

至于淮南王刘长，却还有一段颇为曲折的出身历史。

当初，刘邦把女儿鲁元公主下嫁给赵王张敖。高帝七年，刘邦过赵时，

虽然骂了张敖，但张敖还是巴结岳父，献一个美人给他侍寝，聊以解除皇帝的旅途寂寞。不料这美人侍寝之后，竟然怀有了身孕。这件事刘邦并不知道。

后来贯高事发，许多人连坐入狱。这美人也受牵连，被囚禁于河内狱中。那时美人已生了一个儿子。美人的舅舅赵兼因为这孩子是皇帝的骨血，想找皇帝替美人求情。他辗转托人找到了辟阳侯审食其。审食其答应帮忙，把这孩子的事告诉了吕后。吕后为戚夫人的事就够恼火的了，如今又出来个赵美人，她生气还气不过来，哪有心思去管！这件事便被压下了。美人等来等去没有消息，还以为皇帝无情，有意不管她呢，在狱中愤而自杀。留下个小孩子，只好由河内的府吏来处理。

河内府吏听美人说这是皇帝的儿子，不敢怠慢，便抱着这孩子进京，把孩子送给了皇上。刘邦听府吏说了这孩子和他母亲的情况，想起前事，也不胜后悔。他不知道吕后曾经压下美人求救的事，就把这孩子交由吕后抚养，给他起了个名字叫刘长。又派人去到河内，把美人葬于真定。后来又封刘长为淮南王。

刘长小时候长得膀大腰粗，十分强壮，吕后和惠帝都很喜欢他。所以尽管那些年，朝中、宫中风波迭起，刘长却得以无恙。他有一个乳母随他入宫，知道他母亲的事。等他长大之后，便把这件事的前因后果告诉他。他以为是审食其不肯救他的母亲，心里怨恨，时时想杀审食其替母亲报仇。

刘长在宫中，由于他年龄小，身世苦，王子们都很同情他。文帝刘恒的母亲薄姬还常常照顾他的衣食。所以他跟刘恒的感情很好。他长大后孔武有力，未央宫院子里的那只铜鼎，他能双手举起。宫人们夸他赛过楚霸王，他也便引以为豪，在宫中没人敢惹。

后来他到淮南（九江）就国。文帝三年（公元前177年），他从淮南来朝。文帝以为，高祖的几个儿子只剩下他和刘长两个了，所以对他格外亲热。汉朝规定，诸王每年来朝见天子，只见四次面。第一次是亲王刚到的时候，进宫见皇帝，见见面吃顿饭就辞出，这叫“小见”。到了正月初一，所有亲王和皇帝团聚在一起祝贺新年，举行盛宴，这叫“法见”。过三天后，再为亲王

置酒，赏赐金钱财物。再过两天，则是最后一次“小见”，是亲王向皇帝辞行了。所以史书说：亲王“凡留长安，不过二十日”。

然而刘长不乐意走。他觉得九江没有长安热闹，要多住些日子。文帝便也由着他。京中有淮南王府，但刘长却常常住在宫里。皇帝出去打猎，他就跟皇帝同车，一口一个“哥哥”地叫着，毫不讲究什么君臣之礼，文帝也不怪罪。

有一天，刘长带着随从魏敬到辟阳侯审食其府中，要替他母亲报仇。审食其跟皇家关系密切。他是高祖的同乡，曾做过高祖的舍人。彭城之战中，他保着刘太公和吕后避难，一同做了项羽的俘虏。由于这种关系，后来很受吕后的信任，封为辟阳侯，并做过左丞相。文帝接位后，因他年龄已大，免去相职，让他闲住在家中。却不料刘长竟找他来算二十多年前的旧账。而且刘长并不容他申辩，一见面，从袖里掏出铁锥朝审食其就打，把审食其打倒后，再令魏敬用刀将其杀死。接着乘马跑到宫门口，肉袒请罪。文帝只好以他“其志为亲”为理由，将他赦免，放他归国。

中郎将袁盎对文帝说：

“诸王骄奢过盛，必然要生后患，陛下对淮南王应该有所抑制。”

文帝点点头，表示同意，但却不采取任何措施。所以刘长归国后，越发没有顾忌。他出入的仪仗队竟跟天子的一样多。他还在淮南另外颁布一套法令，把朝廷派去的官员驱逐回去，请皇帝准他自己任命国相和二千石。汉代的官阶不论品位，而是以多少“石”来表示级别。如“二千石”的月俸是谷一百二十斛（一斛十斗），像州、郡的太守、王府的内史、中尉等重要官员都属于这一级。事实上刘长已把淮南变成了他的独立王国。对这种非分的要求，文帝竟然也“曲意从之”，不加拒绝。

然而刘长却越来越跋扈。他随意杀人，竟把关内侯这类享有朝廷封爵的人也杀了。文帝看他闹得太不像话，只好下诏责备他。刘长不服，上疏的言辞很不恭逊。文帝又让薄太后的弟弟薄昭以舅舅的身份写信劝告，反把刘长惹火了，派人去和闽越、匈奴等外族勾结，还偷偷将四十车兵器藏到

长安以北的谷口，打算造反。

由于刘长过分张狂，他的那些秘密勾当终于被人发觉，上报朝廷。文帝派使者召他进京。那时他的造反准备工作还没做好，只得先到长安，看看风声再说。不料一到长安，他就被捉入廷尉。文帝派丞相张苍、代理御史大夫冯敬和宗正（专管王族事务的衙门）、廷尉的官员一同审问。在事实面前，刘长不得不承认。张苍等人拟定的处分是弃市（在闹市杀死）。

文帝下诏，赦免了刘长的死罪，废去王位，流徙到蜀郡的邛州。

中郎将袁盎再次谏说：

"陛下平素宠溺淮南王，不给他请严师管教，不给他选贤良的国相，而一味娇纵他，以至于到了这一步。淮南王性情刚烈，如今这样摧折他，怕他难以承受，如果途中再有风露疾病，猝然卒去，陛下便有杀弟之名了。"

文帝说：

"我是有意让他吃点苦，知道悔改，我就放他回来。"

对刘长的流徙用的是县传的办法，就是把犯人装进辎车，贴上封条，一县一县往下传送。不料正如袁盎所预计，刘长愤而不食。而各县的官员怕惹出是非，竟不曾发封查看。直到经过雍县，雍县县令发封一瞧，淮南王刘长早已死在辎车里了。

文帝听到淮南王的死讯，十分悲伤。他对袁盎说：

"朕不听公言，终于失去了淮南王！"下诏以列侯礼葬淮南王于雍县，为他设三十户守墓，而把沿途不曾发封的县令一律弃市。

后来民间流传着一首歌谣：

一尺布，
尚可缝；
一斗粟，
尚可舂；

兄弟二人不相容。

史书说："帝闻而病之(心中不安)。"因为虽说淮南王刘长之死是他咎由自取，但正如袁盎说的，皇帝也负有不加教导、一味娇纵的责任。

这就是汉高祖刘邦儿女们的最后一出悲剧。

“七国之乱”的前因后果

一

“七国之乱”说的是西汉景帝时期，七个王子联合起来反叛朝廷的故事。

既然题目叫“前因后果”，那就先从“前因”说起。最早需要追溯到汉高祖刘邦做皇帝的时代。那时候他拥有天下，把一些功臣封王封侯。王侯享有封邑，成为一方之主。不过后来外姓王像韩信、彭越、英布等人都被他逐个消灭，亲王就只剩下他的兄弟子侄了。他索性下了一道旨意：嗣后凡不是姓刘的，生前不得封王。这当然因为姓刘的是他的亲族，能够维护刘家天下万代千秋的缘故。

建国初期，他的亲族人数不多，所以诸王国占有颇为广大的疆域。其中最大的三国是齐、楚、吴。刘邦封他的庶长子刘肥为齐王；封他的弟弟刘交为楚王；封他的侄子刘濞为吴王。

到吕后临朝时期，曾一度封诸吕为王，如吕产封梁王，吕禄封赵王，吕通封燕王。但这个时期很短暂，吕后一死，诸吕被消灭，诸王就又都是姓刘的了。

三十年过去，刘姓皇族人丁繁衍，需要封王的子孙多起来，而藩国疆土早已划定。文帝十六年，皇帝采取了一个折中的办法，比如齐王刘肥死了，文帝就把齐国一分为六：封刘肥的儿子刘将闾为齐王，刘志为济北王，刘贤为淄川王，刘雄渠为胶东王，刘印为胶西王，刘群光为济南王。淮南王刘长已死，文帝将淮南一分为三，封刘长的儿子刘安为淮南王、刘勃为衡山王、刘赐为庐江王。

但这种办法只是权宜之计。前王死了，把国土分给他的儿子，就像后

来人们继承遗产一样，当事人没话可讲，然而尚在的诸王就难以分封了。何况刘邦这种大封宗亲为王的办法，从社会发展来说，也是一种倒退，长此下去，说不定又会出现春秋、战国那样纷乱的局面。所以有识之士就提出了削藩的建议，将藩国的势力削弱，加强中央朝廷的统治，国家才能长治久安。

最初向皇帝提出这个问题的是个年轻人，名叫贾谊，他的官职是长沙王的太傅，后任梁王太傅。文帝前六年，贾谊给文帝上了本万言书，那便是著名的《治安策》。这篇文章开头就说："臣窃以为如今天下的事势，可以为之痛哭的有一，可以为之流涕的有二，可以为之长叹息的有六。"而他认为应该痛哭的——也就是最严重的一件事，便是诸王分封，力强难制。

他说：有人说，"天下已安已治了"。他认为完全不是这样。他打了个比方，说好似人躺在积薪之上，薪下便是火种。眼前只是火还不曾燃烧，因而有人才说"已安已治"。他说，现在天下的"久安"，只是由于大国的诸王幼弱未壮，朝廷为他们设置的太傅、国相还在掌政。等到数年以后，诸王大抵都长大了，血气方刚，而朝廷派去的傅、相老病退罢，诸王将在丞、尉以上的官员中遍置亲信。那时再想让他们服从，恐怕尧、舜也办不到。

可惜的是，贾谊短命，他三十三岁就死了。而另一个力主削藩的则是晁错。

晁错原任太子家令（太子属官，一千石），他能言善辩，思想活跃、深刻。太子刘启称他为"智囊"，意思是浑身都是智慧。

文帝去世以后，太子继位，是为景帝。景帝很信任晁错，任他为内史（治理京师的官员），以后又任为御史大夫。他得到皇帝的信任，因而他的主张就能得以实践，这是他比贾谊条件优越的地方。

文帝时，晁错就曾几次上疏，请皇帝削藩。不过文帝宽厚，一直不肯下手。到了景帝即位，晁错便上疏说：

"当初高祖平定天下，弟兄少，儿子年幼，所以大封同姓王。齐国得七十余城，楚国得四十余城，吴国得五十余城，这些庶孽的封地几乎占了天下的一半。如今吴王因太子的缘故怀有仇恨，假装生病不肯入朝，按国法

就该处死。文帝不忍处分他，反而赐他几杖。他受先帝这样的恩德，本应改过自新，他却变本加厉，愈发骄横，就铜山铸钱，煮海水为盐，诱纳天下的亡命之徒阴谋作乱。看来，削他也反，不削他也反。削他，他反得快些，为祸还小；不削他，他反得慢些，为祸就更大。"

晁错奏章里提到的几件事，这里须加以说明。

二

那还是文帝活着的时候发生的事。有一年正月，吴王假装生病，不肯入朝，派吴太子刘贤做代表。景帝刘启那时还是皇太子，他和刘贤都是年轻人，很谈得来。朝见之后刘启便约刘贤到太子宫玩耍，两个人先喝了酒，然后下起棋来。年轻人争强好胜，为一着棋争执不下。刘贤是吴国太子，一向骄横惯了，竟然对皇太子口出不逊。刘启火了，拿起棋盘掷打刘贤。不料恰巧打在刘贤的太阳穴上，刘贤当场毙命。

这是失手伤人，文帝责备刘启几句也就算了。他派人把刘贤盛殓起来，装入棺椁，送回吴都广陵。吴王刘濞非常生气，对来送棺的汉使说：

"既是同宗，死在长安就葬在长安好了，又何必送回来呢？"他不肯接收儿子的棺木，竟让汉使再带回去。幸好正月天气寒冷，刘贤的尸体运来运去，不曾腐败。文帝没办法，只好在长安选一块墓地把刘贤葬了，但对他这位堂兄却十分不满。

嗣后，吴王便不再入朝，仍然以有病为借口。汉朝规定，春天诸王入朝称为"朝"，秋天则称为"请"。吴王不论"朝"、"请"，都是派使者去应付。文帝很生气，把替吴王入朝的使者扣押起来审问，不过没有什么结果。这年"秋请"，吴国又来了一名使者。文帝再问他。使者说：

"吴王殿下实在不曾生病，但由于朝廷扣住吴国的使者，吴王恐惧，只好称病不入朝了，为的是怕陛下降罪呀！常言说'察见渊中鱼不祥'（察知臣下的阴私，使之产生忧患，这不是好事）。希望陛下能原谅吴王以前的过错，给他自新的机会。"

文帝觉得这使者的话有些道理，便把以前扣押的吴国使者都放了，还赐给吴王几杖。“几”是年纪大的人凭以休息的几案，“杖”则是拄着走路的拐杖。并让使者告诉吴王，因为他岁数大行走不便，以后免去他的朝请之礼。

这样一来，朝廷和吴王的紧张关系才得以暂时缓和。

至于晁错奏章里说吴王“就铜山铸钱，煮海水为盐，诱纳天下的亡命之徒”也是事实。吴国境内豫章郡有一座铜矿，吴王把铜开采出来，铸成钱币，在全国使用。当时还有一个大中大夫邓通，文帝把蜀郡严道的铜山赐给他，他也拿来铸钱。史书说：“于是吴、邓钱布天下。”吴国地处今江浙一带，濒临东海和黄海。吴王便煮海水为盐，运到内地贩卖。吴王有了钱和盐做资本，便免去吴国老百姓的赋税。对有些需要征用民工的劳役，一般官府都是不给报酬的，而吴王却按工量发给钱粮。他采用的这种惠民政策自然大受老百姓的拥护。在别处犯了法的人跑到吴国，吴王不分良莠，一律收留。所以晁错才说他“诱纳天下的亡命之徒阴谋作乱”。

景帝接到晁错的奏章，发交朝臣们讨论，只有詹事窦婴反对削藩，其余的公卿、列侯和宗室都不表态。正赶上又到了正月朝见之期，晁错乘机发作，以御史大夫的身份（御史大夫负责对官员的纠察，是“三公”之一）对楚王刘戊进行弹劾，说他在薄太后丧事期间，在守丧的服舍纵淫，应处死刑。景帝下诏赦免，只削去他的东海郡。接着晁错又找借口，削去赵王的常山郡和胶西王的六个县。

晁错牛刀小试，是给大举削藩作个试探。他请皇帝批准，发布了三十章有关削藩的政令，引起各地藩王的极大震动。当然也就促使他们设法反抗了。

晁错是颍川人，家里还有个老父亲。晁父听人们议论晁错主持削藩，便到长安来找他，对他说：

“皇上刚刚即位，你蒙恩用事，就该忠君爱民。可我听说你力主削藩，侵削诸侯，离间人家的骨肉。外间人们纷纷反对你，你为什么要这样干？”

晁错回答说：

“是的，不这么干，天子得不到尊重，宗庙也得不到安宁！”

晁父叹口气说：

“你这么干，成了众矢之的。刘氏可能得以安定，可我晁家却危险了。你任性去干吧，但我不能眼见着大祸临头！”

晁父回家以后，自杀而死。过了十几天，吴、楚七国果然兴兵造反，以诛晁错为名，恰恰应了晁父的预言。

第一个要造反的就是吴王刘濞，因为他知道，晁错的矛头主要是针对他的。

吴国的邻国是胶西。吴王认为胶西王刘印不久前刚被削去六个县，一定心怀不满，而且刘印年轻气盛，好勇斗狠，很容易挑动，便派中大夫应高去做说客。应高对刘印说：

“现在皇上任用邪臣，听信这些奸贼的谗言，肆意地侵削诸侯，凌辱王亲。像我家吴王，不过因为多年患病不能朝请，就被怀疑，时时生活在忧疑之中，唯恐不能免祸。再看大王，只是因为一点小错就被削去六县，罪轻罚重，说不定朝廷不止削地而已，可能另外还会有什么打算。不知大王曾否考虑过这件事？”

“我如何不考虑？”刘印摇摇头说，“但既做臣子，又能如何！难道足下有什么办法教我吗？”

应高说：

“我家吴王就是因为与大王同忧，才派臣来见大王，共同计划一条生路的。”

“你家大王怎么讲？”刘印问。

“只有一条路，那就是顺应天时人心，起兵除害。”

“这岂不是谋反吗？寡人岂敢如此？事急了也就一死罢了！”

“大王这话错了。想那晁错蒙蔽天子，篡政弄权，不但民心大愤，就是上天也在示警，日来彗星出现，蝗虫为灾，这都是朝廷倒行逆施引起的。这时起兵诛逆，整肃朝纲，正是顺应天意民心的行动。吴王愿意追随大王车后，纵横天下，那时所向者降，所指者下，谁敢不服！”

刘印频频点头。应高继续说：

“如果大王同意，吴王便可联合楚王，攻克函谷关，占据荥阳，夺得敖仓的粮食，抵御汉兵的反抗，而等待大王光临。然后再合兵进攻长安。事成之后，吴王愿跟大王平分天下。”

刘印被说动了，连声说“好”。应高便回去报告吴王。吴王还不放心，又自己化装成一个使者，悄悄来到胶西的都城高苑，亲自跟刘印见面。这一对叔侄在密室里研究出一个周密的计划，最主要的是联络齐、淄川、胶东、济南四王，一起出兵。这四王中齐王、淄川王和胶东王是刘印的哥哥，济南王是刘印的弟弟，这哥几个倒是不用费口舌，一说就答应。刘印又去找赵王刘遂。刘遂也答应参加。那边，吴王又跟楚王刘戊（刘戊是老楚王刘交的孙子）联络妥当，单等找一个机会，便可共同举兵。

不久，朝廷发布敕令，削去吴的会稽、豫章二郡，吴王便以“诛晁错以清君侧”为借口，头一个起兵反汉，其余诸王纷纷响应。“七国之乱”就这样开始了。

不过细查前文，我们便会发现，吴王和胶西王等凑集的乃是八国，而不是七国。为什么又叫“七国之乱”呢？原来这里边出了个岔头，原先答应入盟的齐王刘将闾临时又背约不干了。他的几个弟弟火了，发兵将齐都临淄围住攻打，非要惩治他们的大哥不可。而赵王刘遂跟四国联系不上，就只好率兵驻扎在赵国西边的边界，等着和吴、楚的军队会合。赵遂还和匈奴勾结，要匈奴出兵支援他。事实上，跟朝廷真干起来的，就只有吴、楚二国。

吴王刘濞先把朝廷派到吴国的二千石以下的官员杀了，然后向全国下令：“寡人今年六十二岁了，我将亲自出征。小儿子今年十四岁，也要身先士卒。凡我国内年在六十二以下、十四岁以上的男子，都要与寡人一同作战。”结果征集的兵力竟达二十多万人。他又派人跟南边的闽和东越联系，闽和东越也答应发兵相助。吴王大军从国都广陵出发，涉过淮水，与楚王刘戊的军队会合。正式向天下发布檄文，罗列晁错的各种罪状，号召各地诸王响应。

挡在吴、楚联军面向长安进兵路上的，乃是梁国。梁王刘武是景帝的同母弟。他拒绝跟叛军合作，吴、楚联军只好先来攻打梁国。第一仗战于棘壁，梁军伤亡几万人，吴、楚军乘胜而进，再打败梁国的援军。梁王刘武只好退保国都睢阳，同时派急使向长安求援。

削藩令下，有几国会起兵反抗，这早在晁错意料之中。他想这正是削藩的机会，把你打败，你不削也得削。所以等七国的反书上来，他就请景帝调兵镇压。景帝拜中尉周亚夫为太尉，率三十六将军迎击吴、楚；派曲周侯郦寄往击赵军；再派将军栾布到齐国去。

一场全面的战争终于展开了。

三

战事初起的时候，晁错曾向景帝建议，请景帝亲自带兵平叛。高祖当初是戎马出身，每次出征往往会亲自挂帅，所以晁错希望景帝学习他的祖父。但景帝在宫中长大，偶尔骑马出城打打猎，回来还累得腰酸腿疼，现在晁错竟然让他亲征，要冒刀弓锋镝的危险不须说，就是酷日风霜也够受呀！所以皇帝对晁错这个建议丝毫不感兴趣。

其实晁错劝皇帝亲征，也是为皇帝好。皇帝亲自带兵，只是坐阵指挥，用不着自己去冲锋陷阵，可是众将有皇帝在跟前却要振奋得多。何况皇帝亲征回来，史书上自然要大书上一笔，给后人看着也光荣。所以说晁错所做的一切，他问心无愧，决不藏什么私心。

如果提到唯一的私心的话，那就是他对袁盎的态度了。

袁盎在当时也是个重要人物。他原任文帝的中郎将。在文帝处理淮南王刘长的事情上，他提出过较好的意见。中郎将是皇帝的卫队长，经常跟随着保护皇帝，所以他有机会跟文帝谈话。

中郎将在宫禁中的机关叫郎署。有一天，文帝带着他宠幸的妃子慎夫人在宫中散步，走到郎署，有些累了，就到里面坐一会儿。慎夫人由于受皇帝宠爱，在宫中一直是跟皇帝、皇后平起平坐的。这次也就和以前一样跟

皇帝并排坐在坐几上。袁盎走过来，请慎夫人站起，将坐几放到下首，再请慎夫人坐。慎夫人生气了，不肯坐，皇帝也恼火，站起来领着慎夫人走了。袁盎跟在后面，单独对文帝说：

“臣听说，‘尊卑有序，则上下和睦’，现在陛下既然已立皇后，慎夫人便是妾媵。妾媵和主子怎么可以平坐呢？如果陛下宠幸她，给予过分的优待，这恰恰是慎夫人的祸患，难道陛下忘了‘人彘’的事吗？”

文帝听了十分高兴，把慎夫人找来，将袁盎的话说给慎夫人听。慎夫人才知道袁盎的动机是好的，是为了让她免祸，于是赐给袁盎五十金。

还有一次，袁盎骑着马随文帝的车走过霸上。前方是一个陡峭的斜坡，文帝让御者快速驰下。袁盎却骑马赶上去，拉着马车头马的缰绳，和车一齐慢慢往坡下走。文帝说：

“怎么，将军也害怕吗？”

袁盎回答说：

“臣听说，‘千金之子，坐不垂堂’。圣主不应故履险境，更不能做侥幸的事。现在陛下纵快马飞驰下这样的峻坡，即使陛下对自己不在意，也应考虑到宗庙和太后呀！”

文帝点头笑了，认为袁盎讲得不错。

后来文帝为吴王的事恼火，便把袁盎调任为吴相。可能袁盎仍然抱着谨慎免祸的想法吧，他很少给吴王提意见，因为他知道，文帝为人和顺，肯于虚心纳谏，而这位吴王却刚愎自用，是老虎屁股摸不得的。所以他在吴王面前轻易不提反对意见，有时需要说几句，也是轻描淡写，不痛不痒。比如那次文帝免去吴王的朝请，又赐几杖给他，吴王却并不领情，冷笑说：

“哼，皇上也未必不怕我哩！”

他这是有意说给袁盎听的。袁盎不好不接茬，但他说的却是半捧场半安慰的话：

“大王享国已久，德高望重，诸侯王皆敬仰大王。就是圣上，也因大王是皇兄，关心爱护，才赐几杖给大王。大王应当谢恩，不要再说别的了。”

吴王听了挺满意，觉得袁盎虽是朝廷派来的，却也挺合自己的意，便

不时地赏赐给他金银财物。袁盎只求吴王不反,别的也不去干涉。不久,袁盎又奉调回京。文帝自然要问他吴王的情况,问他吴王会不会造反。袁盎吞吞吐吐,因为他实在不敢说吴王不反,却又不敢说吴王会反。这时晁错也在场,他对袁盎的态度很反感,便问:

"公做了那么长时间的吴相,吴王究竟想不想造反公也不敢说吗?"

袁盎说:

"他想不想造反我怎么知道?你若是说他非反不可,他也可能就真的会反,这又能怪谁呢?"

对这种模棱两可的回答晁错当然不满意,要跟他争论,恰好这时传来匈奴南侵的边报,文帝便把这事搁下了。

可是为这事两人闹了意见,起初是谁也不答理谁,后来就避不见面。在某个场合,如果晁错原在那儿,袁盎来了,晁错站起来就走;反之也是如此。后来吴王果然反了。晁错是御史大夫,他凭借权力,以袁盎接受吴王的贿赂、替吴王效力的罪名,拟判袁盎死罪。皇帝没同意判刑,下诏赦免了袁盎,但废为庶人。晁错还不肯罢休,他跟御史中丞和侍御史们商议,继续追究袁盎私通吴王、参与谋反的罪名。一个侍御史说:

"现在没有任何证据证明袁盎参与反叛,无法定他的罪呀!"

御史中丞也说:

"如果这样株连,所有那些曾在吴国任职的官员都该惶惶不安了。如今大军东征,平叛指日可待,那时如袁某确与吴王勾结,谅他也无处可逃。"

晁错看属官反对立即将袁盎判刑,只好暂时把这事放一放,而专心张罗支援战争的事。不料有个侍御史和袁盎有交情,私下里告诉了袁盎,让他预作防备。袁盎又怕又恨,便在夜间偷偷去谒见大将军窦婴。

窦婴是窦太后的侄子,原任詹事。他是反对削藩的,跟晁错的关系不好。后来他因为一件事得罪了姑姑,让他称病回家。

这件事跟后文有关,此处不妨做一伏笔。原来窦太后生了两个儿子,一个是景帝刘启,一个是梁王刘武。景帝二年十月,梁王来朝。他跟皇帝是

亲兄弟，而窦太后又最爱她这个小儿子，所以景帝常常把梁王召来，弟兄俩饮酒玩乐。那时景帝虽有儿子，但还没册立太子。一次酒后，景帝随口对梁王说：

“等我千秋万岁之后，就把帝位传给你吧！”

梁王虽然口中辞谢，心中却暗暗高兴。窦太后向着小儿子，也十分心喜。不料窦婴却来泼冷水，他对景帝说：

“天下乃是高祖打下的。高祖有规定，帝位要父子相传。因此陛下不能把帝位传给梁王。”

景帝对梁王说的话不过是酒后戏言，并未当真，听窦婴一说，笑一笑也就算了。窦太后却怪罪她这个侄子了，让皇帝免他的职。窦婴并没犯错，免职也得找个理由。后来景帝就让窦婴自己请个病假。那时大臣们和皇帝出入宫门都有个凭证，称作“门籍”。窦太后把窦婴的门籍也取消了，让他不能进宫。不过这样一来却产生了个后遗症，史书说：“梁王以此益骄。”

吴、楚造反，景帝趁这个机会给窦婴复职，拜他为大将军，比詹事的官还高了。

却说袁盎夜见窦婴，是求窦婴跟皇上说，他有平吴的办法，希望皇帝能召见他。窦婴跟晁错关系不好，愿意帮袁盎的忙，就去对皇帝说了。景帝便派人召袁盎入宫。

袁盎入宫的时候，景帝正跟晁错在商量调发军粮的事。袁盎向皇帝行礼。景帝问他：

“现在吴、楚反了，你看将来会怎样？”

“不足为忧。”袁盎肯定地说。

“吴王有铜山铸钱，有大海煮盐，诱纳天下的豪杰，他头发白了还敢举事，如果不是有百分百的把握，他敢发动吗？你怎么还说他无能呢？”

“不错，吴王是有铜盐之利，但哪里会有豪杰让他诱纳呢？如果吴王真的有豪杰辅助，就不会让他造反了。其实他所诱纳的都是些无赖子弟、亡命奸徒，所以才相与为乱。吴王想因这些人成事，又怎会成功呢？”

晁错在一旁听袁盎说得有道理，情不自禁地插言说：

“袁盎讲得不错。”

景帝又问：

“那么你说怎么办才好？”

袁盎故作神秘地说：

“请陛下屏退左右。”

景帝挥挥手，内侍们都退下了，就只剩下晁错在跟前。袁盎瞅他一眼，对景帝说：

“臣的话不能让人臣知道。”

景帝便让晁错也退出去。晁错只好退到东厢，恨得咬牙切齿，但也没有办法。这边皇帝再问袁盎有什么退敌妙计。袁盎说：

“吴、楚发布檄文，说高皇帝封王子弟，各有份地，是为了拱卫王室，永保皇纲。而贼臣晁错擅谪诸侯，削夺份地，所以诸王才起兵诛错。他们的目的只是为了保有故地，并无篡夺之心。如果陛下肯将祸首晁错斩首，再明令将各藩被削之地复还，赦其擅自发兵之罪，七王定然满意退兵，便可兵不血刃地将这场战事平息了。”

景帝听了袁盎的建议，默默地想了很久才说：

“如果真能这样，朕不惜舍一人以救天下。”

景帝立即封袁盎为太常，让他秘密地去见吴王，说已按檄文要求办了，并答应返还削夺的各郡，要他们退兵。

按檄文的要求办，自然是斩杀晁错啰！过了几天，景帝让丞相陶青、廷尉张欧联名上疏，给晁错安上一些罪名，然后皇帝再判决：“晁错全家弃市。”

晁错却还不知道。壬子那天早晨，中尉（掌京师治安的武官）坐车来到晁错府上，说皇帝宣召他。晁错毫不怀疑，穿上朝服随中尉上车。然而车子不是驶往皇宫，而是直奔东市。东市是长安闹区，却也是杀人的刑场，因为“弃市”就是要把犯人在闹市问斩，借以示众。晁错懵懵懂懂被从车里拉出来，按跪在地上。他简直傻了，不明白这一切是为了什么，以至于连中尉宣读的诏书也没听清，就穿着朝服躺在血泊中了。

那边新任的太常袁盎和宗正德侯刘通作为皇帝的使者，奉诏去见吴王。他们来到吴军大营。刘通是吴王刘濞的侄子,由他先去见吴王。刘通让吴王跪下接诏,吴王笑着说:

“我已做东帝了,还拜谁呢？”又问:“你跟谁一起来的？”

“太常袁盎。”

“原来是做说客来了。”他根本不准袁盎讲话,反而把他留在军中,要他为吴军效力。袁盎不肯,吴王准备杀他。幸而他在做吴相期间认识一个将领,有点交情,偷偷把他放了,他狼狈地逃回长安。

有一个叫邓公的校尉为军事上的事面见皇帝。景帝问他:

“你从南边来,听说吴、楚罢兵了吗？”

“不曾啊！”

“朕已把晁错杀了,为什么他们还不肯罢兵？”

“陛下,”邓公沉痛地说,“吴王想造反已经二三十年了,这次发兵以诛晁错为名不过是一种借口罢了,其实一个晁错又怎值得他大动干戈呢?不过陛下却把晁错杀了。这样一来,就怕天下之士俱都钳口,不敢讲话了。”

“为什么？”景帝问。

“晁错是怕诸侯过于强大,难以控制,才请陛下削之而尊京师,这是万世之利呀！但他的这个计划刚刚开始就遭杀戮,这不是内杜忠臣之口,外为诸侯报仇吗？臣窃以为陛下这事是做错了。”

景帝叹口气说:

“唉！公言是对的,可惜朕后悔已晚了！”

四

景帝之所以任命周亚夫为太尉,让他总领讨吴、楚的兵马,是有原因的,因为那是文帝临死时对他的嘱咐,说如遇到军情紧急,可以让周亚夫带兵。

那是文帝后六年(公元前158年)的冬天,匈奴分两路侵入上郡的云

中,沿途烧杀抢掠,烽火直逼长安。文帝派令免、张武、刘礼、徐厉等将军,分别驻守在霸上、飞狐、句注、北地、棘门、细柳等地,在长安东、北、西三方形成个大半圆,保卫京师。有一天,皇帝亲自劳军。他坐着马车,由霸上到棘门,一个一个军营走去,都是御车直接进入军营,将军以下拜迎拜送。最后一处乃是细柳。屯驻细柳的将领是原河内太守、现拜将军的周亚夫。皇帝的前驱车先到细柳军营,便想像前几处那样长驱而入,但守营的军士却把长戈立起,箭搭到弓上,喝令来人停住。前驱说,天子就要到了。把守军营门的军门都尉却大声说:

"将军有令,'军中只听将军的命令,不闻天子的诏书'!须待将军指示。"

这时候御驾也已到了。军门都尉还是不放入内。于是皇帝派使者持符节宣诏:

"朕要进营劳军!"

周亚夫这才传令"开营门"。皇帝御车进入时,都尉还告诉随行的车骑说:

"请将军注意,军营中不得驰驱!"御车的御者只好缓辔徐行。进入营中以后,周亚夫全身披甲,对皇帝作个揖说:

"介胄之士不能跪拜,请以军礼见陛下。"

文帝很震动,脸色也变了。他缓缓地走下车,按劳军礼进行慰问,然后乘车离去。随行的大臣们个个吃惊,不知皇帝会不会惩处这个无礼的将军。不料文帝出了军门以后,却对群臣说:

"咳,这才是真正的将军哪!前者霸上、棘门那些军营,轻易地便可闯入,简直是儿戏一样,俘虏那些将军太容易了。至于周亚夫这样的将军,你能侵犯得了吗?"皇帝说完以后,还连连地夸好。不久,便拜周亚夫为中尉,封为条侯。

那是三年前的事了。如今,周亚夫升为太尉,太尉掌握全国的兵权。他研究了"七国"兵分三处的形势,决定调集两京左近各军集中在荥阳,以抵御吴、楚的大军。把一切军务安排好,他乘车带几名卫士赶往荥阳。经过霸

上的时候,见一人挥手拦车,走近了一看,原来是一个叫赵涉的熟人。赵涉问他:

“将军是要往军中的吗?”

“是呀,足下有什么见教?”

“吴王手下收买了许多有奇异才能的人。他知道将军去前线必走这条大路,说不定会在路上埋伏人阻击将军,不可不防。”

“足下说得有理。”周亚夫点点头说。

“将军不如从此向右,走蓝田,去武关,再抵洛阳。走这条路绕远不过一两天。等来到洛阳,去武库击鼓聚将,人们还以为将军是从天而降哩!”

“哈哈哈!”周亚夫笑起来,“就这么走吧。足下倘无事,同车往洛阳,如何?”

赵涉高兴地上了车。到了洛阳以后,周亚夫派出士兵在殽山、渑池之间搜索,果然捉获了吴王派去埋伏的伏兵。于是周亚夫便请赵涉担任护军。

梁王据守梁都睢阳,吴、楚大军把城团团围住,轮番攻打。幸而梁王麾下有两个良将,一个是中大夫韩安国,一个是将军张羽。韩安国为人持重,率领军民用心防守;张羽则勇猛善战,不时带一小部分骑兵出城冲杀一阵,然后再退回城来。吴、楚军连攻了将近一个月,仍然不曾攻下。吴王想撇开睢阳不打,直接西行,又怕梁军抄他的后路,结果僵持在这里。走,走不了;攻,攻不下,真所谓进退两难了。

梁王听说周亚夫已到洛阳军中,派使者偷偷出城,赶往洛阳,请条侯赶快率兵来梁解围。

周亚夫分析了军事形势。从兵力来讲,周亚夫调集的军马不足十万人,而吴、楚联军将近三十万,如果直接赶往梁都与吴、楚军作战,兵力上吃亏。而梁都虽然被困已久,但那里城池坚固,粮食充足,已经坚守了那么长时间,如果再坚守些时日,想来也能保住。他决定不去跟吴、楚军会战,而是扼守住南军西进的道路,再在其后方截断粮道,使他军中乏粮,等时机成熟,再一鼓攻之,这才能稳操胜算。他选中了梁国的下邑。那里是西进

的必经之路，山高关险，易守难攻。便率领大军，开往下邑，扎下壁垒，等候吴、楚军来攻。又派弓高侯韩颓当率领轻骑，绕道到吴、楚军的后方淮泗口。那里是吴、楚军囤粮的地方。韩颓当把吴、楚军的军粮放火烧了，还在附近出没，袭击吴、楚军的粮车、粮船，使吴、楚军陷入断粮的绝境。

梁王听说周亚夫率军来援，十分高兴。但援军却占住下邑不走了。梁王派使者去见周亚夫，请他赶快进兵解围。周亚夫只让使者回去告诉梁王坚守，却仍然按兵不动。梁王急了，派人进京向皇帝告状。景帝下诏催促周亚夫进军。周亚夫仍然不奉诏，牢守下邑不动。

吴王当初起兵的时候，大将军田禄伯献计说：

“此去往长安只有一条大路，还必须经过梁国，难以立功。臣愿分兵五万，循江、淮而上，进攻淮南、长沙，占领武关，便到了长安的侧面。那时与大王会师，再取长安，当能成功。”

这本是条好计，但吴太子刘驹却对吴王说：

“人心隔肚皮，如果把兵借于他人，他却将去求功，岂不是自损了吗？”吴王觉得儿子说得有道理，就不再分兵。

还有一个年轻的桓将军提出一个建议，北兵多是车骑，利于平地野战；而吴、楚军多是步兵，利于涉险。他建议不必去占领一个一个城池，而是多走山路，直扑洛阳，占据了洛阳武库和敖仓的粟谷，再入关（指潼关）就不难了。

吴王去问那些老将。老将却说这是年轻人的空想，打仗岂能没有远虑，主张还是逐步前进的好。于是这个意见也不被吴王采纳。

等到吴、楚军缺粮的时候，吴王才慌了。后面的军粮运到淮泗口不是被劫便是被烧。而眼前的睢阳却又兀立在那里，怎么攻也攻不下来。吴王发急了，他决定去攻下邑，如果把周亚夫打败，梁王失去支撑，打下睢阳也许有可能。吴王想干就干，他留小部军队监视梁军，亲率大军直奔下邑。到那儿一看，山前修了一座壁垒，垒上遍插汉军的旗帜。“周”字的帅旗在壁楼上迎风飘扬。吴王一咬牙，下令攻壁。

汉军在下邑养精蓄锐，以逸待劳；吴、楚军业已疲惫，尽管壁垒不如城

池坚固，但吴、楚军连攻两天，并未攻入一兵一卒。吴王让士卒们在垒外骂阵挑战，汉军就是不出。吴、楚士兵有的饿得扛不住，半夜里逃散了。吴王只好下令退兵。军队刚刚启动，就见汉军壁垒各门大开，战车和骑兵蜂拥而出，汉军反攻了。吴、楚军哪里还有斗志，只好四散逃命。田野里大路上，到处是吴、楚军将士的尸体。

这一仗吴、楚军全部瓦解，楚王刘戊自杀。吴王刘濞率壮士几千人亡命而逃。他渡过淮水，走丹徒，一路收聚散兵，又凑了一万多人，来到东越。东越王答应出兵助他，却让他去劳军。吴王信以为真，来到东越军营，立即被割下头来。原来东越早已被朝廷收买，要拿吴王的头去请赏。

太子刘驹逃亡到闽越。

这边大获全胜，那边栾布率军来解齐国之围。胶西、胶东、淄川、济南四王见了只好撤兵回国。胶西王自杀，胶东王、淄川王、济南王则被诛。还剩下个等着和匈奴联合的赵王，匈奴一直没来，却把汉军等来了，赵王只得退守邯郸。郦寄引兵攻打，又赶上栾布收军从邯郸经过，两下合兵，又引水灌城，邯郸终被攻破，赵王也自杀了。

至此，这七位造反的王子，自杀的三个，被杀的四个，全都丢了性命。还有“七国”之外的那位齐王。他起初曾参加了造反的同盟，后来退出，惹得四个弟弟一齐来攻。按说他抵挡住四国叛军，还算有功吧。但他又怕追算他当初入盟的罪名，竟也自杀了。

吴、楚等国都废除了，景帝认为齐王无罪，下诏立他的儿子刘寿为懿王。

这就是“七国之乱”的“后果”。

五

下面再讲讲梁王的故事，算是“七国之乱”的余波。

梁国地处中原，土地肥沃，气候温和，辖境有四十几个城，所以窦皇后请文帝把她的小儿子刘武封到这里。文帝死后，窦皇后做了太后，她的大

儿子当了皇帝，这位太后就想尽办法让她的小儿子过得舒服些。史书说，太后给梁王的“赏赐不可胜道，府库（王府的库）金钱且百巨万，珠玉宝器多于京师（指皇宫）”。梁王自己也能花钱。他筑了个大花园，叫东苑，方圆三百余里，把睢阳城扩充到七十里（也幸亏他这一扩，才抵挡得住吴、楚军的进攻）。他大治宫室，在睢阳东北三十里的一个叫平台的地方建了一座离宫。他为了到离宫方便，竟从城里修了一条复道，直达平台。

梁王虽然年轻，却知道延揽人才，当时一些知名文士如枚乘、严忌、羊胜、公孙诡、司马相如等人都在他的门下。

景帝也喜欢他这个小弟弟。每到朝请的日子，景帝就派使者持节，带着皇帝的乘舆到潼关去接他。到京之后也是亲密无比，两兄弟在宫内同辇，外出则同车，一起观看歌舞，一起到上林苑射猎。终于有一天，景帝酒后答应将来传位于梁王——这件事，前边已经讲过了。

不过玩笑终归是玩笑，景帝还是立他的儿子刘荣做了皇太子。

“七国之乱”，梁王立了大功，景帝赐他“天子旌旗”、“从千乘万骑”、“出跸入警（出入的时候，要清道戒严）”。事实上，他已经尝着了当皇帝的滋味。

不过尽管有了天子的排场，有了比皇宫还多的珠玉宝器，但终究还不是皇帝。到景帝前六年，太子被废，梁王就又产生了做皇帝的念头。

这里顺便插叙一下太子被废的事。当初景帝做太子的时候，他的祖母薄太后把她的一个侄孙女给他聘为太子妃，景帝即位后立为皇后。但景帝不喜欢她。薄太后于景帝前二年去世。景帝前六年，景帝以薄后不育为理由，把薄后废了。至于太子刘荣，则是景帝前四年立的。景帝有两个大些的儿子，长子叫刘荣，封为太子。次子叫刘彻，封为胶东王。

太子刘荣的生母姓栗，称为栗姬。栗姬的儿子做了太子，宫中又没有皇后，她自认为这皇后的宝座大概非她莫属了。景帝有个姐姐，名叫刘嫖，封为馆陶公主，按习惯称为长公主。长公主下嫁给堂邑侯陈午，生了一个女儿。长公主想把这女儿再嫁回娘家，就去跟栗姬商量，想给太子为妃。栗姬对长公主有意见，因为长公主曾给景帝找来几个漂亮女人，充作后宫美

人。栗姬有点醋劲，对长公主不满，便拒绝了这桩婚事。栗姬就再去找刘彻的母亲王夫人，要刘彻娶她的女儿，王夫人答应了，两个女人成了亲家。

栗姬脾气不好，对皇帝纳美人耿耿于怀；又为皇帝一直不肯立她为后，也心中不满。有一次景帝病了，栗姬在旁边侍疾。景帝便对栗姬说：

"朕如果一旦宾天，荣儿做了皇帝，朕后宫那几个幼子就要托你母子善为照顾了。"

栗姬竟然把头一扭，不理皇帝这个茬，还说了句不逊的话。景帝心中恼怒，当时虽未发作，但对栗姬却不似以前了。

这边长公主为栗姬拒婚的事对栗姬有了意见，便常常在弟弟面前嘀嘀咕咕，既说栗姬的坏话，又赞誉王夫人的贤良。王夫人是个胸有城府的人，她看到栗姬因褊急失宠，就越发显得温柔顺婉，争取皇帝移爱于她。王夫人还使人收买了大行令(掌宾客朝觐等事务的官员)，故意让他去向皇帝建议，请立栗姬为皇后。景帝果然火了，斥责大行令说：

"这件事也该你管吗？"竟下令将大行令处死，并趁机把太子废为临江王。太子太傅窦婴力争不得，愤而辞职。而脾气暴躁的栗姬也含恨死了。后来临江王因侵占了宗庙的宫墙，被中尉郅都窘迫，愤而自杀。

景帝前七年四月，景帝下诏立王夫人为皇后，胶东王刘彻为太子——他就是后来的汉武帝。

在刘荣被废、刘彻还未立为太子的这个期间，窦太后为他的小儿子梁王进行活动，想要景帝立梁王为皇储。有一次太后召景帝饮酒，对景帝说：

"你不须立太子了，就以梁王为皇太弟吧！"

景帝点头答应了。事后，他跟大臣们商量，这么办行不行？大臣们以袁盎为首，纷纷反对。袁盎说：

"这样做不好。昔日宋宣公不立子而立弟，从而发生祸乱，五世不绝(宋宣公舍其子与夷而立穆公，后穆公又舍其子冯而立与夷，其后冯便和与夷争国)。前代的教训，应该汲取。"

由于大臣们的反对，这件事只得作罢。接着梁王又提出要求，请皇帝准他从京师的梁邸与太后居住的长乐宫之间筑一条甬道，以便他回京时

可以随时拜见太后。由于袁盎等人的反对，梁王的这个要求也没获准。

梁王恨死了袁盎等大臣。他有几个谋士，其中羊胜、公孙诡最得他的信任。史书说这两个人“多奇邪计”，梁王的许多主意就是他俩出的。这次他俩又出“奇邪计”了，要派刺客把袁盎等人刺死，看还有谁敢来反对！

一个刺客奉命来刺杀袁盎。袁盎这时因患病请假，回到老家安陵养病。刺客到安陵一打听，当地父老都说袁盎的好话。这刺客心想，这样的人怎忍心杀他？不但不杀，反而去见袁盎通风报信，说这次派出的刺客有十几个，我不杀你，别人不一定不杀，劝袁盎躲一躲。袁盎吓得藏到亲戚家中，但到底还是没躲得了，让另一个刺客杀死了。这个期间被刺杀的大臣竟达十几位。

一下子死了十几个大臣，景帝惊疑了，这还了得！再一查，被刺的都是曾反对过立梁王为皇储的官员。景帝怀疑刺客是梁王派遣的，就派田叔和吕季主查办这件暗杀案。田叔和吕季主带领十几个精明的探吏来到睢阳，他们不去见梁王，却找梁相轩丘豹和梁府内史韩安国，向他们索要羊胜和公孙诡。原来田叔已从安陵那儿找到线索，是当时不肯刺杀袁盎的那个刺客泄露的消息。轩丘豹和韩安国派人查找羊胜和公孙诡，却怎么也找不到，只好下令在全国搜查，一个多月也没结果。

原来梁王早已把羊胜和公孙诡藏匿于王宫，轩丘豹和韩安国又上哪里去找呢？

韩安国找不到钦犯，估计是梁王藏起来了，便到王府去，对梁王说：

“这几天为追查刺客的事纷扰大王，累得大王忧心，这都是大王没有良臣的缘故。俗话说，‘主辱者臣死’。如今臣追索公孙诡和羊胜不得，只好向大王请辞，请大王赐臣死罪！”

梁王惊疑地说：

“何至如此呢？”

韩安国流泪说：

“大王自己估量，跟皇上的亲密关系及不及得上临江王？”

临江王便是前太子刘荣，那是景帝的儿子，所以梁王说：

“当然不如他。”

“临江王是嫡长子，就因为一句话的过错(指栗姬的一句话)，就把太子废了，改封临江王。又因为占了宫垣的小事，自杀于中尉府。为什么呢？那是因为治理天下不能因私乱公的缘故。如今大王位列诸侯，却偏信一些佞臣的邪说，任凭他们犯法胡为。天子由于太后的关系，不忍心置大王于法。听说太后日夜涕泣，希望大王能够自改。而大王至今不悟，反袒匿羊胜等人。假如太后一旦晏驾，大王还将倚靠谁呢？”

韩安国的话还没说完，梁王就哭了。他对韩安国说：

“我把羊胜、公孙诡交给你吧！”

不过梁王交出的不是活着的羊胜和公孙诡，而是他俩的尸体。原来是梁王逼着他们自杀的，免得他们在受审时讲出实情。

这件暗杀案便这样查清了。

不过韩安国说太后日夜涕泣倒是实情。因为皇帝派田叔和吕季主去梁国查案，使太后为梁王担心。她知道她那个小儿子由于过分娇宠的缘故，很可能干出派人刺杀大臣的事来。史书说：“太后忧梁事不食，日夜泣不止。”又说：“帝亦患之。”那是说皇帝也为太后的哭泣感到不安。

田叔在睢阳办案，捉到几个凶手，录了他们的口供，还有梁国“二千石”有关官员的证词，包括梁相轩丘豹和内史韩安国的证词在内。这些材料归结到一点，那就是派遣刺客虽是羊胜和公孙诡干的，但梁王却推脱不掉幕后主使的罪责。田叔从睢阳回京，走到霸昌厩(地名，在长安以东)，他把所有的有关材料都烧了，空着手来见皇帝。景帝问他：

“公查得如何？梁王有责任吗？”

“有责任，”田叔回答，“应处死罪。”

“你详细讲讲。”

“臣以为，这件事陛下不须问了，因为一切狱词都已被臣烧毁。”

“这是为什么？”景帝惊异地问。

“如果认真查案，梁王必将伏诛，否则汉法不行。但如将梁王伏法，太后食不甘味，卧不安席，这不又是使陛下忧心的事吗？狱词烧了，是臣办事

不力，请陛下鉴谅。”

景帝十分感动，便让田叔和吕季主去见太后，还对太后说：

“杀袁盎等人的案子是梁王的幸臣羊胜、公孙诡干的，梁王并不知道。现在罪犯已经伏诛，梁王无恙。”

太后听了，立刻从床上起来，让皇帝和田、吕陪她用饭，脸上也有了宽心的笑容。

梁王没受任何责备，便上疏请求入朝，要向哥哥请罪。景帝准了。梁王带着车骑来到潼关。随行的大夫茅兰建议梁王，入京不要张扬，让梁王把车骑留在关下，找一辆布车，随从两骑保护，悄悄地到长安，住到姐姐长公主的花园里。这边景帝知道梁王将入朝，又派出使臣到潼关迎接。到潼关一看，只有梁王随带的车骑，却不见梁王。使臣回来一讲，太后大哭起来，说：

“皇帝果然杀了我的儿子！”

景帝也忧恐不安。幸好这时梁王肉袒负荆，由姐姐长公主陪着，到阙下请罪。太后这才破涕为笑。皇帝也乐了。派人下诏让梁王的随从入关，一切又都跟从前一样。不过皇帝有了戒心，再也不跟梁王同乘车辇了——这是景帝中二年发生的事。

景帝中六年，梁王依例来朝。他还想跟从前一样，留在母亲身边多住些日子。他上疏请求，皇帝不许。梁王只好怏怏归国。4月，便死于睢阳。噩耗传到京师，太后又哭起来，埋怨皇帝不肯准他留京，是间接把梁王杀了。景帝想了个办法，把梁分为五国，封梁王的儿子刘买为梁王，刘明为济川王，刘彭离为济东王，刘定为山阳王，刘不识为济阴王。梁王的五个女儿也都赏给了汤沐邑。景帝把封王的诏书拿给太后看，太后这才乐了，“为帝加一餐”。

梁王生前生活奢华，花钱无数。等他死后点查梁王府库，光黄金一项就有四十余万斤，其他珍宝的价值也跟黄金差不多。

卫太子的冤案及其他

一

汉武帝刘彻原是景帝次子，他哥哥刘荣早已立为太子。后来刘荣的母亲栗姬得罪了景帝的姐姐馆陶长公主，长公主跟刘彻的母亲王夫人合谋，把太子废了，栗姬怀恨而死，刘彻这才做了太子。所以史书说“帝之为太子，公主有力焉”。

长公主帮助刘彻还有一个原因，那就是长公主的女儿阿娇嫁给刘彻，做了太子妃。刘彻登基之后，又将陈妃（阿娇的父亲是堂邑侯陈午）册立为皇后。丈母娘帮女婿的忙，这是天经地义的，何况他们之间还有姑侄关系呢！

陈皇后自认为她家对皇帝有恩，免不了要恃功邀宠。偏偏她生不了孩子，到处求医问药，药费花了九千万钱，却还是没有效果。她又醋劲很大，千方百计阻挡皇帝纳妃，结果跟皇帝的关系越来越糟。

武帝有个姐姐平阳公主下嫁给了平阳侯曹寿。有一天，武帝到霸上去，归来时路过平阳侯府，便去看望姐姐。平阳公主见弟弟来了，十分高兴，摆宴款待，还把府中养的歌姬们唤出来，让她们唱歌为皇帝佐酒。武帝喝得醉醺醺的，见歌姬中有一位穿绿衣的姑娘生得俊美娇秀，格外动人，便问这个人是谁。原来她叫卫子夫，母亲卫媪是陈家的老仆。公主让卫子夫陪酒。皇帝对她显出十分爱慕的样子。第二天，公主便把卫子夫送进宫中。

武帝很喜欢卫子夫，封为夫人，还把卫子夫的弟弟卫青召进朝中，封为太中大夫。卫家姐弟原为奴仆（卫青是骑奴），突然间平步青云，成了皇亲，这是他们在梦中也不曾想到的。不过有个人却恨得牙根发痒，那自然

就是陈皇后啰!

陈皇后娇妒惯了,现在见皇帝整天待在卫夫人宫中,更是难以忍受,就找机会跟皇帝吵架。不过这样一来,皇帝对她就越发疏远了。这时有个老宫人介绍一个叫楚服的女巫给陈皇后,楚服说她会厌胜之术,能使女人增加媚力。皇后信了,请楚服在宫中施法,一时闹得乌烟瘴气。这事让武帝知道了,大为震怒,派御史张汤查究这件事。张汤是个酷吏,竟株连了三百多人,有的被诛,有的判刑,女巫楚服也在东市枭首。至于陈皇后,则被收回皇后的玺绶,罢退于长门宫。长门宫在长安城东南,原是长公主家的花园,叫长门园,后来赠给皇帝,武帝改修为长门宫。现在,皇帝把皇后安置到那里,事实上是把她休回了娘家。

皇后做了蠢事,长公主也无法救她,自己还要向皇帝谢罪。武帝倒不怪他这个姑姑,反而安慰她说:

"皇后做的事违背大法,不得不废。公主应该把心放宽,不要为这件事而心生嫌惧。皇后虽然废了,但给她的供奉仍然照旧,长门宫跟上宫没什么两样。"

长公主还能说什么呢? 只有谢恩了。

两年后,卫夫人生了个男孩,起名叫刘据。不久,武帝就册立卫夫人为皇后。那年武帝已经二十九岁了,时为元朔元年(公元前128年)。

三十四年过去了,到太始三年(公元前94年),武帝的另一个妃子赵婕妤又给六十三岁的老皇帝生了个小儿子。赵婕妤怀孕的时间特别长,竟长达十四个月。武帝很高兴,说当年尧帝就是十四个月生的,这个小钩弋竟跟尧帝一样!"钩弋"算是小王子的代号吧,因为赵婕妤住的是钩弋宫。而小王子的真名叫弗陵。武帝还把钩弋宫的宫门命名为"尧母门",封赵婕妤为钩弋夫人。

武帝另外还有几个儿子,他们是王夫人生的刘闳,李姬生的刘旦、刘胥,李夫人生的刘髆。

武帝公元前140年登基,至此,他已做了四十七年皇帝。在这期间,他采纳主父偃的建议,颁布"推恩令",削弱了各地王国的势力,在政治、经

济、外交、文化方面也都有相当的成就;军事上则巩固了边防,不断反击匈奴的侵扰。其间,卫皇后的弟弟卫青起了很大的作用,拜为大司马、大将军,封长平侯。卫青曾七次击退匈奴的进犯,其中一次出塞一千多里,歼灭匈奴主力于漠北阗颜山赵信城。不过,他因病过早去世了。

在他去世之前,皇帝曾经跟他有过一次谈话,是关于他的姐姐卫皇后和外甥太子刘据的。武帝说:

"汉家的事业还处在草创时期,再加上四夷不断侵扰,朕如果不变更制度,后世便无法可依。而朕常常出师征伐也是迫不得已,当然也就不得不劳民了。如果后世的君主也来学我,那就是走亡秦的道路,极不可取了。如今天下太平,而太子又敦重好静,必定能够安定天下,使朕无忧。要想找一个能守成之主,哪有比太子更合适的呢?最近听说皇后和太子听信闲言,心中不安,这是毫无根据的。你可以把朕的这番意思对皇后和太子讲讲。"

常言说:"空穴来风,事出有因。"武帝为什么要跟卫青谈这番话呢?自然有他的蛛丝马迹。原来太子的为人跟父亲不同,史书说他"仁恕温谨";而武帝则自命为"英主",严峻峭刻,干什么都雷厉风行,处罚人也毫不留情。那时他年纪大了,有些事情懒得多管,再加上常常外出巡行,有时就把国事交给太子处理。武帝用法严格,他信用的官员也大都是些酷吏。有时这些官员办理的案子,最后到了太子那里就给驳回了。他的这种做法"虽得百姓心,而用法大臣皆不悦"。于是外边就散布些风言风语,说太子不合皇帝的心意。因此,才有武帝告诉卫青的那段话。

武帝自己也对太子说:

"我辛劳一些,把安逸留给你,这不很好吗?"

不过这样一来,朝臣中也就分成了两派,一派是"宽厚长者",他们拥护太子的做法;而那些"深酷用法者",则成了太子的对立面。这些臭味相投的人更容易结帮成伙,他们又有更多的机会接近皇帝,这样一来,太子就毁多誉少了。等到卫青病逝,太子少了个有势力的外家,那些反对太子的人就更没有顾忌了。

皇后常常告诫儿子,有些事情尽可能留着让皇上去裁决吧,不要自己擅作纵舍,免得得罪用法的官员。武帝听说了,还认为皇后的说法不对,让太子照自己的意思做。

这时又发生了一件让卫皇后不安的事。皇后有个姐姐,名叫卫君孺,嫁给了公孙贺。公孙贺也便由于是皇帝连襟的关系而得宠,最后做了宰相。公孙贺的儿子叫公孙敬声,任职太仆(掌舆服车马的官员)。这贵公子出身的官员骄奢淫逸,竟然贪污了公款一千九百万。事情发作之后被捕下狱。当时有个人称"阳陵大侠"的叫朱安世的人,是京畿的大土豪,常做不法的事,连皇帝也惊动了,下诏要有司捕他。这样朱安世便成了钦犯。

丞相公孙贺以前跟朱安世相识,知道朱安世藏匿的地方,公孙贺便去见皇帝,请准许他以捕朱安世的功劳替他儿子公孙敬声赎罪。武帝答应了。公孙贺果然把朱安世捉到了。

朱安世笑着对捉他的人说:

"你们看着吧,公孙丞相的全族都要倒霉了!"

朱安世在狱中给皇帝上疏,揭发公孙敬声跟阳石公主(武帝的女儿,卫皇后所生)私通。又说,皇上将幸甘泉(指长安西北的甘泉山,武帝在山上修了座离宫,称为甘泉宫,是武帝避暑的地方),他们派巫人在驰道上埋木偶人来诅咒皇上,皇上经过时便会中邪。

这是弑君谋逆的大罪呀!武帝十分震怒,下诏将公孙贺下狱,派官审问,又从长安去甘泉的路上挖出了木偶人。至于这木偶人究竟是不是公孙敬声和阳石公主埋的,那就只有天知道了。不过既然人证物证都有了,公孙贺父子就只好死于狱中了,公孙全族都被诛杀。

阳石公主的罪名则是"巫蛊罪",却又把她姐姐诸邑公主也牵扯进去了,这两位公主都是卫皇后生的女儿;还有一个受冤枉的则是卫青的儿子——卫皇后的娘家侄子长平侯卫伉(卫伉袭父亲卫青的爵位)。卫皇后的这三个亲人都以巫蛊罪被判处死刑。

卫皇后一下子失去三个亲人,悲痛是可想而知的。太子虽然认为这案子可能有问题,但他得避嫌而不敢过问。其实,这时连他也自身难保啦!

二

武帝为什么对“巫蛊”这样反感，不惜杀了自己的女儿呢？这跟当时汉宫中的环境有关。那年是征和二年（公元前91年），宫中兴起了一股风，那就是一些妃嫔们纷纷请方士和女巫进宫，替她们“度厄”。这些女人为了争宠，相互间自然不和。有的人便请巫者把她所恨的人的魂灵拘到木偶的身上，写上姓名埋到地里，进行诅咒。东也埋偶人，西也念邪经，却又互相告发。皇帝火了，让人查究，结果真的挖出来一大堆木偶。皇帝见了又恨又气，下令将宫廷的有关官员、妃嫔、巫者全部斩首，一下子杀了几百人。阳石公主和诸邑公主就赶到了这个当口上，糊里糊涂地送了性命。

夏天到了，武帝到甘泉宫避暑。一天晚上，他做了一个梦，梦见许多木偶人手执棍棒来打他，他东奔西避，最后惊醒了，吓出了一身冷汗。第二天，他把做梦的事告诉随从他的直指绣衣使者江充。那时皇帝身体不好，多梦善忘。江充给皇帝圆梦，说这些梦中的木偶可能还是上次巫蛊作祟的缘故。只有把巫蛊都查出来，它们才不能再作祟，皇帝的病也就好了。武帝便派江充为钦使，让他回长安治巫蛊狱。

江充这样讲有个目的，就是想趁机陷害太子。

难道江充跟太子有仇吗？

是的。让我们先从江充是什么人说起。

江充原是赵王的门客，后来得罪了赵国的太子丹，逃出赵国，来到京师，上疏揭发了赵太子的一些阴事（背地做的事）。武帝让赵王废了太子，却召见江充入见。这江充长得仪表不凡，高高的个子，穿着华丽的衣服，真像个人才。武帝跟他谈论政事，他说来也头头是道。武帝很高兴，便封他为“直指绣衣使者”（又称“绣衣直指”、“绣衣御史”）。给他的任务是专门负责侦察皇亲贵戚和大臣们逾轨的事情，这大概是皇帝认为江充既然能掌握赵太子那么多“阴事”，窥人阴私大概是他的专长吧！

江充果然不负皇帝的委托，他还真的查出了一些官员们的丑事，也不

客气地报告给皇帝。武帝认为这是他的“忠直”,对他更加信任。

前年夏天,武帝去甘泉宫避暑的时候,把他也带去了。有一天,太子的家使乘车往甘泉宫送东西,因为正下雨,驿路泥污,只有驰道上还清爽,这家使便把马车赶上驰道。驰道是秦始皇时开始建的,道宽五十步,隔三丈种一棵树,这条路专供皇帝使用,如果误入驰道,车马被具全都没收。偏偏这个家使在驰道上行车让江充看见了。太子知道后派人向江充讲:

“太子不是舍不得车马,只是不想让皇上知道,好像太子平时对左右缺少教育似的,希望江君能够宽容一次,不去报告皇帝。”

江充不听,还是跟皇帝讲了。武帝大加夸奖,说:“人臣就应当这样大公无私。”升他为水衡都尉,对他越发加以信用。别人一看连太子他都敢得罪,谁还不得敬重畏惧呀!所以史书说他“威震京师”。可以说,他故意找太子的别扭,也就是为了达到受皇帝重用、威震京师的目的。

那时卫皇后也已老了,想皇帝再像从前那样宠幸她当然不现实,因为老皇帝身边又有了若干年轻的妃嫔。但皇后虽然年老,却仍然是后宫之主,妃嫔们还得受皇后管辖。不过一个人无论处事多么公平,总会有人拥护,有人反对。反对皇后的人就会想出许多诡计来进行中伤。更有人买通了宫中的内侍来窥伺皇后和太子的过错,作为中伤的武器。黄门(即太监)苏文、常融、王弼便是其中的三个。有一次,太子到皇后宫中晋谒母亲,待的时间长了一点,苏文就去告诉皇帝,说太子在皇后宫中戏侮宫女。武帝以为太子宫中的宫女少了,便又分派去几个,凑满二百人。太子很奇怪,一打听,才知道是苏文讲了瞎话。那常融和王弼也常常在皇帝面前造太子的谣。卫皇后很生气,叫太子告诉皇帝把这三个太监杀了。宽宏的太子却说:

“如果儿臣没有过错,何必怕他们呢?父皇聪明,不信邪佞,用不着害怕!”

有一天,武帝偶患小病,让常融去召太子。常融回来却说:“太子听说皇上病了,脸上有喜色。”武帝听了默然不乐。不一会儿太子来了,武帝往太子脸上一看,腮上似有泪痕,却还强作笑语。武帝觉得奇怪,把常融叫来一查问,常融不得不承认是他造谣。武帝便下令把常融杀了。

皇后听说这件事，也没有什么好办法，只能是尽量避免嫌疑，还谆谆嘱咐太子，善自防闲，以防不测。

然而不管皇后和太子怎样谨小慎微，祸事还是临头了。那江充奉旨回长安治“巫蛊”，却又去找了些胡巫（西方和北方少数民族的巫人）来做助手，到处“求偶人”、“捕蛊”、“夜祠”，只要胡巫说谁家有蛊，便去把主人捉来，严刑拷打，逼着供认。有些人乘机互相诬陷，竞说对方巫蛊，越牵连越广，从京师到三辅（长安周围地区，划分为京兆尹、左冯翊、右扶风，合称三辅）以至于外郡、藩国，为巫蛊而死的“前后数万人”。

江充这样搞，还只是扫外围，他的目标是太子。因为他看见六十多岁的老皇帝身体一年不如一年，说不定什么时候就会“龙驭宾天”，太子将要做皇帝，自己以前得罪过太子，那时太子还能饶过自己吗？唯一的办法就是趁皇帝还在，先把太子搞掉，别的皇子当皇帝就没关系了，因此他才设计出这样一个阴谋。可怜那无辜的“数万人”，白白送了性命。

江充要向太子进攻了。他指使胡巫檀何，说宫中有蛊气，不除蛊，皇帝的病就好不了。江充去告诉皇帝，武帝便授权给他让他到宫中查蛊。江充带着按道侯韩说、御史章赣和黄门苏文等在宫中到处折腾，不论是妃嫔的宫室，还是宫女们的寝所，一律掘地三尺，最后掘到皇后和太子宫中，以至于皇后和太子连卧床都无处放了，到处都是纵横的沟。江充扬言：

“太子宫中的木人最多，还掘出了帛书，上面写着不道的话。我即当禀告皇帝。”

江充扬扬得意，似乎太子的性命已操在自己手中。尽管太子以前说过：“父皇聪明，不信邪佞，用不着害怕！”但江充们的陷阱已经挖好了，那些木人明明是江充们自己带来的，公开地栽赃，但父皇能相信自己是无辜的吗？他忧心忡忡，只好去找师傅少傅石德商量。石德自己也愁得要命，因为如果太子犯法，他的师傅们就会处以教导无方的罪名，照例陪斩。现在太子来问计了。石德想来想去，只有破釜沉舟一个办法，杀了江充再说，反正等着也是死。于是便对太子说：

“以前丞相父子（指公孙贺父子）、两位公主及卫伉将军都是因为巫蛊

罪而被处死的。如今江充和胡巫掘地找到木偶,也不知是原有的还是胡巫安置的,殿下也没有办法辨明。看来只有捉住江充等人,查实他们的奸诈,禀明皇上,才是唯一生路。”

“江充持有皇上符节,能捉他们吗?”

“如今皇上病在甘泉宫,皇后和太子派家使去请安都不报,是不是其中有什么蹊跷?”

太子摇摇头说:

“我也在为此不安。”

“事情紧急了,”石德说,“太子可不要忘了秦扶苏的教训(扶苏是秦始皇的大儿子,秦始皇死于巡幸途中,次子胡亥矫诏将扶苏杀死)。”

太子还是不肯,他坚定地说:

“为人子的,怎么能擅杀父皇的使者?我看我还是去甘泉向父皇谢罪吧,也许会得到宽容。”

太子要太仆为他准备车马。太仆说钦使江充有令,不得为太子供应车骑。这边江充等人又在加紧准备诬害太子的证据。太子这下子可真急了,他决定采纳石德的意见,孤注一掷了。

七月壬午这天,皇宫又来了一位使者,带着甲士,说是从甘泉宫来的,带来皇帝的诏书。江充、韩说、章赣等人便到殿前迎接。使者问:

“江充、韩说等人都到了吗?”

韩说看出破绽,因为随皇帝到甘泉宫的官员他都认识,为什么来的这位使者这么面生呢?他不肯受诏。一个甲士走过来,一刀砍掉了韩说的脑袋。其余的甲士围上来,将江充等人捉住。

这时太子从殿里走出来。他大骂江充:

“你这个赵虏,以前坑害赵王父子还不满足,还要害我家父子吗?”他吩咐甲士:“把他斩了!”

一贯害人的江充倒在血泊之中。太子又把帮江充为非作歹的胡巫在上林苑中活活烧死。

太子一面派人去告诉皇后,一面征集了皇宫的车马,从武库中取出兵

器，把长乐宫的卫卒都武装起来。一时长安城中纷纷扰扰，传说太子造反了。

江充一伙只有黄门苏文逃脱。他急急忙忙奔向甘泉宫，报告皇帝说太子反了。武帝起初不信。因为“知子莫若父”，他是深深了解太子的性格的。他对大臣们说：

“一定是江充闹得过分，太子害怕了，又气江充不过，才发生变故。”他派一个使者去长安城召太子来见。

那个使者是胆小鬼，不敢进城，却跑回来撒谎说：

“太子已经反了，不肯奉诏，还要斩臣，臣只好逃了回来。”

武帝发火了，查问丞相在哪里。那时代替公孙贺做丞相的是刘屈氂，是武帝的侄子。刘屈氂听说宫中变乱，逃出城，却让长史乘快马向甘泉报信。武帝问长史：

“丞相在干什么？”

“丞相未得陛下指示，未敢公开发兵。”

“事情已到了这一步，还要保密吗？看来，丞相比周公差多了，周公诛杀管、蔡，丞相却只顾兄弟之情(太子和丞相是堂兄弟)！”

皇帝让丞相府长史带玺书给丞相，告诉他：

“捕斩反者，自有赏罚。不要多杀伤士众。紧闭城门，不要让反者逃脱。”

接着，武帝离开甘泉宫，来到长安城西的建章宫驻跸，发诏让三辅和附近州县都派兵来，由丞相率领，进城平叛。

太子这边已是骑虎之势，欲罢不能了。他矫诏赦出长安各监狱中的囚徒，又号召长安城中的居民来相助，聚集了几万人。太子亲自率领，跟丞相带领的军队在长乐宫西阙下大战，竟打了五昼夜。双方死伤上万人，路边的阳沟里全是血水。

太子率领的多是临时凑集起来的老百姓，战斗力当然不如军队，最终被打败。太子逃出覆盎门(长安城南第一座门)。司直田仁已把城关了，看到太子跑来，竟把城门打开，放太子逃出。丞相在后边追来，听说田仁放了

太子,就要将田仁斩首。御史大夫暴胜之对丞相说,司直是二千石吏,应当请皇上批准再斩。丞相便把田仁放了。武帝听说后,迁怒于暴胜之。暴胜之惶恐自杀。

这边皇帝派人去收卫皇后的玺绶,卫皇后也自杀了。

这时武帝怒极,杀了不少有牵连的官员,像那放太子出城的田仁即被腰斩。于是朝臣们有的虽然同情太子,却也不敢出来讲话。人心惶惶,不知怎么办才好。有个叫令狐茂的壶关三老(掌教化的乡官,地位很低)却来大胆上疏。他说:

"江充不过是一个赵国布衣,陛下重用他,而他却借至尊的命令去胁迫太子。纠集一些邪恶之徒,伪造奸诈的证据,使太子进不得见皇帝,退则困于乱臣。冤结无告,才愤而诛杀江充。子盗父兵,只是为了救难自免罢了。臣以为他绝没有邪心。诗经说,'营营青蝇,止于藩。恺悌君子,岂信谗言?谗言罔报,交乱四国'。以前江充谗杀赵太子,天下都知道他的为人,陛下却还不深省察,让他迫害太子,还要派三公(指丞相)率大兵征讨,臣实在痛心。希望陛下宽心慰意,召回甲兵,不要使太子长久在外逃亡。臣不胜惓惓,待罪于建章宫下。"

在皇帝的怒火头上,朝中大臣个个钳口,而一个乡官三老竟然敢上疏直言,大臣们不得不感到惭愧敬佩。就是武帝也颇为感动。他明白令狐茂说的是事实,他有心发布诏令,赦免太子的罪过,召太子回国。但却已经晚了一步,因为太子已经自杀了。

原来太子逃出长安后,向东跑到湖县,藏匿在泉鸠里一家农户家里。主人家贫,只能编织草鞋卖了钱来供养太子。太子过意不去,想起有个故人住在湖县,听说他家很富有,就派主人去找他,想让他帮帮忙。却不料被官府发觉。官府派役吏来捕太子。太子忖度无法逃脱,关上门自缢而死。这时役吏已经赶来,小卒张富昌一脚将门踹开,新安县令史李寿将太子解下,和张富昌一起施救。可惜为时已晚,太子终于死了。

这时不少人上疏要求重审巫蛊案。经过复查,结果绝大多数是冤枉的。武帝这才明白太子确实是被江充所逼,并没有反叛父亲的意思。于是

下令将江充灭族，把黄门苏文焚于渭桥上。又在湖县建了一座“归来望思之台”，在宫里建了一座“思子宫”，以寄托他对被迫害致死的儿子的哀思。

史书说：“天下闻而悲之。”

三

这一章的题目是《卫太子的冤案及其他》，现在卫太子的冤案讲完了，下面再讲讲“其他”。

这其他共有两件事。第一件是卫太子死了，武帝还没立太子。武帝共有六个儿子，其中太子刘据和齐王刘闳、昌邑王刘髆已先后死了，膝下还有三个儿子，依次是燕王刘旦、广陵王刘胥和七岁的小儿子刘弗陵。

燕王刘旦聪明博学，如果按长幼顺序，刘旦年长，应立为太子。所以他听说哥哥太子刘据死了，皇帝有病，便派使者上疏请求入宫宿卫(在宫中夜间值宿警卫)。武帝看出他是想趁机谋太子的地位，十分生气，便把他派来的使者斩了。又有人控告他藏匿亡命之徒，武帝下诏削去他辖地的良乡、安次、文安三县。武帝认为这个儿子心地叵测，不喜欢他。

至于广陵王刘胥，长得身高体壮，很有勇力，但他任性胡为，不守法度，不断地惹祸，因此武帝不肯让他当太子。

现在只剩下一个刘弗陵了。前面讲过，刘弗陵的母亲赵婕妤怀孕十四个月才生下他，武帝封赵婕妤为钩弋夫人，还把钩弋宫门题名为尧母门。刘弗陵也许是在母腹中时间长的缘故，他身躯高大，而且非常聪明，七岁的孩子就像十来岁那样懂事。武帝决定让刘弗陵当太子。又因为他年纪小，需要忠诚干练的大臣辅佐他，便选中了奉车都尉、光禄大夫霍光。他让人画了一幅周公背着成王接见诸侯的画赐给霍光，自然是希望霍光能像周公那样辅佐幼主。过了几天，武帝又故意找碴，把钩弋夫人杀了。有的大臣问他说：

“陛下想册立她的儿子，又为什么把她杀了呢？”

武帝回答说：

"往古国家之所以乱，不少是由于主少母壮的缘故。壮年的女主控制朝政，有的不免独居骄蹇，甚至淫乱宫闱，谁又能禁止呢？你忘了吕后的教训吗？所以要立弗陵，就不得不把钩弋先去掉啦！"

武帝后元二年二月，武帝崩于王柞宫，卒年七十一岁。刘弗陵即位，是为昭帝，那年他只有八岁。

武帝的死信用玺书发往各诸侯国。燕王刘旦接到玺书后没哭，却说那玺书比往常小，可能是假的，派亲信寿西长、孙纵之、王孺到长安去探看情况。接着又有诏书下来，赐给燕王钱三十万，增加采地一万三千户。刘旦不但不高兴，反而发怒说：

"我是先皇的大儿子，即将做皇帝，什么赐不赐的！"他跟宗室中山哀王的儿子刘长、齐孝王的孙子刘泽以及亲信官员商量，郎中成轸说：

"帝位只能起兵夺取，坐待是没用的。如果大王起兵，国中即使是女子也会奋臂跟随大王。"

还有人出主意，向各地发布传单(奸书)，造谣说"少帝(指刘弗陵)不是武帝的儿子，只是大臣霍光、上官桀、金日磾等人私立的，天下应共伐之"。他们招兵买马，训练士卒，在全国收敛铜铁，打造兵器，作叛乱的准备。刘泽还回到齐都临淄，打算把青州刺史隽不疑杀了，带齐兵来跟燕王合军，攻打长安。

不料刘泽的活动被人察觉，报告给刺史隽不疑。隽不疑抢先下手，将刘泽捉住，上疏朝廷。朝廷派大鸿胪丞下来处理，结果刘旦的计划全都暴露了。由于刘旦是皇帝的哥哥，免予处治，只把刘泽、刘长等人杀了。燕王的第一次谋反便以失败而告终。

然而燕王刘旦并不死心，仍在窥测机会。武帝死时，曾向三大臣托孤，其中金日磾已死，霍光和上官桀辅政。霍光为人正直，燕王便拉拢上官桀，排挤霍光。他派孙纵之等人不时贿赂上官桀和他的儿子车骑将军上官安、御史大夫桑弘羊等人，想先把霍光搞掉，再逼昭帝退位，推燕王做皇帝。

上官桀指使人以燕王的名义上疏，说霍光有一次出都，调羽林军做护卫，路上戒严、行动跟皇帝出行一样。又凭自己的好恶任命官吏，专权自

恣。还曾擅自增加大将军府(霍光时为大将军)的校尉,可能有非常之事。疏上又说:“臣但愿归符玺,入宫宿卫,以防奸臣发动变乱。”

昭帝接到这封以燕王名义上的疏,并未处理。第二天早朝,霍光来到朝房,有人告诉他燕王上疏控告他的事。霍光便在朝房待罪,待皇上处置。昭王不见霍光,便问:

“大将军在哪里?”

左将军上官桀回答说:

“因燕王告他有罪,故而不敢入朝。”

昭帝下诏宣大将军。霍光进来后摘下头上戴的冠,顿首谢罪。昭帝说:

“大将军请把冠戴上。朕知道这封疏是假的,大将军无罪。”

“陛下怎么知道?”霍光问。

“将军上次出行是往广明亭,那么近的路(广明亭在长安东都门外),何须戒严?再说调校尉的事还不到十天,燕王远在藩国,又怎么能够知道?而且如果将军想不利于寡人,也用不着增加校尉呀!可见,上疏的人不是燕王,而另有其人,要廷尉将这人捉获!”

廷尉奉旨捉人,上假疏的人早已跑了。嗣后再有人在皇帝面前说霍光坏话的时候,昭帝就会发怒,说:

“大将军是忠臣,是先帝要他辅朕的,今后再有人诽谤他,朕就严加处治!”

上官桀等人只好缄口了。那年昭帝还只有十四岁。

燕王和上官桀的诬告阴谋未能得逞,又想出一个暗杀的诡计。他们买通了昭帝的姐姐鄂邑公主,想让公主置酒宴请霍光,然后伏兵杀害他。燕王的驿使往来于长安与燕都蓟县之间,一骑刚走,一骑又发。燕王答应上官桀,事成之后,将立上官桀为王。而上官桀背地里却跟儿子上官安商议,一旦杀死霍光,废去皇帝,就再把燕王杀死,而由上官桀来当皇帝。这真可谓“螳螂捕蝉,黄雀在后”了。

不巧的是,当鄂邑公主布置她的稻田使者(公主封邑中收税的官员)燕仓准备酒宴的时候,泄露了消息。燕仓去告诉谏大夫杜延年,禀明皇帝。

昭帝下诏，将燕国使者孙纵之和上官桀、上官安、桑弘羊等人捕起来审问，燕王和上官桀的阴谋终于暴露。昭帝将他们全部族诛。鄂邑公主自杀。

消息传到燕都。燕王刘旦设宴和群臣、妃妾们告别，然后上吊了事。皇帝给他一个谥号叫“刺王”。《谥法》说：“暴戾无亲曰刺。”给刘旦这样一个谥号，也算是恰如其分了。

四

让我们回过头来，追叙一件陈皇后的事，这就算是第二个“其他”吧！

当初馆陶长公主想把女儿嫁给太子刘荣，被栗姬拒绝，长公主怀恨在心。有一天，王夫人带儿子刘彻到公主府做客。长公主把六岁的小侄子刘彻抱坐在膝上，问他：

“阿彻，你喜欢阿娇姐姐吗？”

“喜欢。”天真的刘彻回答。

“让她给你当媳妇，你要不要？”

“要。”

长公主和王夫人相视而笑，这门“娃娃亲”就这样定下了。这是亲上加亲，景帝也不反对。以后长公主帮助王夫人，让刘彻取代了太子的地位。这两小长大之后成了亲，阿娇先做了太子妃，以后又做了皇后，因姓陈叫陈皇后。再以后陈皇后因妒失宠，被禁于长门宫，这个过程在本章的第一节里已经说过了。

陈皇后久居长门宫，做伴的只有春花秋月、夏露冬霜，想起少年时跟天子过的那种甜蜜的日子，心中充满了愁思怅惘。后来听宫人说，朝中有个叫司马相如的郎官（皇帝侍从官）善于写赋，一篇《长林赋》名满京都。陈皇后便派宫使带一百两黄金做礼物，请司马相如为她写一篇赋以感动皇帝回心转意。

司马相如愿意接受陈皇后的委托，因为他自己的生活中也曾有过一次爱情经历。原来司马相如的妻子卓文君是蜀郡富家孀居的女儿，因倾慕

司马相如的文才与他私奔。两人曾在临邛开过小酒店，司马相如穿着犊鼻裤做酒保，卓文君则亲自卖酒，“文君当垆（酒店里安放酒瓮的土墩子）”一时传为佳话。

司马相如推己及人，非常同情陈皇后的处境，便代她写了一首《长门赋》。

那赋开头说：

夫何一佳人兮，
步逍遥以自虞。
魂逾佚而不反兮，
形枯槁而独居。
言我朝往而暮来兮，
饮食乐而忘人。
心慊移而不省故兮，
交得意而相亲。

这段话的意思大致是这样：

“有一个佳人，徜徉散步来自我排遣。她的魂灵飞扬失散，形容枯槁独自居住。君曾说我早晨走晚上就来，可能是有了饮食之乐就把我忘了吧！君的心思已经决绝转移，只顾和你称心如意的人亲近了。”

下面接着说：

伊予志之慢愚兮，
怀贞悫之欢心。
愿赐问而自进兮，
得尚君之玉音。
奉虚言而望诚兮，
期城南之离宫。

修薄具而自设兮，
君曾不肯乎幸临。

“我的性情慢愚，只以为以前的欢爱是靠得住的。一心想君王问起我来，得有进见的机会，听见君王的语音。听到一句搪塞的话便诚心相信，在城南的离宫里天天盼望。我时时准备了菲薄的饮食等你，但君王却从来不曾光临。”

接着写长门宫的景色：

浮云郁而四塞兮，
天窈窈而昼阴。
雷殷殷而响起兮，
声象君之车音。
飘风回而起闺兮，
举帷幄之襜襜。

“浮云郁郁将天空布满，深远的天空显得越发阴沉。雷声殷殷地响起，好像是君王车轮的声音。但却只有飘风将宫门吹开，吹得帐幔摇摇摆摆。”

听着殷殷的雷声，就以为君王乘着车子到了，这种情景交融的写法，充分表达了废后急切盼望的心情。再看这几句：

白鹤嗷以哀号兮，
孤雌跱于枯杨。
日黄昏而望绝兮，
怅独托于空堂。

赋的前段还曾有句“登兰台而遥望兮，神恍恍而外淫”（登到高台上向远处遥望，精神恍惚，失魂落魄）。这里是接着写：“望到日落黄昏，所见的

却是白鹤在那里哀号，失群的雌鸟孤零零地站在杨树的枯枝上，人儿也只有惆怅地独自托身于空堂之中了。”

这首赋很长，此处不能多引。结尾两句是：

妾人窃自悲兮，
究年岁而不敢忘。

“臣妾这是自己暗自悲叹，即使这样我穷年累月也不会忘记君主。”

陈皇后把《长门赋》托人送给了皇帝，那么结果如何呢？

后人在编辑《长门赋》的时候，曾写了一段《序》，序中说：“而相如为文以悟主上，陈皇后复得亲幸。”那是说，这篇赋皇帝看了之后很受感动，于是“陈皇后复得亲幸”。这话是不正确的，不过是故意夸大这首赋的作用而已，因为不要说人老珠黄的陈皇后不会再放在皇帝眼里，就是那后来的皇后卫子夫也早已失宠了。中皇帝意的是那些更年轻漂亮的新贵人，如钩弋夫人之流。写序的人那样写，也许只是表达他对陈皇后的同情吧！

后世同情陈皇后的人真不少，汉魏的“相和歌”里就有写陈皇后遭遇的，叫《长门怨》，又因陈皇后的名字叫阿娇，这歌就又名《阿娇怨》。到了唐代，更有不少诗人写这个题材。大诗人李白就写了两首绝句，都以“长门怨”为题：

天回北斗挂西楼，
金屋无人萤火流。
月光欲到长门殿，
别作深宫一段愁。

桂殿长愁不记春，
黄金四屋起秋尘。
夜悬明镜青天上，

独照长门宫里人。

此外,刘言史、裴交泰、刘媛、刘皂也都写过题为《长门怨》的诗。而刘皂的诗是从另一个角度写的:

宫殿沉沉月色分,
昭阳更漏不堪闻。
珊瑚枕上千行泪,
不是思君是恨君。

难道负心的皇帝不该恨吗?

刘荆兄弟迷信惹祸

一

古代人迷信，相信天命，认为冥冥中自有主宰，盛衰祸福都由天定。那么怎样才能知道自己的穷通命运呢？便有术士和巫者一类人出现。这些人利用人们迷信的心理，制造出一套星命卜卦等邪说，让人们预知未来，趋吉避凶。

迷信的种类很多，谶书便是其中的一种。谶书是前人写的，上面记着一些让人看了似懂非懂的话，那就是预言。古代有个到泰山封禅的习俗。这是一种皇帝祭告天地的典礼。当时人们认为泰山是五岳之首，最为高峻，因此也离天最近，在泰山祭天，表述皇帝的功绩，“天”就更容易接受，这叫“封”。泰山旁边还有个矮些的山，叫作梁父山，再在那里祭地，这就是“禅”，整个礼仪便是“封禅”。东汉建武三十年，司空张纯等曾请光武帝刘秀到泰山封禅。刘秀对这套没兴趣，他下诏书说：

“朕即位三十年，百姓怨气满腹，我欺骗谁呢？难道欺骗天吗？”他还明令今后禁止“各郡县派人来上寿，说一些虚伪的赞美话，违者必处以髡刑（剃去头发），让他去屯田”。

过了两年，光武帝偶然看到一本谶书《河图会昌符》，上面有“赤刘之九，会命岱宗”两句话。刘秀就琢磨，“刘”是汉朝皇帝的姓，而汉朝是以火德为标记的，火是“赤”色；至于“岱宗”则是泰山的别称。难道谶书上早就预言他这汉朝的皇帝该去封禅泰山吗？只有“之九”不知是什么意思。反正谶书是需要仔细体会的，如果什么事都明白指出，那就不叫谶书了。于是他就让虎贲中郎将梁松等人去查别的谶书。也不知这些人怎么查的，竟在《河洛谶书》等书上查出根据，原来汉武帝曾于元封（武帝年号）年间到泰

山封禅。从那时往下数，到光武帝恰好是刘姓的第“九”个皇帝。“赤命之九，会命岱宗”就都有了下落。于是张纯再次上疏请皇帝封禅。这次光武帝答应了，还吩咐一切按照武帝当年封禅的仪式去办。

建武三十二年二月，光武帝率领大臣们长途跋涉来到泰山，举行了封禅大典，一切按仪式办事，不必详叙。刚要回来，那一力主张封禅的司空张纯却突然在泰山患病死了。光武帝大为扫兴，只好让司空衙门的从吏护着张纯的棺木西归，他也匆匆往回走。四月回到长安，照例大赦，还把建武三十二年改为中元元年。

刘秀又想起三十一年以前的往事，那时他率领军队，逐鹿中原。有人劝他登基称帝，他还在犹豫。一个叫强华的儒生拿来一纸谶文，名叫《赤伏符》。上面写着：“刘秀发兵捕不道，四夷云集龙斗野，四七之际火为主。”这谶文里不但直书了刘秀的名字，而且“四七”也有了解释，算起来从汉高祖刘邦做皇帝，到那年正好是二百二十八年。“四七二十八”，于是刘秀便照着谶文的话，登上皇帝宝座。想到这些，刘秀对谶书更加深信不疑了。

封禅回来，刘秀要兴建三处建筑，那就是要盖一座明堂、一座灵台和一座辟雍。明堂是帝王宣布政教的场所，类似后来的礼堂。辟雍是大学堂。而灵台则是观星的台子，古代观星主要是从天象的变化来判断人间的治乱，有着浓厚的迷信色彩。所以刘秀在选灵台地址的时候，就又要查谶书。给事中桓谭上疏，大意说：

“人情都是对现实的事忽略，而却注意异闻。看先王们的记叙，都是以仁义正道为本，而没有奇怪虚诞的事情。子贡说过，‘从来没听夫子(孔夫子)讲过天道性命之说’。何况后世一些浮浅的儒生，他们又怎会通晓？现在有一些狡狯的人，把某些古书增增减减，矫称为谶记，用来欺骗人主，怎能不把他们斥逐呢？谶记所说偶尔也会巧合，但那就如数单双数一样，总会碰上一两次。因此陛下应该屏拒群小的邪说，而以《五经》的正义为准绳。”

刘秀看到表章，很不高兴。桓谭却又在朝堂上跟皇帝辩论起来。刘秀要斩他。桓谭叩头流血，才幸免一死，被贬为六安郡丞。

群臣看皇帝喜欢迷信这一套，便投其所好，这个说“京师有醴泉涌出”，那个说“赤草生于水涯”，而有的郡、国则频频地送来天降的“甘露”。这些统称之为“祥瑞”，是上天颁赐以褒奖皇帝的。

“祥瑞”又叫“瑞异”，也就是桓谭上疏中所说的“异闻”，大多是一些平时罕见的事物或自然现象。人们就把这些异闻归之于上天示兆，是给当朝天子的肯定和奖励。“涌醴泉”、“生朱草”、“降甘露”，不管离得多远，都要算到皇帝的账上。刘秀对这一点倒有自知之明，史书说：“帝不纳，帝自谦无德。”看来他有时迷信，有时又不大迷信。

不过下一年他就死了，看来封禅没起多大作用。但是作为一位皇帝，他敢于承认自己“无德”，说“百姓怨气满腹”，倒比那些一味自吹自擂的皇帝强得多，也实事求是得多了。

本章的题目是《刘荆兄弟迷信惹祸》，但这一节讲的却是皇帝的事，那就算是开场白吧！因为下面讲的迷信惹祸的王子，恰恰都是光武帝的儿子。

二

刘秀一共生了十一个儿子。原来的皇后姓郭，生了五个儿子，大儿子名叫刘强，两岁时就封为太子。后来郭后被废了，继立的是阴皇后，她也有五个儿子。还有一个儿子则是后宫许美人生的。

郭皇后被废那年，太子刘强已经二十一岁了。封建法统以嫡子为正，刘强原先倒是嫡子，等到阴皇后位居正宫，他就又变成了庶子了。他这个人忠厚老实，觉得这个太子干得不那么理直气壮，便几次给父皇上疏，要求不做皇储。光武帝准了，封他为东海王，还把鲁国也合并到东海，扩大他的辖区。而立自己的第四个儿子刘阳做太子，并改名叫刘庄。

光武帝喜欢刘庄，因为他很聪明。刘庄十二岁那年，皇帝下诏全国重新丈量土地，普查人口。原因是一些豪门大户不但少报人口，而且也隐瞒土地，这样就把田租和按人口征的赋税都转嫁到穷人身上。各地穷人纷起

抗议，不断有骚乱发生。光武帝下令普查。但官府与豪门勾结，调查仍然不公。河南陈留郡派长吏来京上疏，疏文中夹着一张小纸条，上面写着："颍川弘农可问，河南南阳不可问。"光武帝很奇怪，问那长吏，长吏支支吾吾不敢说。经皇帝一再追问，长吏才说是在洛阳长寿街上拾到的，随手放在袋里，误跟疏文一起呈送皇帝了。光武帝不信，还在追问，屏风后传出一个童子的声音说：

"父皇不必问了，儿臣知道是怎么一回事，请让长吏退下。"

长吏走了。刘庄从屏风后走出来，对父皇说：

"这话八成是郡守让长吏说的，为的还是变田的事。"

"既然如此，明说好了，为什么还要夹带纸条？"光武帝奇怪地问。

"郡守也有难处。河南地处京畿，许多大臣都有田地，他们若隐瞒，郡守敢查吗？还有南阳郡乃是我家祖居的家乡，许多人都是亲戚，南阳郡守也是不敢得罪的。所以长吏的纸条上才写着'河南南阳不可问'。"

光武帝点点头，觉得这个小儿子的分析有理。他派虎贲校尉(亲近卫士)去问那长吏。长吏承认了。从这件事，光武帝看出刘庄很有见识，便时刻把他带在身边。太子刘强退位之后，光武帝便册立他这第四个儿子做了太子。

刘庄越次而立，别的几位王子倒没什么，只有老八刘荆不服气。刘荆和刘庄是亲兄弟，都是阴皇后生的。父皇钟爱刘庄，刘荆十分嫉妒，他觉得自己什么地方都比四哥强，为什么父皇那么偏心呢？后来他被封为山阳王。山阳是从梁国分出来的，在今独山湖以西，方圆仅有百里。而大哥被封为东海王，东海国辖境就够大的了，父皇竟又把鲁国也给了他。两国的疆土加起来二十九个县，至少比山阳国大了五六倍。这也使刘荆不满。

中元二年，光武帝去世，除在京的王子外，各地诸王都来京奔丧。三十岁的太子刘庄即皇帝位。他派太尉赵熹主持光武帝的葬礼。这些王子们都是兄弟，日久未见，借这个机会得以聚首，倒也显得亲热。外地诸王在京中都有府邸，但他们却都挤到宫中，还有那诸王带来的官属从吏，不断出入宫禁找他们的主子禀事，一时宫中、朝中一片混乱。太尉赵熹一看不整顿

不行。他带剑上殿，见诸王仍和幼时一样，跟新天子同座坐着，便上前搬一个座位放在上首正中，扶新皇帝（庙号明帝）刘庄坐了，然后让诸王依次坐在下首。又遣谒者仆射（负责把守宫门的官员）严禁闲杂人等出入宫门，把诸王官属都撵了出去。这样一来秩序肃然。赵熹还启奏新皇帝，诸王应各就府邸，只在早晚吊祭时入宫。明帝也准了。

那赵熹是名老臣，他在殿阶发号施令，威风凛凛，对诸王虽然恭敬，但又不客气。他安排座位时刘荆不高兴，傲然不动，赵熹竟去扶他就座。刘荆骄横惯了，便想发作，但他看见皇帝哥哥朝他频使眼色，却也不敢闹事，只好气哼哼地坐上赵熹给他安排的座位。

刘荆对父皇有意见，因而对父皇的死并不悲伤。那时诸王在举行祭典时个个痛哭流涕，他却只在那里干号，所以史书说："山阳王荆哭临不哀。"

皇帝的葬礼烦琐复杂，在下葬之前诸王都得留在京中。刘荆在王府待着，想想那些令他不平的事情，便想给新皇帝捣捣乱。他气他大哥封地那么大，就又把矛头对准他大哥。他写了一封飞书（匿名信）给大哥东海王刘强，信中说：

"大王无罪而被废斥，亲弟沛王竟然繋狱（光武帝次子沛王刘辅曾受别人牵连，被捕入狱三天）。太后（指郭太后）失职，别居北宫，及至年老，竟然远斥边郡（郭太后出宫后由沛王刘辅奉养），令海内痛心，观者酸鼻。而今天下有丧，京师大张弓弩，戒备森严，无非是防大王。如大王集二国（指东海国与鲁国）之兵，可得百万人。大王亲做统帅，鼓行而西，那就容易得如泰山击鸡子，轻得像四马载鸿毛。这乃是汤武之兵也。

"今年轩辕星出现白气，星命家都说白气主丧，现已应验。又，太白星出现于西方，到中午犹能望见，主当起刀兵。又，太子星变黑，日光变红，黑主病，红主刀兵。种种星象表明目下正是兴兵的时候，请大王努力从事。

"还曾听相工们说，大王贵为天子之相。现在人主崩亡，正是大王求天下、雪仇耻的良机。愿大王继承高祖、先帝之志，不要像秦扶苏那样，徒呼苍天！"

从这封信里可以看出刘荆的两种迷信，一是星命，二是相面。

星命家认为人间的行为和命运常同星宿的位置、运行有关，所以每个人都有他的“星命”，而时日也有吉凶。星命家以人的出生年、月、日、时（俗称“八字”），配合日、月和水、火、木、金、土五星的运行，来推算人的命运。至于朝野大事，星命家也以星宿的变化来判断。所以刘荆在信里预言要“起刀兵”。

至于相面，则是认为人的相貌不但表现出人的前途命运，就是短时的吉凶祸福也能从面上表现出来。这些就是刘荆在信里怂恿刘强造反的根据之一。

刘荆把飞书写好了，派一个亲信苍头（奴仆）持往东海王府，告诉他把信送到就走。如问信是谁让送的，就说是大鸿胪郭况吧！原来郭况很受光武帝的宠信，曾几次到他家去，“赏赐金帛，丰盛莫比”，刘荆有些嫉妒，便借这个机会栽赃给他。

苍头持信来到东海王府，交给门上的卫士长。卫士长问他是谁送的信，苍头回答一句“大鸿胪府”转身就走。卫士长是细心人，他唤住苍头，让他等大王看信后是否有回信再走。苍头这时想走也不能走了。卫士长把信送给刘强。刘强拆信一看，惊得冷汗也流下来了，忙问：

“送信人呢？”

“留在府门口。他说是大鸿胪府的人。”

“好，把这封信连同送信人一起送廷尉发落。”

廷尉接到东海王府卫士长送来的信和送信人，唤进送信人一问，苍头还说是大鸿胪府的。廷尉要派人去唤郭况府的管家来认。苍头才不得不承认他是山阳王派来的。

廷尉把这件事报告给皇帝。明帝心中恼火，刚刚即位，亲兄弟就来捣乱，其中还牵涉到大哥。想想这件事不宜张扬，他一面趁吊祭先帝的机会当面向大哥解释，解除大哥的疑虑，一面派人把刘荆送到河南宫（离宫，在河南县），让他在那儿待着，等丧事完毕便打发他回国。

第二年，东海王刘强病了。明帝派遣使者和御医乘驿车去鲁国为刘强治病，派了一拨又一拨。还下诏让沛王刘辅、济南王刘康和淮南王刘延到

鲁国省亲。刘强死后，明帝和阴太后到津门亭为东海王发哀，又下诏让楚王刘英、赵王刘栩、北海王刘兴（上述五王都是刘强的弟弟，刘兴则是刘强的堂弟）及在京师的近亲去鲁参加葬礼——唯独没让山阳王刘荆去。其实山阳就在鲁的旁边，明帝不让刘荆去自是因为那封飞书的缘故。

就在当年，刘荆又把星命家召进王府，大谈星命，研究星宿的运行和变化。研究的内容是希望找出天下有变的迹象。经人告发后，明帝只将他徙封为广陵王，仍没给以其他处分。

九年过去了，刘荆已到了而立之年，他又想生事了。他把平素认识的一个相工找来，让相工给他再相相面。他说：

“我的相貌跟先帝一样，先帝是三十岁得天下的，我今年也正好三十岁，你看我能不能起兵？”

相工吓了一跳，只好装模作样地在刘荆面上打量一阵，说了几句模棱两可的话，便告辞出府，跟着就去向郡守揭发。郡守报告给皇帝。明帝下诏，剥夺刘荆管理国政的权力，一切政务都由国相处理，还让中尉（王国中负责守卫的官员）对刘荆“严谨宿卫”。事实上，等于把他软禁起来。

刘荆恼羞成怒，还是乞灵于迷信。他请来巫者，在王府后院设坛诅咒皇帝。又被卫士发现，向皇帝告发。明帝下诏派长水校尉樊儵去山阳调查，证实确有其事。樊儵的意见是判处刘荆死刑。明帝还在犹豫，那边刘荆自知这次怕是难以免罪，只好自杀了事。

一个王子就因迷信而送了性命。

三

楚王刘英是光武帝的第三个儿子。他的生母是许美人。刘英跟四弟刘庄年龄相若，童年时两人常在一起玩耍，感情挺好。懂事后刘英的母亲许美人告诉他，他们母子在宫中地位低微，要他谨言慎行。许美人又看出刘庄得到皇帝的偏爱，就让刘英多跟刘庄接近。如果将来刘庄得立，刘英也便会受到庇护。

刘英在母亲的这种教育下逐渐长大。他不像刘荆那样，以为自己的母亲是皇后便胆大妄为，而是待人接物都颇为谨慎，反倒博得人们好评，却把野心深深藏起。他喜欢结交朋友，又爱好黄老之学，想修炼出神通。那时佛教刚刚从天竺传入中国，他又去崇信佛教。他相信这些，目的不过是祈求神佛保护。

然而压抑着的感情有时又会反弹为反抗。刘英总想有一天他要伸直腰杆，扬眉吐气。光武帝建武二十八年，皇帝让东海王刘强、沛王刘辅、济南王刘康、淮阳王刘延就国，其中也包括他这位楚王。而且还让他把母亲带走。刘英到楚国一看，楚国既小又贫，令他十分失望。楚国原来颇大，西汉时"七国之乱"，吴、楚为首，失败后楚国便被再分为几个小国，所以到这时的楚国已是相当褊小了。

不过明帝即位以后，念着昔年的兄弟情义，不时地派人给刘英送去赏赐，还把刘英的表弟许昌封为龙舒侯。

刘英便在楚国安顿下来。中元八年，明帝下诏，已判死刑的囚犯可以到辽地（东北边境）参加军队；有罪逃亡的准予以黄缣（丝织布匹）赎罪。刘英不知他这些年又礼神又拜佛，皇帝持什么态度，便想去试探一下。他拿出三十匹黄缣交给国相，让他转呈朝廷，还请国相转告说：

"英托为藩王，积了许多过恶，听说皇上开恩准赎，十分欢喜，现献上黄缣三十匹，借以赎罪。"

国相派楚王府的郎中令去洛阳见皇帝，呈上黄缣和国相的奏文，倒把明帝闹愣了。他不知这位三哥干吗来这一套，于是下诏说：

"楚王诵的是黄、老的精妙之言，崇尚的是浮屠（指佛教）的仁慈，吃斋念佛，与神为誓，何嫌何疑？"还让郎中令把黄缣带回去还给楚王，让他用来做佛事。

楚王刘英经过这番试探，知道皇帝跟他的关系还和从前一样，便放下心来。他喜欢交友，有不少人投奔他。这些人都想做官。可是国家早有规定，诸侯国二千石以上官员全由朝廷委派；至于公、侯、伯、子、男各级爵位，也由皇帝封赏。刘英没那么多官职给他的朋友，只好拿空衔来应付，一

时××将军、××中尉、××太仆，还有××公、××侯，封了不少。反正这些人无职无权，有个虚名叫着好听，也算过过官瘾吧！

刘英还相信祥瑞。他听人说当初武帝刘彻出生的时候，刘彻的母亲王夫人曾做了一个梦，梦见一轮红日落入怀中，醒来便生下刘彻。刘英便去问他的母亲许太后（光武帝去世后，明帝尊许美人为太后），生他的时候做过什么梦。许太后说什么梦也没做，使刘英大为失望。

刘英的朋友有不少方士，其中有两人尤得刘英信任，他们的名字叫王平、颜忠。这两人知道刘英迷信祥瑞迷得简直要发疯，便出了个主意，让刘英自己来制造祥瑞，说不定会感动神佛。他们铸了一只金龟，雕了一只玉鹤，在龟、鹤身上刻上吉祥的文字。这两个方士还制造图谶，预示楚王将来富贵无穷。刘英成天望着这龟、鹤、图谶，幻想有一天他也会荣登大宝，做做皇帝。却不料他等来的是朝中来调查他的官员。

原来他封的爵士中有个“男爵”名叫燕广。这家伙嫌他的爵位低，竟跑到洛阳去告发。朝廷这才派员来调查，有燕广做内线，楚王府中的一切勾当当然很容易便查清楚，回去便以“大逆不道”的罪名请皇帝判楚王死刑。

明帝却还念着兄弟之情不忍杀他，只是把他的楚王废了，把他安置到丹阳郡的泾县，赐给他汤沐邑五百户。他的家属也没牵连，母亲许太后仍然住在楚王宫，并不须交回太后的玺绶；刘英的儿女已有封号的（指朝廷给的封号，而不是刘英自封）仍然保留，食邑也不收回。这总算是够宽大的了。

皇帝派大鸿胪的官员持节送刘英到泾县，准许他带原有的奴婢、工匠、吹鼓手和艺人随行。还准许他带些兵器，以便闲时打猎。一行人坐着軿车（有篷幕的车），吹吹打打，来到泾县。但他住进的却不是飞檐斗拱的殿堂，而是老百姓家一样的草屋，再加上随行一帮人都须他养活，三十三年来他锦衣玉食，何曾受过这样的罪！一气之下，竟然自杀了。

这是又一个因迷信而自杀的王子。

楚王刘英死了，但案子远没了结。皇帝首先是赏功，那告发楚王的燕广这次真的封侯了，而且是货真价实的、皇帝亲封的折奸侯。至于罚罪，皇

帝穷治这“楚狱”，时间竟然经年。死的不算，光流徙的就达一千多人，还有数千人捕在狱中审问。

受牵连的人中官职最高的是司徒虞延。东汉光武帝以后，朝廷改丞相为三司，又叫三府，即太尉、司徒、司空，合称三公，食禄万石。这虞延身为丞相，为什么还会受到牵连呢？只不过是一时疏忽而已。

原来楚王败露，先有人知道，告诉了虞延。虞延有些不信，因为楚王是皇帝的哥哥，不大可能造反；而且造反不动用军队，怎会成功？因而便拖延了几天，没奏告皇帝。等到燕广上告，虞延才来禀报，明帝火了，下诏书切责虞延。虞延便畏罪自杀了。

至于兴起大狱，却由于在楚王府中抄出一本《名士录》。原来楚王刘英喜欢结交宾客，听人说某某人有学问，某某人有才能，他就抄到一册书上，留着将来有机会结交。这些人名中，有的是楚王熟识的，有的则只是慕名，连面也不曾会过。可是明帝却神经过敏，认为这册上的人都是楚王的同谋。于是大抓特抓，押来洛阳，由廷尉审问。如不承认，说不得鞭笞、烧灼，各种刑具轮流施用，酷刑之下，制造了多少冤案。

名册中有个吴郡（今苏州）太守尹兴。吴郡跟楚地相距两千多里，他跟楚王从未谋面，却也成了楚王的同党。把尹兴捉来不说，那吴郡衙门的属官也抓来五百多人。这些人根本不认识楚王，又怎么招供？结果拷打死了一多半。有些人经受不住拷打，只好胡乱承认，暂免皮肉受苦。只有吴郡门下椽（太守的助手）陆续、主簿（负责文书的官员）梁鸿、功曹使（掌管考察的官员）驷勋三人，备受五毒，肌肉都溃烂了，却还坚持，始终不肯承认。有一天，狱吏送给陆续一碗炖肉，陆续接过碗先是一愣，接着抽泣起来，身子难受得直哆嗦。狱吏问他为何悲哭。陆续说：

“为人子不孝，连累老母，千里迢迢来看我，母子却不得见面，所以难以忍泪。”

狱吏问他何以知道是母亲来了。陆续指着碗里的肉说：

“我母切肉，从来都是四面见方，切葱也以寸长为度。这碗里的肉、葱正是母亲做的，所以我才知道母亲来了。”

原来这碗肉的确是陆续的母亲做的。陆母知道儿子蒙冤，押入京师后多日不归，便赶来探望。但廷尉衙门不许探监。陆母苦苦哀求为儿子做碗菜，得到允许。陆续这才知道母亲来了。

狱吏见这条在毒刑前坚强不屈的硬汉，面对母亲做的一碗菜竟如此涕泪滂沱，也很感动，便去告诉廷尉。廷尉又向皇帝奏报了。明帝动了恻隐之心，下诏将尹兴、陆续等吴郡一干人释放，但却禁锢终身(一辈子不得再出来做官)。

主犯楚王刘英自杀了，还有做假祥瑞、假图谶的首犯颜忠、王平，在狱中忍受拷打，让他们供出同谋。这两个家伙自知已无生路，索性信口胡攀，想起谁就说谁。而审案的官员也由得他们说出谁就把谁抓来，关在监中严刑拷问，不由他不屈打成招。这一次，颜忠、王平二人竟然咬出了四名侯爷，他们是隧乡侯耿建、郎陵侯臧信、濩泽侯邓鲤、曲成侯刘建。那时皇帝为这一案十分恼火，他不曾想到会有这么多人想造反推翻他。因此下面办案的官员都惶恐不安，深怕把案子审出漏子惹皇帝发怒，因此秉着宁冤无漏的原则，凡是陷入的就无从幸免。而负责审"四侯"案的是侍御史寒朗。他把"四侯"抓来审问。"四侯"异口同声说，他们跟楚王素无来往，更不认识什么颜忠、王平。寒朗也想，这四人乃是东汉开国功臣耿纯、臧宫等人的子弟，蒙父兄余荫得袭封侯爵，他们还有什么不满意，而去随楚王造反呢？他再把颜忠、王平唤到堂上，问他二人：

"你们是亲眼看见这四位侯爷在楚王府中策划叛逆了？"

"是，小人亲眼看见。"二人同声回答。

"那你说说，耿建是什么样子？"

"这，"颜忠想，封侯的多是武将，而武将大多长得魁梧，便随口说，"耿建是个大个子，足有九尺(以前的尺比现在的市尺短些)高。"

"那么臧信是白脸，是黑脸？"寒朗又问王平。

"黑脸。"王平猜着回答。

他们说得正好相反，耿建身高只有七尺，而臧信却是白脸。于是寒朗断定颜、王二人乃是诬攀。

作为审判官，既然知道被告是冤枉的，应该怎么办呢？已经有过先例了。史书说："是时，穷治楚狱，遂至累年。其辞语相连，自京师亲戚、诸侯、州郡豪杰及考按吏，阿附坐死、徙者以千数，而系狱者尚数千人。"这里所说的"考按吏"就指的是审案的官员。所谓"阿附"则是附和、迎合的意思。说句公道话，就被"坐"进去，也受处分。也就因为这样，一件楚狱才拖了那么长的时间，牵连了那么多人。所以寒朗要秉公办案，就不能不为自身的处境想一想。

然而一位正直官员的良心还是促使他去见皇帝，说：

"耿建等四人确实跟楚案无关，颜忠、王平二人乃是诬告。臣怀疑此案牵连的许多人大多类此。"

"那么颜忠、王平为什么要引出他们呢？"明帝问。

"臣以为，颜、王二犯自知所犯的是大逆不道罪，认为所攀越多，越能证明此案不实，也才能够翻案。"

明帝质问寒朗：

"你既知此案有冤枉，为什么不早奏？"

"臣恐海内还有揭发楚案的人，故未敢遽行奏陈。"

"为什么现在又说了呢？"

"臣怕冤案越积越多……"话未说完，明帝便怒喝起来：

"你竟敢持两端？"吩咐殿侧的卫士："拉下去打！"

卫士要拉寒朗下殿，寒朗挣扎着说：

"请陛下听臣一言，臣甘愿就死。"

"你说！"

"臣说的俱是实话，并无一言欺君，无非是为国持正而已。"

"你跟三府（即太尉、司徒、司空府）商量过吗？"明帝的火气消了些，便又问。

"臣自知有可能受到族灭的处罚，故不敢连累别人。"

"你为什么说要被族灭？"

"臣参与此案已有一年，不但未能尽得奸状，反而为罪人申冤，故怕有

被族灭的可能。但臣又不能不斗胆进言,是希望陛下省悟。臣见那些拷问罪囚的人,都说罪囚们妖恶不道,人臣所应同愤,如说他无罪不如说他有罪,这样就不会受责备。如此拷一连十,拷十连百。又,朝臣们上朝时,陛下问楚案审理得怎样。大臣们顺着陛下说话,还要讲,'按这样的大罪,应该祸及九族,而陛下大恩,只惩罚犯罪者一人,天下幸甚'。然而下朝之后,他们回到家中,便会仰天长叹。所以虽然不少人知道这案中多人蒙冤,却没人敢来触怒陛下。臣如今把心里话都说了,虽死无悔!"

明帝沉吟了一会儿,才说:

"你下殿去吧!"

过了两天,明帝亲自到洛阳监狱去审问囚徒,果然有许多人与楚案毫无关联,都是蒙冤入狱的。明帝一下子放出一千多人。说来也巧,那时正赶上天旱,而当囚徒们纷纷出狱时,突然天降大雨。明帝也为之动容,认为是平反冤狱把上天给感动了,回宫后夜间还想着这件事,彷徨不寐。马皇后也劝他,应该从轻发落。于是第二天明帝降诏,将洛阳狱中楚案的犯人多半赦免。只有颜忠、王平二人未能得赦,后来在狱中自尽。

还有一些犯人押在楚郡狱中。当时袁安新任楚郡太守。他到任后第一件事就是到狱中审囚。查出那些与案子无关的人,准备上报朝廷释放。府丞、椽史叩头相争,以为这是"阿附反虏,依法同罪",反对他这样做。袁安说:

"如有不合,我这个太守一个人连坐好了,与你们无关。"终于把蒙冤的人列案上报。正赶上明帝已经感悟,立予批复。因此得以释放的有四百多家。

一件大冤案结束了,起因却是一个迷信祥瑞和图谶的王子的愚蠢。谁能想到上千人的身家性命,竟然被一只小金龟、一只小玉鹤和几页图谶所葬送呢?有句成语叫"草菅人命",我们可从这件事中得到解释。

四

再来讲讲光武帝刘秀的第七个儿子淮阳王刘延的故事。

刘延出身皇家，养成骄横的性情，尤其对下人更是严酷无情。明帝永平十六年，淮阳王府的仆人告发刘延和王妃的哥哥谢弇、王妃姐姐家的女婿韩光招引奸邪猾徒，在王府里做图谶，祠祭诅咒——又是一个王子的迷信活动。

案发之后，谢弇和韩光都被处死了。此外，受牵连的人有多少，史书上没有具体数字，只是说"所连及死、徙者甚众"。至于刘延本人，则被徙调为阜陵王，只享有两个县的食邑。

明帝去世后，章帝刘炟即位。建初元年，又有仆人告发阜陵王刘延和他的儿子刘鲂逆谋造反。章帝觉得刚登基就把叔叔杀了不大好看，就把他再贬为阜陵侯，而食邑也只剩下一个县了。还不许他跟吏民来往，免得他惹是生非。

又过了十一年，章帝下诏恢复刘延的王位，仍然做阜陵王。

刘延死于和帝永元元年，总算是病死的，不像另两个迷信的王子那样自杀而亡。

让我们以一个跟刘荆、刘英、刘延性情相反的王子的小故事作为本章的结尾。这个王子叫刘睦，是光武帝的侄子北海王刘兴的儿子，跟明帝叫叔叔。刘睦从小好学，光武帝和明帝都很喜欢他。他袭爵做北海王。有一年正月，他派北海王国的中大夫去京师朝贺。中大夫临走的时候，刘睦问他：

"皇上假如问到寡人，大夫怎么回答呢？"

中大夫说：

"大王忠孝仁慈，敬贤乐士，臣不敢不说实话。"

"唉！"刘睦叹口气说，"你那样说是害我呀！你说那些是我小时候的事了。如今你对皇上说，我自从袭爵以来，志气衰惰，贪恋酒色，喜欢打猎，这样说才是向着我哩！"

刘睦为什么要撒谎，故意贬损自己呢？那是让皇帝放心，这个荒唐王子胸无大志，不会夺他的天下。

孙仲谋的儿孙们

汉献帝建安十八年(公元213年),曹操率四十万大军进军濡须口。孙权以七万兵力与他对抗。双方互有攻守,相持一个多月。一天,曹操登高望见孙权所部舟船器仗鲜明,军伍整肃,叹气道:"生子当如孙仲谋(孙权字仲谋),如刘景升儿子,豚犬耳!"

"刘景升儿子"指的是荆州太守刘表的两个儿子,一个投降曹操,一个依附刘备,所以曹操把他们比作猪狗。而对孙权能够独霸江东,虽是敌人,却也不得不加赞叹,希望自己也有孙权这样的儿子。

那么孙仲谋的儿子又怎样呢?

一

吴主孙权早先立他的大儿子孙登为太子。可惜他死了——那是公元241年的事情。

第二年,孙权立他另一个儿子孙和做太子。孙和有个同母弟弟,名叫孙霸。孙权宠爱他这个儿子,封他为鲁王,而给他的优厚待遇竟然跟太子一样。尚书仆射是仪兼做鲁王的太傅,他觉得吴主这样干对鲁王没有好处,便谏道:

"臣窃以为鲁王天姿英慧,文武全才,当今之世,应该让他镇守四方,为国家的藩辅,一定能够成为海内仰望的良将。而且两宫(指太子与鲁王)的待遇也应该有所区别,这样才能使上下有序。"

是仪连上三四疏,孙权就是不听。

鲁王见父亲这样宠他,果然野心滋长。他曲意地结交当时的名士。卫将军全琮把他的儿子全寄推荐给鲁王。全琮跟丞相陆逊是好朋友。全琮写

信把这件事告诉给德高望重的陆逊。陆逊回信说：

“子弟如果有才，不愁得不到施展。不应该让他入私门而邀荣利。如有差池，反易致祸。我听说二宫不和，将来发展难料，你这种做法可是古人最忌讳的。”

全琮不听。全寄投靠鲁王后，果然得到信任，成为鲁王的心腹。陆逊听说后再次给全琮写信：

“将军不去学金日磾（金日磾是汉武帝的侍中，他的长子是武帝的亲信。有一次金日磾看见他的儿子在殿廊下跟宫女说笑，竟将他儿子杀死），而这样安排阿寄，恐怕将来会给足下的家门招来祸患。”

全琮不给陆逊回信，反而对陆逊有了意见。

鲁王孙霸想拉拢偏将军朱绩。他亲自来到朱绩的公署，紧靠着朱绩坐下，想表示友好结交。朱绩却站了起来，恭敬地双手垂立，表面意思是不敢跟鲁王并坐，事实是对鲁王拉拢的拒绝。

然而像朱绩这样洁身自好的人终究是少数，而一些趋炎附势之徒，就如全寄那类人，纷纷麇集到鲁王身边。太子孙和一看，也赶忙扩展自己的势力。一时从宫中的侍御到两宫的宾客，甚至包括一些大臣，都分成两派，互相攻讦。吴主孙权察觉了，他给每个儿子一套经书，让他们好好学习。又下令断绝二宫的宾客往来，想用这种办法来阻止二宫的恶性竞争，但效果不大。

全琮是吴主的驸马，他娶的是吴主的长女鲁班，因此人们称鲁班为全公主。全公主跟太子的母亲王夫人不和。当初孙权想立王夫人为皇后，被全公主阻止。后来孙和做了太子，全公主怕将来太子继位以后对她报复，就在父亲面前屡次讲她这个弟弟的坏话。有一次孙权患病，派孙和到长沙桓王庙去祈祷，要哥哥的神灵保佑他（孙权的哥哥孙策死后谥为长沙桓王，孙权为他在建业立庙）。太子妃的叔父张休家住在庙侧，见太子来拜庙，便邀太子到家里坐一坐。全公主派人跟踪太子，回去向全公主报告。全公主便在父亲面前进谗，说太子不在庙中，却去妃子娘家计议什么事情。又说王夫人见吴主病了，脸上露出喜色。吴主信以为真，对王夫人发火。王

夫人竟忧愤而死，太子也在吴主面前失了宠。

鲁王的党羽杨竺、全寄、吴安、孙奇等千方百计地谮毁太子，吴主心生疑惑。丞相陆逊当时兼荆州牧，驻在武昌。他上疏说：

“太子是正统，应像磐石一样坚固。鲁王是藩臣，宠秩应当有所区别。这样彼此得所，上下才能安宁。”然而吴主固执不听。

吴主还有个小儿子，名叫孙亮。因他母亲潘夫人得宠，孙亮也颇受吴主喜爱。全公主既然跟太子结怨，就想拉拢孙亮以扩充自己的势力。她几次在父亲面前褒赞孙亮，还把她大伯全尚的女儿许配给他。吴主这时也已发觉鲁王结党害他哥哥，心中嫌恶鲁王，对孙亮也就更加偏爱了。他对侍中孙峻说：

“子弟不睦，臣下也分两部，我朝即将有袁氏之败(指袁绍、袁术兄弟相争)，成为天下的笑柄。如果让他们当中(指太子和鲁王)一人执政，天下能不乱吗！”

公元250年秋，吴主将太子孙和幽禁起来。骠骑将军朱据谏口道：

“太子乃是国家的根本。加之太子雅性仁孝，天下归心。昔日晋献公宠骊姬而申生不存，汉武帝信江充而戾太子(即卫太子，他死后曾谥‘戾’)冤死。臣怕太子不堪忧惧，虽立思子之宫(指汉武帝在卫太子死后建思子宫)，也来不及了。”

朱据还和尚书仆射屈晃带领部下的官吏在宫门口请愿，请吴主放出太子。孙权在建业宫内最高处的白爵观远远望见，十分恼火。派人告诉朱据和屈晃：“不要扰乱。”这时吴主宫中侍卫首领无难营的营督陈正、五营的营督陈象也来上疏谏诤。吴主大怒，竟下令将陈正、陈象族诛。派侍卫把朱据和屈晃牵进宫来。朱、屈二人进宫后犹在叩头口谏，竟至流血。吴主越发恼了，下令将他二人各杖一百。左迁朱据为新都郡丞，将屈晃斥归田里。还有十几名谏这件事的官员，有的被他杀了，有的被流放。接着下诏废太子为庶人，送到故鄣安置。

吴主认为，发生这场变故，祸根乃在鲁王孙霸身上，下狠心把孙霸杀了，把鲁王的党羽杨竺、全寄、吴安、孙奇等人统统诛死。他还不解气，又派

人追上贬往新都任郡丞的朱据，赐死于途中。

吴主当初不听人劝，放纵二子任性结党，养痈成患。等到事情闹大了，却又不分青红皂白，“各打五十大板”，连累一些忠直的官员负屈含冤。看来曹操夸赞的“生子当如孙仲谋”，其实也不怎么样。

当年11月，吴主立孙亮为太子。

二

喜欢哪个儿子，就让哪个儿子当太子，将来好做皇帝，这是帝王们的一种通病。吴主孙权也是这样，他把孙霸杀了，孙和废了。可是他还有两个儿子呀！一个是仲姬生的孙奋，一个是王夫人生的孙休。这两个王子都已成人，可他却偏偏要册立他那个刚刚十岁的小儿子做皇储。那年孙权自己已经七十一岁了。他也知道小太子的年龄太小，为这个不能不担心。

废了太子的第二年，孙权就有些后悔。他知道麻烦都是鲁王孙霸惹出来的，如果他不那么嚣张地向孙和进攻，孙和也就用不着结党防卫。不过在这件事上孙权缺乏自省，假如他不是对鲁王偏爱纵容，鲁王又何至于发展到如此猖狂的地步呢？那时丞相陆逊劝他，对太子和鲁王要区别对待，因为太子是副君，鲁王是人臣，如果君臣不分，就会使鲁王滋生非分的想法，但他就是不听。太常顾谭还在奏章里谏说：“必须明确嫡庶的区别，讲求尊卑的礼仪，使高下有差别，等级不逾越。如此，骨肉的恩情得以保全，觊觎的邪望才能杜绝。”又给他举例说：“昔日汉文帝使慎夫人与皇后同席，袁盎退慎夫人之位，文帝不悦。等到袁盎说了上下有别的道理，讲明‘人彘’的教训，不但文帝高兴，慎夫人也很感激。臣今天所说，不是有所偏向，只是想使太子和鲁王各得所安而已。”

然而吴主当时对这些忠告不但不听，反而听信鲁王谗言，借故把顾谭流徙交州。顾谭是陆逊的外孙，孙权还遣中使一次次带他的手谕对陆逊加以责问，致使陆逊忧愤而死。孙权想起三十年前蜀汉伐吴，刘备亲自统率大军，汉兵连营七百里，全仗陆逊以智谋取胜，保全了孙吴。嗣后陆逊长驻

武昌，蜀汉不敢来犯。有这种种好处，却为了儿女之事怪他，竟使他忧死，孙权心中也觉难过。便封陆逊的儿子陆抗为中郎将，让他屯兵柴桑。陆抗临走的时候向孙权告别。孙权流着泪对陆抗说：

“朕以前听信谗言，错怪你的父亲，真是对不住你们父子。前次我给你父亲的几封信，你回去拣出烧掉吧，不要让别人看到。”

孙权既然明白太子孙和无罪，便想把他再召回来。可是全公主和侍中孙峻、中书令孙弘都出来阻止，因为这些人过去都跟孙和有隙。孙权只好中止，却封三个儿子孙和为南阳王，孙奋为齐王，孙休为琅玡王，让他们离开建业。

大儿子都打发走了，朝中只剩下十岁的小太子。偏偏孙权又病了，他不得不考虑身后的事。这么年轻的小孩子当皇帝，什么事也不懂，就只有靠忠诚的大臣来辅佐了。侍中孙峻推荐大将军诸葛恪可以付托大事。诸葛恪是蜀汉丞相诸葛亮的侄子，而他父亲诸葛瑾却是孙吴的重臣。诸葛恪年轻时就有才名。民间流传着这样一个故事：诸葛瑾脸长，有一次宴会，孙权开诸葛瑾的玩笑，让人牵来一头驴，在驴脸上贴一张纸条，写上“诸葛子瑜”四个字（诸葛瑾，字子瑜）。这是说诸葛瑾的脸像驴脸。君臣们看着诸葛瑾的窘态哄笑起来。诸葛恪那时还是个少年，随父亲参加宴会。他不声不响地站起来，找一支笔在纸条的“诸葛子瑜”下面添上了“之驴”二字，变成了“诸葛子瑜之驴”六个字，接着把笔一扔，牵起驴走了出去。孙权和大臣们都愣了，没想到小伙子来了这么一手。但大家又不得不佩服诸葛恪的机智。

诸葛恪后来领兵打仗，屡立战功，孙权拜他为威北将军，封都乡侯。

诸葛恪是在赞誉声中长大的，免不了有些自负，性情也就倨傲。所以当孙峻推荐诸葛恪给吴主的时候，吴主说他“刚愎自用”，不大放心。但孙峻说：“当今朝臣中论才能，没人能超过诸葛恪。”当时诸葛恪接替陆逊，任大将军，镇守武昌。孙权便下诏将诸葛恪召回。

诸葛恪临离武昌的时候，上大将军吕岱以朋友的身份嘱咐他说：

“当今时世艰难，足下遇事必要十思。”

这本来是好话。可是一向骄傲自负的诸葛恪却回答说：

“当初季文子(春秋时鲁国大夫季孙行父)曾说，他每事‘三思而后行’。孔夫子说，‘再思可矣’。君今让恪十思，是不是说恪过于低劣了？”竟还给吕岱一个软钉子，实在是有点不知好歹。

诸葛恪来到建业，去见吴主。那时孙权已卧床不起了。诸葛恪拜见于床下。孙权让诸葛恪以大将军兼领太子太傅，下诏各部司有事都由诸葛恪决定，只有生杀大事才请示皇帝。并改元神凤。

这边吴王病着，后宫的潘夫人却忙了起来，因为她生的儿子将要做皇帝，她也想学一学吕后，来一个临朝称制。她一再派人去问中书令孙弘，如果称制应该怎么办事。她脾气暴戾，常常殴打宫人。有一天她正睡着，几个宫人竟把她缢死了，假说是暴病死的。宗正派人调查，查出真相，将杀潘夫人的宫人处死。这也算宫廷之争的一个小插曲吧！

公元252年4月，孙权死了。孙弘跟诸葛恪不和，想趁机假传圣旨把诸葛恪杀掉。那一力举荐诸葛恪的孙峻却去告诉诸葛恪。诸葛恪请孙弘来议事，反把孙弘杀了。接着为孙权发丧，奉太子孙亮即位。以后的大赦天下等等都是例行的事，不必详叙。

却说诸葛恪掌握军政大权，确也励精图治，比如说当时朝廷在各官府及州郡都派有校官。“校”是“典校”的意思，实际上是派来监视的。诸葛恪下令“罢视听，息校官”，意思是把这些专门从事“视听”(意即耳目)的校官撤除。从事视听的人没了，官员们也就可以安心。诸葛恪还“原逋责，除关税”。这是指税收说的，“逋责”是拖欠的赋税，“原”则是给免了。而过关征税这一项也予以了废除。因此，诸葛恪得到百姓的拥护，诸葛恪走在街上，百姓们都伸长脖子看看他长的什么样子。

当年11月，魏国军队分三路攻吴。诸葛恪亲自带兵迎战，大败魏师，杀死魏兵数万人。魏军仓皇逃回。过了年的2月，诸葛恪产生了轻敌思想，要出兵攻魏。大臣们以为军队刚打过大仗，业已疲劳，都去谏诸葛恪不宜出兵。但诸葛恪不听。3月，诸葛恪聚集了二十万人马，亲自统率，大举伐魏。

吴军侵入淮南，百姓纷纷逃避。有的将领建议去攻合肥新城，等魏兵

来救时跟魏军决战。诸葛恪采纳了这个建议,5月,兵围新城。

新城的守将是牙门将张特。城中的兵力虽然只有三千人,但却坚守不降。吴兵连番进攻,守军战死过半,却一直未能攻下。这时暑天到了,吴军士兵不少人得了病,有的闹痢疾,有的患肿胀,天天都有不少士兵死亡。营吏去向诸葛恪报告,诸葛恪却说营吏厌战,故意说假话,竟然要斩他。吓得以后有士兵病死,营吏也不敢报告了,以至于“病者泰半,死伤涂地”。而诸葛恪虽然知道他此次围新城是失策了,但又觉得这样一座小城竟未能攻下,实在是耻辱,原来便刚愎的脾气就越发暴躁起来。将军朱异是一员老将,因为在军事上跟诸葛恪的意见不合,诸葛恪便罢去他的兵权,把他斥回建业。都尉蔡林几次向诸葛恪献计,诸葛恪都不采用,蔡林愤而投奔了魏国。这时魏国知道吴兵业已疲惫,便调集大军来救新城。7月,诸葛恪才不得不退兵。史书说:“恪引军去,士卒伤病,流曳道路,或颠扑坑壑,或见略获(被敌人俘虏),存亡哀痛,大小嗟呼。”这段话充分写出了吴军撤退时的狼狈景象。

诸葛恪却还不死心,撤到一处江渚(江中的沙洲)便又扎营,待休整后再进兵攻魏。事实上是这次出征,不但无功,反而折损了许多将士,他脸上实在下不来,非要捞回面子不可。

然而朝廷一再下诏,让他班师。诸葛恪这才不得不于8月,怏怏地回到建业。

经过这次失利,诸葛恪的脾气越发坏了,对部下文武官员动不动就加以罪责。进见他的人无不战战兢兢,深怕他发火怪罪。于是他刚辅政时赢得的那点好评,全被他自己消耗尽了。就连那当初一力推荐他的侍中孙峻,也想要除掉他。

10月,诸葛恪下令让军队整装,他又想出征青徐(指魏国的青州、徐州)。一天,宫中来人说吴主请他进宫饮酒。他乘车走到宫门,却又犹豫起来,因为昨天晚上他心神不宁,通宵没睡。这时散骑常侍张约和朱恩派人给他送来一封信,信中说:“今天宫中戒备非常,怕有变故。”诸葛恪却觉中途返回,示人以弱,有伤面子。这时孙峻从宫中出来,见诸葛恪的车停在宫

门口，便上前说：

“是不是尊体欠安？那就以后再说吧，我去禀告主上。”

诸葛恪想，如果中途退回，岂不是怕了？便回答说：

“没什么，我力疾而入吧！”

诸葛恪进入宫中，见小皇帝孙亮坐在殿上，先去拜见了，然后就席。这时酒宴上来。诸葛恪怕酒里有毒，未敢就饮。孙峻说：

“使君身体不好，怕是不能饮普通的酒，如果带有药酒，可以拿出来代替。”

这时诸葛恪的随从把自带的酒拿出来。诸葛恪见了便解除了疑心。饮了几杯酒，吴主孙亮起身回到里面。而孙峻也借口去厕所，却在厕所里把长衣脱下，拿一把刀出来，说：

“有诏收诸葛恪！”

诸葛恪惊愕地站起，连忙拔剑，仓促中没拔出来。张约在旁边见了，挺刀去斫(zhuó)孙峻，砍中孙峻的左手。但孙峻右手的刀却把张约的左臂砍下。这时埋伏的卫士跑了出来，将诸葛恪杀死。孙峻让人把诸葛恪的尸体用苇席裹了，扔到石子岗上(建业城外的乱葬岗)。接着，又将诸葛恪的母亲、弟弟、儿子全部杀死。

齐王孙奋住在武昌，听说建业的变故，便率领齐国的军队沿江而下，来到芜湖观变。齐相谢慈谏他，被他杀了。但他兵力太少，见建业平静无事，又不敢进兵。不久，朝廷派来使者把他废为庶人，流徙到章安。当然，这都是孙峻的主意。

南阳王孙和的王妃姓张，是诸葛恪的甥女。丞相孙峻便派人夺回南阳王的玺绶，将南阳王流徙到新都，接着又矫诏赐死。孙和临死时跟张妃告别。张妃说：

“作为夫妻，吉凶理应相随，妾也不能独生。”便也自杀了。

孙和还有几个姬妾，生了四个儿子：孙皓、孙德、孙谦、孙俊。孙皓的母亲姓何。何姬说：

“如果大家都去从死，谁来养活孤儿呢？”于是就留下来抚育这四个孩

子。

国政被孙峻把持了。史书说:“孙峻骄矜淫暴,国人侧目。”这就是孙权册立小儿子的后果。

三

公元256年,孙峻病死了,把政权交给他的堂弟偏将军孙綝。孙綝一下子挂上侍中、武卫将军、都督中外诸军事三个官衔,独揽朝政。

骠骑将军吕据原是孙綝的上司,如今孙綝突然高高在上,成了除皇帝外的第一人。吕据不服,便联络了滕胤想除掉孙綝。结果失败,腾胤被害,吕据自杀。孙綝便又给自己加上个大将军的官衔。

公元257年,吴主孙亮十三岁了。这少年皇帝要亲政(自己管理朝政)。他对孙綝的表奏故意挑剔。又选十八岁以下、十五岁以上的少年男子三千多人,组织成自己的亲兵。还选将门子弟中年轻而有勇力的,做亲兵的将领。天天在后苑中操练。他说:“我立这个军队,是要跟他们一起成长。”

有一天,孙亮吃生梅子,嫌酸,让一个太监去中藏(宫中仓库)取蜂蜜兑着吃。太监把蜜取来了,却发现蜜中有一粒鼠屎。孙亮用手指把鼠屎拿出来,捏一捏,便让人去把藏吏唤来。在给皇帝吃的蜜里发现鼠屎,这罪过可不小。藏吏吓得直叩头。孙亮阻止他,说:

“你不要怕。我问你,他,”说着用手一指方才取蜜的太监,“曾向你索要过蜜吗?”

“要过,但臣不敢私自给他。”

那太监不服,矢口否认私要过蜜。孙亮便让人把鼠屎剖开,发现里边是干燥的。孙亮大笑起来,对左右说:

“若是鼠屎先在蜜中,里外都应该被蜜润湿。如今这鼠屎外湿里干,是刚放进去的。一定是太监跟藏吏有隙,才故意放鼠屎害他。”

太监立刻跪到地上,叩头认罪。左右对这年轻皇帝的聪颖也莫不惊讶悚惕。

那时孙亮已经结婚。皇后姓全,父亲全尚是太常、卫将军。全尚的儿子全纪时任黄门侍郎。有一天,孙亮对他这位大舅哥说:

“孙綝专权,轻视孤幼小可欺,横行不法,竟敢擅杀功臣而不表奏,实不可忍。朕想除掉他。你父现为中军都督,你让他调一支军马,朕当亲自率宿卫虎骑和无难营的士兵去桥头伐他(孙綝的府邸在朱雀桥南)。”又嘱咐全纪说:“这是天大的机密,切切不可泄露。你当只对你父说,勿要让你母知道。女人既不晓大事,我还听说你母是孙綝的堂姐妹,如果一旦泄露,可误朕非小了。”

全纪遵嘱去对父亲全尚说了,并嘱咐他保密。可这昏庸的全尚还是无意中泄露出去,告诉了老婆。纪母派人去悄悄通知孙綝。

孙綝得信后抢先下手,先带兵围攻全府,把全尚捉了,然后包围皇宫。孙亮大怒,执弓上马要出宫厮杀。近臣和乳母拦住他,不让他出宫。孙亮骂全后道:

“都是你父昏庸,坏我大事!”又让人把尚纪找来。尚纪对来人说:

“臣父奉诏不谨,对不起皇上,我没脸跟皇上相见。”竟自杀了。

孙綝派光禄勋孟宗奉告太庙,废吴主孙亮为会稽王。又在朝堂召集群臣。孙綝说:

“少帝荒病昏乱,不可以居大位、承宗庙。我已告先帝将他废了。诸君如有不同意的,可以提出来商量。”

群臣眼见孙綝手按剑柄、横眉怒目,又见殿侧他带来的卫士个个虎视眈眈,哪个还敢反对,只好同声说:

“唯将军令!”

孙綝遣中书郎李崇进宫,夺来皇帝的玺绶。并让百官署名,发布文告,历数吴主的罪过。尚书桓彝不肯签字,孙綝便将他杀了。

皇帝废了,应该立个新皇帝。孙綝和大臣们商议。典军施正建议迎立孙权的第六个儿子琅玡王孙休。孙綝同意了,派宗正孙楷和中书郎董朝去会稽迎琅玡王孙休。又遣将军孙耽送孙亮到会稽就国。一迎一送,都在会稽,这也算是巧合吧!还有那泄露消息的全尚,孙綝却也不念他妻子通风

报信的好处,先把他流徙零陵,接着又派人将他杀死。至于他的妻子——那个孙綝的堂姐的下场,史书里既无记载,此处也就不便乱说。

新皇帝孙休来到建业。孙綝派他弟弟孙恩率领百官,带着皇帝的乘舆和仪仗,到建业城东的永昌亭迎接。孙恩奉上皇帝的玺符。孙休先是三让,然后接受。群臣依次行礼唱名,拜见皇帝。皇帝坐上乘舆,百官陪着,走向城门。城门外孙綝率一千骑士接驾,拜于道侧。孙休下舆答拜。仪仗队吹吹打打,百乐齐奏,好一派肃穆和谐的景象!

新皇帝即位,大赦天下,改元永安。孙綝上疏,自称"草莽臣",送还印绶和节钺(符节和斧钺,将帅的标志),请求避贤让位。这也算是例行的手续。皇帝也照例不准,加以慰喻,下诏封孙綝为丞相、荆州牧。孙綝原封永宁侯,这时再增他食邑五个县。封孙綝的弟弟孙恩为御史大夫、卫将军、中军督,封为县侯。其余"有功"官员也都封赏有差,不必细表。

孙休自然不忘他的旧人。他在做琅玡王时,左右督张布对他十分维护。孙休这时便封他为左将军、永康侯。还有故南阳王孙和的儿子孙皓,在他母亲何姬的抚养下已经长大,孙休便封他这个侄子为乌程侯。

孙綝自以为迎立有功,想跟皇帝套套近乎。有一天,他带着牛酒去见孙休,想跟皇帝喝一壶,却被孙休拒绝了。孙綝丢了面子,带着牛酒顺路去访左将军张布,两个人喝起酒来。孙綝酒喝多了,说出了心里话:

"当初废少主的时候,不少人劝我自立为帝。我觉得陛下圣明,所以迎立他。如果不是我,陛下能当上皇帝吗?如今我好意给他上礼,他倒拒绝了,给我难堪。哼!难道我就不会改变主意吗?"

这话说得何等露骨!张布赶忙去告诉皇帝。孙休表面上丝毫不露,一再地给孙綝赏赐,这是因为军政大权都在孙綝手中,以前孙亮图谋未成反受其害就是个例子。孙休想出个办法,把孙綝的权力分去一些。分给别人怕孙綝疑心,索性就分给他的弟弟。于是吴主下诏:"大将军执掌中外诸军事,公务繁多,十分劳苦。今加封卫将军、御史大夫孙恩为侍中,与大将军共同处理国事。"

有一个侍臣告诉皇帝,孙綝对皇上怀怨,有可能谋反。孙休就把这个

告发孙綝的侍臣交给孙綝处理。孙綝把他杀了。但这同时也引起他的警觉。他让光禄勋孟宗对皇帝说,他打算出屯武昌,孙休准了。孙綝要带领所统辖的中营军兵一万人做护卫,让他们整装待发。又要领取武库中的武器。这些吴主一概批准。孙綝还要调中书省的两个郎官到荆州替他做事。中书令认为中书郎官掌握朝廷机密,不应外调。但皇帝也准予调出了。总之,孙綝想要什么,皇帝就都给他。史书说:"其所请求,一无违者。"

其实孙休这是麻痹孙綝,他暗中早已跟近臣商量铲除他的计划了。跟孙休最近的莫过于张布。张布给皇帝出主意,让皇帝找丁奉商量。丁奉当时任左将军。他是孙吴创业时的老将,早已对孙峻、孙綝兄弟看不惯。皇帝找他问计,他挺高兴。可是他虽是左将军,但在京师却没有军队。掌握京师南、北兵的中尉、卫尉、光禄勋都是孙綝的人,唯一可以依靠的只有陛兵(皇帝的卫兵)。但陛兵人数太少,无法跟南、北兵对垒。眼看孙綝就要走了。如果他到了武昌,拥兵自重,那时再想除他便无可能了。

后来还是丁奉想出一个主意。古时腊月有一项祭祀活动,称为腊会。吴国的规定是在腊月的第一个辰日那天举行腊会。丁奉建议到时请孙綝与会,然后用陛兵擒他。吴主同意了。

丁卯这一天,建业传出谣言,说明日的腊会将有变故。孙綝听说后心中疑惑。那天晚上,突然刮起大风,飞石扬沙,整夜不停。第二天戊辰是腊会的日子,孙綝便称疾不去,告了病假。可是皇帝派来使者说:"丞相不去,无人主祭。"使者一个接一个来催促。孙綝不得已只好起身。部下劝他别去。他说:

"朝廷屡次来催,不去不好。可以预先整顿兵甲,以备非常。我走之后,你等在府内放一把火,然后派人唤我。我便可借救火而退出了。"

孙綝安排好了,然后与会。到会场不久,就有丞相府的长吏飞马来报:"丞相府起火,请丞相速回。"孙綝向皇帝告假,孙休却说:

"有兵士们去救火,用不着麻烦丞相。"

孙綝不听,站起来往外走。张布和丁奉朝左右的陛兵一使眼色,陛兵们一拥而上,将孙綝擒住。孙綝的护卫都在外边,无法救他。孙綝知道不

好，连忙跪下向皇帝叩头，说：

“请陛下宽大，流徙我到交州吧！”

“卿为何不徙滕胤、吕据于交州呢？”

“那就将我没为官奴！”

“卿为何不以滕胤、吕据为官奴呢？”

孙綝无话可说。皇帝下令将他斩了。这时孙綝的亲信率兵来接应。张布持着孙綝的首级向众军宣示：

“逆贼孙綝已经授首，其余诸人一概赦免！”

于是众军纷纷放下武器。这边丁奉、张布又率人把孙綝的同党孙恩等人杀死。灭了孙綝的三族。还把孙峻的棺材掘出来，取出殉葬的大将军印绶，再把棺材板削薄（古代棺椁的厚薄有规定）后埋上。

吴主又下令改葬诸葛恪、滕胤和吕据。凡与他三人有牵连而被流徙的人，全都召还。有的朝臣请求给诸葛恪立碑。吴主说：

“盛夏出军，士卒伤损，没有尺寸之功，不能称他为‘能’。受了托孤的委任，却死于竖子之手，不能称他为‘智’。怎么给他立碑呢？”立碑的事就此作罢。

这时会稽郡传来谣言，说会稽王孙亮要回来复位做天子。又有孙亮的宫人来建业告发孙亮使巫祷祠。孙休怕他这个小弟弟回来夺他的皇帝宝座，便贬孙亮为候官侯，派人押送他就国。候官是现在的福建省闽侯县，但“三国”时那里还是荒僻的地方。孙亮到那儿一看，触目是茫茫海滩、沙丘荒草，想想前途没啥意思，竟自杀了。连累押送他的官员，都因失职罪做了他的陪葬。

四

孙休做了六年皇帝，三十岁那年（公元264年）得了一场大病，不能说话，只好手书召丞相濮阳兴（濮阳是复姓）入宫，让儿子孙𩅦出拜。孙休用手把着濮阳兴的胳膊，另一只手指着孙𩅦，嘴里唔唔噜噜说着，也听不清

说些什么。但意思是明白的：孙𩅦还只有十来岁，他这是向丞相托孤呢！

孙休死了。还让一个十岁的娃娃当皇帝吗？当时蜀汉已经亡了，魏国的大权操纵在司马昭手中，曹家皇帝成了傀儡。如今是"三国"变成"两国"，形势相当严峻。国人们纷纷议论，希望有个年龄大些的皇帝掌政。左典军万彧曾做过乌程令，跟乌程侯孙皓有交情，便在濮阳兴和左将军张布面前说孙皓的好话：

"孙皓原是故太子孙和的儿子。他才识明断，是长沙桓王（指孙权的哥哥孙策）一样的英才。而且他勤奋好学，奉遵法度。"意思是想让濮阳兴和张布立孙皓为皇帝。万彧说了一次又一次，濮阳兴和张布动心了，去跟朱太后（孙休的皇后）商量，想立孙皓为皇帝，问她同不同意。朱太后没有能力阻止，只好说：

"我是一个寡妇，怎知社稷大事？只要于国家有益处，无损于宗庙，就那么办吧！"

于是濮阳兴派官员去乌程把孙皓迎到建业，奉为皇帝。

孙皓即位之初，摆出一副"明主"的架势，他"发优诏，恤生民，开仓廪，赈贫乏"；还把宫中多余的宫女，配给那些未曾娶妻的将士；又下诏把皇宫后苑中豢养的飞禽走兽都放了。一时群情翕然，说这次可摊上了一个好皇帝！

然而以上的种种表演统统都是假象。孙皓看朝野都妥帖了，便把本相露了出来，他"粗暴骄盈，多忌讳，好酒色"，原来是个昏君！

濮阳兴和张布十分后悔，他俩私下议论，说选错了皇帝。有谄媚的小人去向孙皓报告。孙皓便把他俩捉起来，流徙广州，却又派人追上去在途中杀死，夷其三族——这离他登上皇帝宝座还不足一个月。

孙皓即位之初，曾封孙休的儿子孙𩅦和三个弟弟为王。第二年，就把其中两个大的杀了；另两个还在襁褓之中，得以幸免。而朱太后则先被贬为景太后（孙休死后谥为景帝），接着又把她逼死。

孙皓有个堂弟名叫孙秀（孙权的弟弟孙匡的孙子），封为前将军、夏口都督。孙皓怕他拥兵来犯建康，时时想除掉他。有一次，孙皓派将军何定带

五千人到夏口打猎。孙秀知道这是冲他来的，连夜带领家属和几百名亲兵北逃。那时司马炎已篡灭曹魏，改立晋朝。孙秀便去投奔。司马炎拜孙秀为骠骑将军、开府仪同三司（跟太尉、司徒、司空等三司的体制待遇一样）、会稽公。

孙皓公元264年登基，做了十六年皇帝，他的种种倒行逆施、暴虐淫侈，此处不再详叙。公元280年，晋师南征，孙吴将士不肯为暴君卖命，纷纷投降。晋军逼近建业，孙皓只得捧着全国的图籍做了城下之囚。那图籍上开列：四个州、四十三个郡、五十二万三千户、军兵二十三万人。孙权和他的父亲孙坚、哥哥孙策流血百战创立的江山，就断送在他的这个孙子手上。

晋武帝司马炎听说孙吴已平，设宴庆贺。群臣轮流祝酒，唯独骠骑将军孙秀不去祝贺。他南向流涕说：

“当初讨逆将军（指孙策）弱冠时以一校尉创业（孙策起兵时，袁术表他为怀义校尉），今后主（指孙皓）举江南而弃之，宗庙山陵从此为墟。‘悠悠苍天，此何人哉？’”（这是引用《诗经·黍离》的句子：“苍天啊苍天，这是谁造成的呢？”）

孙皓被押送到晋都洛阳，晋武帝封他为归命侯。他窝窝囊囊地活了四年，死于异乡。

乱糟糟的“八王之乱”

顾名思义,“八王之乱”就是八个王子作乱的故事。西汉有个“七国之乱”,那是七个王子反对朝廷,前文作过介绍。但“八王之乱”和“七国之乱”有很大的不同,那是因为西汉“七国之乱”的时间短,从开始到结束,仅仅用了三个月的时间;而“八王之乱”却哩哩啦啦地拖了十六年。其次是“七国”的目标一致,大家都是针对朝廷;而“八王”却是你打我,我打你,打来打去,错综复杂。所以才把这一章命题为“乱糟糟的‘八王之乱’”。

既然“乱糟糟”,叙述起来自然就要理好那个“乱”字。因此,请读者阅读的时候务必要抓住故事的中心线索,那就是一切为了“权”。其次,我想把主要人物列表作个介绍,这样就容易理解他们之间的关系了。

君主:

司马懿——晋开国后追尊为宣帝(高祖)。

司马师——司马懿长子,晋开国后追尊为景帝(世宗)。

司马昭——司马懿次子,晋开国后追尊为文帝(太祖)。

司马炎——司马昭子,晋开国皇帝,武帝。

司马衷——司马炎子,惠帝。

八王:

司马玮——武帝子,楚王。

司马亮——司马懿子,汝南王。

司马伦——司马懿子,赵王。

司马冏(jiǒng)——武帝弟司马攸之子,齐王。

司马颖——武帝子,成都王。

司马颙(yóng)——司马懿弟司马孚的孙子,河间王。

司马乂(yì)——武帝子,长沙王。

司马越——司马懿弟司马馗的儿子，东海王。

此外，还牵连到其他一些王子，由于不在“八王”之列，就不单拿出来介绍了。

一

公元265年，司马炎篡魏，建立晋朝，是为晋武帝。史书说：“帝惩于(鉴于)魏氏孤立之敝，故大封宗室，授以职任。”当时的封国有大有小，大国可以有兵五千人，中国三千人，小国则只有五百人。起初，诸王都不到封国去，在京师另行安排官职。但各国的长吏却都由诸王自行聘用。到武帝咸宁三年，采纳了卫将军杨珧的意见，让诸王之国，但大都兼领地方的军职，或为大将军，或为都督，于是诸王便都有兵有权了。

武帝的皇后姓杨，她生的儿子司马衷被册立为太子。这个太子又愚又傻。关于他流传着这样两个小故事。一个是，他在华林园中听到蛤蟆叫，就问左右：

“这叫的是什么？”

“蛤蟆。”左右回答。

“那是官蛤蟆呢，还是私蛤蟆？”

“官蛤蟆，”侍臣忍着笑说，“在官家的池塘里叫的，自然是官蛤蟆了。”

另一个则是，有一次，有人告诉他，由于灾荒的缘故，有的老百姓没粮食吃，饿死了不少人。他说：

“没粮食吃，为什么不吃肉粥呢？”

就是这样一个傻瓜，将来要做皇帝，连武帝也觉得他不是材料。可是杨皇后向着自己的亲生儿子，坚持“立嫡以长不以贤”，就这样司马衷才终于入主东宫。

司马衷十三岁了，帝、后想给他娶个妃子。武帝看中了左将军卫瓘的女儿。可是侍中、尚书令贾充巴结皇帝，想把自己的女儿贾南风嫁给太子，托人去向杨皇后说情。贾南风那年十五岁了，比太子大两岁，不但长得又

矮又丑,而且机诈狡猾。可是杨皇后却在武帝面前说贾女有淑德,于是就把这个母老虎娶来了。

泰始十年,杨皇后病了。当时镇军大将军胡奋的女儿胡贵嫔得宠。杨皇后怕自己死了之后,武帝立胡贵嫔为皇后,她若生个儿子,太子的地位就危险了。在弥留之际,她要求皇帝娶她的堂妹杨芷。武帝答应了。杨皇后死后,武帝果然把杨芷娶了来,并册立为后。还封杨芷的父亲杨骏为车骑将军、临晋侯。有人劝武帝,说杨骏为人小气,不可给他那么重要的官职,武帝不听。杨骏也因为自己做了国丈而骄傲自得,目中无人。

朝臣们都知道太子昏愚,不堪做嗣君。尚书令卫瓘几次想跟武帝讲,却又犹豫,怕讲出来不好。有一次,卫瓘在陵云台侍宴,他假装喝醉了,跪在武帝的床(胡床、坐具)前说:

“臣有话想跟陛下说。”

“你想说什么?”武帝问他。

卫瓘又在犹豫,吞吞吐吐老半天,才抚摸着床说:

“这个座位可惜了。”

武帝知道他是说太子的事,但又不好回答,只好说:

“公真是喝醉了。”把这件事敷衍了过去。但他心里也犯嘀咕:太子到底昏愚到什么程度?他想试验一下。有一天,他把东宫的官员们都召来,赐他们饮酒,表面上是对他们慰问,暗地里却拟了几个问题,避开他们,让太子回答。侍臣把密封的卷子送到东宫,交给太子。东宫的官员都让皇帝召去了,太子傻乎乎的不必说,就是那贾妃也不学无术,识字不多,打开卷子一看只能干瞪眼。不过贾妃心机过人,立刻让侍婢拿卷子去找她熟悉的外臣。当即有人代为答上了。不过代答卷子的外臣学问不错,要借机卖弄一番,不但满篇之乎者也,而且引用了不少典故。侍婢把答卷拿回来,交给贾妃。贾妃还不放心,再让给使(可以出入宫廷的官员)张泓看看。张泓看了后说:

“这不行,文绉绉的,太子哪里读过这么多古书?”

“那你说怎么办?”贾妃问。

“就照这答案的意思写，但要写得浅显一些，皇上才能相信。”

“那就由你替太子代答吧！将来不会亏待你。”

张泓写了个草稿，贾妃又让太子照抄下来，派宫婢送给皇帝。那时宴会还没散。武帝看到太子的答案，果然是儿子的亲笔，虽说文辞一般，可是道理却还讲得明白。武帝高兴了，拿来给卫瓘看，意思是你不是说太子昏愚吗，瞧瞧这答卷写得怎样？卫瓘不知贾妃做了手脚，觉得自己冒昧地听信传言而提了个不恰当的意见，不由得闹得面红耳赤。在座的官员才知道皇帝这场测验是作给卫瓘看的。事后贾充对女儿贾妃说：

“卫瓘老奴，几乎把你家给破了。”

太子虽然脑瓜不太好使，但生理机能却没毛病。有一次，贾妃看到太子的一个侍妾肚子大了，知道已经怀孕，悍妒劲上来，竟抓起一支长戟朝那侍妾掷去，“噗”的一声，侍妾的肚子被击中，母亲和肚子里的婴儿一齐毙命。贾妃还不解恨，抓一把短刀朝左右的宫女乱砍，嘴里大声骂着，要杀尽这些狐狸精。又有几个宫女倒在血泊之中。

武帝听说后十分恼火，要把贾妃废了，囚禁于金墉城。金墉城是一座小城，位于洛阳的西北角，是魏明帝建的，专为安置被废的帝王后妃。这时贾妃的父亲贾充已死，贾充的生前好友荀勖、杨珧替贾妃讲情，说：

“贾妃还年轻，嫉妒乃是妇女的常情，不足为怪。再过几年自然会好的。”

小杨后也对皇帝说：

“贾公闾(贾充的字)有大功于社稷，冲着他就饶了贾南风吧！”

这场风波便平息了。小杨后以婆婆的身份常常告诫和谴责贾妃，让她收敛些。贾妃不知小杨后是对她关心，反而认为是找她的碴，认为说不定在武帝前说坏话的也是小杨后，便对这位婆母怀恨在心，总想找个机会报复。

贾妃悍妒，但她自己又不争气，生不出儿子来。武帝后宫有个才人，姓谢名玖，武帝把她赐给太子。贾妃妒忌，谢玖怕她暗算，请求武帝准她再回西宫。武帝答应了。谢玖回去后生了一个儿子，起名叫司马遹(yù)，留在西

宫养活。有一天，太子到西宫见父亲，见一伙小孩在殿前嬉戏，其中一个三四岁的小孩跌倒了，太子将他扶起，拉着他的手。武帝从殿中出来，对太子说：

“这孩子你不认识吗？就是你的儿子呀！”太子这才知道这孩子乃是谢才人生的。

贾妃听说这件事，自然气得要命，但小皇孙在皇帝跟前，她也没有办法。而这个司马遹却很聪明。五岁那年，有一天宫中夜间失火，武帝带着他登楼看军士救火。这时火光闪耀，照得四外通明。司马遹扯着武帝的手把他拉入暗影中。武帝问他想干什么。他说：

“暮夜仓促之中，要防备非常的事，不宜让火光照见人君。”

武帝听了又惊又喜，觉得他小小年纪，竟然有此见识，对他越加喜欢。曾对近臣说，他不像他父亲，却像曾祖司马懿。武帝对太子的昏愚很失望，但想到将来有司马遹继承帝业，便又觉得安心。所以太子司马衷得以不废，跟司马遹有着重要的关系。

武帝虽然是晋朝的开国皇帝，但他跟汉高祖刘邦、光武帝刘秀不一样，他不是靠自己的拼搏打下的江山，而是借父、祖的余荫当上了皇帝。早从祖父司马懿在世时，曹魏的政权就被他掌握。以后伯父司马师、父亲司马昭一直是朝廷的主宰，曹家天子不过是傀儡而已。到了司马炎，这才水到渠成，顺顺当当地登上皇帝宝座。所以他这个开国皇帝是锦衣玉食长大的，没经受过创业的困苦艰难，因而免不了要染上许多皇帝都有的通病，比如说荒淫便是其中主要的一种。

那时晋朝已将东吴征服，吴宫中五千名宫人都被掳入晋宫。武帝平添了如此之多的南国佳丽，竟不知如何安排，便制作了一辆羊拉的小车，任凭那畜生拉着他在宫中跑。羊跑到哪儿站下，皇帝便在哪儿住宿。有些女人知道羊喜欢吃带咸味的草，便在青草上洒上盐水，放在宫门前，以招引皇帝驾车的羊——即此一端，也可知道这位皇帝的品性了。

荒淫的结果，一是把国事弄糟，二是搞坏了自己的身体。武帝五十五岁那年，终于一病不起。在这以前，他就不大关心国事，只图自己享乐，把

大权交给他的岳父杨骏掌握。等到他病重的时候，皇后奏以杨骏辅政，他答应了，封杨骏为太尉、太子太傅、都督中外诸军事、侍中、录尚书事。这五个头衔，可以说把朝廷的军政大权都包括进去了。

不过武帝还是存了个心眼，在病中，他曾打算让叔父汝南王司马亮跟杨骏共同辅政。但诏书却让杨骏给压下了。武帝到要咽气的时候还在问："汝南王来了没有？"

武帝死了。汝南王司马亮知道杨骏猜忌他，竟然不敢临丧。只在大司马（司马亮当时任大司马）府门外遥遥哭拜，便连夜奔回许昌（许昌是汝南都城）去了。

傻太子司马衷做了皇帝，是为惠帝，立贾南风为皇后，尊小杨后为皇太后。不久，又立司马遹为皇太子。

二

贾南风是个有野心的女人，她心甘情愿地嫁了一个傻丈夫，就是盼着有朝一日她当上皇后，替丈夫当家。如今皇后倒是当上了，但朝廷大权却掌握在杨骏手里；后宫的事务由太后做主，她的处境还是跟从前没什么两样。她又想起前些年几乎被废的事，却不知道小杨后其实是替她说过好话，反而疑心那是小杨后在背地搞她。不过目前毕竟和从前有所不同，从前是公公做皇帝，她连话都不大敢跟公公说。如今当皇帝的是自己的丈夫，而这个比她小两岁的丈夫对她一向是绝对服从的。人家曹操能"挟天子以令诸侯"，自己不也能"挟丈夫以令众臣"吗？想到这里，她心里一亮，想出一个制伏杨骏的办法，那就是引来外援以清君侧。

贾皇后跟心腹寺人监（主管东宫的太监）董猛商议。董猛说，殿中中部（宿卫宫殿的武官）孟观和李肇曾受过杨骏的斥责，对杨骏不满，有些事可以让他俩去办。贾后就把孟、李二人找来。商量的结果，决定去许昌请汝南王司马亮来对付杨骏。孟观去见司马亮，但司马亮胆小，不敢干。后来李肇对贾后说，都督荆州诸军事的楚王司马玮是惠帝的弟弟，年轻气盛，找他

一定能行。贾后同意了，派李肇去找楚王。果然，楚王一听就满口答应。

元康元年二月，楚王司马玮入朝。跟贾后密谋妥当。三月辛卯那天，孟观和李肇夜间对皇帝说，杨骏打算谋反。有贾后在旁边敲边鼓，惠帝立刻降诏，派东安公司马繇率殿中禁卫四百人去讨杨骏，楚王率侍卫屯驻司马门作策应。一时兵甲行动起来，气氛骤然紧张。

杨骏这时也已得到消息，便召集众官到他府上商议。太傅主簿朱振说：

“宫中有变，定是一些不法的太监受贾后唆使干的，目的非常明显，是想不利于公。现在应该举火烧着云龙门（洛阳宫城的正南门），迫使闹事者自首。再打开万春门，调动东宫卫士和外营的官兵，请皇太子亲自率领平乱。宫中震惧，定会把闹事者捉了送去。不这样就危险了。”

杨骏本是庸才，素性怯懦，遇到这样的大事犹豫不决，不知怎么办才好，竟说：

“云龙门是魏明帝造的，花费了许多人工资材，怎么好烧掉呢？”

侍中傅祇见杨骏这么窝囊，便想离开这里。他向杨骏说，要跟尚书武茂进宫看看形势。杨骏同意了。傅祇又对其他官员说：

“大家枯坐着没用，还是到宫中看看吧！”于是百官纷纷退出了，只剩下杨骏一个人在那儿转来转去，心里焦急却想不出办法。

宫里也有一个焦急的人，那就是杨骏的女儿杨太后。宫里闹闹哄哄，卫士们奔走号令，便有她的宫女来报告说，皇帝下诏让楚王去捉太傅杨骏了。杨太后大吃一惊，想派人出去送信。但宫门已经戒严，不许出入。太后又想出一个办法，她找来几方黄绢，写上“救太傅者重赏”几个字，系在箭上，让宫中侍卫隔着宫墙射了出去。但已经毫无用处了。

还有一个要帮杨骏的人，那就是左军将军刘豫。他听说有人要不利于太傅，便点了一部分军士向太傅府开去。走到门口，遇见右军将军裴頠(wěi)，便问他道：

“看见太傅了吗？”

裴頠骗他说：

“方才在西掖门(宫殿正门旁的边门)看见太傅,乘一辆轻车,有两个人跟着,向西去了。”

刘豫不知怎么办好,只好问裴颜:

“将军说我该怎么办?”

“我看你还是到廷尉自首吧!”

刘豫垂头丧气地走了。这时司马繇率领的四百名禁卫已经赶到。刘豫带的军士没人统率,便由裴颜接管。众军攻打杨骏的府门,先放起火来,有些军士还爬上邻近的高阁,向杨府里边的卫兵射箭。一时箭如飞蝗,杨府的卫兵无法出来抵抗,不一会儿大门便被攻破了。众军蜂拥而入,见人就杀。一拨人杀到马厩,见一个人撅着屁股伏在马槽下面,喊他不肯出来。几个禁卫便挺着长戟刺去。只听“嗷嗷”几声惨叫过后,那人便不再动。拖出来一看,正是杨骏。

杨骏死了,他的党羽和亲信照例被株连,有的斩首,有的还要祸延三族。至于杨太后,由于曾射箭向外求救,贾后便诬她是造反的同谋。请惠帝下诏,废杨太后为庶人,送到金墉城安置。还有杨骏的妻子,也就是杨太后的母亲庞氏,受杨骏株连,也要斩首。杨太后奔赴刑场,见老母跪绑在刑柱上,便奔扑过去,抱住母亲号啕大哭,把自己的头发都扯断了。她匆促中给贾后写信,做婆婆的对儿媳自称臣妾,要求饶庞氏一命。但却没有答复。行刑的时间到了,刀斧手拉开杨太后,将庞氏杀死。杨太后则被押入金墉城,幽禁起来。

杨太后在金墉城住了十个月,那时还有十几个人伺候她。到了元康二年的春天,贾后忽然又想起她来,竟下令将那些伺候的人撤去。杨太后连饭也吃不上了,连续饿了八天,竟然活活饿死。贾后怕杨太后在阴间到先帝那儿告状,殡殓的时候让她的尸体脸朝下覆着,还在棺材里塞上一些厌劾的符书和药物,使她的鬼魂不能出来作祟。

“一朝天子一朝臣”,当初依附杨骏的官员有的死了,有的降职罢官。而在这次政变中出了力的官员,以及贾后的亲属和亲信,自然要升官发财。那率军攻进杨府的东安公司马繇晋封为东安王,任职尚书左仆射。楚

王司马玮任卫将军、北军中候。就是那个替贾后出主意的太监董猛也封为武安侯;董猛的三个哥哥竟也沾光封为亭侯。军队中诛杨有功的将领,封侯的竟有一千零八十一人。

贾后更任命她的亲戚执掌朝政。她的父亲贾充死了,她又没有兄弟,只有一个妹妹贾午。贾午的丈夫叫韩寿。贾午生了个儿子,贾充活着的时候把这个外孙过继到贾门,做自己的孙子,把名字韩谧改为贾谧,这应该是贾后最亲近的人了。

贾后有个族兄,名叫贾模。还有个从舅郭彰。这三个人最受贾后信任。但他们没有什么威信和才能,难以驭众。贾后便让皇帝把汝南王司马亮召来,让他跟太保卫瓘共同辅政。

司马亮本来胆小,武帝死时他连临丧都不敢去,只在大司马府门前磕个头就跑了。这次杨骏已死,没了对头,他的胆子就大起来。论辈分,惠帝得跟他叫爷爷。这次又是惠帝下诏把他请回来的,他自以为大概朝廷离了他不行,竟骄傲自大起来,连贾后也不放在眼里。有些事情,他认为应该怎么办就怎么办,顶多跟卫瓘商量一下。这就惹起贾后的怒火。

二十一岁的楚王司马玮自认为诛杨骏有功,不料却只封了个北军中候(禁卫军北军的主将),眼看着那些无功受禄的贾模等人青云直上,他自然心怀不平,免不得常说些牢骚话。再加上他刚愎好杀,引起司马亮和卫瓘的担心,他们怕他骄纵难制,又掌握着禁军,假如一旦闹腾起来,实在危险,便想夺下他的兵权,还要遣他回国。可是新派的北军中候裴楷却怕司马玮,竟不敢去北军接任。

楚王的长史公孙宏和舍人岐盛给司马玮出主意,让他去跟贾后联络,对付司马亮和卫瓘。公孙宏和岐盛找到李肇。李肇是贾后的心腹,当初合谋害杨骏的就有他。这时他已升为积弩将军。他听了公孙宏等人的话,便去告诉贾后,造谣说司马亮和卫瓘要废掉惠帝,另立新皇。这谗言勾起了贾后的旧怨,当初就是这个卫瓘,差一点使武帝把惠帝的太子废了;而那个司马亮又不自量力,竟然独断专行,于是贾后决定利用司马玮把司马亮和卫瓘除去。

这时已是6月。一天晚上，宫中一个太监拿着皇帝的手诏来到楚王府，把手诏交给司马玮。手诏上写着："太宰(指司马亮)、太保(指卫瓘)欲为废立之事，王可宣诏，令淮南、长沙、成都三王屯兵各宫门，免亮及瓘官。"司马玮接诏后，立即行动，先派人通知三王，然后点起所辖的北军，并通告洛阳城内外的三十六军一齐行动。这时天已将明了，洛阳城的街道上又响起了将士们重沓的脚步声和兵甲撞击的"锵锵"声。

公孙宏和李肇奉司马玮的命令，兵围司马亮府。司马亮的帐下督(直属卫队的将领)李龙察觉了，告诉司马亮说外边可能发生变乱，要他下令戒备。但司马亮刚刚醒来，睡眼蒙眬不以为意。不久公孙宏等发起进攻。司马亮府毫无准备，很快便被攻破。司马亮被军士捉住，押着去见公孙宏。司马亮还要向公孙宏索看皇帝捉他的诏书。公孙宏哪里有诏书，只是挥挥手，让军士斩他。司马亮临死时还叹息说：

"我的赤心可以破示天下。"话没说完，便倒在刀下了。世子司马矩等家人全都被杀。只有他八岁的小儿子司马羕被镇南将军裴楷偷偷藏了起来，才得以活命。

清河王司马遐去捉卫瓘。卫瓘的仇人荣晦趁机报复。原来荣晦以前做过卫瓘的帐下督，曾因过错被卫瓘斥退。荣晦便去投入右军。这时清河王司马遐率右军来捉卫瓘，荣晦认为这是报仇的机会。他攻入卫府后，由于熟悉卫瓘家人的情况，竟将卫瓘和眷属百余口全部杀死。

这时天已大亮，洛阳城中到处都是士兵，提着滴血的兵刃，致使内外骚乱，人心惶惶。楚王司马玮却还扬扬得意地带着部下四处巡视。突然，一伙人走来，当前是殿中将军王宫，他手里执着皇帝的驺(zōu)虞幡(驺虞是传说中的仁兽，像虎一样，白毛黑纹，不食生物。把驺虞的形象绣到旗上，称为驺虞幡。驺虞幡是解兵用的)，大声喊着：

"楚王矫诏，擅杀大臣，众军不要受他欺骗！"士兵们见了这轻易不出的驺虞幡，谁还敢逗留，立刻扔下兵器一哄而散了。司马玮却还孤零零愣在那里，摸摸怀中，手诏还在，不知道什么时候又变成矫诏杀人了。但王宫不容他再想，吩咐士兵将他捉住。

司马玮被押入廷尉审问。他辩解是奉旨而行。廷尉问他：

“诏旨只是免去司马亮和卫瓘的官职,你为什么把他们两家老少都杀了呢？”

司马讳无话可说。乙丑那天,这个杀人狂自己也被杀了。公孙宏、岐盛被灭了三族。还有那个借机报复的荣晦也掉了脑袋。

原来这都是贾后设下的计策,她先怂恿司马玮去杀司马亮和卫瓘,然后嫁祸于他,给他安上矫诏擅杀的罪名,再将他除掉。贾后这个计策有个名堂,叫“一石二鸟”之计。

三

惠帝元康九年,离“二王”被杀已经八年了。这期间全仗侍中张华和裴頠维持,朝廷才得以暂时无事。太子司马遹一天天长大了,皇宫中那奢华腐朽的生活,逐渐使这原本聪明伶俐的小王子长成为一个顽劣的青年。他不肯好好读书,只喜欢和左右做些无聊的嬉戏。他让左右骑马,却事先把马勒弄断,马跑着跑着马鞍突然掉了下来,骑者不消说跌得仰面朝天,太子却在一旁拍掌大笑。他还喜欢做买卖,在东宫设个集市,他亲自售货。还练就一套本领,割肉的时候要割几斤几两,一刀下去,差不了多少。人家说太子的母亲谢淑媛(司马遹立为太子后,惠帝封谢玖为淑媛)娘家是屠户,太子割肉的本事大概是遗传。当然这说法是不正确的,因为太子不但肉割得准,就是别的物品,他拿在手里一掂,就能报出斤两来。太子做生意上瘾,就让人把东宫后园出产的东西拿到集上出售牟利。东宫的月钱是五十万钱,太子嫌不够用,常常超支。这些钱都是用来赏赐他心爱的妃妾的。

原来司马遹的名声不错,常常得到武帝的夸奖,所以贾后对他颇有戒心。后来看他越长越坏,贾后反而要一些太监唆使他专门往邪道上走。中舍人(东宫官员)杜锡屡次劝太子,要他保持名誉、勤修德业,把他惹烦了,竟让人在杜锡常坐的坐垫里置入一些铁针, 等杜锡坐上的时候刺得满屁股流血,他又在一旁乐了。

太子还和贾谧交上了朋友。那贾谧依仗贾后的权势，自己又做了侍中，一向骄横惯了。而太子也依仗身份，不肯相让。两个人玩着玩着就吵起来。有一次，两个人下棋，为一个子而发生争执，刚好成都王司马颖在旁边。他见贾谧无礼，便厉声斥责。贾谧恨恨而去，到贾后面前造谣说了太子的许多坏话，引起了贾后的杀机。

12月，太子的大儿子司马虨病了。太子为他祷祀，求神灵赐福。贾后听说后，派人到东宫诈说惠帝有病，召太子入朝。太子来到西宫，不见皇帝和皇后，一个叫陈舞的宫女让太子在别室里等着。过了一会儿，陈舞端出一盘枣和一大壶酒，说是皇上正在治病，天气寒冷，让太子喝酒等着。还说，皇上一定要太子喝三升酒。

太子平时只能喝一升酒，现在让他一下子喝三升，他饮不下。陈舞却说：

“太子不孝吗？皇上赐酒还不肯饮，是不是怕酒里放进什么东西啦？”

这话说得太严重了。太子只好勉强把酒灌进嘴里，然后就醉倒了。

过了一会儿，一个叫承福的宫女拿来纸笔，把太子叫醒，说：

“皇上听说皇孙病了，很不放心，请人写了一份祷文，为皇孙祈福。这祷文十分灵验，不过得殿下亲笔书写才行。”

太子醉得糊里糊涂，见承福把祷文递过来，接过一看，上面的词句倒像是些祈祷的话，就接过纸笔，照着葫芦画瓢，丢三落四地写了下来。承福见他写完，就派两个宫女把太子扶回东宫。

他写的是些什么字呢？

“陛下宜自了，不自了，吾当入了之。中宫又宜速自了，不自了，吾当手了之。并与谢妃共要，刻期两发，勿疑犹豫，以致后患。茹毛饮血于三辰之下，皇天许当扫除患害，立道文为王，蒋为内主。愿成，当以三牲祠北君。要疏如律令。”

这段话的大意是这样：

“陛下应该自己了断(指自杀)，不自了，我就要入宫了断你。皇后也应该快些自己了断，不自了，我就要亲手了断你。我已经跟谢妃(指太子的母

亲谢淑媛)约定,到时候两下里一起发动,不能疑惑犹豫,以至于引起后患。我盟誓于三辰(指日月星)之下,皇天许我扫除祸患,要立道文(太子长子司马虨的字)为王,立蒋保林(指司马虨的生母)为皇后。如果这个愿望实现了,当以三牲(牛、羊、猪)祀北君(道教的北帝神君)。要疏如律令(道教咒语)。"

这段根本不通的话却出自于一个大手笔,那就是黄门侍郎潘岳。潘岳小时候就有才名,人称奇童。长大后做过县令,不得志,竟去投靠了贾谧,成为贾谧的"二十四友"之首。这次贾谧便推荐他,来写这篇诬陷太子的怪文章。潘岳可以说是文人无行的典型了。

太子醉迷中不知不觉地写了上述那篇字,不但丢三落四,而且有些字还笔画不全。贾后把它补齐,才拿去交给皇帝。惠帝起初看不懂,贾后便给他一句句解释——其实贾后也还是听贾谧讲的。于是傻皇帝发怒了。

第二天,皇帝升式乾殿,召集百官,让黄门令董猛(就是贾后那个心腹太监)宣读了太子写的那篇妙文,然后惠帝果断地宣布:

"司马遹竟敢这样,朕要赐死他!"

大臣们面面相觑,谁也不知说什么好。因为这篇文字似通非通,即使是太子学识不高,也不至于写这样的文章。这里边肯定有问题。但是谁也不敢讲。后来还是侍中张华说:

"这是国家的大祸。但是自古以来,常常因为废黜太子引起丧乱,希望陛下仔细考虑。"

另一位侍中裴頠则提出应该查一查这篇纸是谁传出来的,还请比较一下太子写的字,看看究竟是不是太子的亲笔,不然的话,其中便有妄诈。贾后对前一个疑问不让皇帝追究,对后者则拿出太子以前写过的启奏的草稿来,让群臣比较。大臣们看了谁也不说话。

贾后焦急了,又叫董猛假冒长广公主(武帝的女儿,嫁甄德)的名义上奏,说道:

"这种大逆不道的事应该赶快解决,群臣有谁袒护逆子、敢不从诏的,军法从事!"

群臣越发糊涂了，长广公主从来不问国事，怎么忽然来了这么一手？还有，大臣们正在朝堂商议，公主又怎么知道这回事呢？结果群臣就更不讲话了。就是几个贾后的心腹官员，也不愿在这时出头。一直议到太阳偏西了，大家还饿着肚子泡在这里。贾后见大臣们不肯表态，只好退一步，上表请求饶了太子的性命，只把他废为庶人。于是皇帝也就借这个台阶下来，宣布准奏。

群臣知道太子这条性命是捡回来的，这就算幸运了，便不再有人提出异议。惠帝派东武公司马澹(dàn)去宣布圣旨。太子已知道消息，他脱下官服，换上平民服装，步行到承华门(东宫大门)，拜受诏书。然后带着太子妃王氏和三个儿子，在司马澹的押送下，到金墉城过囚禁生活去了。

那篇伪文中还牵涉到太子的母亲谢淑媛、司马虨的母亲保林蒋俊，她们一同被害。

这是元康九年十二月的事情。第二年，惠帝改元永康。正月，以前一个东宫的太监忽然跑出来"自首"，说太子曾指使他联络人谋反。惠帝把太监的供词让大臣们传阅。这跟上次那篇"妙文"一样，大家心里明白这又是贾后玩弄的花样。可是谁也不敢揭穿。这一次连金墉城也不让太子待了，因为这儿究竟离洛阳太近，还是把他遣送得远一点好。许昌那儿有曹魏留下来的旧宫，就叫他父子在那儿待着吧！在这以前，太子妃的父亲王衍请皇帝准他的女儿跟太子离婚，惠帝答应了，王妃被父亲领回家。这次去许昌，就只剩下太子父子四人了。

押送太子去许昌的仍是司马澹。皇帝还下诏，官员们不得送行。可是东宫官属洗马江统、潘滔，舍人王敦、杜蕤、鲁瑶等却仍然甘冒禁令，送太子到伊水河边，涕泣拜辞。司隶校尉(督察官)满奋听说后，派人赶去捕拿，在当地捉获的就近送到河南狱收押，已经回京的则追捕后押入洛阳狱中。送河南狱的几个人，河南尹乐广认为他们无罪，把他们放了。押在洛阳狱里的还没审理。都官从事(司隶校尉的属官)孙琰想放他们，却又不敢，便去对贾谧说：

"宫臣们冒罪拜辞太子，如果处以重刑，那就等于告诉天下，太子还是

有德的，受到宫臣们的拥护，不然宫臣们怎敢冒着生命危险去送他呢？”

“那你说该怎么办？”

“不如悄悄把他们放了，知道的人越少越好。”

贾谧想想也对，就告诉洛阳令曹摅把王敦等人释放。对河南尹乐广私放犯人也不予追究。

禁卫军的军官右卫督司马雅、常从督许超以前曾在东宫任职，太子对他们不错。这次知道太子被诬废，愤怒不平，便和殿中郎士猗商议，想把贾后废掉，迎太子复位。那时执掌京师兵权的是右军将军赵王司马伦。司马雅等人便想利用他。司马伦有个心腹名叫孙秀。司马雅便去找他，对他说：

“皇后凶妒无道，和贾谧等阴谋把太子诬废了，现在国家没有嫡嗣，十分危险。而赵王殿下跟中宫关系密切，更与贾谧等人亲善，人们都说太子被废，赵王知道。假如一旦有人起事，废了贾后，赵王非受连累不可。”

“可是，赵王跟太子被废一事并无牵连呀！”孙秀说。

“人言可畏，等到需要辩解的时候可就晚了。”

孙秀悚然动容，便问司马雅应该怎么办。司马雅说：

“那就只有先下手为强。赵王把贾后废了，迎回太子，不但可以摆脱嫌疑，太子感恩，将来登基以后，还会忘了赵王吗？”

孙秀答应了，便去对赵王说。这个赵王虽然凶戾悍暴，但却没什么心计，他一切都听孙秀的，立刻便要行动。孙秀却又阻止他，说：

“太子聪明刚猛，若回东宫，必然不会再受制于人。明公素来跟中宫有来往，这是路人都知道的。即使这次为太子建了大功，太子也会以为明公的反复是为自己免罪而已。怕将来对明公也不会重用，如有瑕隙，说不定还会反目成仇。”

“依你说怎么办呢？”

“我们这里照样准备，却放出风声，说太子将不利于贾后。那时贾后必害太子，明公再仗义而起，为太子报仇。这不但能够免祸，还更可以得志呢！”

这正是贾后对付司马亮和司马玮的“一石二鸟”的计策，现在孙秀又

拿来对付她了。

果然，贾后的耳目们听到洛阳城里传言，说殿中人（司马雅、许超、士猗都在殿中任禁卫军官）欲废皇后，迎回太子，便去告诉贾后。贾后向贾谧和赵王司马伦问计。赵王乘机怂恿贾后把太子杀掉，说这样就可以断绝众望，永免后患。贾后听信了。让太医令程据和好了毒药，遣太监孙虑为诏使，去许昌将太子毒死。

太子到许昌后，担心贾后害他，连别人煮的饭都不敢吃，常常是自己煮饭。那时他的长子司马虨已经病死了，他带着两个小儿子艰苦地生活着，盼着有人救他出去。可盼来的却是太监孙虑。那时监押太子的是御史刘振。孙虑把贾后的打算跟刘振说了。刘振便把太子单押在一个小院里，没收了他的炊具，让他饿急了非吃供给的食物不可。但太子的宫人却在夜间悄悄从墙外把食物扔进来，太子还是不死。孙虑急了，干脆把毒药拿来让太子服用。太子不肯，孙虑一气之下，举起药杵朝太子头上击去，竟将太子打死了。那年他二十三岁。

太子暴死，但贾后对外却宣布说是病死的。太子已废为庶人，有司奏请以庶人礼安葬。贾后却又假惺惺地上表，请仍按王礼葬之。于是惠帝下诏，以广陵王的名义把太子葬了。

四

赵王司马伦和他的死党孙秀见计划的第一步——除掉太子——已经实现，便再来进行第二步的计划。太子是永康元年三月死的。四月，赵王把废后的打算告诉了右卫次飞督闾和，约好在癸巳那天的夜间，以鼓声为号，攻打皇宫。那天到了，赵王先以车骑将军的身份，把所属前驱、由基、强弩三部军队的司马召来，假传惠帝的圣旨，说："中宫和贾谧等杀我太子，今使车骑将军领右军将军司马伦督率汝等入废中宫。汝等皆当从命。事毕，赐爵关中侯，不从者灭三族。"

三部司马早对贾后的暴横不满，听赵王这么说，无不踊跃从命。天黑

之后，翊军校尉齐王司马冏会同三司马，率领将士来到宫门前。闾和在宫里做内应。他把宫门打开，将士一拥而入。搞宫廷政变，得先控制住皇帝。赵王等预先已作安排，知道惠帝当夜宿在华林园。齐王司马冏率一百多名将士向华林园跑去。华林令骆休也早已答应做内应了，他把园门打开，司马冏找到皇帝。惠帝那时已经躺下了，被他这个堂弟唤醒，还睡眼惺忪地问：

"半夜三更，你要干什么？"

"发生了大事，请陛下圣驾速幸东堂。"

惠帝看到司马冏身后站着披甲持剑的将士，吓得哆哆嗦嗦地披衣起来，由司马冏扶着来到华林园的东堂。齐王传诏召贾谧。贾谧这夜也睡在园中，他听皇帝传召便穿衣走来。刚到东堂前就发现形势不对，他撒腿便往西廊下跑，一边跑一边喊："阿后救我！"可是只喊了两声就被将士追上，一个将士大刀一挥，贾谧的脑袋就滚到阶下去了。

齐王司马冏去逮贾后。这时贾后已听到骚乱声，从屋里走出来。见到司马冏便问：

"你怎么跑到这里来了？"

"奉诏收你！"司马冏回答。

贾后蛮横地说：

"诏书应当由我来下，你哪来的诏？"不过她发现将士们都对她怒目而视，也知道不好，急忙登上阁子，遥遥地向东堂呼喊：

"陛下，人家来害你的妻子了，你怎么不管？我若是被废，你自己不也危险吗？"

然而她扯着嗓子喊也没用，司马冏还是把她从阁上扯下来。她一边挣扎一边问：

"起事的还有谁？"

"梁王和赵王。"

原来梁王司马肜(róng)也参与了这件事，所以司马冏才这么回答。

贾后一听，是三个王子联合起来反对她，知道大势已去，只好恨恨地

说道：

“系狗应当系狗脖子，我系了狗尾巴，又怎么能不落到这一步呢？”

司马冏把贾后押到建始殿。赵王从惠帝那儿讨来诏书，废贾后为庶人。贾后的妹妹贾午则被押到暴室，活活打死。接着连夜捉拿贾氏的亲属和党羽。一时洛阳城里便如天翻地覆一般。和贾后有关的那些狐群狗党平时依仗权势，横行不法，这时却一个个被捉了出来，浑身发抖，往日的威风丝毫也看不到了。

司马伦和孙秀还有个第三步的计划，那就是篡夺帝位。为了扫清障碍，他们趁机把一些大臣，像宰相张华、裴頠等也都杀了。至于与害死太子有关的太监孙虑、御史刘振和中医令程据等，也都一个个明正典刑。那个黄门侍郎潘岳也没逃脱，不过他的罪名倒不是他草拟了那篇诬害太子的伪文，而是他跟孙秀有仇的缘故。原来潘岳曾做过琅玡内史，孙秀是他部下的小吏。孙秀品德不好，潘岳常常斥责他。如今孙秀掌握着生杀大权，潘岳也就难逃活命了。

贾后被囚禁于金墉城。不久，司马伦又矫诏将她用金屑酒赐死。一代悍后，得到了身败名裂的下场。

赵王司马伦大权在握，便封自己为使持节（使持节有诛杀中级以下官吏之权）、都督中外诸军事、相国（在此之前，晋朝没有相国这一官称）、侍中。王府的卫队就有一万人。又封他的儿子司马荂、司马馥、司马虔、司马诩等为王，掌管重要职务。他的亲信孙秀则为中书令，一切诏令都由他出，司马伦受他操纵，史书说：“秀为中书令，威权振朝廷，天下皆事秀而无求之伦。”

此外，文武官封侯的有数千人。司马伦这么干，自然是为了收买人心，给他实现第三步当皇帝的计划作准备。

至于在这次宫廷政变中出力最大的齐王司马冏，却只封了个平东将军，还派他出镇许昌。那是因为孙秀怕他桀骜不驯，不愿留他在京里，才故意把他排挤出去。

第二年春天，司马伦认为时机已经成熟，便演出了一场禅让的喜剧，

叫傻皇帝司马衷把他的皇帝宝座让给了他的叔祖司马伦，自己也跑到金墉城去了。司马伦当了皇帝，反过来又尊司马衷为太上皇。太上皇一般是指让位给儿子的父亲，如今侄孙给叔祖当太上皇，这在历史上也是罕见的事。

新皇帝登基，更要大封"功臣"，孙秀等官高爵显自是不在话下了，"其余党羽，皆为卿将；超阶越次，不可胜记；下至奴卒，亦加爵位"。那时大官的帽子上都有个叫貂尾的装饰品，是用貂的尾巴做的。如今官封得太多了，一时找不到那么多的貂尾，有的人便用狗尾巴来代替。当时流传着一句谚语："貂不足，狗尾续。"后来的成语"狗尾续貂"就是从这件事派生出来的。

赵王司马伦当了皇帝，齐王司马冏头一个不服。他派人联络成都王司马颖、河间王司马颙，准备共同起兵征讨司马伦。

齐王的使者来到邺城。成都王和他的僚属们商议。邺城令卢志赞成出兵。于是成都王便集合全国的兵力二十万人，开赴洛阳。

河间王那里却有反复，原来他起初是拥戴司马伦的，不但不肯响应齐王，反而把准备响应齐王的安西参军夏侯奭(shì)骗来杀了。又把齐王派来的使者捉住，派振武将军张方押着齐使到洛阳请功。后来听说齐王和成都王两路大军有几十万人，便又看风转舵，派长史李含去将张方追回，把齐王的使者放了，然后转过来也去讨伐司马伦。

在洛阳当皇帝的司马伦得知三王讨伐他的消息，吓得胆战心惊。这些年他一直是听孙秀的，这时自然更得倚靠他了。孙秀虽然诡计多端，但面对着这样一个局面也有点麻了爪子。没有别的办法，只好兵来将挡了。河间王那里行动迟缓，就先不管他，只是派出两路大军，去迎战齐王和成都王。

迎敌齐王的军队又分三路，分别由上军将军孙辅、征虏将军张泓和镇军将军司马雅率领。他们在阳翟和齐王的军队遭遇，双方展开战斗。另一路主将是孙秀的儿子孙会，他和将军士猗、许超带兵去迎战成都王。京师洛阳的皇帝司马伦和丞相孙秀则天天求神拜佛，祈求胜利。

齐王司马冏出身纨绔，没上过战场，因此他第一仗就被张泓打败，只好据守离阳翟四十里的颍阴，双方隔着颍水对峙起来。

这时成都王司马颖的前锋已来到黄桥，跟孙会、士猗和许超统率的三万禁军遭遇，也吃了败仗，伤亡竟达一万多人。成都王怕了，想退保朝歌。原邺城令、现任咨议参军的卢志说：

“现在我军失利，敌人必有轻我之心，这时我若退缩，便会士气沮丧，不能再战。而且胜败乃兵家常事，不如另选精兵，抄敌军的后路。敌人因胜麻痹，防备不周，我奇兵从天而降，敌军就将瓦解了。”

成都王同意卢志的策略，派出一支精兵，偷偷渡过湨(jú)水，乘夜袭击敌军。这时孙会等因黄桥大捷有功，司马伦给以重赏，三个将领俱都持节(掌握军权)。原先他三个便分别是禁军上、中、下三军的统帅，现在更是各管各，谁也不听别人的指挥。再加上因为大胜而麻痹大意，结果敌军攻来时仓促迎战，互不照应，被成都王的军队各个击破。孙会等只好丢下军队，仓皇地逃回洛阳去了。三万禁军阵亡了一万四千多人，其余的做了俘虏。

洛阳城内，谣言四下里传播，有的说齐王的军队已经渡河，有的说成都王兵临城下。城里的军民一夕数惊。大臣们也惶惶不可终日，不知自己的命运如何。那作恶多端的孙秀更是怕得要死。等到他儿子孙会从黄桥跑了回来，知道成都王进军的道路已经畅通，大军说不定什么时候就会来攻打洛阳，更是连愁带急，不知怎么办才好。他和孙会、士猗、许超等人商量，有的说应该召集剩余的军队，坚决守卫洛阳；有的则提出把宫室烧了，挟着皇帝司马伦南去荆州；还有的竟建议乘船东去，到海岛上去躲避一阵再说……真是五花八门，出什么主意的都有。孙秀无所适从，只能整天待在中书省，连门也不敢出。

但也有人打着另外的算盘，那就是左卫将军王舆和尚书广陵公司马漼。他俩看司马伦和孙秀的大势已去，便密谋起事。辛酉这天，王舆和司马漼带领左卫的禁军七百人，自南掖门进入宫中，包围了中书省。这时三部司马也带兵来会合。军士们包围中书省后便展开进攻。孙会和士猗、许超

这时正在跟孙秀商量逃路，听到喊杀声急忙组织中书省的卫士抵抗。但这时谁也不肯听他们的了，大伙一哄而散，有的还放起火来。王舆率领禁军攻开大门，捉住孙会等三人，一刀一个砍了。孙秀乘乱逃了出来，半路遇上左卫将军赵泉，被赵泉杀了。

王舆屯兵云龙门，派人逼司马伦退位。司马伦羽翼都没了，只好下诏说："吾为孙秀所误，触怒三王，现在孙秀已经伏诛，可迎太上皇复位，吾则归老于田亩。"他要回家种地去了。

王舆和司马漼带着甲士把司马伦一家押送到金墉城，却把惠帝从金墉城迎了出来，让他叔侄二人来个大换班。惠帝再一次坐上皇帝宝座，分派使者去慰劳三王。梁王司马肜等上表说赵王司马伦父子谋逆，应该处死。于是惠帝派尚书袁敞给司马伦送去金屑酒。曾几何时，司马伦送金屑酒给皇后贾南风，今天他自己也喝上金屑酒了。金屑是重金属，进到胃里便会把胃肠坠破。这赵王司马伦正月登基，当年四月就殒命了。不过这中间还有个闰三月，他算是做了四个月的皇帝。

就在司马伦死的那天，成都王司马颖率大军进入洛阳。六天以后，河间王司马颙也率军赶到。那时齐王司马冏还被张泓阻挡在阳翟。成都王便派部将赵骧、石超去接应。张泓听说司马伦已经退位，便不战而降了。齐王这才率领他的军队也来到洛阳。

这次四王之间的战争共进行了六十多天，双方将士战死的将近十万人。

复辟，反复辟，免不了有些人加官晋爵，有些人丢了性命，这些不去详说。只讲讲诸王得到的封赏。6月，惠帝封齐王司马冏为大司马，加九锡（帝王赐给大臣的九种物品，这是最高的奖赏）；成都王司马颖为大将军，都督中外诸军事，录尚书事，加九锡；河间王司马颙为侍中、太尉。其余诸王也派给了职务，常山王司马乂为抚军大将军、左军统帅；广陵公司马漼晋封为广陵王，领尚书，加侍中；梁王司马肜为太宰，领司徒；新野公司马歆晋封为新野王、镇南大将军，都督荆州诸军事。

洛阳城一下子增加了"三王"如此众多的军队，到处都可以看到穿着

不同服装的军人。其中还以齐王的兵最多。史书说齐王“甲士数十万,威震京都”。官员们和老百姓都担心,怕这“三王”在京里打起来,那可就糟糕了!

在这种形势下,成都王司马颖的谋士卢志给成都王出了个“以退为进”的计策,那就是退出京都,让齐王一个人执政。卢志说:

“齐王率众号称百万,但被张泓所阻,寸步难进,而大王率我军渡过黄河,直抵京都,人人都知大王功劳第一。现在如果和齐王共同辅政,自古道‘两雄不俱立’,齐王不能没有异心。不如以太妃(司马颖的生母程氏)患病为借口,请皇上准予回邺视疾,让齐王一个人执政。四海之人对大王的功高不居定会倾慕归心,这是计之上者。”

成都王听信了卢志的计策。有一天,他在东堂跟惠帝见面。惠帝又提起成都王拥他复位的事,对成都王加以慰劳。成都王却说:

“这都是大司马齐王的功劳,臣出那点力不算什么。”接着又列举了齐王的许多优点长处,请皇帝把朝政委托给齐王。自己则因母亲有病,请归藩视疾。话一说完,不等惠帝表态就拜辞而去。连军营都不回,直接去了太庙,向祖宗告辞,便乘车出了洛阳城东门,向邺城奔去。

成都王临走的时候,派人送封信给齐王,信的内容同跟惠帝说的话意思一样。齐王接信后十分惊愕,不知这位叔父为什么来了这么一手,便急急忙忙骑上一匹快马去送他。齐王一直追到城东二十多里的七里涧,才把成都王追上。成都王让马车停下,下车跟齐王谈话,说的当然还是上述的那一套。讲到动情的地方,竟然涕泪滂沱,显得对母亲的病是那样关心。齐王内心里倒是愿意成都王离开,因而只是假意挽留一番,然后两人便分手了。

成都王率领的军队自有将帅们带着返回邺城。

成都王知道这么一谦让,定会得到士民们的赞誉。他又趁热打铁,请朝廷拨粮救济阳翟一带因两军对垒多日而造成饥荒的灾民。阳翟的仗是齐王在那儿打的。可是齐王不管灾民的事,倒是成都王关怀他们。老百姓心中能不作比较吗?

黄桥一战,成都王的军队伤亡一万多人,战死的有八千。成都王便让人做了八千具棺材,把阵亡的将士都盛殓起来。又命令温县县令将赵王军队战死的将士一万四千人也都丛葬了,这些人是在溴水之役中阵亡的。

史书说,司马颖"貌美而神昏,不知书,然气性敦厚,委事于志(卢志),故得成其美焉"。

当然,卢志建议司马颖办这些好事是有目的的,那就叫"收买人心"。

五

成都王在邺城收买人心,齐王却在洛阳丧失人心。他已脱不开以前诸王的那一套:骄奢专权。就拿盖府第来说吧,以前他父亲司马攸在洛阳建了座齐王府,他这时便大兴土木,把齐王府加以改建。附近不管是官署还是民房,只要在他扩建的范围之内,全都强行拆除,新王府的规模竟跟王宫一样。他根本不去上朝,朝廷的大事一律拿到他家里处理。百官来办事得先向他叩拜,而他却坐在那里坦然受之。殿中御史桓豹奏事没先到他府里请示,就直接呈给皇帝,齐王火了,竟把桓豹拷打致死。

那时惠帝的儿子、孙子都死了,没有后代。成都王司马颖是惠帝的弟弟。齐王怕惠帝死后,大臣们可能以为成都王与惠帝最亲,会立他为皇帝,便想了个办法,立清河王司马覃为太子。司马覃是惠帝的侄子,那年只有八岁。齐王立这么个童子当皇储,当然是为了容易控制,以便于他操纵。于是便封自己为太子太师,成了太子的监护人。

此时还有河间王司马颙在朝中。齐王想起当初"三王"起兵讨伐赵王司马伦的时候,河间王曾依违其间,还把夏侯奭给杀了,便追究这件事,让河间王还镇。河间王回国之后,十分恼恨,便和长史李含商量,联络成都王司马颖、新野王司马歆和范阳王司马虓,共同讨齐。同时又给惠帝上表,历数齐王的罪过,表里还请皇帝派长沙王司马乂将齐王废去,召成都王入朝辅政。其实这也是河间王和李含的借刀杀人的诡计,因为齐王见到这道表章之后,肯定会把长沙王杀了,那时诸王出兵就更加师出有名了。

齐王见表后果然中计,派心腹将军董艾带兵去捉司马乂。那边长沙王司马乂也得到消息,他不肯束手待毙,便也派部将宋洪去进攻齐王府,自己则亲自率领左右百余人闯入中宫,把所有宫门都关了,挟着惠帝登上宫中的上东门。齐王和长沙王派出的两伙人在途中倒不曾遇着,先后各自到达了目的地,放起火来。一时火光冲天,照亮了半个洛阳城。齐王让黄门令王湖拿出退兵的驺虞幡,向长沙王的军队宣示,说长沙王造反,要他们散去。长沙王却挟着惠帝在上东门城楼上亮相,告诉众军圣驾在这里,谋反的是齐王。这时那莽撞的董艾竟不考虑利害,下令军士向惠帝放箭。一时飞矢如雨,皇帝身边侍驾的大臣有的被射死,有的受伤。这时都中各军闻警纷纷赶到,见董艾军竟射皇帝,认定造反的是齐王,便一齐向董艾进攻。齐王的军队这时也陆续赶到,双方展开激烈的巷战,洛阳城中到处都是战场。这一仗竟打了三天三夜,最后是齐王军队败了。齐王的长史赵渊倒戈,把齐王拿下,向长沙王请降。这场混战,双方军士们自然战死不少,一些无辜的百姓也随着遭殃。

长沙王把齐王押到惠帝面前。齐王伏在地上申述,说自己并不曾反,反的乃是长沙王和成都、河间诸王。他又说到当初倡议诛杀赵王司马伦、迎惠帝复位的功劳。惠帝有些心动。长沙王一看不好,怕惠帝真个下诏将他放了,那可是放虎归山。他赶忙吩咐部下将齐王推了出去,斩杀了事。

河间王司马颙本来派了大军十万,让张方率领,进逼距洛阳一百二十里的新安。只等洛阳城里齐王杀了长沙王,便进军洛阳。不料消息传来,被杀的不是长沙王,却是齐王。这件事大出河间王的预料,齐王已死,已失去了出兵的借口。瞎忙活了一阵,却白白便宜了长沙王司马乂,让他执掌了朝廷大权。这才叫作"为他人做嫁衣裳"。河间王只好怏怏收兵。

但河间王并不死心。过了两年,他又去联络成都王司马颖,准备共同对付长沙王。"二王"联军二十万人进攻洛阳。长沙王大败成都王的主帅陆机,接着又将河间王的主将张方击败。以后双方互有胜负,总是长沙王这边有个皇帝,紧急的时候长沙王就拿出打败齐王的故伎,让皇帝来个御驾亲征。反正傻皇帝听别人的支使惯了,叫他干啥就干啥。不过众军望见天

子的麾盖，不愿伤他面子，常常主动退走。

战事僵持下来。但守军只有一座孤城，城中又缺少粮食，张方等虽然连吃败仗，还是不肯退走。不料城中又凭空杀出一个东海王司马越。他看这么打下去不是办法，便跟左卫将军朱默勾结了殿中的将士，将长沙王捉了，开城跟张方议和。张方进得城来，先把长沙王杀了，然后由河间王司马颙上表，把太子司马覃废了，立司马颖为皇太弟，做了皇储。

成都王这时再也用不着卢志教他的"收买人心"的把戏，而露出了骄横凶暴的真面目。他母亲程太妃在邺城住惯了，不愿迁往洛阳。成都王倒也是个"孝子"，竟也留在邺城。他那时还兼着丞相的官职，一些朝廷大事需要他来批准，使臣们只好骑着快马跑到邺城向他请示。一时廷使往来，不绝于途，倒像是把朝廷分成了两半。

那时司马颖虽在邺城，但京都还留下了他的部下奋武将军石超率五万兵屯十二城门，殿中戍卫也都换上了他的人。东海王司马越瞅准时机，要把大权夺过来。他和右卫将军陈昣、长沙王的故将上官已等合谋，突然发兵征讨石超。石超不曾防备，只好逃回邺城。东海王迎回太子司马覃，宣布废去司马颖的皇太弟。接着又檄召四方兵，奉惠帝御驾亲征，攻打邺城。他自任大都督。大军十余万人，在荡阳和石超率领的邺城军会战。结果司马越大败，惠帝也做了石超的俘虏。司马越单身逃跑，直接回他的藩国东海去了。

在此之前，东安王司马繇曾劝司马颖不要反抗天子，应该释甲请罪，司马颖把司马繇杀了。司马繇的侄子琅玡王司马睿时任左将军，跟惠帝一起被俘到邺城。他怕受到牵连，想逃回洛阳。当时司马颖宣布戒严，禁止显贵们离境。司马睿跑到河阳，被守渡口的官吏阻住。他的随从宋典从后面赶来，用鞭子拂他一下而笑着说：

"舍长(守舍之长，低级官吏)，官家禁止贵人出入，怎么也不让你过呀？"

守卒听了信以为真，便放司马睿过去了。司马睿跑回洛阳，带着他母亲夏侯太妃回琅玡封国去了。以后西晋灭亡，司马睿跑到江南，建立了东

晋，他便是东晋的开国皇帝元帝——这是后话。

这时洛阳空虚，司马颙便派张方占领了洛阳。

有一个安北将军、幽州都督名叫王浚，他接到司马颖假传的诏书，要他去邺城朝见皇帝。原来之前幽州刺史、左司马和演曾接司马颖的密令，要他杀掉王浚，原因是“三王”征讨赵王司马伦时，司马颖曾檄令王浚出兵相助，王浚不从，所以司马颖便叫和演杀他。和演指使乌桓单于审登邀王浚外出游览，乘机行刺。不料到约期那天，突降大雨，未能成行。审登迷信，以为王浚得有天助，反而帮助王浚把和演杀了。如今司马颖矫诏召王浚去邺城，便是想给和演报仇。王浚自然不肯上当，反倒联合了并州刺史东嬴公司马腾，又召请乌桓和鲜卑两族的军队，共十万人，向邺城杀来。司马颖派中郎将王斌和石超迎战。结果大败，只得退回邺城。于是邺城大乱，许多将士纷纷逃亡。中书监卢志劝马司颖暂离邺城，奉皇帝回到洛阳。司马颖同意了，部署将士准备第二天出发。那时邺城还有将士一万五千人。不料第二天出发时间到了，还不见司马颖下命令。仔细一打听，原来司马颖的母亲程太妃不愿离开邺城，不肯动身。这时警报不断传来，说王浚和司马腾的大兵就要到了。将士们不肯坐以待毙，顷刻间作鸟兽散。只剩下司马颖帐下的数十骑卫兵。卢志去找了一辆牛车，把皇帝和太妃载了，急急朝洛阳奔去。

一行人缺衣少食，好容易来到洛阳，张方出来迎接。那时北方匈奴首领刘渊已经据地为王，建立了汉国，横行北方。张方不愿在洛阳久住，竟然劫持了惠帝，西返长安。天寒地冻，惠帝一路上又吃尽苦头。到长安后，自然又要受司马颙和张方的挟持。司马颙让惠帝下诏，废去司马颖的皇太弟，让他仍做成都王，而立惠帝的另一个弟弟司马炽为皇太弟。并诏拜东海王司马越为太傅，要他跟司马颙共同辅佐朝政。

不料司马越却早已联络了琅玡王司马睿、范阳王司马虓和幽州都督王浚，以讨张方为名，起兵反对司马颙。司马颙有个参军毕垣，常受张方欺侮，这时便乘机在司马颙面前说张方的坏话，并说只要杀了张方，东兵必退。接着便唆使张方的亲信郅辅将张方暗杀了。

可是张方的首级送到司马越那里,司马越却仍然不肯退兵。那时成都王司马颖还在洛阳,听说司马越的兵马来了,只得也奔往长安。但他又听说司马颙已和司马越讲和,怕司马颙害他,跑到华阴便逗留不进。司马越的大军长驱直进,司马颙的部下节节败退,这才想起张方的好处,便把郅辅杀了解气。然而凶讯传来,长安城门失守。司马颙不顾别人,自己骑了一匹马匆匆出城,逃往太白山中去了。

成都王司马颖从华阴南行到了新野,被人捉住,送给长史刘舆。刘舆知道邺城中有许多司马颖的旧部,怕他们闹事,竟逼着司马颖自杀了。他的两个儿子也被杀死。

河间王司马颙逃入太白山,被他的部将马瞻等寻着,纠集旧部,想夺回长安。后来惠帝被司马越毒死,立皇太弟司马炽为帝,是为怀帝,拜司马越为太傅。新皇帝还下诏封河间王司马颙为司徒。这时朝廷已迁回洛阳。司马颙喜出望外,带了家眷前往洛阳就职。不料走到新安,却被一伙强盗拦住,将他全家杀死。这伙强盗不是别人,却是司马越的弟弟司马模的部下、许昌将军梁臣。

现在"八王"只剩下东海王司马越一个人了。朝廷大权自然又落入他的手中。但经过这"八王"十六年的变乱,战祸连绵,民不聊生,各地农民纷纷起义,一些少数民族的酋长们也趁机崛起,把司马越闹得焦头烂额。怀帝永嘉五年,司马越在焦虑中病死。再过五年,西晋便灭亡了。

乱糟糟的"八王之乱"这才算落下帷幕。

石勒和石虎的后代

石勒是我国西北少数民族的羯(jié)族人，魏晋时人们称这一族为“羯胡”。“八王之乱”当中，匈奴单于刘渊趁晋朝诸王自相消灭的机会，自立为王，建立了汉国。石勒做了汉国的镇东大将军。后来刘曜继位，改汉为赵，史称前赵。石勒离开刘曜，自己也建立了个赵国，那就是后赵了。

一

石虎本来是石勒的侄子，字季龙。石虎小时候由石勒的父亲石朱收养，所以石虎又算是石勒的弟弟。石虎凶悍勇敢，随石勒南征北战，立了不少战功。后来率兵灭了前赵。公元330年，石勒做了后赵皇帝，立儿子石弘为太子；石宏为骠骑大将军，都督中外诸军事，大单于，封秦王；石恢为辅国将军，封南阳王。封中山公石虎为中山王，拜太尉、尚书令；石虎的儿子石邃为冀州刺史，封齐王；石宣为左将军；石挺为侍中，封梁王。又封养子石生为河东王；石堪为彭城王。石勒和石虎的后代和亲属几乎都取得了王爵。

石勒还任命他的亲信程遐为右仆射、领吏部尚书；徐光为中书令、领秘书监。“其余文武，封拜各有差。”

中山王石虎很不满意，对他的大儿子石邃说：

“主上自从在襄都建国以来，轻易不再出征。这二十多年，全靠我身冒矢石打下的江山。”接着表功说：“我南擒刘岳，北驱索头，东平齐鲁，西定秦雍，攻克了十又三州。成就大赵的事业，还不是都靠我吗？应该把大单于授给我。可现在却给了石宏那黄口小儿，想起来就令人憋气，觉也睡不好，饭也吃不下！哼！等主上晏驾之后，我让他连种也不留！”

中书令徐光察觉到石虎的不满。有一天，他跟石勒谈话。石勒说：

“大雅（太子石弘的字）愔愔（安和的样子），不像个将门子弟。”

徐光回答说：

“汉高祖以马上取天下，而孝文帝以善政治天下。圣人之后，必有守成之君，这乃是天道呀！”

石勒听了很高兴。徐光接着说：

“皇太子仁孝温恭，而中山王雄暴多诈，陛下一旦不讳（指去世），臣怕社稷会不归太子所有了。应该渐渐削夺中山王的权柄，使太子早日参与朝政。”

石勒点点头，觉得徐光的话有些道理。但他一时又想不出削夺石虎权柄的办法，这件事便拖了下来。

右仆射程遐也看到这一点。有一天，他对石勒说：

“中山王勇悍权略，群臣都不及他。看他的平时表现，似乎除了陛下之外，谁也不放在他眼里。而且他身为将帅，威震内外，他的几个儿子也都大了，个个执掌兵权。陛下健在，自然不妨，怕的是将来不肯对少主称臣呢！应想法早日除掉他，这才是大计。”

“如今天下未安，大雅又年幼，应该有个强辅。中山王是骨肉至亲，有佐命的功劳，将来还要像伊尹、霍光辅佐幼主那样倚靠他，何至于像你说的那样呢？”石勒又用开玩笑的口吻说，“你是不是怕将来得不到国舅的权力呀！你不要急，将来我会考虑的，你不必挂着这件事。”

原来程遐的姐姐程妃是太子石弘的生母，所以石勒才这么说。但程遐听了这话却委屈得哭了，他说：

“臣所虑的是国事，陛下怎么能以私情来拒谏呢？这样还怎么能够听得进忠言？”接着又恳切地说：“中山王虽然从小由皇太后抚养，但不是陛下的血亲。他虽然立有微功，陛下酬给他父子那么高厚的恩荣也足够了。看他的志愿，决不会轻易满足，臣怕将来宗庙都有危险。”

石勒听了徐光和程遐的话，不能不动心，便让太子参与朝政，由散骑常侍（门下省的官员）严震辅佐他，小事就由严震呈太子决定，只有大事才

呈报皇帝。于是严震的权力超过丞相，中山王石虎的门前可以张网捕雀了。石虎怏怏不乐，对徐、程二人自然怀恨在心。

公元333年，赵王石勒病了，中山王石虎以侍疾的名义住进宫中。他趁机矫诏：为了让皇帝安心治病，百官和亲戚都不准探视，就连皇后和太子来看皇帝，也得先征求石虎的同意。石虎又矫诏召秦王石宏和彭城王石堪回襄国。当时石宏在鄴城，石堪在河南，两个人手里都有兵权。石虎把他们召回，事实上是“调虎离山”。石宏回来后进宫见父亲。恰好那天石勒的病好了一些，起床后在院子里散步，见到石宏进来不禁大吃一惊，问他：

“你怎么回来了？我让你驻在鄴城，就是为了今天，可以在外边做策应。你是自己要回来还是有人召你？如果有人召你，那就罪该万死！”

石虎在旁边急忙抢着回答：

“秦王是思慕陛下，临时回来探望，他说他立刻就回驻地。”

石宏听石虎这样说，不好反驳，只得点点头默认了。石宏回府之后，石虎就派人把他软禁起来。过几天石勒问石虎：石宏走没走？石虎撒谎说：

“上次受诏他就走了，现在还在半道上吧！”

等到石堪来到襄国，石虎索性不让石勒看到他。正赶上广阿发生了蝗灾。石虎秘密派他的大儿子冀州刺吏石邃，以灭蝗的名义，率领三千铁骑在蝗区游弋，以便万一需要的时候，作为外应。

石勒让石宏驻扎鄴城做外应，而石虎则让石邃游弋于广阿做外应。说明这两兄弟心中互相有数，彼此提防。可惜的是，石宏已被软禁，完全无能为力了。

石勒是6月病的，反反复复，拖到了7月，终于不行了。临终的时候，他颁遗诏说：

“大雅兄弟应该互相保护，司马氏的结局是尔等的前车之鉴。中山王也应深思，要像周公、霍光那样，不要为将来留下口实。”

“口实”又叫“话柄”，是人们嘲笑的材料。那么石虎竟然会因怕将来人们的嘲笑，而把他的阴谋束之高阁吗？石勒对石虎的了解真是太不够了。不过局势发展到了这一步，石勒自知已无法挽回，这么说一说，也算聊胜

于无吧！

其实石虎早就等着这一天了。说真的，石勒对他不错，虽然是叔侄兼兄弟，但一直像亲兄弟一样待他，把他当作绝对信任的助手。所以石虎忍耐地等着，一定要到石勒咽气之后他才肯动手。至于那些侄子们，他是丝毫不放在心上的。

石勒终于咽下最后一口气，当时只有石虎在跟前。石勒虽然停止了呼吸，但两眼却还睁着，散了光的瞳孔似乎还在瞧着石虎，也许是盼他这个兄弟能手下留情吧！石虎用手把石勒的眼皮抹拢，立刻叫人把太子石弘找来，关进一座屋子里；又叫人去捉他的死敌程遐和徐光，押入廷尉；接着再派人把已经游弋到城外不远的大儿子石邃唤来，让他带兵入宫担任戍卫。文武官员一见持着亮晶晶的兵刃的甲士跑进朝中和宫中，把守住各处门户和道口，不知发生了什么事情，吓得纷纷跑回家去了。

太子石弘以为石虎要杀他。这个老实敦厚的青年一点办法也没有，只好哀求说：

"皇叔，侄儿劣弱，不堪继大位，还是皇叔来做吧！"

石虎把眼一瞪，厉声说：

"君主晏驾，太子当立，这是常礼嘛！"

"不，侄儿不行，"石弘仍在央求，"还是皇叔来吧！"

石虎却火了，大声斥责道：

"你若是不堪重任，天下自有公论，何必现在就让呢？"

石弘只好登基即皇帝位，宣布大赦。石虎让他这个新皇帝做的第一件事，便是把程遐和徐光杀了。石弘只好下诏照办。

当天夜间，石虎带人悄悄出城，把石勒的棺材埋到一处僻谷里，然后将土踏平，使人找不到坟墓的痕迹。一代枭雄，拼杀了多半生，死后连个墓地也没有——因为以后谁也找不准这地方。

过了几天，石虎却又大张旗鼓地替石勒发丧。当然，灵柩里是空的，可是仪卫却一样不少，百官也都来送葬，"呜呜啦啦"地奏着哀乐，把空棺材埋到了高平陵。所以史书说是"虚葬"。又把石勒尊谥为明帝，庙号高祖。

石弘宁愿让位，而石虎不肯接，新皇帝便只好把十三个郡辟为魏国，尊石虎为魏王，再封他为丞相、大单于，另加九锡。石虎的大儿子石邃为魏太子，其余诸子俱封为王。石虎把石勒的旧臣都补了散任，光有职衔却不管事；而管事的则换上他的心腹和部下。把石勒宫中的车马、服玩和宫人，挑好的都送入丞相府。

石勒的皇后刘氏这时已成了太后。她实在忍不下这口气，便派人把彭城王石堪找来。石堪本来姓田，因为立了几次战功，石勒便收他为养子，封彭城王。他是石虎在石勒患病时矫诏召来的，到襄国后便被石虎软禁，石勒下葬后才许他自由行动。他进宫拜见了刘太后。刘太后流泪说：

"先帝刚刚晏驾，丞相就如此欺凌我孤儿寡母，看来帝祚的衰亡用不了多久了。你有什么办法吗？"

石堪回答说：

"先帝的旧臣都被疏斥了，军队也都由石虎诸子把持，就是宫省之内，也都换上了他的人，在襄国是无法可想了。儿臣有个主意，我去兖州，找到南阳王恢弟，以他为盟主，以廪(lǐn)丘做根基，宣太后诏于各州牧、郡守、军镇，使他们举兵讨逆，这样大事或者还有可为。"

刘太后没有别的办法，只好同意了，嘱咐石堪说：

"事情紧急，那你就快去吧，千万小心！"

第二天，石堪和他的卫士先后出城，然后集合起来向兖州奔去。他的打算是先占领了兖州，以兖州为根据地，再联合镇守廪丘的石恢，一同举兵。但他的轻骑奇袭不曾成功，兖州已有了防备，石堪只好离开兖州南下，直奔谯城。这时石虎已得到消息，派将军郭太领兵追击，在城父把石堪追上。石堪部下只有百余骑人马，寡不敌众，受伤后被郭太活捉。郭太将石堪押回襄国，活活烧死。

南阳王石恢本来不知道这件事，但石虎对他不放心，假传新皇帝石弘的诏书，将石恢召了回来。石堪的部下有人知道外出搬兵的事是石堪和刘太后一起计谋的，去告诉了石虎。石虎便将刘太后废了，也将她杀死。尊石弘的生母程氏为皇太后。

石勒还有一个义子,名叫石生,封为河东王,驻在长安。另有将军石朗驻守洛阳。两个人商议,准备举兵讨伐石虎。石生自称秦州刺史,派人到建康(今南京市)跟东晋联系,声称要降于东晋。石虎听说后让太子石邃留守襄国,自己亲自率领七万大军先去进攻洛阳。石朗兵少,只好退守金墉城。石虎打了半辈子的仗,人马又多,石朗怎是对手,金墉很快就被攻破了。石虎捉到石朗,先把他的腿砍断,然后斩首。

石虎再攻长安。他派他的儿子梁王石挺为前锋大都督,首先出发进攻。石生遣将军郭权带兵迎敌。石生跟鲜卑族有交往,向鲜卑借了三万骑兵。两军在潼关相遇。石生则率领后续部队军于蒲阪。

潼关之战,郭权得到鲜卑骑兵的帮助,竟然大获全胜。梁王石挺在沙场战死,梁国左长史刘隗也送了性命。郭权和鲜卑兵长驱而进,石虎不得不退到渑池以避锋芒。自潼关至渑池,沿途三百里,阵亡将士的尸体互相枕藉,一眼望不到边。

石虎终究是员宿将,他看出石生的军队战斗力并不强,靠的是鲜卑骑兵,便派人带了金帛等厚礼去找到鲜卑军主将,请他反戈相助,还答应了其他一些优厚条件。鲜卑主将贪利,果然掉转矛头向石生军进攻。石生的军队不曾防备,吃了大亏,将士大部分逃散,只有郭权收拢了一小部分人马,退屯于渭水北岸。石生则逃匿于鸡头山。石生的部下见石生已是穷途末路,便有负义之徒把石生杀了,向石虎请功。郭权知道石生的死讯后,便带部下占领了上邽。不久,降于东晋。

赵主石弘听说一切可能的外援都被石虎消灭了,知道已到生死关头。他亲自拿了皇帝的玺绶到魏王宫,请求禅位给石虎。石虎却还要装腔作势,不耐烦地说:

“帝王大业究竟归谁,天下自有公论,用不着你一次次来麻烦我!”

石弘再被拒绝,只好涕泣回宫,对母亲程太后说:

“这一次,先帝的种真的要灭了。”

尚书省的官员看局势发展到这个地步,便上表邀功,请仿照唐虞禅让的故事,要皇帝让位于丞相。石虎不买这个账,反而说:

“石弘愚庸，不堪继承大统，直接废去就算了，还谈什么禅让呢！”说罢，便让右仆射郭殷持节入宫，废石弘为海阳王，并立刻命令他母子、兄弟移居崇训宫。不久，石弘和母亲程太后、弟弟秦王石宏、南阳王石恢统统被石虎派人杀害。

石虎到了这一步，却还要对劝进的群臣假惺惺地做出谦虚的样子，说自己才德不够，不敢承当皇帝的称号，而暂称“居摄赵天王”。他作出这种种拙劣的表演，自以为得意，却只得到人们的嗤笑，真的成为人们的“口实”了。

二

公元335年7月，赵王石虎迁都邺城，把襄国作为陪都。他在两地大事营造，劳民伤财，这是古代帝王的通病，骄奢淫逸总是连在一起的，这里不去详说。

公元337年，石虎不“居摄”了，正式当上了“大赵天王”，在邺城南郊即位。为什么跑到郊外即位呢？这里还有个故事：原来他的大殿早已建成，宏伟华丽，自不消说。左校令成公段巴结他，还做了一个大庭燎（庭中用以照明的火炬），放在殿中。庭燎用大杠子擎着，高十余丈，上面的盘子里盛上蜡油，点起来照耀得整个大殿四外通明，十分壮观。正月庚辰那天，太保夔安等五百多名官员黎明时上殿奉表，请上尊号。热闹之中，庭燎上面的盘子突然倾侧，盘里的油灌了下来，当场烫死二十多人。石虎十分恼火，下令把造庭燎的成公段腰斩了。这时大殿已烧得残破不堪，石虎只好派人在南郊匆匆搭个台子，举行了“大赵天王”的登基典礼。封石邃为天王皇太子，却又把原来已经封王的诸子降爵为郡公，宗室封王的降为县侯。

天王皇太子石邃从小就勇猛过人，长大后随父亲征战，立过战功。石虎非常喜欢他，曾对群臣说：

“司马氏父子兄弟自相残灭，才使朕得有今天。卿等说，朕能有杀阿铁（石邃小名）的理由吗？”

这个阿铁确实有点像他的父亲，骄淫残忍，甚至于还超过了石虎。他常常夜间跑到宫臣（太子宫中官员）家里，看到宫臣的妻女有中意的，就逼着奸淫。他有一个美姬，本来颇为喜爱。有一天，美姬妆饰得很漂亮，石邃就把她的头砍下来，洗去血迹，放在盘子里，拿出来让宫臣和宾客们传看欣赏。又让人外出劫持年轻貌美的尼姑，奸淫过后再杀死。把人肉和牛、羊肉合到一锅来煮，然后盛来让众人品尝，还要他们区别人肉和畜肉不同的味道——石虎虽然凶残，却还没做到这一步，石邃真可谓“青出于蓝而胜于蓝”了。

那时石虎贪恋酒色，没心思去管理国事，便让太子石邃负责尚书省的政务。不过石虎喜怒无常，威刑失度，有时候石邃把政事处理完了，去向石虎禀报，石虎却火了：

“这样的小事，你还呈给我干什么？”

这样，有些事石邃就不敢禀报了。石虎知道后却又发怒，责问石邃为什么不告诉他。石虎不但常常为这事斥责太子，讽刺挖苦，有时还要加以杖责，再三凌侮。

石虎的儿子河间公石宣、乐安公石韬都得宠。石邃看在眼里，担心两个弟弟夺去他太子的地位，因此对这两个弟弟也恨如仇敌。

有一天，石邃对中庶子（东宫官员）李颜等人说：

“官家（指天子）太难伺候了，我准备像冒顿那样行事，你们肯跟随我吗？”

冒顿是西汉时匈奴头曼单于的儿子。冒顿要杀死头曼，就先做了鸣镝（响箭），命令他的部下，凡是他鸣镝所射的目标，部下必须一齐去射，否则便是违令。第一次他先射他的爱马，有人不敢射，他就把不射的部下杀了。第二次他射他的爱妻，又有人不敢射，再次被他杀死。等到有一天他随头曼打猎，就把鸣镝射向他的父亲。于是他的部下百箭齐发，把头曼射死了。冒顿便自立为单于。如今石邃提出要学冒顿，那不是明摆着要杀他的父亲石虎吗？李颜等又怎敢答应？只好跪在地上一声不响。

李颜在城外有一处别墅。有一天，石邃假装生病，不去尚书省处理政

事,却带着文武宫臣五百多人骑马跑到李颜别墅里饮酒。他心头烦忧,饮了一杯又一杯,醉醺醺地对李颜等人说:

"我要到冀州杀河间公石宣,有不从的斩!"说完就吩咐备马,骑上后摇摇晃晃地向东走去。走出几里地以后,跟随的人一个个溜了,李颜也拦在马前,叩头谏阻。这时石邃的酒劲上来,昏昏沉沉,无法骑马,才由李颜等人送回东宫。

石邃的母亲郑皇后听说这件事,派一个太监代表太后去责备他。他火了,竟把来人杀死。

石虎见石邃几天不来禀事,一问尚书省,才知道他请了病假。石虎便派一个女尚书去东宫探病。女尚书来到东宫,见石邃好端端地坐在那里,丝毫不像有病的样子。她刚要走,石邃却招手唤她。女尚书朝石邃走去,还没到跟前,石邃却突然抽出剑来,朝女尚书便砍。幸亏女尚书身体灵活,只被砍中左臂。女尚书跑回西宫,向石虎哭诉。石虎大怒,先把李颜等东宫主要官员找来加以诘问。李颜不敢隐瞒,只得把太子种种不法的事说了。石虎怒气上冲,怪东宫官员辅导太子不力,竟将李颜等三十多人一齐处死,做了石邃的替罪羊。

接着,石虎下令,将石邃幽禁于东宫。

依照石虎的脾气,有十个石邃也早杀了,可是石邃终究是他的儿子呀!杀李颜等人,他只是一挥手,说了一个字:"杀!"三十多条性命便没有了,而罪魁祸首他却不忍心下手。他在庭院里踱来踱去,最后还是下了赦令,但叫太子到太武东堂来见他。

石邃板着脸来见父亲,只是按常礼朝拜,却不肯谢罪,站起来一言不发,转身走了。石虎让人唤他:

"陛下还有话说,怎么就走了?"

石邃却仍然不理,连头也不回。这回可把石虎惹急了,下诏废太子为庶人。当天夜里,派甲士将石邃杀死,连同太子妃张氏及男女二十六人,同埋于一棺之中。宫臣等从死的有二百多人。

这个王子死于他的任性,因为他忘了他的父亲一向是无情的。

三

天王皇太子石邃死了，赵主石虎立次子河间公石宣为太子，封为大单于，建天子旌旗。

太子石宣是石虎的次子。三子石挺死于征长安石生的战役。还有个四子石韬，原封乐安公，后改封为秦公。石虎也很喜欢他这个儿子，只是因为石宣年长，才立为太子。他觉得对石韬有些亏待，便让他和太子两个人轮流视政。司徒申钟谏他说，这是“宠之不道”，还举了春秋时郑庄公和共叔段的故事来劝他。但石虎不听。

石虎不再带兵打仗，养尊处优，身体逐渐肥重起来，最后重到不能骑马的程度，他便制造了一千乘猎车，并划定北到灵昌津、南到荥阳、东到阳都这一大片地为猎场，派御史监察，在这方圆几百里之内，所有的野兽谁也不许捕杀，留着给天王来打猎。御史借这个机会作威作福，百姓家有好牛马或美女的，御史去索取，如果得不到就诬这家“犯兽”，因这罪名而死的竟有一百多家。

石虎又下令征民间美女，征集到二十岁以下、十三岁以上的民女三万多人，已有丈夫仍然夺来的就有九千多，杀了这些已婚妇女的丈夫或其妻被夺而自杀的达三千多人。当时东晋偏安江南，北方分为五国，而以赵最为强大，占据了幽、并、冀、司、豫、兖、青、徐、雍、秦共十个州。石虎聚敛的金帛，以及外国所献的珍异、府库的财物，多得无法统计。石虎还不满足，竟让军士发掘辖境内所有前代帝王的陵墓，窃取墓中的珍宝。

父亲这样荒淫无道，儿子也在效仿。公元347年9月，石虎派太子石宣代表他到司州、兖州、豫州去向山川祈福。石宣乘着华丽的辂车，张着羽葆华盖，举着天子旌旗，率领十六军计十八万将士随行。一行人从金明门出发。石虎在宫中高处的凌霄观望着，得意地笑着对左右说：

“我家父子这样威风，不是天崩地陷，我还愁什么呢？就每天抱子弄孙，过快乐的日子吧！”

石宣一行人晚上宿营的时候，让将士们列成长围，驱赶野兽集中到一处。四外点着炬火，照耀得像白昼一样。然后派精骑在兽群中射猎，石宣则和姬妾们乘在辇上观看。有的野兽从围中逃脱，守围的人就要受到处罚，有爵位的则把他的马夺了，让他徒步走一天；没有爵位的则打一百鞭。士卒们沿途冻饿而死的竟达一万多人。所过的三个州计十五个郡，府库中的所有资储都被他耗尽了。

石虎又派秦公石韬到并州、秦州、雍州祈福。石韬便照他哥哥石宣的排场学，也搞了那么一套。石宣听说后却又生气了，觉得自己是太子，那么办是应该的，石韬有什么资格学他？

石韬当时兼任太尉，他在太尉府里盖了一座大殿，叫宣光殿，殿的大梁竟有九丈长(古代的尺寸比现在的短)。石宣听说后十分恼火，不但因为石韬逾制，还因为石韬竟然不避他的名讳，把殿名叫作“宣光”，这不就是影射说“石宣要光”了吗？于是他带人赶到太尉府，把盖房子的工匠杀了，将大梁截断，然后恨恨而去。

当时石韬没在府里，回来看到工匠死了，大梁也被截断，气就不打一处来。他立刻要人砍伐更长的大梁，竟有十丈，运回来架到殿上。石宣听说后更恼火了。他对亲信杨杯、牟成、赵生说：

“这石韬凶竖傲逆到这种程度，对我一点惧怕也没有，真是胆大包天！尔等谁能把他杀了，将来我入主西宫，就把石韬的封邑分给你们。”

杨杯等人听了个个喜形于色，连声答应。石宣想了想又说：

“石韬死了，主上必然要亲自来临丧，我因而成就大事，想来不会有什么困难。”

杨杯等听后明白石宣要杀他的君父了。但这些人一贯随石宣作恶惯了，仍然不以为意，满口称是。

一天晚上，石韬在邺东城上的东明观举办宴会，宴请一些官员和宾客。席散以后，石韬因酒喝多了，不想回府，便宿在供佛的精舍里。半夜时分，杨杯、牟成、赵生等悄悄来到东明观。虽然精舍有甲士护卫，但杨杯等带着猕猴梯(一种又细又长的梯子)，从观后爬了进去，将石韬杀死。然后

把刺杀石韬的刀箭留在现场，又溜了出去。天亮以后，石宣来告诉石虎，说石韬被刺客刺死了。石虎骤闻噩耗，竟然哀痛得昏了过去，好久才苏醒过来。

石虎要去看石韬的尸体和现场。司空李农说：

“害秦公的不知是什么人，想必还在京师，陛下不可轻出。”

石虎想想也对，就不再出去，只是让人把石韬的尸体盛殓了，放置在太武殿，让百官吊祭。石宣也乘车来了，身边跟随着上千名甲士。他下车后嘴里不断发出“呵呵”的声音，原来是在努力抑住笑声。在灵前他既不行礼，也不悲哭，却叫人把蒙尸布揭起来，一看石韬的样子，手足折断，脸上血肉模糊，再也憋不住，竟“哈哈”大笑起来，一面笑一面昂头走了出去。吊客们无不惊愕，因为人们从来没见过这样吊祭死人的。

石宣回到东宫，下令将昨夜在东明观跟石韬一起饮酒的参军郑靖、尹武等人捉起来，准备杀了他们抵罪。

石虎怀疑是石宣派人杀了石韬，要召他来，但怕他不服从。东宫那时统辖的军力有十万多人，如果石宣领着闹起来，可不得了！石虎想了个办法，派杜后宫中的太监去找石宣，骗他说杜后由于悲伤过度，性命危险。石宣对母亲还有点关心，便随着来到宫中。刚进宫门就由殿中卫士留住，软禁起来。

接着，就有一个名叫史科的人向朝廷告密。原来史科跟东宫卫士长杨杯家认识。昨天晚上，他在杨杯家借宿，半夜上厕所，见杨杯和五个人从外边回来。其中一个说：“大事已定了，但愿大家(指君主)寿终，我等何愁没有富贵呢！”几个人说完便进屋了。史科知道自己面临着危险，如果杨杯发现他知道了秘密，就非杀他灭口不可，赶忙找个暗处藏了起来。果然不一会儿杨杯和两个人出来找他。史科藏得好，没被找到。等杨杯再次进屋，史科便翻墙跑了出去。天亮后听人说石韬被杀的事，料定是杨杯等人干的，便向朝廷告发。

石虎听说后立刻派人随史科去捉杨杯，但杨杯和牟成都跑了，只捉到赵生。宫中卫士把赵生押回来，严刑拷问，赵生便把一切都招认了。

石虎的怀疑得到证实。他又悲又愤，拿着杀死石韬的凶器，舔着刀箭上沾着的石韬的血迹，一边舔一边大声哀号，连宫殿都震得"嗡嗡"响。他大骂石宣是"畜生"，让人用铁环从石宣的下巴穿过去，拴上一根锁链，逼他像猪狗一样在木槽里吃食。

第二天，他在邺城北面的一片空地上堆起一堆木柴，中间竖一根长竿，上面挂一具辘轳。让人把石宣牵来，先叫石韬的亲近太监郝稚和刘霸拽着石宣的头发拉到柴堆上，砍断他的手足，挖出眼睛，剖开肚子，跟石韬的死状一模一样。再用辘轳把他绞上竿顶，然后把柴堆四面点着。一时烈焰腾起，浓烟滚滚。石虎这时却在宫里的中台上遥遥观看，昭仪以下随观的有上千人。至于邺城的百姓，围观的更是无数。

火熄以后，石虎叫人把灰烬撒到各宫门的交叉道口，让来往的人践踏。还把石宣的妻、子等九人全都杀死。东宫官员三百人、太监五十人。被车裂肢解，残尸抛于漳水之中。东宫所辖将士十几万人谪戍凉州。更把东宫洿(wū，挖掘的意思)了，用来养猪养牛。

四

石虎的几个大儿子个个勇猛过人。就以石宣为例，公元338年，石宣率步骑二万人出击朔方的鲜卑军队，打了个大胜仗，斩敌人的首级就有四万多个。所以过去一提起儿子，石虎就有一种自豪感。

然而自从发生了上述两次变乱，石虎的自豪感没了，转而又产生出一种无可奈何的自卑感。他对群臣说：

"我要用纯灰三斛洗一洗我的肠子，为什么我专生恶子，年龄一过二十就要杀父亲呢？"他这样说是有用意的，因为他下面接着说："那就以齐公石世为太子吧，他今年才十岁，等他到二十的时候，我已经老了。"

在这以前，石虎和大臣们商议过立太子的事情。太尉张举提出两个人，一个是燕公石斌，一个是彭城公石遵。张举说：

"燕公有武略，彭城公有文德，陛下从他们两人中选一位做太子就行

了。”

可是戎昭将军张豺却说：

“燕公的母亲出身微贱，燕公本人以前还曾有过错，而彭城公的母亲郑后已经废了(石遵和故太子石邃同母，石邃处死后郑后被废)，如果立为太子，难保他们心中没有余恨，陛下应该仔细考虑。”

“那你看谁好呢？”

“陛下再立太子，定要看其母亲的出身。以前不熟思这一点，致使孽子祸乱相寻，因此要选择母贵子孝的才好。”

石虎点点头说：

“你不必多说了，我知道该立谁啦！”

当初，张豺随石虎征伐前赵，攻破上邽(guī)。张豺俘获了前赵主刘曜的幼女安定公主，把她献给石虎。那年安定公主只有十二岁，但她长得聪明美丽，博得石虎喜欢，便留作侍妾。过了几年，生下了石世，刘氏得封为昭仪。刘昭仪很感谢张豺，因为是张豺把她从乱军中救出，又将她献于石虎的，因而她和张豺仍有来往。也就因为这个缘故，张豺才建议立石世为太子。当然，张豺也有私心，他看到石虎不但老了，而且精神上连受两次打击，身弱多病，怕是不久于人世。假如石世以幼立登基，刘氏成了太后，临朝称制，自己不也就能够辅政了吗？就这样，才发生了前边所述的石虎准备立石世为太子的那一幕。

石世被册立为太子了，刘昭仪也做了皇后，石虎拜太常条攸为太傅，光禄勋杜嘏(gǔ)为少傅，使他们辅导太子。

石虎常常闹病，病因是处死石宣时引起的。石宣有个小儿子，还在怀抱中。小娃娃伶俐可爱，石虎很喜欢这个小孙子。等到石虎下令处死石宣的妻、子的时候，这小娃娃当然也在其内。小娃娃不懂事，见到爷爷就扑到石虎怀里，要爷爷抱他。石虎想单独把他赦了。可是那时命令已下，行刑甲士过来从石虎怀中把小娃娃抱走。小娃娃哭着不肯，扯着石虎的衣带，竟将衣带扯断了。石虎也不由老泪纵横，眼看着心爱的小孙孙死于血泊之中，他两眼一阵发黑，因而得病。

石虎的病时好时坏。公元349年正月，他觉得病已大痊，便正式登上皇帝宝座，改元太守。诸子都恢复了王位。

等到4月，石虎的病又重了，下诏以彭城王石遵为大将军，镇关右；以燕王石斌为丞相，录尚书事；以张豺为镇卫大将军、领军将军、吏部尚书，让他们三人辅政。

那时，三人中只有张豺在京师邺城，其余二人石斌在襄国，石遵在幽州。张豺怕石斌回来夺了他的权，便和刘后商议，派使臣对石斌说：

“主上的病已大好了，大王如果有事，暂不去邺城也可以。”

石斌是个猛将，打仗勇敢却缺少心眼，他又喜欢打猎饮酒。听京中来使这么说，就不再回邺城，只顾天天饮酒打猎去了。刘后和张豺便以这个为借口，矫诏说石斌没有忠孝之心，只图享乐，将他免去官爵，派张豺的弟弟张雄率龙腾卫士五百人监守他。不久，又矫诏将他杀了。

石遵从幽州回到邺城，张豺却又逼他回去，石遵只好哭着走了。

暴君石虎终于死了，太子石世即位，尊刘氏为皇太后。皇帝幼小，太后临朝称制，封张豺为太保，都督中外诸军，录尚书事。又要拜张豺为丞相。张豺辞而不受，却建议以彭城王石遵、义阳王石鉴为左、右丞相，这是为了安抚石氏子弟的缘故。

然而张豺的安抚没起作用。石遵听说父亲已死，张豺擅权，便率领所辖军队向邺城开进。在京城和一股大军相遇，这部分军队是由大将军姚弋仲、蒲洪和征虏将军石闵等人率领，去镇压起义戍卒后班师的。两部军队会师后，决定共同向邺城开进，讨伐张豺。两军合起来达九万人，石闵做前锋，浩浩荡荡，直抵邺城，沿途无人阻挡。邺都许多守城将士纷纷出逃，不肯为张豺卖命。张豺没法，只好让刘太后下诏，以石遵为丞相，领大司马、大都督，督中外诸军，录尚书事，加黄钺、九锡——总之一句话，把所有最高的职位和荣衔都给石遵加上了。这可真是“临时抱佛脚”，当然毫无用处。石遵大军开到时，张豺无力抵抗，只好出城迎接。石遵入城，首先将张豺斩了，并夷其三族。然后逼小皇帝退位，石遵自己做了皇帝。接着就把石世和刘太后杀了。石世只做了三十三天皇帝。

石遵的皇帝是自封的，他的弟弟沛王石冲不服，起兵来争夺帝位。由于石遵掌握着朝廷，兵多将广，石冲被打败杀死，士卒三万余人也被坑杀。

石遵在京城发兵的时候，派征虏将军、武兴公石闵为前锋。这个石闵并不姓石，原来姓冉。他的父亲冉瞻十二岁时被石虎收为养子，改名为石瞻。所以论起来石闵是石虎的养孙。石闵虽然年轻，但勇猛善战，所以石遵让他当前锋，并对他说自己没有儿子，将来入继大统之后，就以石闵为太子。可是后来有人对石遵说，石闵终究是异姓人，不应该做皇储，于是石遵改变主意，改立石斌的儿子石衍做了太子。

对石遵的食言，石闵自然怀恨。石遵也察觉了，跟诸王商议准备把石闵杀了。不料义阳王石鉴却偷偷告诉了石闵。石闵率甲士三千人进宫，杀石遵于琨华殿，拥立石鉴为皇帝。

石鉴对石闵也不放心，联络几个旧臣姚弋仲、蒲洪等共同来对付石闵，但都被石闵打败。石闵回邺后，把石鉴杀了，接着又大杀石虎的子孙，史书说："杀赵主虎二十八孙，尽灭石氏。"

石闵即了皇帝位，恢复原姓，改叫冉闵，定国号为大魏。

不过前引史书说"尽灭石氏"是不正确的，因为那时石虎还有两个儿子在，一个是石祗，占据襄国称帝，并曾攻打过邺城，但后来被部下刘显杀了，将首级献给冉闵。还有一个则是汝阴王石混，他在乱中带领妻妾逃过江去，投奔东晋，被斩于建康。史书说："石氏遂绝。"这次说对了。

成汉皇子自相攻杀

在赌场上，坐庄的人管着发牌，掌握赌局。拿它来给政治生活打比方，坐庄的人就好比皇帝，因为全局由他操纵。

两晋时期，在如今四川一带有一个小国，十几年时间竟换了四个皇帝。因而我们又把这个故事叫作“轮流坐庄”。

一

这个小国原先叫成，后来又改称汉，于是历史上就把它叫作成汉，是两晋时期的十六国之一。

公元4世纪初，正是“八王之乱”打得顶热闹的期间，一些老百姓为了逃避战火和灾荒，流亡到蜀中，称为流民。

我国古代有个少数民族叫作氐族，殷周至南北朝时期分布在今陕西、甘肃、四川等省，从事畜牧和农业。他们大量接受汉族文化和生产技术，说汉语，穿汉服，用汉族文字，并以汉姓为姓氏，到两晋时期就和汉族基本上没有多少区别了。其中蜀中巴山一带的氐族，又称为巴氐。

巴氐族中有个首领，名叫李特。他为了反抗当地官府的压迫，联合了进入蜀中的流民，举行起义。朝廷派大军围剿。李特和次子李荡战死，他的三子李雄继续战斗，于公元303年攻入成都。群众推戴他做了成都王。年号建兴。那是晋惠帝永兴元年，即公元304年的事。到了公元306年，李雄即皇帝位，国号大成。

李雄的皇后姓任，没生儿子，李雄的十几个儿子都是庶妃生的。他哥哥李荡死后，李雄就把李荡的儿子收过来让任后抚养。公元324年，李雄已经做了十八年皇帝，还没立太子。群臣要他在自己的儿子中选一个，但李

雄却说：

"我哥哥（指李荡）是先帝（指李特）的嫡子，既有才能又有大功，可惜在大事垂成之前捐躯了。朕常常悼念他。按说这帝座应该是他的，朕不过是暂署罢了。因此我要立哥哥的长子李班为太子，让他继承先人的事业。而且李班仁孝好学，必能不辜负死去的先烈。"

李雄的叔叔太傅李骧和司徒王达谏他说：

"古代先王定下立嗣必立子的规矩，为的是定名分而防止篡夺。历史上有不少这样的教训，不可不认真考虑。"

可是李雄不听。

李骧退出后流涕说：

"国家的乱子从此开始了。"

不过李班为人倒是不坏，他谦恭下士，一向遵守礼法。所以李雄每逢和群臣商议大事，都要李班参加。

公元334年，也就是大成玉衡二十四年，李雄的头上长了一个恶疮，竟把他历年战争中各处所受的旧伤引发了，身上好几个地方溃烂化脓，发出十分难闻的气味。他的几个儿子都避得远远的，只有太子李班昼夜服侍他，有时好几天不脱衣服。李雄的头疮里面憋脓了，脑袋涨疼得受不了，又没有办法把脓排出来。李班就用嘴去吮，把脓一点点吸去，他面上一丝也没有厌恶的神色。李雄很感动，觉得立李班为太子立对了，这样的人将来当皇帝，定能使国家强大兴旺。

不久，李雄病故了，太子李班即位。

李雄死前曾有遗诏，让大将军建宁王李寿辅佐太子。李寿是李雄的叔叔、太傅李骧的儿子，曾率军南征，扩展了国土，功劳很大。论起来他是李班的堂叔，所以要他辅佐李班。

李班即位以后，把政事都交给李寿及司徒何点、尚书王环等人，他自己却拘守汉族的古礼，在李雄的灵前守孝，对外事一概不问。

李雄有个儿子名叫李越，封为车骑将军，屯驻江阳。李雄死后他到成都奔丧，对李班继位十分不服，认为自己弟兄十几个人，谁不可以做皇帝，

却偏偏让伯父的儿子来继位!他跟弟弟安东将军李期商量,想把皇帝宝座从李班手里夺过来。

李班的弟弟李玗(gān)听到一点风声,向他哥哥告警,并建议李班下诏勒命李越回江阳原镇,并拜李期为梁州刺史,让他镇守葭(jiā)萌。可是李班优柔寡断,认为李雄还没入葬,不忍心就将李越和李期遣走,想等大殓之后再说。并劝李玗说:

“我们都是兄弟,应该互相信任,不可心生隔阂,被外人耻笑。”

“可是并不是人人像你那样坦诚呀!”

“我推心置腹待他,他又怎会负我!”

李班见李玗仍然悻悻不平,防他生事,竟让他带兵到涪州镇守去了。

有句俗语叫“以小人之心,度君子之腹”,现在把它反过来用,李班这是“以君子之心,度小人之腹”,他坦诚对人,可是别人却不肯坦诚待他。一天夜间,李班又按时到李雄的灵前上香,李越带领甲士闯进殡宫,将李班杀死在李雄的灵前。李班6月即位,10月被害,只当了四个月皇帝。

李班的弟弟、领军将军李都正好来看哥哥,也做了李越的刀下之鬼。

李班死了,该李雄的亲儿子做皇帝了,杀李班是李越和李期合谋,那么谁来做皇帝呢?这次兄弟俩倒谦让起来。按年龄李越大,所以李期推李越继位,但李越却说李期是任太后抚养大的,虽然不是亲生,也可算作嫡子。兄弟俩推让一番,最后还是李期做了皇帝。

李期当然也不能亏待哥哥,便封李越为相国、建宁王;把原来的建宁王李寿改封汉王,加封大都督;又封哥哥李霸为中领军、镇南大将军;封弟弟李保为镇西大将军、汶山太守;伯父李始为征东大将军,代替李越镇守江阳。

至于李班,则谥为戾太子。

二

李始是李特的长子,论才能他不如弟弟李荡和李雄,但却瞧不起几个

侄子。尤其在李越和李期杀了李班之后，却让他代替李越去守江阳，连个王位都没有。他愤愤不平，便写信派人送给李寿，约他一同起兵攻打李期。

李寿自觉势力不够，不肯答应。

李始接到李寿拒绝的回信后，恼羞成怒。他又怕李寿到李期那里告他的状，便倒打一耙，反而向李期进谗，说李寿要造反，让李期处死李寿。

但李期却还想让李寿去对付驻在涪州的李班的弟弟李玗，因而不答应。接着，就给李寿下令，让他向涪州进军，杀死李玗。

李寿接到命令，不得不去，却又派人事先通知李玗。等到李寿带领大军，慢腾腾开到涪州的时候，李玗却早已投奔东晋去了。东晋成帝封李玗为巴郡太守。

李寿向李期告捷。李期就势留李寿驻守涪州，加他一个梁州刺史的头衔。

看吧，李家兄弟叔侄之间的利害关系是多么夹缠不清啊！

李期搞阴谋政变上台，怕有人不服，起来反对他，便处处留心。他有个侄子李载，封为尚书仆射、武陵公。李载很有学问，人缘也好，年纪轻轻的就有很高的声誉。李期一来是妒忌，二来是防范，竟诬以谋反的罪名把他杀了。

不久，李期的哥哥镇南大将军李霸、弟弟镇西大将军李保没有病就都死了。人们传说是李期毒死的。接着，李期又毒死了安北将军李攸。李攸是李寿父亲的养子，看来，李期渐渐地把矛头指向了李寿。

李寿是个很能干的人。他跟随李雄打天下，是李雄最得力的助手。史书说他“征伐四克，辟国千里”，“号为贤相”。如今看到李期的种种表现，自然要加以警惕。他驻在涪州，地处边境，每到应该入朝的时候，他就假传边报，说有外敌入侵，不能离开，避免到成都去。

李寿不去成都，李期就派中常侍许涪来看他。许涪来了，表面是代表皇帝向李寿慰问，可是刚回去不久，却又跑了来，如此三番五次，李寿还不明白这是探听动静虚实来了吗？

巴西有个处士（有才德而不出任做官的人）名叫龚壮，他的父亲和叔

父在李特创业时被害,他一心想报仇。李寿听说他很有名气,几次聘他做官,他都拒绝了,但却去见李寿,愿意以在野身份为李寿效劳。

李寿把李期想害他的事跟龚壮说了,请他出主意。龚壮便趁机劝李寿说:

“巴蜀之地本是晋土,巴蜀之民本是晋臣。节下(封为持使节的官员,可称节下)若是能够舍小从大,发兵西取成都,然后向晋称藩,长为诸侯,谁还不肯为节下奋臂前驱呢?如此一来,不但可脱今日之祸,还能够延福子孙、勋流百代啊!”

李寿听信了龚壮的话,决定争取主动,向李期发起进攻。他和长史罗恒、解思明等商议,造了一封假信,说是李寿的妹夫任调从成都送来的,信中说,李期正调集大军,来攻涪州。李寿把这封假信向部下宣布。部下都很愤怒,再加上那时李期一天比一天骄虐,杀了不少人,把被害人的财产和妇女没入宫中,弄得民怨沸腾。于是李寿一下子就聚集了一万多人。李寿派李奕为前锋。出发的时候李寿还许愿说,攻占成都后可赏以城中的财物,其实便是准许公开抢劫。

李寿多年带兵,号令严明,大军无声无息地来到成都。而成都城里的李期和李越却还照常在那里花天酒地、歌舞享乐,兵到城下竟然不曾察觉。李寿的大儿子李势当时是翊军校尉,在禁军任职。李寿事先派人通知他。待大军一到,李势便打开城门,迎接李寿入城。等大军屯于宫门,李期这才发觉,但已经无法组织抵抗了。

李期派侍中到李寿营中劳军。李寿提出,建宁王李越、尚书令景骞、中常侍许涪等人“怀奸乱政,谋倾社稷,大逆不道,罪合夷灭”,请皇帝把他们处死。李期这时自身难保,当然一一照办。于是李越等人的首级便被献入了李寿营中。

李寿率军入宫,假传任太后的诏书,废李期为邛都县公,先把他幽禁起来。接着便放纵士兵在城中抢劫。

城中百姓原以为来的是反对暴君的义师,没想到他们是一丘之貉。这些士兵烧杀抢掠,奸淫妇女,那几天成都城里不啻是人间地狱。乱了好几

天才平定下来。

李雄的儿子俱都被杀。

李期叹气说："天下主变成小县公，不如死了吧！"于是上吊自杀。这个二十五岁的皇帝只干了三年。李寿给他点面子，以王礼葬他，谥为幽公。

戾太子李班则追谥为哀皇帝。

还有那个给李寿出主意的龚壮，终于把父、叔被李特杀害的仇报了。不过他不曾随军前来，所以李寿便派使者带安车和束帛去聘请他，准备拜为太师。使者到了巴西，呈上束帛和聘书，但龚壮全都拒绝了。后来使者传达了李寿的意思：不任官职，只居师友之位。龚壮才答应了。

下面该研究国家的前途了。罗恒、解思明等人坚持举兵的原议，劝李寿称镇西将军、益州牧、成都王，向晋朝称藩。但李寿的妹夫任调、司马蔡兴、侍中李艳等人则要李寿当皇帝。两伙人争论起来，哓哓不休。李寿这时也没了主意，最后只好求教于卜卦了。

卜者被找来了，拿出龟蓍，祷告一番，然后布了下去。卜者又看又算，最后说：

"可以做数年天子。"

任调高兴地说：

"当一天皇帝也够了，何况还有数年呢！"

"数年天子，怎及得百世诸侯？"解思明反驳说。

双方意见还是不能统一。现在，就看李寿本人的态度了。李寿却捻着胡子，引用了《论语》里孔子的一句话：

"朝闻道，夕死可矣！"

这句话虽然引用得不伦不类，但李寿说这话的意思还是容易理解的，那就是他想当皇帝啦！

公元338年，李寿即皇帝位，改国号为汉。一朝天子一朝臣，大成朝廷的官员撤的撤、降的降；而李寿的一些心腹自然要高居显位，这些就不去细说了。

三

那时中原大部分由后赵控制。后赵王石虎派使者来向李寿祝贺。李寿便打发散骑常侍王嘏(gǔ)和中常侍王广代表他去答聘。“二王”回来后带来石虎的亲笔信,约他结成连横之势,共同对付晋朝。后赵由陆地进攻,要李寿派水师沿大江东下,双方一正一侧,水陆并举。如把晋朝灭了,赵、汉二国平分天下。

李寿接到信后很高兴,便大修舰船,整治兵甲,训练士卒。派尚书令马当为六军都督,给以节钺,许他便宜行事。粮食给养也都准备充足。选择一个吉日,举行阅兵大典。李寿带群臣站在岷江边的检阅台上。只见大小舰只扬帆而过,旗幡招展,戈甲耀日,将士们路过台前时鼓噪欢呼,倒也颇有声势。李寿捻须微笑,十分得意,似乎江南已在他掌握之中。

解思明却来扫他的兴,对他说:

“我国国小兵弱,吴、会(泛指江南的江苏、浙江)险远,我仅有七万军卒,要想取胜怕是不易。”

李寿听说后想一想,也有些犹豫,就让大臣们来讨论这件事。客卿龚壮说:

“陛下与胡(当时中原对北方和西北的少数民族的统称)联合,哪赶上与晋联合!胡乃是豺狼之国。即使是我国与后赵联兵,将晋灭了,那以后又会怎样?怕还得北面事之,向赵称臣吧!如果我国和它争天下,强弱不敌,更是危亡的局势。当初虞、虢(guó)二国的教训,何等触目惊心,不可不用心汲取,愿陛下仔细考虑吧!”

群臣也都同意龚壮的话,大家跪下苦谏。李寿这才宣布罢兵。士卒们听说后都欢呼“万岁”。

跟后赵联兵攻晋的事中止了。但那从邺城回来的王嘏和王广却在皇帝面前大谈他俩在邺城的见闻。李寿听“二王”讲中原的富庶、都城的宏伟、宫殿的壮丽,不由得心向往之,也想学上一学。他当初追随李雄,习惯

于宽容俭朴。现在却慢慢改变了，也去追求奢华，讲究享受，更变得暴虐异常，动不动就杀人，认为只有这样才能立威，臣民也才能够服从。他的亲信大臣左仆射蔡兴谏他，他却说是对他的诽谤，竟将蔡兴杀了。右仆射李嶷也因直言忤旨，被他处死。

龚壮来依附李寿，一来是为父、叔报仇；二来他本是晋人，想说服李寿归晋，他认为这才是尽忠尽孝。如今他仇是报了，而要李寿归晋却没成功。又见李寿变得这样暴虐，就以耳聋和半瘫为借口，辞官回故乡去了。回家后却又作了七首诗，托名是应璩所作，让人献给李寿。诗中自然还是奉劝他的话。李寿看了之后说：

“看了这诗，知道其中的意思。如果这诗是今人作的，倒有点像贤哲的话。如果是古人所作，那不过是死鬼的老生常谈罢了！”

龚壮听说后，知道李寿无意改悔，便发誓终身不到成都。

不过即使他再去成都，也见不到皇帝了，因为李寿不久便死去。据说他患病后，常见李期和蔡兴来向他索命。这当然是由于他杀人心亏，病中精神错乱造成的。

李寿死年四十四岁，在位五年。

四

李寿死后，他的大儿子太子李势即位。

李势没有儿子，他的弟弟大将军、汉王李广上表请求立为皇太弟，将来继承帝位。李势认为自己才二十多岁，目前没儿子是暂时的事，来日方长，说不定哪个妃子就会生子，因此不肯答应李广的请求。

大臣马当和解思明听说后，认为李势兄弟很少，如果生分了，将愈发孤危，就劝他还是立李广为太弟的好。他俩自以为是先帝的老臣，李势不答应竟一再劝说。李势怀疑他二人是否跟李广有勾结，才这样为李广卖力，怒气上来，竟把马当和解思明杀了，并夷其三族。解思明是李寿的主要谋臣，李寿当初得做皇帝，解思明起了很大作用。他被捕后叹息说：

"汉国之所以未亡，是由于我等几位老臣在的缘故。如今可要危险了。"

马当是重要的将领,很受将士们拥护。所以军民们对解、马二人的死都很痛心。

李势杀了解思明和马当,又派太保李奕去涪城袭拿汉王李广。将他的军权收回,王爵也废了,贬为临邛侯。李广愤而自杀。

李势这个年轻皇帝依然摆脱不了许多皇帝的通病,史书说:"势骄淫,不恤国事,多居禁中,罕接公卿,信任左右,谗谄并进,刑罚苛滥,由是中外离心。"这几句话概括得十分确切。

第二年冬天,太保李奕自晋寿举兵反对李势,进攻成都。许多老百姓赶来参加,竟达几万人。李势亲自登城指挥防守。李奕是员老将,他瞧不起李势,知道他没打过仗,竟单骑突攻城门,向李势搦(nuò,"挑战"的意思)战。不料城门的守军百箭齐发,李奕不慎中箭阵亡。主帅死了,攻城的几万军民也便溃散。李势这才算逃过了被擒的命运。

不过内忧刚过,外患却又来了。当初李寿在时,曾跟赵王石虎商议,想联兵攻晋。虽然最后李寿爽约,汉军未曾发兵,但东晋朝廷却已知道这件事。晋安西将军桓温认为,汉居大江上游,是晋的侧翼,如来进攻,水师循江而下,不易阻挡,因此桓温想先发制人,将汉灭了,把国土收回。

晋穆帝永和二年(公元346年)冬十一月,桓温率领大军西征,来到蜀郡的青衣县。李势派兵拒守。汉军主将是李势的叔叔右卫将军李福、堂兄镇南将军李权和前将军昝坚。有的将领建议在大江之南设伏,以逸待劳,邀击晋军。但昝坚不听,要率大军赶往犍(qián)为跟晋军决战。等赶到犍为一看,却不见晋军的影子,原来他估计错误,跟晋军走岔了道,晋军已从山阳那边扑向成都了。

桓温率军连续跟李权作战三次,三战三捷,抵达成都城外的十里陌。等到昝坚大军从沙头津北渡绕回来的时候,晋军已完成攻城的部署。昝坚的军队便不战而溃了。

成都城里的李势集合全城守军,出城迎击敌人。双方在笮(zuó,"竹篾

拧成的绳索")桥展开战斗。晋军出师不利,参军龚护战死,汉军的箭已射到桓温的马头。晋军准备撤退。不料鼓吏听错命令,竟擂起了进军鼓。先锋袁乔拔剑带着士卒呐喊冲锋,攻入汉军阵中。汉军大溃。晋军乘胜追击,放火烧着成都城的诸门。李势借着夜色由东门逃出,跑到葭萌。晋兵在后追击。李势只好派散骑常侍王幼送降文于桓温,并面缚(双手反绑)舆榇(chèn,"舆榇"即用车子拉着棺材的意思)到桓温的军门求降。桓温亲自为李势解绑,把棺材烧了,这是表示准降的意思。接着把李势和他的叔父李福、堂兄李权及亲族十余人解送到建康。晋穆帝封李势为归义侯。李势跟他父亲李寿一样,不多不少也做了五年皇帝。

成汉消亡了,"轮流坐庄"的皇帝已先后下庄,这一场争夺帝位的赌局也便宣告结束。

兄弟阋[1]墙招致败亡

俗话说："物必先腐，而后虫生。"这话很有道理。两晋时期，由于朝廷腐败，各族豪杰趁机崛起，建立了一些小国家，前后有十六国之多。如果这些小国的统治家族能够团结的话，它的国运便会长久一些。但假如他们内部不和，争权夺势，互相拼杀，把力量白白消耗了，等到外敌一来，哪里还有力量抵抗呢？就拿后秦来说吧，公元384年，姚苌(cháng)建国，做了十年皇帝。传给他的儿子姚兴，维持了二十二年。但等到姚兴临死，他的大儿子姚泓继位的前后，那些王子们蜂拥而上，大家都来争抢皇帝宝座，只用了一年多的时间就把这个国家搞垮了。这个教训还不够深刻吗？

一

公元402年，也就是后秦弘始四年，秦王姚兴册立他的大儿子姚泓为太子。史书说："泓孝友宽和，善文学，善谈咏，而懦弱多病。"就因为他"懦弱多病"，所以姚兴在立他为太子之前，曾狐疑不决。不过考虑的结果，认为姚泓终究是长子，又没有什么过错，终于还是把东宫太子的位置封给他。

姚兴的儿子不少，除了姚泓之外，还有姚懿、姚弼、姚洸、姚宣、姚谌、姚愔、姚璞、姚质、姚逵、姚裕、姚国儿、姚耕儿等。其中三子姚弼长得雄俊英武，很得姚兴的欢心。姚兴前此的犹豫不决，也就是有意立姚弼为太子的缘故。

① 阋(xì)，即争吵、争斗的意思。

姚弼的封号是广平公，任职雍州刺史，镇守安定。他觊觎大哥的太子地位，听信心腹姜纪的话，拿出大量的金帛收买姚兴左右的幸臣，让这些人替自己说好话。于是姚兴便于公元411年下诏征姚弼入朝，任命他为尚书令、侍中、大将军，执掌朝政。

姚弼入朝以后，把他的党羽都任命为重要官员，任尹冲为给事黄门侍郎，唐盛为治书侍御史。黄门侍郎的职责是侍从皇帝，传达诏命，掌管机密文件；而侍御史则是掌管刑法典章的督察官员，也就是皇帝的耳目。有这两个人在姚兴身边，皇帝的一举一动姚弼很快就知道了。姚弼还在姚兴的左右中安插上自己的人，或是对另一些人进行收买。他这样做的目的当然只有一个，那就是寻找机会自己来做太子。

在大量任用自己人的同时，姚弼反过来便是排除异己。左将军姚文宗和太子姚泓的关系很好，姚弼就想除掉他。公元414年，姚弼在父亲面前诬告姚文宗有怨言，姚兴火了，将姚文宗赐死。嗣后凡是姚弼说的话，姚兴无不听信。这样一来，大臣们谁都知道姚弼有篡立之心，但多数人只图自保，不敢出来多口。

不过也有不怕他的，那就是右仆射梁喜、侍中任谦和京兆尹尹昭。有一天，他们得到单独跟皇帝在一起的机会，便对皇帝说：

“父子之间的关系本来不须别人多言，但君臣之义不薄于父子，因此臣等就不能沉默了。广平公姚弼暗藏夺嫡的图谋，而陛下又宠之太过，给他那么大的威权，许多倾险无赖之徒麇聚在他身侧。现在市巷道路有不少传言，说陛下有废立的打算。是不是真有此事呀？”

姚兴惊讶地说：

“哪里有这回事？”

“如果陛下真想废立，臣等有死而已，不敢奉诏。若无此事，那么陛下这样宠爱广平公，恰恰是害他。希望陛下能驱除他左右那些小人，减削他的威权。这样做不但广平公得以有泰山之安，宗庙社稷也将像磐石一样坚固了。”

姚兴听了，默然不语。梁喜等只好退出。

这伙人刚走，却又有大司农窦温、司徒左长史王弼上表，说了姚弼的许多好话，劝姚兴改立姚弼为太子。姚兴虽然不予理会，但也不曾责怪窦温和王弼。

就在废立之争渐趋炽烈的时候，姚兴病了。姚弼认为这是搞政变的机会，他偷偷召集平时豢养的甲士几千人藏在府里，只等传来皇帝晏驾的消息，立刻动手抢夺帝位。

姚兴的弟弟东平公姚绍和右仆射梁喜等人为以防万一，率领禁兵在宫内戍卫。这时姚兴的儿子大多分封到各地任职，留在长安的还有几个年龄小的儿子。其中第七子姚裕看形势不对，派遣使者分别到各地，去见做藩镇的哥哥，告诉他们姚弼有谋反的打算。于是姚懿在蒲坂、姚洸在洛阳、姚谌在雍州都整顿军队，准备开往长安讨伐姚弼，眼看一场内战即将发生了。

幸好姚兴的病又痊愈了。他上朝和群臣相见。征虏将军刘羌告诉他姚弼伏甲的事，京兆尹尹昭补充说：

“那几日局势紧张，一触即发，幸亏陛下御体康复，广平公才未敢作乱。但他这种恃宠不恭、竟怀逆心的行为，自然应该付诸刑典。如陛下不忍心杀他，也应夺其威权，让他散居藩国，以免有阋墙之祸，也不负天性之恩。”

姚兴征求梁喜的意见，梁喜也赞成将姚弼依法处罪。姚兴没办法，只好下诏免去姚弼的尚书令，但保留大将军的头衔，以广平公的身份回府第闲居。

姚懿、姚洸、姚谌等人听说父皇已给姚弼处分，便各自把兵收回，却又联袂来到长安，向父皇请安。他们找到姚裕，让他代为通报父皇。姚兴不想见这几个儿子，叫姚裕对他们说：

“你们不就是为姚弼的事吗？我已经知道了。”

姚裕说：

“诸兄远道而来，如果姚弼有可论之处，陛下可以听听他们怎样讲。讲得对，陛下应该采纳；讲得不对，处罚他们也行，但总是不该拒绝跟他们见面。”

于是姚兴在咨议堂接见他这几个儿子。这时他的另一个儿子姚宣也

来了。姚宣常来长安,知道姚弼的许多事情。姚兴接见的时候,姚宣流着眼泪历数姚弼的种种不法行为,请姚兴按律处置。但姚兴还是袒护姚弼,只是对这几个儿子说:

"我自会处置,用不着尔等担忧了。"

这件事终于还是不了了之。

又过了一年,姚弼想起姚宣在父皇面前告他的状,便想报复。他无中生有,向姚兴诬告姚宣。正赶上姚宣的司马权丕来长安办事,姚兴把权丕找来,责备他不能辅导姚宣,准备杀他。权丕是个狡诈阴险的小人,为了自救,竟然捏造了姚宣的一些罪名,企图借此免死。姚兴信以为真,遣使到杏城把姚宣押解到长安,下于狱中。却又借这个机会,将姚弼起用,让他率三万人马镇守秦州。

夏国的赫连勃勃瞅姚宣离开杏城的机会,派兵攻袭杏城。守将姚逵被俘,秦国将士两万人遭坑杀。姚兴遣姚弼举兵去救。双方在龙尾堡交战。姚弼果然能干,竟把夏将赫连建捉住,押往长安,将杏城收复。

姚弼班师凯旋,回到长安,又赖在京中不走。不久,姚兴旧病复发。而姚弼也告病不朝,又在府里积聚兵甲。有人告诉姚兴。姚兴这次真火了,先派人把姚弼的死党侍御史唐盛、孙玄等捉来杀了,又要处置姚弼。这时太子姚泓来给弟弟求情。他对姚兴说:

"儿臣不肖,不能训诲兄弟,以至于弼弟屡次惹父皇生气,仰惭天日,都是儿臣的过错。如儿臣死去国家能得安宁,家庭能得幸福,儿臣情愿身死。如陛下不忍加以刑戮,那就请封我藩国,离开京师。请父皇裁夺。"

姚兴见大儿子这样委曲求全,也不禁恻然动容。于是召大臣姚赞、梁喜、尹昭、敛曼嵬等商议,先把姚弼的党羽抓起,又将姚弼押入狱中。姚泓听说后,再次到姚兴那里,流着眼泪替姚弼求情。过后姚兴对梁喜说:

"姚泓天性平和,甚少猜忌。他这样以诚待人,也许能将姚弼感化吧!"于是把姚弼和他的那些党羽都放了。

第二年春天,姚兴自觉病轻了一些,便想去长安以东的华山散散心。他派太子姚泓监国,让太子住进西宫,便于处理国事,自己则带着几名近

臣出发了。不料刚走到华阴,病便加重,只好返回长安。

姚弼又觉得机会到了。他的死党黄门侍郎尹冲给他出主意,认为姚兴回到长安,姚泓一定会出城迎接,那时埋伏一伙勇士,突起发难,便可将姚泓杀死。

果然姚泓听说皇帝即将还都,就想出城迎接。但他的宫臣却谏他说:

“如今主上病重,奸臣(指尹冲等)在侧,说不定会发生什么变故,不宜轻出。”

姚泓说:

“臣子听说君父病重而安居不出,怎么能安心呢?”

“保存自身,使社稷得安,这才是最大的孝心啊!不可因小失大。”

姚泓听信了宫臣的话,便不出城,只在宫中的黄龙门拜迎。

姚兴回宫之后,命令弟弟东平公姚绍和右卫将军胡翼度负责宫中的宿卫。又遣殿中上将军敛曼嵬到姚弼府里,把姚弼所藏的铠甲兵器全部没收,纳入武库。

姚兴在深宫养病,连他最小的儿子姚耕儿也不得进殿。有一天,姚兴的妹妹南安长公主来探病,被侍卫挡驾。姚耕儿便猜皇帝也许已经死了。他跟七哥南阳公姚愔是同母兄弟,他想借这个机会让姚愔进宫篡位,便出去告诉了姚愔。姚愔也认为机不可失,便带领府中的侍卫甲士进攻端门。

宫中宿卫的敛曼嵬、胡翼度听到警报,带领禁军闭上宫门拒战。姚愔的部下攻不进去,便放火把端门烧了。有一部分甲士则攀墙爬屋攻了进去,来到宫中的马道。

那时太子姚泓由于侍病的缘故住在咨议堂。太子右卫率姚和都则带一部分东宫兵驻扎在马道南。姚和都一见姚愔的甲士冲进宫来,便带东宫兵前去迎敌,双方在马道上展开激战,一时喊杀声响彻宫中。

其实姚兴这时还没死。姚耕儿年轻,自以为是,给他哥哥姚愔传了个假消息。宫中的喊杀声把躺在病床上的姚兴惊动了,便问左右是怎么回事,左右正在那儿惊疑地交头接耳,听皇帝问他们,便也猜测着说,是广平公造反,攻打宫门。

姚兴挣扎着爬起来，坐在乘舆上，让侍卫抬着来到前殿。禁军们见皇帝没死，士气大振，勇猛地向姚愔的甲士冲击。东宫兵消灭了侵入马道的那部分甲士之后，从别的宫门绕出，来到姚愔军的背后。这样前后夹击，姚愔支持不住，只好弃军逃跑，躲到骊山去了。

叛乱平定，姚兴下诏赐死姚弼。不过这一次军事政变的祸首倒不是他。禁军控制了局势。敛曼嵬又派骑士追击姚愔，在骊山将他拿获。押回长安后，连同他的同党俱都杀死。

第二天，姚兴死了。太子姚泓即位，改元永和。

二

在姚泓登基之前，就有两个弟弟姚弼和姚愔死了。他登基之后不久，就又有一个弟弟姚宣死于非命。

原来姚宣为姚弼所谮(zèn，诬陷的意思)，又经司马权丕诬告，被姚兴押入狱中。不过经过姚兴派人调查，证明权丕所告不实，姚兴便把权丕杀了，放出姚宣，派他镇守李闰。

当时本是一个战乱纷扰的年代，何况又赶上新皇初立，便有北地大宗毛雍据赵家坞造反，扬言要进攻长安，夺取姚氏的天下。姚泓的叔叔东平公姚绍带兵去讨伐。毛雍不经打，一战就垮了，自己也做了俘虏。

姚宣在李闰听说毛雍要攻打长安时，派部将姚佛生带一支军队去长安协防。这时他的参军韦宗便来出主意，对姚宣说：

“主上初立，威德未著，国家前途未可估量。殿下不可没有深思远虑。李闰不是重镇，不如南边的邢望险要。那里扼三方的要路，如果迁到那儿据守，说不定还可以成就霸王的事业呢！”

“霸王的事业”，不消说，便是那最高统治者的宝座啦！姚宣心动了，他采纳了韦宗的建议，弃了李闰，强迫李闰的居民三万八千户随他迁往邢望。结果李闰剩下的居民都起来造反了。姚绍讨平毛雍之后，听说李闰反了，便又率军赶来镇压，把乱事平定。

姚宣听说后，到李闰向姚绍请罪。姚绍一怒之下，竟将他这个侄儿姚宣杀死。姚氏弟兄中又少了一个。

不久，姚泓的另一个弟弟姚懿也起来造反了，怂恿他这样做的官员是司马孙畅。孙畅和姚宣的参军韦宗一样，也有很大的野心，想保着主子夺取政权，当一个开国功臣。他劝姚懿说：

“目下南师入侵，而新君庸懦，国家面临覆亡。殿下应该趁这个时机奋起，兵发长安，先把东平公姚绍除了，再让姚泓逊位。殿下既登大宝，那时励精图治，率领全国军民驱除晋兵，以保国家的安定。”

原来这时江南的东晋朝廷看到后秦主姚兴死后，诸王子争夺帝位，自相残杀，便由太尉刘裕亲自主持，和大将檀道济、王镇恶等率师北上攻打洛阳。镇守洛阳的姚洸兵败投降，洛阳失守。按说这正是应该弟兄们同仇乱忾、共同对敌的时候，而孙畅却来劝说姚懿趁火打劫，篡夺权位。偏偏姚懿被权力的欲望蒙住了良心，竟然采纳了孙畅的建议，要来争夺大哥的皇帝宝座了。

孙畅认为蒲阪的兵马不多，要姚懿把粮谷散给老百姓，借此收买人心，以便于号召老百姓参军。左常侍张敞和侍郎左雅对姚懿说：

“殿下是皇上的同母弟，镇守一个方面。如今国难当头，殿下应考虑安危休戚，与国共患。如今南有吴寇(指东晋)，西有夏虏，朝廷有如危卵般险急，正是诸侯勤王的时刻。而粮食又为军需所依赖，殿下无故将粮谷散去，将来朝廷来问殿下，殿下如何答对？”

姚懿听了恼羞成怒，竟下令将张敞和左雅活活打死。

消息传到长安。姚泓找姚绍等人商议对策。姚绍说：

“姚懿性识粗鄙，没有主见，以理推断，这件事定是孙畅替他出的主意。现在可以这样办，先遣人召孙畅来京，再派抚军姚赞守住陕城，臣据潼关为诸军的节度。如果孙畅奉召前来，臣就让姚懿率河东军去抵御吴寇。如果姚懿不肯奉诏，那就是他逆谋已成，便当将他的罪名昭告天下，鸣鼓而击之。”

姚泓点头说：

"叔父的话真是社稷的福啊！"

朝廷的对策就这样决定了。姚绍派姚赞、司马国璠等将领率兵把守陕津、潼关等地，挡住姚懿去长安的道路。

姚懿接到姚泓召孙畅的诏书，知道阴谋已经败露，他当然不肯让孙畅去送死，又认为时机已到，便公开扯旗谋反，自称皇帝，在蒲阪即皇帝位。还要传檄各州郡，要州牧、郡守听他的号令。他又要征用平阳匈奴堡粮仓的储粮，被平阳守将宁东将军姚成都拒绝了。姚懿写信劝诱姚成都，答应将来封姚成都高官，并派人把一面镌有自己名字的佩刀送给姚成都，作为将来封官的信物。姚成都不听，反而把刀送到长安，向皇帝报告。

姚懿急了，派骁骑将军王国率领甲士数百人去攻打匈奴堡。但王国不是姚成都的对手，反而被姚成都活捉。姚成都写信责备姚懿说："明公以母弟之亲，身当重任，国危不去救，却图谋非分之望，危及宗庙，列祖能够庇佑明公吗？王国为蛇画足，乃是罪人，现已被我囚执，即当听诏而戮之。成都现已纠合义兵，往见明公于河上，届时战场上见分晓吧！"

于是姚成都和姚懿各自派去使节，到附近各州郡争取百姓和官员。可是姚成都的使者来了，征兵调粮，地方官员俱都奉命照办；而姚懿的使者却没人答理，有的甚至被扣留下来。结果附近大多数州郡拥护朝廷，只有监晋几千户人响应姚懿。

姚成都率领部下渡过黄河，进攻临晋。临晋的几千户居民岂是正规军的对手，刚一接触就垮了。这时姚绍也率军赶到蒲阪，将城围住。蒲阪当地人郭纯和王奴率领老百姓围住姚懿，迎接姚绍入城。姚绍进城后把姚懿囚禁起来，押回长安。而姚懿的亲信孙畅等人则被处死。

姚懿这一波刚平，姚恢的一波又起。那时晋师占领了洛阳，秦国的东方吃紧。姚绍是姚泓的主要倚靠，他率军驻守在潼关，保卫长安东边的门户。而长安西边镇守安定的齐公姚恢却又看中了这个机会，要来抢着当皇帝。安定在如今的甘肃省，姚恢驻在这里是为了抵御夏国的赫连勃勃的。他举兵东进，恰恰是抄了长安的后路。扬威将军姜纪不战而降，加入姚恢一边。阴密守将建节将军彭完都倒是不曾投降，但却弃了阴密，跑回长安

去了。接着镇西将军姚谌又被姚恢打败。这时长安震动,老百姓一夕数惊,怕姚恢进城免不了又是一场抢掠屠杀。在这紧急关头,姚泓只得把叔叔姚绍召了回来。姚绍带领大军西返,跟姚恢在灵台遭遇。这时姚赞也带兵从河东那边开来。姚绍是沙场老将,威名很高,姚恢的部下未战先怯,大将齐黄等首先倒戈投降。接着姚赞又在姚恢军的背后发起攻击。两路大军合围,姚恢的军队大败,姚恢死于乱军之中。

后秦这里忙着窝里反,自相残杀,而东晋的军队却趁机节节前进。王镇恶和檀道济的军队已抵达潼关关下。姚绍再匆匆忙忙地带兵东进,回潼关组织防守。公元417年,两军在潼关展开激战,互有胜负。不久,姚绍因劳累过度,病死军中,将大军交给姚赞。

那时晋兵已绕过潼关,向长安进发。秦主姚泓自己带领军队出城抵挡。这时秦兵已无斗志。晋军前哨沈田子只带领千余人,本来是作为疑兵的,却跟姚泓大军相遇于青泥。秦兵有数万人,由于没有斗志,竟被晋军的千余人打败。姚泓只好退到霸上。

这时秦兵正分几路向长安撤退,晋兵在后紧紧相逼,秦兵终被各个击破。姚谌、姚丕等俱都战死。晋军王镇恶攻入长安北门平朔门。

这时姚泓已逃入宫中,准备出降。他的儿子姚佛念刚刚十一岁,对他父亲说:

“事情已到了这一步,晋人不会容我,与其受辱而死,不如先行自杀。”

姚泓怅然地望着天空,却不做声。姚佛念知道父亲贪生,便自己爬到宫墙上面,纵身一跃,小小的身躯落到地上,摔成了肉饼。

姚泓不顾姚佛念的遗体,率领妻、子和群臣到王镇恶的军营求降。后来姚泓被送到建康,受戮于东市。

姚泓的弟弟平原公姚璞、东平公姚赞率宗室子弟一百多人向刘裕投降,都被刘裕杀死。

姚泓于公元416年2月登基,第二年8月就败亡了,他只做了一年半皇帝。如果说他是被晋人杀死的,倒不如说是死在兄弟阋墙的斗争中。

刘宋皇子开杀戒

这里所说的“宋王朝”，乃是指南北朝时期南朝的第一个朝代。它的开国皇帝便是统兵灭了后秦的晋太尉刘裕。下面讲的是他的子孙后代杀人与被杀的故事。

刘裕是公元420年篡晋登基的。但我们要把他做皇帝四年以后，即公元424年发生在别处的一个小故事，作为本文的开端。这故事讲当时西北一个小国吐谷浑的国王阿柴要死了，他有二十个儿子。死前他把儿子们都召到跟前，对他们说：

“先王树洛干因儿子拾虔幼弱，把王位传给我（阿柴是树洛干的弟弟）。我死之后，你等宜奉慕璝(阿柴的弟弟)为王。”

阿柴的儿子俱都答应。阿柴又让儿子们各拿一支箭来，抽出一支交给他的弟弟慕利延，让他折断。慕利延稍一用力，箭便断了。阿柴把其余的十九支箭俱拿来捆到一起，让慕利延再折。慕利延用尽力气也折不断。阿柴便对两个弟弟和儿子们说：

“你们知道吗？孤则易折，众则难摧，你们要戮力同心，然后才能保国宁家。”

阿柴死后，他的儿子听从父亲的遗嘱，拥戴他们的叔叔慕璝为王。慕璝很有才略，招抚秦州、凉州一带的失业游民和少数民族氐、羌的老百姓，辖区扩大到五六百个部落。史书说他“部众转盛”。

这是一个著名的故事，六十年前的小学课本上就收录过。如今把这个老故事放在开端，无非是想让读者把它跟后文作个比较，看看宋王朝的家事跟阿柴的家事有何区别。

一

宋武帝刘裕只当了两年多皇帝便病死了，那年他六十七岁。

刘裕年轻时从事军伍，连年征战，所以他得子很晚，五十岁才有了大儿子刘义符。他一共有七个儿子。即位之初，把刘义符立为太子，又封二儿子刘义真为庐陵王，三儿子刘义隆为宜都王，四儿子刘义康为彭城王。五儿子刘义恭、六儿子刘义宣、七儿子刘义季这三个王子因年龄还小，暂时没封。

宋武帝永初三年（公元422年）三月，刘裕病得不轻。他自知不起，召司空徐羡之、尚书仆射傅亮、领军将军谢晦和护军将军檀道济入宫，托以后事，让他们辅佐嗣君。

刘裕死后，太子刘义符即位。那年他只有十七岁，还是一个少年，而且是一个顽皮的少年。他在宫中的后园里做打仗的游戏，把宫侍们分成两拨，他亲自指挥，擂鼓呐喊，声传宫外，使附近的百姓惊疑不定。又在华林园里开设一些店铺，像街肆一样，他亲自站柜台做买卖，跟装扮为顾客的宫女、太监们讨价还价。就是在刘裕的丧事当中，他也不曾收敛，闹得后宫成天吵吵嚷嚷，一片市声。

顾命大臣徐羡之、傅亮、谢晦见这个小皇帝只顾荒嬉，一点也不关心国事，便想把他废掉，另立刘裕其他的儿子为帝。如按兄弟序列，废了刘义符，就该立老二刘义真了。可是他们对刘义真也不满意。那么这又是为什么呢？

这个刘义真外表长得聪明俊秀，而且能说会道。刘裕挺喜欢他，在统率晋军攻打后秦的时候，把他也带在身边。公元417年，晋军攻克洛阳和长安。不过刘裕那时已想篡晋，所以他不愿在长安久住。正赶上替他处理国政的前将军刘穆之病逝，刘裕对朝中不放心，便离开长安，返回建康，却留下次子刘义真为都督雍、梁、秦三州诸军事，领雍、东秦二州刺史。那年这刘义真还只有十二岁，全仗长史王修、司马王镇恶、参军沈田子、毛德祖辅

佐他。可是刘裕走后，十二岁的都督管不住部下，沈田子竟将王镇恶杀了，王修又杀了沈田子，刘义真就又把王修杀了。就这样乱杀一通，自然群情惶骇。西边的夏王赫连勃勃趁这个乱劲袭据了咸阳。咸阳就在长安旁边，长安已是朝不保夕了。刘裕担心儿子的安危，派辅国将军蒯恩到长安去把刘义真接回来。那小小年纪的刘义真却已经知道贪财，把连抢带夺弄来的宝货、金帛装在几百辆辎重车上，离开长安往回跑。可是车载太重了，一天走不上十里地。而夏兵已随后追来。建威将军傅弘之劝他弃车轻行，逃命要紧。可是刘义真不听。不久夏兵便追了上来。傅弘之和蒯恩断后，跟夏兵力战，结果被夏兵俘获。刘义真这时已被冲散，也不顾得他那几百车财宝了。他身边的卫侍都已跑开，只剩下他一个人。幸好天色晚了，夏兵收军回去，刘义真自己躲在草丛里发抖。后来听到有呼唤他的声音，钻出草来一看，原来是中兵参军段宏，这才捡了条性命。可他还要说大话，说不经过这样的风险，又怎知艰难呢！

段宏只有一匹马。他把刘义真束在背上，单骑跑了回去。

刘裕在建康听到长安失守的消息，以为他二儿子没了，便要兴师再次北伐。许多人劝他都不听。后来收到段宏的信，知道刘义真已经得救，这才作罢。还要给十二岁的刘义真降职的处分，贬为建威将军、司州刺史。以后又迁为南豫州刺史。

四年过去了，刘义真已不是个娃娃，但贪财的习性没改，却又有了想当皇帝的野心。他跟太子左卫率谢灵运、员外常侍颜延之，还有慧琳道人是好朋友，曾说：

“等我得志之日，以灵运、延之为宰相，慧琳为西豫州都督。”这话说得太露骨了，说什么“得志之日”，还要任命宰相，这不就是想当皇帝吗？所以徐、傅、谢三大臣想废皇帝刘义符，却又不愿让刘义真这样的新皇帝继位，因此就要先把他除掉。

景平二年，徐羡之、傅亮、谢晦三位宰相会衔，上表列举刘义真的过失和罪恶，奏请废为庶人。

刘裕有七个儿子，巧就巧在没有一个是同母的，自然生分一些。何况

刘义符又只贪玩乐，不理政事，一切全凭“三相”裁决。于是皇帝下诏，废了刘义真，让他当老百姓，并送到新安郡安置。改派刘裕的第五个儿子刘义恭为南豫州刺史。

现在该轮到废皇帝了。当初刘裕托孤有四位大臣，除了徐、傅、谢“三相”外，还有南兖州刺史檀道济。檀道济是南朝的名将，素有威信，而且握有兵权。所以“三相”在行废立大事的时候，特意把他召回建康，告诉他废立的打算。檀道济听了并不反对。

那是个夏天，华林园中浓荫匝地，一棵大树下飘着青布帘旗，上面大书一个“酒”字。卖酒的又是那刘义符皇帝。宫女们来执壶沽酒，大家嘻嘻哈哈，逗趣玩乐。玩够了，皇帝又到园中的天渊池泛舟。舟是龙舟，宽敞舒适，直玩到月上中天，才觉得累了，把左右遣走，只留下两名宫侍，伺候他在龙舟睡下。

第二天黎明时分，刘义符还在睡梦中，檀道济就领兵进入华林园。事先已由中书舍人邢安泰收买了华林园的禁军将领做内应，把园门打开。檀道济没遇到任何抵抗，直抵天渊池。两名宫侍听见动静，从龙舟里出来探看。军士不由分说，一刀一个杀了，弃尸水中。军士们蜂拥入舱，把皇帝揪了起来，将皇帝的手指都扭伤了。

这时徐羡之、傅亮、谢晦也都赶到，把皇帝押到东阁，然后收去皇帝的玺绶，召集百官，当众宣读了皇太后废刘义符的诏书——不用说，那诏书乃是徐羡之的手笔。

诏令宣读完毕，百官都无话说，当下只好向皇帝拜辞，把皇帝押送到故太子宫，废为营阳王。接着便遣送到吴郡(今苏州市)。押送的官员正是那在华林园做内应的中书舍人邢安泰。一行人来到吴郡，住在金昌亭。

邢安泰临来的时候，徐羡之为了免除后患，曾嘱咐邢安泰瞅机会将营阳王杀死。邢安泰当然照办。不过刘义符颇有勇力，杀他的时候他奋起反抗，竟然冲出金昌亭，众军在后面追赶。刘义符跑到昌门，一个追兵拿起城门的大闩，将刘义符击倒，另一个上去一刀，结果了这个十九岁皇帝的性命。

接着，徐羡之又派人去新安将前庐陵王刘义真杀死。

旧帝去了，该立新帝。徐羡之等人一致的意见是拥戴三皇子宜都王刘义隆。刘义隆原镇荆州，治所在江陵。荆州居大江中游，是首都建康西方的屏障。徐羡之怕宜都王做皇帝后，用别人镇守荆州，便抢先任命"三相"之一的领军将军谢晦为行都督荆、湘等七州诸军事、荆州刺史。让他做外援，把一些精兵和老将都调配给他。

"三相"之一的傅亮率领重要官员，组成行台，到江陵迎接宜都王刘义隆。8月，刘义隆来到建康，即皇帝位，史称文帝。那年他十八岁。

文帝对两个哥哥的死自然不能释怀。但他也知道目前自己是处在权臣们的势力范围之下，不能轻举妄动。那时徐羡之对谢晦的任命还有个"行"字，是兼代的意思，文帝则以"行"为"真"，也就是正式任命谢晦为都督和荆州刺史的官职。谢晦喜滋滋地走了。

文帝自然也要大封"功臣"，徐羡之进位司徒，傅亮加封开府仪同三司，谢晦进号卫将军，檀道济进号征北将军。他自己宜都王府的旧臣也要加官晋爵，安排重要职务。这些都是必然的事，不须细说。

文帝的四弟刘义康以前已封为彭城王，还有三个小弟未封，这次也一并封王。他们是五皇子刘义恭封江夏王，六皇子刘义宣封竟陵王，七皇子刘义季封衡阳王。

二

文帝元嘉三年（公元426年），做了两年皇帝的刘义隆认为自己的地位已经巩固，便要跟徐羡之他们算一算旧账了。

按说，刘义隆以三皇子的身份得以当上皇帝，自是多亏了徐羡之等把他的两个哥哥杀了，又去迎他即位，他对徐羡之等应该感激才对。但权力之争，利害攸关。文帝认为，徐羡之等人掌握大权，能够举手之间便杀了一帝一王，难保他们不会忽然间又向自己下手。而且"卧榻之旁，岂容他人酣睡"？刘义隆的亲信步兵校尉孔宁子、侍中王华等嫉妒徐羡之、傅亮专权，

日夜在文帝面前讲徐羡之等人的坏话。于是文帝决定以徐羡之、傅亮、谢晦三人擅杀营阳王和庐陵王的罪名，将他们处死。

那天是正月丙寅，有诏召徐羡之、傅亮入朝议政。这是经常的事，二人并不怀疑。徐羡之走到西明门外，突然接到傅亮派人送来的消息，说"殿内有异常处分"。原来谢晦的弟弟谢皭任职黄门侍郎，那天正好值班。他看到殿中布置了许多甲士，知道将对徐、傅二人不利，便派人给傅亮送信。傅亮这才把消息通知了徐羡之。

徐羡之听到消息后，急忙折回府内，改乘轻车逃出城去。刚逃到离建康二十里的新林，后面便有急骤的马蹄声传来。他知道追骑到了，料已万难逃脱，便下车到一户人家的陶灶内，自缢身死。

那傅亮给徐羡之传信后，自己也骑上马跑出城，却被屯骑校尉郭泓追上，押回建康。

徐羡之和傅亮被处死了，当初弑君的还有一个谢晦。但他现在远在荆州，手里掌握兵权，而且他还曾经跟随武帝刘裕多次出征，很有作战经验，要想擒他可不容易。文帝想使用檀道济。侍中王华等认为当初檀道济曾带兵捉过营阳王，是"三相"的同伙，不可信任。文帝却说：

"道济只是胁从，当时创议的并没有他。杀害二王的事跟他也没关系。如今我不计较他以前的过错，转而抚用他，给他立功折罪的机会，他又何乐而不为呢？"

果然，檀道济奉诏后十分感动，急忙跑到建康，拜谒文帝。文帝问他讨伐谢晦的策略。檀道济说：

"臣以前跟谢晦一起随同先帝北征，入关的十策之中九策是谢晦所提，他的才略和干练的确很少有人赶得上。但他的缺点是，未尝孤军决胜，带兵上阵不是他的特长。臣知道他有智谋，他也知道臣的勇猛。如果臣去与他对垒，擒他不是难事。"

文帝很高兴，决定御驾亲征。派檀道济做元帅，以到彦之为先锋。到彦之先领军出发，沿江而上，走到巴陵(今岳阳市)下游的彭城矶，便听说谢晦军的前锋庾登之已经占据了巴陵。

原来谢晦在江陵听到建康传来的消息，知道徐羡之、傅亮和自己留在京中的儿子谢世休都死了，自然不肯束手待毙。他先为徐羡之、傅亮和谢世休举丧，然后整顿兵马，得精兵四万人。于是给皇帝上表，申明徐、傅的忠贞，死得冤枉，还为自己辩解。表文大意说：

"臣等如想篡权，不为国家，那么初废营阳王的时候，任意拥立武帝某一个幼子为帝，谁能非议呢？而臣等却宁肯泝流三千里(此指从建康到江陵的水路路程)，等待七十天，仰望鸾旗，拥戴陛下。但陛下却听信王华等奸佞的谗言，诬杀忠良。今臣率将士，缮治舟甲，以除君侧之恶。"

谢晦派弟弟谢遁带一万人留守江陵，自己统率三万水师顺江而下，前往建康。目睹大军船舰相接、旌旗蔽空，谢晦也不由临流叹息说：

"恨不得以此作为勤王之兵！"

国家有难，前去援助，称为"勤王"。而现在谢晦却是带兵征讨皇帝，他自觉十分尴尬，所以才有这番叹息。

谢军先锋庾登之来到巴陵，听说宋军已溯江而上，便驻扎在巴陵，准备迎战。这时到彦之已率军抵达彭城矶。偏赶上天降暴雨，连绵不停，双方便对峙起来。谢晦的参军刘和之说：

"天降大雨，彼此相同。何况听说檀征北(檀道济任征北将军)统率大军将到，为什么不趁他没到的时候，先将眼前的敌军消灭呢？"

谢晦听了刘和之的话，便催促庾登之进兵。庾登之怯懦，不愿打仗，推脱说水战最好是火攻，他已命令小将陈佑做了一些贮茅的大囊，用时悬于帆樯，可以焚毁敌舰，但必须天晴才能使用。谢晦又听信了，一直等了十五天，终于天晴了，谢晦下令进攻。

这第一仗谢军打得不错，连续攻下了宋军占据的彭城矶和洲口栅。到彦之退到彭城矶对面的隐圻。谢晦初战告捷，十分高兴，又给皇帝上表，说如果"陛下枭四凶于庙庭，悬三监于绛阙，臣便勒众旋旗，还保任所"。

"四凶"指的是虞时的共工、驩(huān)兜、苗、鲧(gǔn)；"三监"则指周的管叔、蔡叔和霍叔。用他们来跟王华等作比，意思是只要杀了王华等奸臣，他便收兵。

他这里送表的使臣刚走，而下游传来消息，檀道济统率的主力就要到了。

当初谢晦和徐羡之、傅亮废立的时候，也曾想到预留个后步，所以徐羡之、傅亮在朝中，而让谢晦出镇江陵；还有檀道济，以征北将军、南兖州刺史的身份驻在广陵（今扬州市）。广陵在建康东北，和建康以西的江陵遥相呼应，三方成掎角之势，足可以控制朝廷。不料徐、傅死了，而统兵来讨他的恰恰是檀道济，以前的打算全乱了套。谢晦也不由得惶惧不安。

不过他在旗舰上遥遥看到，宋军一艘艘军舰由下游慢腾腾逆水驶来，似乎数量不多，便有些轻视。不料夜间忽然刮起东北风，等早起出舱一看，对面江上船舰栉比，帆樯如林，一眼望不到边。原来这大风把宋舰都吹送上来了。

宋军的军威这样盛壮，谢晦军的将士人人沮丧，眼看着宋舰列队行进，即将过江，便有士兵趁船还在岸边停靠的机会，上岸逃跑。将领们阻拦不住，还没等开战，谢晦军就溃散了。

在这种局势下，谢晦也只好找了一艘小船逃回江陵。

这是水上的情况。而陆上，雍州刺史刘粹统率步骑袭击江陵。江陵司马周超带守城的一万人马迎战，将刘粹打得大败。但周超回江陵时，却只见到单身逃回的谢晦。周超知道已无能为力，当天夜间便驾一只小船去到彦之那里投降，他所统率的一万人马也都分道扬镳了。

谢晦见大势已去，只好带着他的弟弟谢遁等七骑向北逃走。谢遁身体肥胖，不能骑马，谢晦又不忍心扔下他不管，只好跑一程等一等他。好容易逃到安陆，为戍主（镇守一个军事据点的小军官）光顺之捉住，把他们用槛车送往建康。

文帝率后军走到芜湖，前方就传来捷报，文帝便折回建康。等谢晦解到，文帝下令将谢晦、谢遁、谢皭、谢世基、谢世猷一齐处死。谢世基是谢晦的侄子，是有名的诗人。他在刑场上触景生情，却又作起诗来。那诗道：

"伟哉横海鳞，壮矣垂天翼！一旦失风水，翻为蝼蚁食！"

谢晦也有文才，竟随口续吟道：

“功遂侔昔人，保退无智力。既涉太行险，斯路信难陟。”

三

就在发生上述事件的同一年，文帝刘义隆的皇后袁氏给皇帝生了第一个男孩。孩子降生以后，袁皇后看了又看，派人告诉皇帝说：

“这孩子形貌异常，必定要破国亡家，不可以留下。”她要把亲生的儿子杀死。

不知袁皇后为什么这样说，也许她会相面吧！但文帝听说后急得不得了，不顾皇帝的尊严，连跑带颠地朝中宫奔去。等他气喘吁吁地跑到皇后的产房，已是大汗淋漓。他掀起帘子，拉住皇后的手，才把这小王子的生命救了下来。文帝给他这个大儿子起名叫刘劭。

刘劭既是长子，又是皇后生的，理所当然地要做太子。元嘉六年，四岁的刘劭便得到了皇太子的封号。

又过了十年，刘劭长得威武英俊，又好读书，喜欢兵马，更爱结交宾客。文帝看他小小年纪就显出有出息的样子，十分高兴，便让他入主东宫。派去保护他的东宫警卫竟跟殿中的羽林军一般多。

文帝有个妃子姓潘，封为淑妃。潘淑妃得宠，袁皇后十分恼愤，竟然气死了。潘淑妃生了个儿子名叫刘濬(jùn)，封为始兴王。刘濬十分机灵，他知道太子恨他的母亲，便去跟太子曲意交结。时间长了，这两位王子反倒成了好朋友。

文帝的女儿东阳公主府里有个婢女叫王鹦鹉。王鹦鹉认识一个叫严道育的女巫，吹嘘自己能够辟谷(不吃饭)，还能役使鬼物。王鹦鹉领她到东阳公主家。严道育对公主说：“神将有符赐给公主。”晚上，公主在床上躺着，突然见两道像萤火虫一样的流光落进书柜里。走过去打开书柜一看，却是两粒青色的珠子。公主很信服严道育。有一次太子刘劭和始兴王刘濬到公主府，公主便把严道育介绍给他俩。严道育在两位王子面前卖弄本领。当然，在今天看来不过是魔术一类的把戏，但刘劭和刘濬却对严道育

信服得五体投地。

那时刘劭和刘浚不务正业，净做些荒唐事。文帝知道后屡次加以责备。刘劭就问严道育，怎样才能使皇帝不知道自己做的事。严道育做作了一番，骗他俩说，已经向上天陈请，上天必然不给泄露。刘劭和刘浚还觉得不够，他俩希望皇帝早死，如果刘劭做了皇帝，他俩便可以为所欲为了。严道育说她会巫蛊之术。她用玉石雕了皇帝的塑像，让刘劭埋在含章殿前边，这样皇帝很快便会死了。

帮他们做这件事的除了王鹦鹉之外，还有东阳公主的男奴陈天与和太监陈庆国。

那时刘浚已经离去，出镇京口。刘劭和刘浚不能常常往来，便频繁地通信。信中称他们的父皇为“其人”，或是“彼人”，而把当时辅佐皇帝的叔叔江夏王刘义恭叫作“佞人”。信里说了不少诅咒父亲和叔叔的话。

后来东阳公主有病死了。按规定她的婢女应该出嫁。刘浚怕王鹦鹉嫁到别家去，泄露了巫蛊的事。他有个亲信府佐名叫沈怀远，他就让公主府吏把王鹦鹉嫁给沈怀远做妾。

王鹦鹉原先跟陈天与私通，既嫁给沈怀远，怕陈天与不满，就跟刘劭说，应该把陈天与杀了灭口。那时刘劭已任命陈天与做了东宫卫士的一个小队长，他觉得王鹦鹉的话有道理，就悄悄派人把陈天与杀了。

太监陈庆国听说陈天与无缘无故失踪，想到当初做巫蛊的事，怕是太子杀人灭口，看来自己也危险了。他狗急跳墙，竟豁出去而向皇帝告密。文帝一听当然吃惊。派人捉了王鹦鹉，又从她家里抄出了数百封刘劭和刘浚往来的书信(这里有个疑问:他俩往来的书信为什么会集中到王鹦鹉家里呢?不过史书这么说，也就只好姑妄听之了)。当然也从地里把小玉人挖了出来。只有严道育逃走了，不曾捉到。

文帝遣中使切责刘劭和刘浚。他俩没有话说，只好低头认罪。不过文帝还是舍不得杀他俩。

其实严道育并没逃远，而是化装成一个女尼，藏匿在东宫。以后刘浚又把她带到京口，藏在一个熟悉的老百姓张昨家里。第二年正月，文帝封

刘浚为荆州刺史。刘浚要到荆州赴任，便又把严道育带回建康，准备带她去荆州。回京后还是把她暂藏于东宫。

后来有人告发严道育躲在京口张旿家里。文帝派人去抓捕，张旿跑了，只捉到张旿的两个婢女。文帝让人把这两个婢女带回来，准备审问后再治刘劭和刘浚的罪。

潘淑妃听说后抱着儿子刘浚哭着说：

"以前你诅咒的事发，我还想你能知道改过，没想到你竟然仍隐藏着严道育！皇上气坏了，我叩头乞求他都不理我，我如今还活着干什么！快拿药来，让我自尽，我不能看着你丧命啊！"

刘浚却把母亲推开，振衣而起，说：

"天下事自作自当，母亲不必忧虑，儿决不连累你就是了！"

文帝决定要处分刘劭和刘浚。但刘劭是太子，把太子废了，立哪个儿子好？文帝跟几个大臣商议。那时文帝除了刘劭、刘浚两个儿子外，还有武陵王刘骏、南平王刘铄、建平王刘宏等几个儿子。大臣们有的提出要立刘铄，有的则赞成立刘宏。大家争执不休，这件事便议而不决。文帝却又去跟潘淑妃商议，这真可谓"与虎谋皮"了。潘淑妃告诉儿子刘浚，刘浚又急报刘劭。刘劭见事情紧急，找来他的心腹东宫警卫队主陈叔儿和斋帅（宫中掌管铺设洒扫的官员）张超之商议，决定来一次军事政变。那时东官兵有上万人，和羽林军人数一般多。刘劭选出了两千，让陈叔儿、张超之带领，作好行动的准备。入夜以后，召东宫官员右军长史萧斌、左卫率袁淑、中舍人殷仲素、左积弩将军王正见等入宫。刘劭流着泪对他们说：

"主上听信谗言，即将废我。我内心反省，并无过错，不能白白被冤枉。我明天早上准备举大事，希望诸公戮(lù)力帮助我。"说完，起身挨个跪拜。

几位官员突然听他这么说，个个惊愕，一时不知所措。过一会儿，萧斌和袁淑才说：

"从古以来没有这么做的，希望殿下三思。"

刘劭一听，脸色就变了。萧斌怕他先拿自己开刀，只好答应说：

“好吧，臣奉命就是。”

袁淑却叱责萧斌：

“你以为殿下真想这么做吗？殿下小时候患过病风，这是犯病啦？”

刘劭瞪大眼睛，瞅着袁淑，恶狠狠地问他：

“你说吧，这件事能不能够成功？”

“以东宫的地位，做这种事又怎会不成功呢？只恐怕成功之后，为天地所不容，大祸也接踵而来啦！现在中止还来得及。”

袁淑的人缘不错。刘劭的左右怕他再说下去，刘劭会杀他，便有两个内侍将他扶了出去，一边走一边劝他：

“袁公不要多说了，这种事怎么能中止呢？”

袁淑回到左卫率省，绕着床走来走去，想不出一个妥善的办法，到四更天才上床。刚闭上眼睛，就有人来唤他。他穿衣出来一看，太子刘劭坐在画轮车上，朱衣的外面披着软甲，萧斌坐在他身边。后面跟随着平时入朝的仪从。刘劭让袁淑上车。袁淑迟迟疑疑，不肯上去，刘劭急了，让左右把袁淑杀死。

这时东宫奉化门打开，刘劭一行来到台城（即宫城）东门万春门。萧斌拿出假诏书对守门的羽林军将领说，刚得到皇帝的手敕，让太子带兵进宫有所收讨。羽林军见太子在车上，不敢拦阻，便把门打开。张超之等率大队一拥而入。他们越过云龙门和斋阁，直奔皇帝休息的合殿。那天夜里，文帝和尚书仆射徐湛之研究立太子的事，直到黎明才去休息，殿上的残烛还没熄灭。这时文帝听到外面嘈杂的声音，出来查看，张超之已执刀冲了过来。文帝拿起一张几子向张超之砸去。张超之把刀一挥，文帝左手的五个手指都被砍落。张超之再一刀，文帝便倒在血泊之中了。

徐湛之因时间晚了没有回家，这时也宿在殿中。他听到声音，赶忙开门。还没等把门打开，东宫兵已冲了进来，将他杀死。

戍卫的禁卫军将领闻讯后，有的出来抵抗，有的却望风趋附。当时的侍中省分上省、下省两部，上省处于禁城之中。侍中江湛正赶上值宿。他藏匿于旁边的小屋里，被乱兵杀害。

刘劭又派人闯入后宫,杀了潘淑妃和皇帝的其他妃嫔及亲信几十人。刘劭又派人去召刘浚,让他入宫协助。

那时刘浚因等着去荆州,已从京口回来,住在王府。天亮不久,王府舍人朱法瑜匆匆跑来,告诉刘浚说:

“台城之内喧哗呼嘈,宫门都关了,道上传说太子谋反,不知有什么祸变。”

刘浚装出吃惊的样子,故意问:

“现在怎么办?”

朱法瑜劝刘浚入据石头城。石头城又叫石首城,在建康的清凉山上,是京城的门户,所以朱法瑜才劝刘浚占据它。这时刘浚还不知刘劭的成败如何,有些犹豫。将军王庆要他统兵入宫平乱,不能凭城自守。刘浚不听,他采纳了朱法瑜的意见,决定先到石头城看看风向再说。他率领府兵出了建康南门。一些文武官员闻风而来的达上千人。当时南平王刘铄镇守石头,戍卒也有一千人。刘浚刚到达石头城,后面一骑马追了上来,马上人招呼“殿下”。刘浚回头一见,却是张超之。刘浚迎了上去。张超之悄悄告诉他,大事已经完毕,太子唤他入宫。刘浚一听,这才定下心来,向随从要过一匹马,骑了上去。朱法瑜拦他,他不听,径自从城门驰出。跑进宫中,跟刘劭见了面。刘劭装出难过的样子,告诉刘浚说潘淑妃被乱兵所害。刘浚对母亲的死毫不难过,反而说:

“这正合我意!”

刘劭假传文帝的诏旨,宣大将军刘义恭和尚书令何尚之入宫,并派人召唤百官。但这时大部分官员都在石头城,来的只有几十人。刘劭匆忙即位,宣布诏令说:

“徐湛之和江湛谋杀皇上,等我勒兵入殿时已经来不及。我号恸悲愤,肝肠摧裂。现元凶已经授首。可大赦天下,改元太初。”

他这就算做了皇帝。但他也怕别人杀他,草草行过礼后便退居永福宫,假装有病,连盛殓文帝也不敢出来看。他身边放着白刃,随时准备自卫,又在永福宫前后左右都点上明灯,怕夜间有人潜入杀他。

刘劭还大杀宗亲，他叔父刘道怜、刘道规的儿子刘瑾等人都被他杀了。他又写信给沈庆之，要沈庆之杀他的弟弟武陵王刘骏。那时刘骏驻在五洲。沈庆之求见。刘骏害怕，不敢见他，推说有病。沈庆之不顾刘骏左右的阻拦，闯进去见到刘骏，把刘劭的信给刘骏看了。刘骏哭着求沈庆之准他入内和母亲告别。沈庆之说：

“下官受先帝的厚恩，殿下不必怀疑。”

刘骏向沈庆之再拜，说：

“国家的安危皆在将军！”

沈庆之和刘骏商议，整顿兵甲。旬日之间，竟然俱都齐备。人们夸奖沈庆之，说这是“神兵”。

五洲地处蕲州，在大江上游。刘骏拜沈庆之为司马。大军出发，抵达江陵。他的六叔南谯王刘义宣和辅国将军臧质不听刘劭的命令，率军来和刘骏会师。

刘劭在建康听到武陵王沿江而来，便也准备抵御。他自己参加练兵，慰劳将士。为了加强防御，他下令把秦淮河以南的房屋焚毁，把百姓和船舶都拘到北岸。他自诩善战，对朝臣们说：

“卿等但助我处理文书就行了，打仗的事卿等无须管。寇难来了，自有朕来对付。”又拍着胸脯大言不惭地补上一句：“怕的是贼虏不敢来啊！”

可是讨伐他的还是来了。襄阳太守柳元景见他那一军的船舶都是些小船，行驶缓慢，索性弃舟登岸，悄悄地潜到新亭，依山扎营。新亭在建康城南，东晋时朝士们常在这儿宴聚，而且地近江滨，也是军事和交通的要地。柳元景的营垒刚刚扎好，刘劭便派萧斌、褚湛之、鲁秀等率精兵一万人分水陆两路来攻打。刘劭自己则在建康南门朱雀门上督战。柳元景虽是水陆受敌，但士气很盛。那边刘劭悬下重赏，将士们也贪赏卖命。双方展开死战。眼看劭兵节节进逼，新亭垒已经危急，劭兵中鲁秀却误击了退军鼓。劭兵听到鼓声停止了攻击。柳元景趁机大开垒门，率军冲杀出来。劭兵立刻处于被动，很快便被冲散，不少人坠入秦淮河。刘劭在城上看了，亲自率领剩余的军队，再来攻打。结果仍然败了，士卒的尸体充塞了死马涧，涧水都

为之不流。幸亏刘劭跑得快，单骑跑回城去。萧斌受了伤。还有鲁秀、褚湛之等，则南奔投降武陵王去了。

南奔的还有刘劭的五叔江夏王刘义恭。他是独自跑的，十二个儿子都留在建康。刘劭便把他这十二个堂弟全都杀死。

这时武陵王大军已到新亭。刘义恭见了刘骏，以叔父的身份劝他登基。刘骏同意了，就在新亭即皇帝位。他是文帝的第三个儿子，那年他二十四岁。

刘劭的许多将领先后纷纷放下武器。武陵王大军入城。刘劭把台城（即宫城）的大门俱都关闭，在门里凿堑立栅，还要作最后的挣扎。许多官员都投降了。连那受了伤的萧斌也打着白旗，从石头城里走了出来，然而刚到军门，就被斩了首。

宫中的刘劭和刘浚这时就像热锅上的蚂蚁一样，只会转来转去。刘浚想出个办法，把宝货载了，找条船东逃入海。可是船上哪儿找？谁来驶船？这个主意不啻是白日做梦。

台城六门都被攻破了，将士们在殿庭会师。张超之想藏进合殿，被军士杀死。刘劭则跳墙藏于武库院中的井里，被队副高禽捞了上来。来到殿前，遇见臧质。臧质见他这般狼狈，不禁哭了起来。刘劭却说：

“我如今已是天地所不覆载，丈人还哭什么？”（臧质是武帝敬皇后、即刘劭祖母的侄子，所以刘劭称他为丈人——丈人在这里是对长辈的尊称。）

新皇帝刘骏不肯见他这个哥哥，下令将他和他的四个儿子俱都斩首。

刘浚挟着南平王刘铄朝南方逃走，遇到了叔叔江夏王刘义恭拦阻。刘浚只好下马，被刘义恭杀死。他的三个儿子也同时殒命。

严道育和王鹦鹉也被捉获，当街鞭杀，尸体焚化后扬灰于江。

这一次事变，宋王朝刘氏子弟中有四十多人丧失了性命。

萧宏父子的皇帝梦

一

南朝梁武帝萧衍的弟弟萧宏，被封为临川王。武帝天监五年(公元506年)，梁武帝派他率领军队跟北朝的魏军打仗。

梁军的器械精良，士气也盛，前锋首先攻克梁城，大军进驻洛口。将领们要萧宏继续深入，进攻魏都洛阳。可是萧宏胆小怯懦，停在洛口，不肯前进。等到北魏的中山王元英会合了将军邢峦，准备反攻梁城的时候，萧宏害怕了，召集众将商议，准备退兵。

当时萧宏一军是全军的主力。此外还有几路人马，在跟魏军攻城夺地。如果主力撤退，对其他各军将带来极坏影响。当萧宏提出退兵的时候，许多将领反对，只有军司马吕僧珍赞成。吕僧珍说：

"知难而退，很好很好！"

萧宏高兴了，连忙说：

"是呀，我就是这么想的。"

"我大军所到之处，连克敌城，哪里来的'难'呀？"说这话的是大将柳惔。

"这次出征就是要跟敌人交锋，为什么还要避'难'呢？"裴邃补充说。

马仙琕说得更不客气：

"大王怎么能说这亡国之言？天子把全国的精兵交大王统率，应该只有前进一尺死，而决不后退一寸生！"

昌义之愤怒得头发、胡子都支棱起来了，大声说：

"吕僧珍该斩！岂有百万大军还没跟敌人决斗就退兵的道理，你还有什么脸去见皇上？"

朱僧勇和胡辛生竟拔出剑来说：

“谁要退自己去退好了，下官当向前去取死！”说完，气哼哼地走了出去。

吕僧珍见群情激愤，只好含混地说：

“大王昨夜受了风，思虑不周，我等再议吧！”

这次军事会议不欢而散。不过萧宏却也不敢立刻撤兵，但也不下令前进，大军便在洛口逗留。魏军将领知他怯懦，派人送来两套女人衣服，说是赠给萧宏和吕僧珍的，还有一首歌道：“不畏萧娘与吕姥，但畏合肥有韦虎。”这里说的“萧娘”是指萧宏，“吕姥”则是吕僧珍，把他俩比作女人。至于“韦虎”，则是指豫州刺史韦睿，他能征惯战，连胜魏兵，所以魏人很佩服他。

可是萧宏对魏人的讽刺并不在意，仍然驻在洛口不动。一天夜里，洛口遭暴风雨袭击，萧宏却误以为魏军来攻，竟然跟他的几名亲近卫士骑上马出营南逃。梁军将士听说主帅跑了，人人弃甲抛戈，也纷纷散去。将领们束勒不住，全军竟溃散了。甲戈兵刃扔得到处都是，而一些病员和老弱的兵卒则被践踏而死，尸骸遍地。魏军不费一弓一矢，就打了一次大胜仗。

萧宏跑到江边，找了一条小船，连夜划过江去。到南岸白石垒的时候天还没亮，萧宏的卫士叫城。守将临汝侯萧渊猷是萧宏的侄子，站在城上对萧宏说：

“百万大军，一朝鸟兽般散去，国家的存亡尚不可知。唯恐奸人趁夜间作乱，城门夜间不能开。”

萧宏无奈，只好说：

“那就给点吃的吧！”

萧渊猷拿些食物放在篮子里，从城头上缒下去，萧宏和卫士们狼吞虎咽地吃了。这时天色逐渐亮了，萧渊猷看后面没有敌军，才开城放萧宏进去。萧宏并不停留，穿城而过，径自回建康去了。

就是这样一个废物，梁武帝萧衍不但不曾处分他，第二年还要加封他为骠骑将军、开府仪同三司。不久，又封他为司徒，行太子太傅——这当然

是因为他是皇帝的爱弟的缘故。

十二年过去了。

萧宏非常贪财，他让手下人做生意，垄断屯聚，与民争利。还大放高利贷，贷款不但利息高，而且要用房屋或店铺作抵押，到期还不上贷款，便把房屋、店铺夺去。他的内堂后面有百来间库房，平时锁得十分严密。有人发现了，怀疑里面藏的是铠甲兵器，向皇帝告密。武帝很不高兴，认为他对弟弟那样友爱，难道弟弟还想图谋自己这个皇帝宝座吗？于是就想亲自侦察一下。有一天，他派人送一桌酒菜给萧宏的爱妾江氏，告诉她说，皇上将要来欢宴。萧宏和江氏急忙准备，等着皇帝。

黄昏的时候，武帝带着同乡好友射声校尉丘佗卿来到临川王府。萧宏和江氏把皇帝迎接进去，摆上酒席，饮起酒来。酒到半酣，皇帝假装带着酒意，对萧宏说：

“你这个王府我不常来，你领我各处看看。”

萧宏不敢不从，只好答应，想领皇帝去看花园。武帝却让丘佗卿陪着，转向内堂后面。萧宏吓得脸色都变了，又不好拦阻，只得跟在后面。武帝见不少屋子都挂着锁，就让人把锁打开。王府库吏上前开了锁。武帝走进去一看，哪里有什么铠甲兵器，却是一串一串的铜钱堆在一起，上面用黄纸标着“百万”的字样。数一数，一间库房里共有十堆，那就是一千万了。另悬着一个紫色的标记，标明这个数目。皇帝一间屋一间屋看去，装钱的库房竟有三十多间。丘佗卿吐着舌头对武帝说：

“这么多钱，有三个亿啦！”

武帝笑着点点头，继续查看其余的屋子，见里面装的都是布、绢、丝、绵、漆、蜜、纻、蜡等杂货，每间库房都堆得满满的，竟不知到底有多少。

武帝倒放了心，笑着对萧宏说：

“阿六（萧宏排行第六），你可发财啦！走，咱们回去喝酒去！”

于是他们继续畅饮起来。直到深夜，武帝才举烛回宫。

萧宏的库房里没有兵甲，皇帝高兴了，认为他这个弟弟不想篡他的位。假如不是这样，而是发现了许多兵器，那不就证明萧宏想谋反，想搞武

装政变了吗?

其实皇帝错了。萧宏早就觊觎着哥哥的帝位啦!不过他不想采取大张旗鼓、明火执仗的武装斗争方式,而是采用另一种简单的方法——派人行刺。

武帝萧衍在篡齐前是齐朝的大司马。他的大司马府位于同夏里。他做皇帝以后,把旧宅改为光宅寺。有时,他还要到光宅寺进香。从皇宫到同夏里,中间要经过一座桥。这座桥就在临川王府前面,便以萧宏的骠骑大将军的官衔作为桥名,叫作"骠骑航"。有一天夜间,武帝又要到光宅寺去,侍卫们却在骠骑航捉到一名埋伏的刺客,一审问,恰恰是萧宏派遣的。

武帝把萧宏召来,流着泪对他说:

"我的才能胜你百倍,做这个皇帝还弄得焦头烂额,你能胜任吗?我不是不能做汉文帝(指汉文帝杀淮南王刘长的事),只是可怜你愚蠢而已。"

萧宏当然不肯承认,只是一个劲地叩头。武帝又不忍了。不过谋逆的罪名非同小可,按这个罪判处非杀头不可。正赶上萧宏有个妾弟吴法寿杀了人,藏匿在临川王府。武帝便以他私匿犯人的罪名,免去他的骠骑大将军、扬州刺史的职务。

过了些日子,武帝却又封他为中军将军、中书监,接着又封为司徒。

《资治通鉴》的主编司马光对这件事有一段评语,说:

"宏为将则覆三军,为臣则涉大逆,高祖(指武帝)贷其死罪可矣,数旬之间,还为三公(司徒是三公之一),于兄弟之恩诚厚矣,王者之法果安在哉!"

二

萧宏的皇帝梦破灭了,他的儿子萧正德接着父亲做起了皇帝梦。

其实萧正德的皇帝梦差一点便要实现。那还是他幼年的时候,萧衍没有儿子,把萧正德过继了过去。如果后来萧衍一直没儿子的话,萧正德不就是当然的太子了吗?然而不巧的是,萧衍的儿子萧统出生了,他便是后

来有名的昭明太子。萧衍有了亲生儿子，就把萧正德还给萧宏，只给了他个西丰侯的爵位。萧正德怏怏不满。武帝普通三年（公元522年），萧正德由黄门侍郎迁为轻车将军。他觉得做这种中不溜的官没啥意思，竟偷偷跑到北魏去了。自称是“废太子”，为避祸而来。

北魏和南梁当时算是敌国，萧正德以为他去投奔定会得到北魏的欢迎。当时北魏的尚书左仆射萧宝寅原是南齐的一位王子，萧衍篡齐后，萧宝寅跑到北魏做了官。他知道萧正德来了，便给魏王孝明帝元诩上表说：“哪有伯父为天子、父亲做扬州刺史的人会远投他国的？定有什么阴谋，不如杀了他。”魏王虽然没杀萧正德，但待他很薄，更不答应帮他回南朝当皇帝。萧正德很失望，便偷了老百姓家一个小孩，掐死了，说死的是自己的儿子，跑到洛阳郊外老远的地方营选墓地，就在那儿住了下来。魏人倒也没怀疑他。他便瞅空又跑回建康去了。

武帝听说他这个以前的儿子回来了，叫了去流着泪训斥了一顿，但也没给处分，还恢复了他西丰侯的爵位和轻车将军的职务。

萧正德招募了一些亡命之徒，表面上是轻车将军的部下，背地里却是一伙盗匪。萧正德带领他们，夜间外出抢劫，白天还张罗着捉贼，做了许多坏事。普通六年，武帝的次子萧综北伐，萧正德奉命从征。他半道又跑了回来。这回武帝真火了，给他免官削爵的处分，贬往临海安置。但刚走到半道，武帝又派人追上去，把萧正德赦了回来，让他住在京中。

公元531年，太子萧统死了，武帝立另一个儿子萧纲为太子，而把萧统的儿子萧欢、萧誉、萧詧（chá）等封王。又觉得萧正德曾做过养子，现在什么也不是了，有些不过意，便封他为临贺王。

但萧正德的皇帝梦一直没醒，他时时窥测机会。公元548年，他又跟侯景联络上，准备起兵造反。

那时北朝的魏已经分裂，分为东魏、西魏两部分。侯景原是东魏的司徒、河南大将军、大行台，是丞相高欢的同乡，高欢以他为心腹。但侯景瞧不起高欢的世子高澄，两个人不和。高欢死后，侯景便以荆、襄等十三州归附梁朝。梁朝封侯景为大将军、河南王、都督河南北诸军事、大行台。但侯

景却又依违于西魏、梁朝之间,从中取巧。

公元547年,梁朝派贞阳侯萧渊明率军跟东魏作战。梁军大败,萧渊明等将领做了俘虏。

高澄使用反间的计策,让萧渊明给梁武帝上疏,说东魏愿跟梁朝讲和,那时便可将萧渊明等俘虏放回。

萧渊明的使者夏侯僧辩来到建康。武帝看了萧渊明的书启后,答应讲和,并给萧渊明写了回信。夏侯僧辩回东魏首都邺城时,路过侯景盘踞的寿阳,被侯景捉住。夏侯僧辩便把双方准备议和的事说了。侯景认为两朝如果和了,他夹在中间,十分不利,因此给武帝上疏,反对议和。但武帝虽然回书安慰他,却仍然准备跟东魏和好。侯景便作了个试探。他假写了一封高澄给武帝的信,信中说,如果梁朝把侯景交给东魏,东魏就把萧渊明放回来。梁武帝竟然答应了,给高澄回信说:“贞阳(萧渊明是贞阳侯)旦至,侯景夕返。”侯景派去的假使者把武帝的回信拿回来给侯景看了,侯景十分恼火,对左右说:

“我就知道吴老公(因建康是春秋时的吴地,所以侯景称梁武帝为吴老公)薄心肠!”于是侯景便准备造反了。

侯景想在朝廷里找个内应。他的司马叫徐思玉,当初萧正德投魏时两个人认识。侯景便让徐思玉给萧正德写信,大意说,天子年老了,奸臣朱异等乱国。而萧正德本是皇储,无故被废,四海之内都同情他,归心于他。侯景也愿意为他效命。希望临贺王能满足苍生的要求。如果想图大事,侯景表示一定全力相助。

一直做着皇帝梦的萧正德接到徐思玉的信后自然喜出望外, 马上回信同意,并希望侯景早日发兵。

公元548年,侯景反于寿阳,以诛朱异等奸臣以清君侧为名。梁武帝不以为意,反笑着说:

“他有多大能耐!我折个树枝笞他!”

不过话是这么说,他还是派了东、西、南、北四道都督,以侍中邵陵王萧纶为主帅,讨伐侯景。但侯景不肯跟梁军正面交锋,却绕着奔向大江,准

备直袭建康。

那时临贺王萧正德被任命为征北将军，都督京师诸军事，屯于丹阳郡。丹阳郡就在江边。萧正德假说用船运荻苇，却把几十艘大船派过江去，接应侯景。侯景派八千士兵、数百匹马乘船过江。叛兵仿佛从天而降，武帝这才大吃一惊，宣布戒严。

但朝廷这时还不知道萧正德和侯景勾结，反而让他守朱雀门。侯景的军队陆续过江。萧正德派部下沈子睦接应。侯景的军队不曾攻打便从朱雀门进入建康，跟萧正德在张侯桥相遇。两人高兴地在马上互相作揖，庆贺成功。那时侯景军队穿的是青色的战衣，而萧正德部下的袍子则是绛面青里。萧正德让部下把战袍反穿，跟侯景合兵，围住了台城。

台城便是宫城，一共有六道门户。侯景军展开进攻。台城中太子萧纲和都官尚书羊侃率羽林军防守，双方展开激战。

宫城虽小，但很坚固，侯景的兵多，却无法展开。加上羊侃很有防守的办法，侯景多次进攻都未能得手。萧正德却等不及了，公元548年11月，萧正德在仪贤堂即皇帝位，改元正平，还要下诏大赦天下。侯景推说军务事忙，没来参加。梁朝的百官一部分随皇帝和太子在台城，其余的也都逃散藏匿，因此参加萧正德登基大典的只有他手下那几个死党。萧正德却还要大封官爵，封侯景为丞相，还把自己的女儿给侯景送去，招他为驸马。

这时，各地的勤王兵陆续到达，侯景则分兵抵挡。由于援兵没有人统一指挥，各自为战，虽然互有胜负，但台城之围一直没解。

台城中粮食储备得不少，但缺少新鲜蔬菜，后来只能杀马食肉。马肉不足，就加上战死将士的人肉，混合煮食。许多人吃了患病。薪柴烧没了，则拆屋舍的门窗梁柱用来烧饭。原来闭城的时候，有男女十几万人，甲士两万人。到第二年3月，剩下能登城作战的不足四千人了，而且大多数身肿气急，战斗力很差。羊侃也由于过度劳累而去世，情况十分危急。

但侯景的日子也不好过，曾想跟朝廷讲和。这时守台城太阳门的邵陵王世子萧坚成天赌博饮酒，不管士卒死活。他的书佐董勋、熊昙朗恨他，就勾结侯景，于丁卯那天在城西北角接应侯景军入城。台城终于陷落了。

萧正德曾跟侯景约定，攻破台城的时候要把二宫（即皇帝与太子）杀掉。可是等他率人进入台城，侯景却让将士将门守住，不许萧正德进去。侯景似乎忘了萧正德已经当上了“正平皇帝”，而以武帝的名义，封萧正德为侍中、大司马。

朝廷被侯景控制了。武帝的膳食也为侯景裁减，常常挨饿，八十六岁的老皇帝忧愤成疾，于公元549年5月逝于净居殿。临死的时候嘴里发苦，想要点蜂蜜吃都没得到。

太子萧纲继位做皇帝，是为简文帝。

萧正德这个“皇帝”糊里糊涂又下台了。他认为是侯景出卖他，便秘密写信给鄱阳王萧范，让他带兵到建康来，自己做内应，擒杀侯景。但侯景早已对他严密监视，他派去下书的人被侯景捉住，把书信搜了出来。侯景派人捉他来，将他缢杀了事。

萧正德的皇帝梦这才算彻底破灭。

大杀六亲的隋炀帝

一

隋文帝杨坚曾对大臣们说过："前代的天子娶了许多妃嫔，生下来的儿子有嫡有庶，纷争不已，于是就发生了一些废立的变故，甚至于连国也亡了。寡人没有侍妾，五个儿子是同一个母亲生的，可以说是完完全全的'真兄弟'，哪里还会有争势夺位的忧虑呢？"

隋文帝这话只说对了一半，他的确是只有一个老婆，那就是独孤皇后，而他的五个儿子也确实是同父同母的亲兄弟。这些都是事实。然而是否亲兄弟就没有"争势夺位"的纷争了呢？

隋文帝说的这段话，听起来似乎是自豪得不得了，其实内中含着酸溜溜的味道，只能说是替自己的怕老婆解嘲而已。

自古以来，帝王都不止一个老婆。因为在男尊女卑的封建时代，女子必须讲"三从四德"、"从一而终"，而男子则可以有"三妻四妾"，至于皇帝就更不消说了，人们通常概括皇帝的老婆是"三宫六院，七十二嫔妃"，有上百个老婆哩！

唯独隋文帝身边只有一个独孤皇后。

隋文帝不是不想选些年轻的妃嫔来充实他的帝王生活，但独孤皇后不让。因此我们不必认为文帝是个爱情专一的诚实君子，只是他因为惧怕皇后而不敢多娶罢了。不妨举个例子。有一次，文帝和独孤皇后住在长安以西二百余里的仁寿宫。这是一座离宫，是个大花园。有一天，皇后病了，文帝自己出来溜达，发现了一座树木掩映的小楼。原来这是座藏书楼，名叫珠玑楼。看楼的是个叫尉迟珠儿的妙龄宫女，生得十分漂亮，文帝就把她奸污了。后来这件事被独孤皇后发觉，竟将尉迟珠儿活活打死了。可见，

文帝对待皇后并不是那么忠实。而皇后在男女关系上的嫉妒劲也真够吓人的。

开头为什么讲这件事?那是因为下文谈到太子废立的时候,皇后的嫉妒起了相当的作用。

独孤皇后不许自己的丈夫娶小老婆,连带着对儿子也想管。但儿子大了,不听她的,她也没办法,只好把不满暂时藏在心里。这里讲的就是她的大儿子太子杨勇。皇后给他娶了妃子,是大世族元家的女儿。这位元妃忠厚老实,但容貌平常,不合杨勇的意。偏偏元妃不曾生育。杨勇便以这个为借口,自己选了几个侧室。其中有个小吏云定兴的女儿,生得窈窕俊美,能歌善舞,很得杨勇喜爱。更妙的是云氏进宫以后,不久便生了个男孩。这是杨家第三代的头一个孩子,文帝很高兴,封云氏为昭训(宫嫔称号),给小孩起名叫杨俨,刚出生就封为长宁王。

可是做祖母的独孤皇后对这一切却很反感,就因为云昭训是小老婆。皇后无条件地站在太子正妃元氏的一边,对云昭训十分厌恶。有时云昭训进宫给她请安,她竟扬起脖子不予理睬。开皇十一年(公元591年),元妃因心脏病发作,突然病故。独孤皇后凭空猜疑是太子和云昭训把元妃害死的。元妃死后,杨勇上表请父皇把云昭训册封为太子妃,皇帝答应了。可是独孤皇后不同意,理由是云家出身低微,没有做太子正妃的资格。皇后想替太子另行选妃。但杨勇的脾气很倔犟,拧劲上来了,对母亲说,除了云昭训,他别的女人就是不要。母子二人僵持起来。独孤皇后很生气,便在皇帝面前嘀嘀咕咕,抱怨大儿子没出息,挑拨皇帝和太子父子的感情。

那云昭训是个宜男的女人,她生了长宁王杨俨之后,接着又生了平原王杨裕、安成王杨筠。别的宫嫔也不落后,高良娣生了安平王杨嶷、襄城王杨恪;王良媛生了高阳王杨该、建安王杨韶;成姬生了颍川王杨煚(jiǒng)。“良媛”、“良娣”、“姬”都是宫嫔的称号。东宫还有两位没有称号的宫娥,也生了儿子,两个孩子一个叫杨孝实,一个叫杨孝范。短短数年时间,杨勇就一股脑生了十个儿子。按说孙子多了,做祖母的应该高兴才是,可是反过来说,一下子添了这么多的孩子,杨勇这是有几个老婆?所以独孤皇后不

但不高兴，反而越发气恼了。

她的次子晋王杨广就不这样。杨广的正妃姓萧，是个古怪的女人，她跟婆母独孤皇后正好相反，对丈夫的外遇不但不嫉妒，反而给予支持，弄得晋王府莺莺燕燕一大群。这些女人也要生养，可是杨广一个不留，孩子生下来就溺死，也不知道杨广杀害了多少他自己的子女，只有萧妃生了孩子，才向皇帝和皇后贺喜。杨广的大儿子名叫杨昭，被封为河南王。

因为北周皇族的势力软弱，所以才轻易地被文帝篡夺。有了这个前车之鉴，文帝以长安为中心，让太子杨勇在自己身边，却把天下分成三大块，让他的三个儿子去掌握。这种做法正如开头所说，文帝企图让他的这些"真兄弟"的儿子团结一致，共保他大隋的江山千秋万代。杨广是扬州总管，负责管理东南半壁江山。但他到扬州后不久就又跑回长安，说他想念父母，舍不得离开父母身边。文帝撵他走，他就在母后跟前哭哭啼啼，装出一副依依难舍的样子。独孤皇后认为这个儿子孝顺，又合她的意，也就不放他走，把他留下。

其实杨广留下并不是真的舍不得离开父母，而是他已看出哥哥不合父母的意，如果自己在他身后再推上一把，那他这个太子的宝座就该坐不住了。长子废掉，他这个次子理当应分地就能当上太子。等父皇逝去，他就成了皇帝。每想到这里，杨广就不免手舞足蹈。而他那个"贤内助"萧妃为了将来当皇后娘娘，自然也要跟他密切配合，为打倒他的大哥而施展一切鬼蜮伎俩。上述的他把亲生儿女溺死，就是其中的一招。

不过杨勇这个人的确有些毛病，让他父皇看不上。比如文帝是主张节俭的，杨勇却喜欢打扮。上朝的时候，锦衣华服，摇摇摆摆，自以为挺美，皇帝却瞧不惯。有一天，杨勇穿了一件蜀铠。蜀铠是蜀中的名工巧匠制作的，本来就十分精美，杨勇又在上面加上一些文饰，越发光彩闪闪、耀人眼目。文帝越看越不顺眼，就皱着眉头对杨勇说：

"自古以来，没有一个好奢侈的帝王能够长久。你现在是太子，应当做节俭的表率，只有这样才有资格继承宗庙。我现在赐你几件我旧日穿的衣服，让你知道我昔日的俭朴，时时记着以前的事情，不要辜负我的一片苦

心。”

文帝把他穿旧的麻衣给了杨勇，杨勇怎么肯穿？拿回去就扔到一边去了。文帝见杨勇从来没穿他给的旧衣来见他，自然更加恼火。

有一天，文帝听说有个叫来和的人善于相面，便叫他秘密地相一相他的儿子。那个来和说：

“晋王的眉上双骨隆起，贵不可言。”

“太子呢？”

来和故意装出一副有口难言的样子，只是喃喃地嘟哝着：“还行，还行！”其实这来和早已被杨广收买了。

开皇二十年冬至，百官到东宫向太子贺节。按惯例，冬至不是大节，只要随便接待一下就行了。可是杨勇却大张旗鼓地奏起乐来，隆重地接受祝贺。文帝听说后，在朝堂上问众臣：

“听说冬至那天，内外百官相率去朝贺东宫，这是什么礼节呀？”

太常少卿辛亶(dǎn)回答说：

“对于东宫来说，只能说是‘贺’，而不能说是‘朝’。”

“好吧，就算是贺，如果三数十人随随便便凑到一起，向太子贺一贺，未尝不可。但朕听说是有司征召的，一时聚集多人，太子还要穿上礼服，设乐接待，这样合适吗？”于是皇帝下诏说：“礼有等差，君臣都不可违背，皇太子虽是嗣君，但同时也是臣子，一切礼数不可僭(jiàn)越。”

这道诏书下来，无形中便把太子失宠的情况公开了，同时也说明皇帝已对太子产生了猜忌的心理。

然而杨广却跟哥哥杨勇相反。他长得仪表堂堂，聪敏好学，特别是待人接物十分谦虚，不像太子那样大咧咧地摆出储君的架子。杨广对一些年纪大的大臣更是恭敬有礼，像尊重长辈一样接待他们。所以许多人对他有好感。

当初他做元帅领兵灭陈的时候，缴获了陈宫的许多奇珍异宝，但他克服着贪婪的欲望，竟然不取一件，全部缴公，这也博得了一个清廉的好名声。他看准了父皇惧内，而且耳软心活；母亲则厌恶长子，于是他就处处跟

哥哥相反。他的穿着很朴素，在父母面前总是恭恭敬敬，和颜悦色。至于回到晋王府，那可就露了本相，立刻大摆宴席，还要伴以歌舞，那劲头比他哥哥邪乎得多。

有一天，文帝忽然高兴地对皇后说：

"不知广儿在府里干什么，咱们去看看好吗？"

"那就叫太监去告诉他，让他准备接驾。"

"不，"文帝笑着说，"我就是要出其不意地赶去，看他平时到底怎样。"

文帝这是考验杨广，因为他存下废杨勇的念头了。但杨广到底怎样？比他哥哥强多少？他还要调查考验一番。

他哪里想到，杨广早已在他和皇后身边收买了不少太监和宫女做耳目。帝、后这里还没动身，杨广那里已得到消息。立刻宴席撤了，乐队躲了起来，而跟前陪伴伺候的年轻漂亮的美姬也都换上些年过三旬的半老宫娥。杨广专门布置了一个房间，是预备接待帝、后的。那房间虽然也是宫室，布置却简朴无华，四壁全是书架，摆满了图书；墙上则挂着名人写的以"忠孝"为内容的字画，让人一进这屋子就产生一种肃然庄重的感觉。

杨广和萧妃换上朴素的衣服，坐在这间宫室里迎接皇帝和皇后的到来。

皇帝这次出来，不摆仪仗，只带几名卫士，护着他和皇后乘坐的御辇，悄悄地来到晋王府。府门口的卫士要进去报告，被皇帝止住了。他还颇为他的"私访"得意哩！卫士领着帝、后进入府内，一直来到杨广夫妇等在那儿的房间。一声通报："圣上、娘娘驾到！"杨广和萧妃才装出惊愕的样子，急忙跑出来跪下迎接。皇帝和皇后笑嘻嘻地进入室内，对眼前的一切都觉得那么适意。文帝随口问：

"皇儿和王妃在屋里干什么呀？"

"读书。"杨广恭敬地回答，还把案上摊开的书拿给父皇看。

"《孝经》！"皇帝高兴地把书朝皇后扬了扬，"皇儿在读《孝经》！"

墙边一张矮几上摆着一张古琴，皇帝走过去一看，琴弦已断了两根，像是长久不曾使用了。但墙正中挂的一把宝剑，剑鞘却锃光瓦亮，似乎天

天有人摆弄。

“你还舞剑吗？”文帝问杨广。

“‘闻鸡起舞’，儿臣是跟古人学的。”杨广谦虚地回答。

皇帝和皇后满意极了。几天前，文帝还催促杨广返回扬州总管任所，自从这次“视察”之后，皇帝又不急着撵他走了，留他在京里当然另有一番用意。

按说，扬州处于江东富庶之地，风景秀丽，物产丰富，杨广作为这一片辽阔土地的“小皇帝”，不正好可以为所欲为吗？但杨广志不在此，他觊觎的是皇帝的宝座，是要把他哥哥打下去，自己将来当皇帝，拥有整个的江山。所以上次当文帝催他返回任所的时候，他假装去跟母亲辞行，跪在皇后面前，哭哭啼啼，做出依依惜别的样子。皇后也禁不住流下泪来。杨广乘机诉苦：

“儿臣性识愚下，只是牢守着手足同胞的大义，对皇兄处处尊重。但不知为什么竟失爱于东宫，太子对儿臣百般嫉恨，常想置儿臣于死地。儿臣担心，每恐‘谗谮生于投杼，鸩毒遇于杯勺’(杼是织布的梭子。相传春秋时曾参到市上去了，曾母在家中织布。有邻人来报说曾参在市上杀人，曾母不信。但三次来报之后，曾母终于信了，扔下梭子爬墙逃走)。因此儿臣每次告别母后，总怕来日不得与母后相见，是以惶惶忧惧，不能自已，累得母后为儿伤心，儿臣真是该死！”

独孤皇后听了愤愤地说：

“晛(xiàn)地伐(杨勇的小名)这小子越来越让人受不了。我为他娶了元氏的女儿，他竟然不以夫妇之礼来对待她，却专宠着阿云那个妖精，又养了那么多的猪犬(指云昭训生的儿子)。以前元妃被他们毒死，我也无法查究，想不到他对你又这样狠毒。我在世的时候他还这样，我死了之后，你还不是他刀俎上的鱼肉吗？”

杨广听了心中暗笑，但却哭得更加伤心了。皇后又说：

“东宫没有嫡子(指元妃不曾生育)。将来皇上千秋万岁之后，阿云那贱婢养的儿子成了皇储，一旦登基，你弟兄几个竟要向那猪犬崽子跪礼叩

拜，我即使在九泉之下也是难以瞑目的呀！”

母子二人相对哭诉，皇后不肯放杨广走了。接着就发生了上述帝、后来晋王府视察的那场滑稽剧。文帝终于下了废立的决心。

杨广早就存心篡夺东宫，自然要有心腹。他跟安州总管宇文述是好朋友，就请皇帝将宇文述调为寿州（今安徽寿县）刺史。寿州属扬州总管管辖，宇文述就可以常常以下属的身份跑到扬州，替杨广出谋划策。杨广还信任他的一个叫张衡的总管司马。三个人常常在密室商议，怎样才能把杨勇打倒。

后来宇文述多带金银珠宝，进入长安，通过大理少卿杨约，和右仆射（宰相）杨素挂上钩。早年隋军伐陈的时候，杨素和杨广共过事，如今又得了杨广的贿赂，便替杨广说话。他几次在皇帝和皇后面前夸赞晋王孝悌恭俭，文武全才。一些大臣看出风向，怕将来杨广一旦继位，受到报复，因而谁也不敢替杨勇讲话。有一次，文帝问仪同三司韦鼎：

“你看我诸儿谁得嗣位？”

韦鼎回答说：

“至尊和皇后喜爱谁，就把嗣位传给谁，这不是臣所敢预知的。”

文帝笑着说：

“你是不肯明说罢了。”

是呀，按常规，东宫太子是当然的皇储，韦鼎为什么还说不敢预知呢？这不是耍滑头吗？但也可以看出朝臣在这件事情上的态度了。

其实像韦鼎这类官员还是比较好的，他们还只是独善其身，不曾落井下石。也有一些势利小人想借这个机会邀宠，因而主动去说太子的坏话。比如太史令袁充就是其中的一个，有一次他对皇帝说：

“臣夜观天文，玄象示警，皇太子当废。”

文帝回答说：

“玄象早就出现了，你为什么不早说呢？”

袁充碰了个不软不硬的钉子。

太子杨勇虽然迟钝，但也看出风头不对了。他内怀忧惧，却又没有办

法。平时跟群臣疏远，连个商量求计的人都没有，只好去求神了。有个新丰人王辅贤会厌胜之术(厌胜是古代方士的一种巫术，能以诅咒制伏人)。他教给太子，让他在后园辟一个庶人村，盖两间破草房，太子住在里面，穿上布衣，睡在草褥上，说这样便可以当灾。这自然是没影的事。太子这时就像是一条鱼，四面八方的渔网向他逼近了，而他却毫无办法。更可怕的是，杨广的党羽收买了东宫的一些官属和内侍，太子的一言一行、一举一动，都随时有人向杨广等人报告。

开皇二十年夏天，文帝和独孤皇后到仁寿宫避暑，三天两头听到从长安来的人讲太子的坏话。而东宫的一个叫姬威的幸臣被杨广收买，竟然反戈，上疏皇帝告太子的状。文帝让右仆射杨素到东宫查看，杨素事先通知了杨勇。可是杨素却又故意迟迟不去。杨勇因为宰相要来，为表示尊重他，就穿好衣服等着。大伏天里，杨勇穿着厚厚的礼服，还束着带子，热得汗流浃背。可是左等右等，就是不见杨素的影子，气得杨勇眼睛发蓝。实在热得受不了，刚脱下衣服想凉快一会儿，门外又传：杨素到了。杨勇再把衣服穿上。这么一折腾，杨勇又怎能不气！免不了把气恼从谈话中带了出来，无形中给对方提供了把柄。

9月，帝后从仁寿宫返回长安。第二天，皇帝在大兴殿召集百官，东宫的官属也在列。文帝想让官员们主动提出太子的问题，就绕个弯说：

"朕新还京师，应该开怀欢乐才对，可是不知为什么，朕的心里反而觉得愁苦。"

一些乖觉的大臣听出了皇帝的话音。但这废立之事过于重大，如果抢先出头，提出废太子的建议，万一不谐，当时得罪不说，还将后患无穷，所以大臣都不吱声。吏部尚书牛弘年老糊涂，不会看风色，见大家不说话，便来应付几句：

"这都是臣等不称职，才累得至尊忧劳。"

文帝听了狠狠瞪了牛弘一眼，便不再拐弯抹角。他把东宫的官属叫了出来，说：

"仁寿宫离这儿不远，但我每次从仁寿宫返回京师，都要严备仗卫，好

像到了敌国。我昨天患痢，夜间如厕，听到后房似有动静，只好移往前殿。这是为什么？”

说到这里，皇帝怒气冲冲地瞪了东宫官属们一眼，接着说：

“岂不是你们这些人要坏我的家国吗？”

这种莫名其妙的指责使东宫的官属瞠目结舌，不知怎么回答。于是皇帝下令，将东宫左庶子（相当于太子宫中的侍中，主持东宫事务的官员）唐令则、太子家令（掌东宫行政的官员）邹文腾等几个重要官员拿下，交有司审讯。接着便让杨素向官员们揭发太子的罪状。

杨素站出来说：

“我在仁寿宫，奉旨回长安向太子传达圣上的命令，让太子检校刘居士余党（刘居士是上柱国刘昶的儿子，横行不法，于开皇十七年被处死）。太子奉诏后竟然大怒，斥我说，‘刘居士一党俱都伏法，让我到什么地方穷讨！再说你是右仆射，身负重任，你自己去检校好了，关我什么事’！接着又说，‘当初如果大事不遂（指隋文帝篡周），我得先死。可是父皇做了天子，对待我反不如诸弟’。太子说着回首长叹道，‘我觉得这个太子当得太没劲了’！”

杨素那天去见太子，故意拖延，惹太子上火，说话便没有分寸。何况杨素转述太子的话中，还有不少是他硬加进去的。文帝接着补充道：

“这小子不堪承嗣很久了，皇后早就劝我废了他。但我总以为他是我尚为布衣时生的（其实这话不对，杨氏在北周乃是世家），又是长子，希望他能渐渐改过，所以才隐忍至今。杨勇曾经指着皇后的侍儿对人说，‘这些人将来都是我的’。这叫什么话！他的妃子新亡，皇后怀疑是中毒死的。我曾经问他，他不但不承认，反而恨恨地说，‘我早晚杀了元孝矩（元孝矩是元妃的父亲）’！他这不是恨我而迁怒于元孝矩吗？”

看样子皇帝是真生气了，面红耳赤，停了一会儿才又接着说：

“长宁（指杨勇的大儿子杨俨，封为长宁王）初生的时候，我和皇后喜欢这个孙子，抱来养一养。杨勇不放心，连番派人来索要回去。细想一想，这孩子是云定兴的女儿生的，他俩在外私合，生的儿子也不会有多大出

息。昔年晋太子娶屠家的女儿，生的儿子便好屠杀。云定兴的女儿生的儿子，我也不肯让他来乱我的宗祏(shí)(宗庙中的神主)。我虽然论道德难与尧舜相比，然而也不能把天下百姓托付给这样的不肖子孙。我日常怕他害我，天天如防大敌，因此我想废掉他以安天下！”

皇帝慷慨陈词，群臣默默听着，没人做声。过了一会儿，左卫大将军、五原公元旻(mín)站出来说：

“废立是大事，诏旨下来，一旦有错，后悔无及。陛下还须明察，举发中是不是有谗言在内？”

文帝不理元旻，让东宫幸臣、那个向皇帝写密告信的姬威出来接着揭发太子的罪恶。姬威说：

“太子从来对臣等谈话总是要求骄奢。还说，‘我最讨厌有人来谏我，杀他个百来人，看谁还敢多口’！以前苏孝慈解除左卫率职务，太子不高兴，大言说，‘是谁把他调走的？我决不忘这件事，大丈夫总当有快意的一天’！又，宫内所需物品，不合规定的尚书不给，太子发怒说，‘仆射以下，我早晚宰他一两个，使他们知道怠慢我会惹来什么祸’！太子还常常说，‘至尊嫌我侧室所生的庶子多，那高纬、陈叔宝倒是嫡子，国家不也亡了吗’！太子还让巫姥卜吉凶，说‘至尊的忌期在十八年，这日子快到啦’！”

听到这里，文帝不禁泫(xuàn)然流涕，对群臣说：

“谁非父母所生，怎么杨勇竟忤逆到这个地步！朕最近阅读《齐书》，见高欢那样纵容他的儿子，不胜气愤！我怎么还能效他呢！”于是下令，将杨勇、杨勇的诸子和东宫的重要官员全部监禁起来，委任杨素审问。

杨素搜查东宫，发现了不少打火的火燧，还有上千匹马，就都成了造反的证据。那姬威揭发说，太子说过：“圣上在仁寿宫，用马队守住宫门，里面的人都得饿死。”杨素拿姬威的话去问杨勇。杨勇的倔劲又上来了，他顶撞杨素说：“窃闻公家养马有数万匹，勇忝为太子，有一千匹马就是造反吗？”

十月乙丑那天，皇帝让人去召杨勇。杨勇惊道：“莫不是要杀我吗？”他随使者来到武德殿，只见皇帝穿着戎装，坐在御座上。下边百官立于东面，

皇亲列于西面。文帝让杨勇和他的儿子们在殿庭排列，命内史侍郎薛道衡宣诏，废去太子，那些已经封王或公主的杨勇的儿女，一律废去王和公主的封号。圣旨宣读完了，杨勇再拜说：

"臣自当伏尸都市，为将来的鉴戒。如今得蒙哀怜，保全了性命，实是万幸，深感万岁大恩！"说罢一再叩头，泪下如雨，站起来踉跄退出。左右的百官和宗亲，不少人为之悯然。

又过几天，皇帝下诏，将东宫官员唐令则、邹文腾、夏侯福等六人斩了，另一部分则勒令自尽，轻的也给予了流放的处分。那在朝堂上敢于替太子辩护的左卫大将军元旻也被杨素说是依附太子，处以死刑。

太子杨勇被囚于东宫的一处院落，派杨广监管他。杨勇自以为他没有罪，几次要他这个二弟杨广代他请求，他要面见皇帝申明冤枉。杨广哪里肯做这种傻事，当然不答应。杨勇没有办法，就爬上院内的一棵大树，向着皇宫方向大叫："父皇母后，儿臣冤枉！"然而两宫相距甚远，文帝和皇后又哪里能够听到！就这样杨广仍不放心，他去告诉皇帝，废太子已经疯癫了。文帝也有些难过，他摇摇头，叹了一口气，却没说什么。

杨广的心计没白费，他终于把哥哥踢了下去，当年11月，皇帝下诏，立晋王杨广为太子。

二

文帝和独孤皇后共生了五个儿子。早先，他把天下分成三大块，让儿子们去镇守。除太子杨勇留长安外，晋王杨广是东边的扬州总管，前面已经讲过。依次是三子秦王杨俊任北边的并州(即晋阳，今山西太原)总管；四子蜀王杨秀任南边的益州(今四川成都)总管。隋朝在各州设总管，是地方的高级军政长官。但这三位王子的职位虽也叫总管，权势却比一般总管大得多，事实上，全国几十名总管都分属他三兄弟管辖。

秦王杨俊小时候喜欢佛教，曾经请父皇批准他当和尚。文帝当然不准。他长大以后，便让他去当并州总管。杨俊做了一方的最高统治者之后，

逐渐腐化起来。他用公款大修宫室，又从民间征了几名美丽的少女充实他的王府。王妃姓崔，倒有些像她的婆婆独孤皇后，妒恨之下，竟然在给杨俊吃的瓜里放进毒药。杨俊吃了虽然没死，却染上了慢性病。文帝知道以后，把他征还京师，免去他的官职，让他以王子的身份回府第居住，而把崔妃处死。

左武卫将军刘昇替他求情，对文帝说：

"秦王没有什么别的大过错，只是奢费官物，营造住舍而已。依为臣看来，可以原谅。"

文帝却答复说：

"法不可违。"

杨素那时也帮杨俊说话，认为处罚太重。文帝说：

"我是五个儿子的父亲，难道不是天下亿万百姓的父亲吗？如果照你们的意思，何不再制定一个'天子之子'的法律呢？以周公的为人，为了法的尊严还要诛杀管、蔡。我自然跟周公差得远，但法也不能亏缺呀！"终于不肯答应。这是开皇十七年的事情。

秦王杨俊的病原来不算太重，他不但生活能够自理，还可以在王府各处走走。他那王府里的僚属，如长史、司马、参军、功曹、记室、祭酒等人，常常来陪他谈心。杨俊最爱谈的是开皇九年，他和二哥杨广一起带领大军征服南陈的事情。那时他是全军的副帅，和杨素一起分担着大江上游的战事。他年轻英俊，率领着水师大军几千艘大小舰只，从汉水进入大江，跟陈军水兵展开激战。他统率的五牙舰船头安着"拍竿"，那是一根巨木，装在船头，可以灵活操纵。接近敌船后，拍竿扬起，居高临下朝敌船拍去。"咔嚓"一声，敌船船头便被击碎了……

他还记得胜利班师的情景。他随前头部队回到长安，父皇亲自到骊山迎接。而在大兴宫广阳门前的献俘典礼，更使他终生难忘。那时他和二哥杨广并肩站在队列前面，身后是随同出征的文官武将。围观的百姓指指点点，使他豪气满怀，觉得生于帝王之家真是天大的福分……

僚属们退走之后，杨俊又回到现实之中。眼前既听不到战马嘶鸣，也

看不到舰船激起的巨浪,有的只是清风斜月,松涛竹影。他不甘寂寞,他还要支撑着病体,再做一番事业。他派王府长史带着他亲手写的本章去求见皇帝,希望父皇能封他一官半职,让他做点事情。

文帝看了杨俊的本章,让长史回去转达他对杨俊的训示:

“我努力创下这份江山,要保它永存,才制定律法,让臣下和百姓遵守。你作为亲王,理应垂范,做诸官的表率。但你却要任意胡为,将我的法纪败坏,实在令我失望。我真不知怎样责怪你才好!眼下你当务之急,就是认真地自责!”

长史把皇帝的话一五一十传达给秦王。杨俊既羞惭又害怕,病便越来越重了。到开皇二十年四月,终于只剩下一口气。长史急忙去禀告皇帝。文帝这时才下诏拜杨俊为上柱国。上柱国是奖给功臣的勋官的称号,地位虽高却没有具体的职务。杨俊在悲伤、忧惧、失望中死去。文帝听到噩耗,“上哭之,数声而止”。下令将杨俊那些奢丽之物全都焚毁。

王府的僚属请皇帝给秦王立个碑,以作纪念。《初学记》说:“碑,悲也,所以悲往事也。”连这个皇帝也不准,他说:

“要想求名吗?一卷史书上记上几句就足了。如果子孙不能保家,立的碑徒给人做镇石而已。”

杨俊的儿子名叫杨浩,是崔妃生的,因崔妃有罪,儿子也不得承嗣秦王的爵号。杨俊的丧事是秦王府的官员们主持的。

就在当年的11月,杨广被册立为太子。

三

杨广做了太子,如愿以偿。但他还有两块心病,虽然大哥废了,三弟死了,却还有四弟和五弟呀!老四蜀王杨秀依旧做着益州总管;而五弟汉王杨谅则在秦王杨俊被召回京的时候,由皇帝委派,接替三哥做了并州总管。自己虽然当上太子,但外边的舆论却不怎么样。为了防范,他便派出亲信到并州和益州去,探查“二王”的动静。

果然蜀王杨秀有些不平，不为别的，他是为大哥因谗而废抱屈。

杨秀长得容貌不错，而且有胆气，好武艺，只是性情暴躁。文帝曾对皇后评价过他这个儿子，说他“恐怕没有好下场。我在世的时候当然不要紧，我若不在，他哥哥当政，他就非反不可”！

不知文帝根据什么给杨秀这样的评价。

按原先的安排，三个大总管可以总揽三大州的军政大权。文帝既然对杨秀有了将来必反的看法，就想把他手里的军权分散开。正好西疆发生战争，文帝调大将军刘哙去征讨，而派开府仪同三司杨武通带兵做后继部队。这支军队是皇帝直接调遣的，可是杨秀却硬要插一杠子，派他的一个嬖(bì)人(受宠爱的人)万智光去做杨武通的行军司马。行军司马是主将的副职，协助主将总理军队事务，还要负参谋责任。这嬖人万智光根本不懂军事，他只是杨秀王府中的一个帮闲。可他却还要不懂装懂，偏要在军中指手画脚。杨武通不耐烦了，给皇帝上疏，要求把这个掣肘的家伙解职。文帝派人下来调查，了解到万智光竟然是那样一个下三烂的人物。皇帝真是火冒三丈，这益州总管简直是拿军国大事开玩笑！立刻发布命令，将杨秀的军权分散，由各州的总管掌握。杨秀几乎成了光杆将军。

皇帝还要下诏谴责，并对群臣说：

“看吧，坏我法的正是我的子孙。这就譬如一只老虎，外物伤害不了它，可它自己皮毛间的虫子倒能一点一点地把它腐蚀掉。”

杨秀手里没有多少军队，清闲多了。史书上记载有四个字“造浑天仪”。浑天仪又叫浑仪，是西汉落下闳发明的，是古代测定天体位置的一种仪器。杨秀组织人造这个，似乎说明他还做了点正经事。但他大部分时间却跟他三哥一样，奢侈僭越。要知道，古代的建筑、服饰等都要根据本人的身份来定，超过规定标准的就叫“僭越”。成都离长安很远，杨秀认为就是“僭越”了皇帝也不知道，于是他的“车马被服拟于乘舆(帝王的车舆称乘舆)”，意思是他用的都是皇帝的那一套用品。

如今大哥废了，二哥当了太子，杨秀气不忿，见人就讲。杨广派来的细作打听清楚，回京向杨广报告。杨广就跟杨素商量，到文帝那儿告杨秀的

状。为什么要“僭越”？为什么“车马被服拟于乘舆”？还不是自己想当皇帝吗！

文帝觉得他对杨秀的估计没错，准备干脆调他回京，放在自己身边，免得他日后惹事。敕书下来了，杨秀犹豫起来，知道突然征他回去不是什么好事，就想装病不去。总管司马源师劝他，还是遵父皇的旨意，回京去才好。杨秀火了，对源师大声说：

“这是我的家事，跟你有什么关系？”

怎么会没有关系？总管司马是总管的助手，如果总管获罪，司马是首当其冲的同案犯。源师急了，流泪说：

“源师忝参府幕，既要忠于大王，更要忠于圣上。圣上有敕追大王回去，敕书已经来了多日，到现在大王还迁延不走。百姓不知道大王是什么打算，倘若产生流言，内外骇疑，说不定会惹恼圣上，发来严厉的诏书，或是派使者来催促，大王那时又怎能自明？希望大王三思吧！”

杨秀想了想，还是不肯走。倒不是他预料到二哥要害他，而是觉得在成都自在舒服，没人管辖，所以才拖拖延延，不肯回京。

文帝看杨秀不听话，就把原州总管独孤楷升为益州总管（小总管升为大总管），代替杨秀的职务。独孤楷从原州来到了成都，请杨秀让位。杨秀还不肯走。独孤楷只好连劝说带吓唬，才使杨秀动了身。独孤楷到城外送他，见他面上神色不定，怕他反悔，回来便调兵作好防备。果然杨秀走了四十里就又后悔了，带着他的亲兵返回来，准备袭击独孤楷。一看独孤楷已有准备，而他的亲兵人数又少，这才不得不怏怏地向京师走去。

他懒洋洋地走了三个月，等到长安，才知道他母亲独孤皇后已经于8月去世了。

独孤皇后办丧事期间，杨秀正在路上，自然无法参加。而并州总管杨谅则正忙于对付北方突厥的寇边，无法分身。杨勇已被囚禁。杨俊也已去世。因而皇后虽然生了五个儿子，却只有太子杨广一人为她守孝。

杨广善于演戏，他母亲活着的时候，他就用戏剧手法骗得母亲的欢心和信任。如今母亲死了，他还要演戏。他哭得死去活来，甚至于哀痛得背过

气去，以至于文帝为他担心，一再劝他节哀。等他回到王府，该吃吃，该喝喝，该说笑说笑，一切照旧，好像忘了母亲刚死这件事。

大行皇后（皇帝和皇后刚死的时候称为“大行”）的灵柩厝（cuò）在仁寿宫的大宝殿，朝廷百官和地方大臣要来吊祭，孝子得陪着。这几天杨广可吃了苦头，跪谢答礼，起来趴下，这且不说，最难受的是丧事不动荤腥，顿顿是白饭素菜，吃了两顿杨广就受不住了。中午，吊孝的人都走了，东宫的两名太监给他送来午饭。杨广一看就皱起眉头，因为摆在他面前的仍然是白饭和青菜。不料太监四外看看，见没外人，就又递给他一个布包。打开一看，里边是两只竹筒，一个盛着肉脯，一个盛着鱼虾，正是萧妃替他准备的。杨广躲到幔帐后面，一边吃一边想：“可惜没有酒。”

9月，葬独孤皇后于太陵，谥号是“文献皇后”。

这儿还有一个插曲，值得一提。有个叫王劭的著作郎（秘书监的官员，负责修撰国史）给皇帝上表说：

“佛经上记载，‘福人在升入天国时，天佛便大放光明，以香花伎乐相应’。大行皇后福寿祯祥，实为妙善菩萨。所以八月二十二日，仁寿宫天雨金银花；二十三日夜，大宝殿后有神光闪烁；二十四日卯时，半空中音乐悠扬，逐渐消逝，而大行皇后亦同时升遐（古代帝、后死时称升遐）。经文所说，俱皆应验。”

文帝见表之后，明明知道王劭的胡说八道纯粹是拍马屁，因为“天雨金银花”也好，“神光闪烁”也好，“音乐悠扬”也好，他就住在宫里，怎么一样也没看到、听到呢？但皇帝又想，即便是假的，也不能道破，而且不但要装出信以为真的样子，还要颁示天下，让老百姓知道原来皇后是菩萨下凡。话又说回来，皇后是菩萨，那么皇帝起码也得是个大仙吧！

文帝重赏了王劭，因为他给“愚民政策”出了力。

接着，皇帝迫不及待地选了两名妃子，一个是陈后主的六妹，封为宣华夫人；另一个姓蔡，封为容华夫人。

等到杨秀磨磨蹭蹭赶回长安的时候，大行皇后早已下葬了。

杨秀去拜见父皇。但文帝不答理他，一句话也不说。杨秀只好惶恐地

退出，回到蜀王府待罪。第二天，文帝派使者来责备他。杨秀只好唯唯谢罪。这时杨广又来演戏了，他带领几个封王的子侄去见文帝，流着泪哀求皇帝宽恕蜀王。文帝怒冲冲地说：

“前者，秦王靡费财物，我以做父亲的身份训责他。如今杨秀蠹害生民，我就要以君主的身份用法律来处治他。”

说杨秀“蠹害生民”，未免有些夸张，因为皇帝手里并没有杨秀“蠹害生民”的证据。于是皇帝就让杨素等人“推治”杨秀，以找出证据。

其实杨广和杨素早已把证据准备好了。不过不是“蠹害生民”的证据，而是诅咒皇上的证据。杨广和杨素让人做了一个木偶，把手缚住，心口钉一根铁钉，还要用锁链捆住，身上写上皇帝和汉王杨谅的姓名，旁边写上一行字：“请西岳慈父圣母收杨坚、杨谅神魂，如此形状勿令散荡。”他们派人偷偷把木偶埋在华山的山脚下，然后再由杨素派人大张旗鼓地去掘出来。杨素还奏告杨秀自编了一本文集，其中收有讨伐皇帝的檄文。总而言之，这一切都是杨素预先准备好的，再一件件拿出来给杨秀定罪。

杨广不在木偶上写自己的名字，却写的是杨坚和杨谅，并把木偶埋到杨谅的辖区华山脚下，这样让人看起来，似乎这件事跟新太子毫无关系。这正是杨广阴险狡猾的地方。

文帝看到那写上自己姓名的木偶，惊怒得连自己也不敢相信，一再说：“天下宁有是耶！”是呀，天底下还有这样诅咒父亲的吗？

杨秀被废为庶人，幽禁于内侍省，不得与家人见面。受牵连而连坐的官属达百余人。

四

独孤皇后死的那年是仁寿二年。仁寿四年，皇帝又移居仁寿宫。4月，皇帝病了。6月，大赦天下，希望这样做做好事，可以化凶为吉。然而这一招不灵，7月，皇帝卧床不起。文武大臣从长安赶来问疾。文帝卧在大宝殿的寝宫里，接见大臣们。他握着几名老臣的手，欷歔着说：

“朕率众卿统一天下，黎民安居，虽死无憾了。唯望众卿辅佐皇太子，与事朕一样，朕虽在九泉，亦当含笑……”他气喘吁吁地说到这里，跪伏在殿内殿外的大臣们便一齐抽泣起来。站在皇帝病榻边的太子杨广也做出十分悲伤的样子，频频拭泪。

文帝让大臣们返回长安，仁寿宫里只留下几名重要官员侍疾，其中有右仆射杨素、黄门侍郎元岩、兵部尚书柳述、左卫大将军宇文述、右庶子(东宫官员)张衡(张衡原任扬州总管司马，是杨广的心腹)等人。太子杨广住在文帝寝宫旁边的侧宫里，以便随时过来探视父亲。

杨广站在父皇的病榻前，看那老皇帝仰卧在榻上，精神委靡，面容消瘦，两唇微微张着，呼吸迟缓而沉重，双目紧闭，有一粒泪珠顺着左眼角悄然流下。杨广心里暗笑，老头儿今年六十四了，还要两位这么漂亮的妙龄少女陪在身边，这不是成心糟践自己吗？他见父皇不做声，料他已经睡着，便悄然离开，回到自己的住室，坐在窗前想心事。7月天气，夏蝉齐鸣。仁寿宫四外都是山林，蝉儿也就特别多。但这噪声丝毫不曾打扰杨广的思路，他现在正在想：眼瞅着老皇帝要归天了，自己即将登上那垂涎已久的皇帝宝座。一切都要从头开始，那么先做什么呢？

想起来了，第一件事便是把父亲的那两位夫人接收过来。虽然按名义说，她俩是自己的庶母，但她俩的年龄比自己的女儿还小哩！二十多岁，风华正茂，也不能让人家守寡嘛！至于政事，是不是要拟登基的文告？是不是还要……

算了！杨广不再去想，还是问问老杨素吧！那时几位大臣住在前殿。杨广懒得走，就写了封短信，让宫女去送给杨素。还让宫女在那里等着拿回信。

宫女把杨广的信送给杨素。杨素打开一看，原来太子是想知道皇帝晏驾之后，新皇帝登基应该做哪些事。杨素对这个不外行。他写了封回信，将新皇帝应该做的事一一开列出来，封好后交给送信的宫女。那宫女拿着信往回走。这几天熬夜了，宫女缺觉，连走路都迷迷糊糊，应该回到太子住的侧宫，她却不知不觉地走到皇帝卧病的寝宫去了。等她发觉走错，刚要缩

回脚，已被皇帝看见。皇帝喊住她，问她拿的什么。她只好把手里的信呈给皇帝。文帝拆信一看，大为恼火，原来太子外表那悲伤的样子都是假装出来的。他内心是盼着自己快死，他好早日当皇帝哩！

文帝正在恼火，却又见宣华夫人踉踉跄跄跑了进来，面孔涨红，发髻有些乱，而且双目含泪。文帝问她是怎么一回事。她吞吞吐吐不敢说。直到文帝拍着床喝问，宣华夫人才跪在地上说了四个字：

"太子无礼！"

原来宣华夫人去上厕所，在走廊上遇到杨广。杨广方才还在想"接收"她呢，这会儿看见，认为反正早晚是自己的人，何不先来亲热亲热。他走过去搂住宣华夫人。宣华夫人又惊又怕，但又不敢喊，只好拼命挣扎，发髻也乱了。这时走廊一头传来脚步声，杨广这才松开手回自己的居室去了。宣华夫人跑进寝宫，惊惧未定，被皇上看见，只好如实禀奏。

文帝听了哪能不气？他连连拍着床，嚷着：

"这样的畜生怎能付托大事！独孤误我，独孤误我！"他马上叫宫女去把柳述和元岩找来，对他二人说：

"快去召来我儿！"

柳述以为皇帝感觉不好，要找杨广，刚转身，就听皇帝又喊：

"勇！勇！"

元岩以为听错了，又问了一遍。这时皇帝正气得一个劲地哆嗦，连话也说不出了。柳述只好问他：

"陛下是要召杨勇来吗？"

文帝说不出话，但却连连点头。柳述和元岩退出商量，召废太子得有皇帝的敕书才行。他俩虽然不知道皇帝为什么突然要召废太子，但觉得其中必有变故。他俩回到前殿取出纸来写敕书，却被杨素看到眼里。杨素见柳、元二人神色紧张，忙忙活活地写敕书，便装着无意的样子问：

"二公急急忙忙地做什么？"

"皇上要召杨勇。"元岩随口回答。

杨素大吃一惊，知道事情不妙，皇上这时候把杨勇召来，还不是想传

位给他吗?杨素急忙去找杨广,二人商议一番,决定赶在敕书发出之前,来个先下手为强。当时负责保卫仁寿宫的是左卫大将军宇文述,他也早已被杨广收买。于是仁寿宫忽然紧张起来,禁军全部出动,将前后宫门关闭,不许一人出入。杨素则带人闯进前殿,将元岩和柳述拿下,把那刚写了一半的宣召杨勇的敕书扯得粉碎。这边右庶子张衡率领十几名东宫的卫士,外面穿上妇女的服装,闯进大宝殿,把殿内的宫人、太监都赶了出去,只有张衡一个人闯进了文帝的寝宫。不久,便传出消息,文帝杨坚晏驾了。

文帝怎么死的?史书说法不一。《隋书》的记载比较简单,只有"中外颇有异论"几个字。《大业略记》(大业是隋炀帝的年号)则说:"帝(指杨广)见事迫,召左仆射杨素、右庶子张衡进毒药。帝简骁健官奴三十人皆服妇人之服,衣下置杖,立于门巷之间,以为之卫。素等既入,而高祖暴崩。"《通历》是另一种说法:"帝(指文帝)怒曰,'死狗,那可付后事'! 遽令召勇,杨素秘不宣,乃屏左右,令张衡入拉帝,血溅屏风,冤痛之声闻于外,崩。"

但不管文帝是药死的也罢,"拉"死的也罢,他死于自己儿子杨广的手中却是无可辩驳的事实。

皇上驾崩的噩耗传进后宫,宣华夫人吓得战栗失色,她认为这次宫变是由她引起的,她一定会遭到不幸。晡(bū)时(指申时,下午三点钟到五点钟),一个太监手捧一只小金盒来见宣华夫人,说是太子赐给她的。宣华夫人以为是"赐死"的毒药,竟不敢打开。送盒的太监一个劲地催促。最后还是女侍替夫人打开了。等掀开盒盖一看,哪里有什么毒药,竟是几枚结扎得异常精巧的同心结。女侍们乐了,互相说:"这下子可以免死了。"可是宣华夫人是什么人?她是太子的庶母呀!怎么能接这个同心结呢?她又羞又恼又恨,扭过身去垂泪。宫人们顾不得考虑夫人的心情,只要她不死大家也就沾光。于是有的求告,有的劝说,最后是几个人扯着夫人跪下朝金盒拜了几拜,算是"谢恩"。到了晚上,杨广果然笑嘻嘻地来了。陈氏是个弱女子,哪里有力量反抗?古代把儿辈上淫母辈称之为"烝(zhēng)"。所以史书上记载着:"其夜,太子烝焉。"

第二夜,杨广又住到容华夫人蔡氏的宫中去了。这时,他已用不着再

戴那恭谨、谦逊等等的假面具,也用不着再演戏,因为他已经是皇上,可以为所欲为了!

他一面在仁寿宫寻欢作乐,一面派杨素的弟弟杨约回到长安,接管了长安留守的职务,并假传文帝的圣旨,将废太子杨勇缢死,追封为房陵王。杨勇的八个儿子也都被毒杀。还怕他们化为厉鬼作祟,埋时尸体头部朝下,让鬼魂钻不出来。

仁寿四年(公元604年)八月十八日,文帝崩于仁寿宫,二十一日发丧。二十二日,杨广就急急忙忙地登上皇帝的宝座,改元大业。他做了十三年皇帝就亡国了,死后没宗庙可进,因而没有庙号。后来唐高祖给了他一个谥号“炀(yáng)”。按《谥法》注,“逆天虐民曰炀”。杨广得这么个谥号还是挺合适的。下文再提到他时,就要称他为“隋炀帝”了。

五

关于“六亲”,古代有六种说法,但通常采用的是《老子》的王弼注:“以父、母、兄、弟、妻、子为六亲。”那么杨广的六亲还有谁呢?父亲和大哥被他杀死了,三弟是病死的,四弟已被囚禁,兄弟中还只剩下个老五。自己当皇帝,老五服不服呢?

管他服不服,先把他召回来再说。于是炀帝派车骑将军屈突通拿着高祖(即文帝杨坚,高祖是他的庙号)的玺书,征汉王杨谅回京,这是文帝刚死,还没发丧时候的事。

杨谅接到玺书时,并不知道父亲已经死了。但他却从玺书中看出了破绽。玺书就是诏书,上面盖着皇帝的御玺(大印),那还有错吗?然而炀帝怎么也没料想到,文帝和汉王有个秘密约定。那是开皇十七年,杨谅接替三哥杨俊去做并州总管。他是文帝最小的儿子,文帝对他十分疼爱。杨谅临走的时候文帝跟他约定,如果用玺书召他来,就在“敕”字旁边加上一个点做记号。有这个记号,说明玺书是真的;没有这一点,那这份玺书就有问题了。

杨广虽然狡诈，可是他哪里知道父亲和五弟会有这种密约呢？

杨谅看出玺书是假的，当然不肯跟屈突通回京。屈突通只好自己走了。不久，消息传来，父皇已经晏驾，大哥也死了，二哥杨广即位。既然"中外颇有异论"，父兄的死因自然也传到杨谅的耳朵里，于是杨谅决定出兵为父亲和大哥报仇。

并州总管管辖的地区很大，西起太行山，东到沧海，南至黄河，在这一大片土地上一共有五十二个州。父皇还准他"便宜行事，不拘律令"，事实上他就是这一方的"小皇帝"。不过北方却有点麻烦，那就是游牧民族的突厥常常来骚扰。有一次，突厥又大举入寇，杨谅带兵迎击，结果吃了个大败仗，士兵阵亡了不少，而民众和财产、牲畜也被大量掠走。说明他这个年轻的主帅还很不成熟。那时打败仗要受惩罚的，杨谅所领军队的将领有几十人受到解职的处分，还要发配到岭南效力。杨谅倒没受到惩罚，那自然因为他是皇帝爱子的缘故。杨谅过意不去，上表给那些受处分的部下讲情，希望把这些人留下。文帝来信斥责他，说："你是藩王，应当服从朝廷的命令，怎么能因为是自己的旧属，就置国家的宪法于不顾呢？告诉你，小子，你如果一旦没有我，若想妄动，他取你就如在鸡笼里捉雏鸡一般，你的心腹再多也没用。"

文帝这里说的"心腹"，指的就是那些受处分的将领。杨谅的确收拢了一些心腹。那还是太子杨勇被废、蜀王杨秀遭禁的时候，他借口"突厥方强，宜修武备"，大肆招兵买马，充实自己的势力，目的是一旦杨广惹到他头上，他就可以用以自卫。不过跟突厥打了一仗，证明他的这些兵马没有多大用处。而文帝也窥破他的居心，才向他提出警告说："你绝对干不过他"。那么这个"他"指的是谁呢？当然是新太子杨广啰！

杨谅统辖五十二个州，但他只是主帅，军队分布在下面，由州总管具体掌握。因此，杨谅要出兵还要得到下面各州的总管（多由刺史兼任）的支持。杨谅发出檄书，调各州刺史出兵，结果大多数不同意，肯支持杨谅的只有十九个州。事实上，有些州远在齐、鲁、燕、赵，即便想支持杨谅，也是远水不解近渴。

当时积极拥护杨谅起兵的有两个人,一个是咨议参军王頍(quē)。王頍是梁朝名将王僧辩的儿子,颇有抱负,但得不到施展。所以他认为杨谅起兵,正是他施展抱负的机会。还有一个是陈朝的大将萧摩诃,他降隋后郁郁不得志,因而也赞成杨谅起兵反对朝廷。但是总管司马皇甫诞不同意,他对杨谅说:

"从大王的兵力来看,决不是朝廷大军的敌手。而且现在君臣的名分已定,讨逆无名,出兵恐怕无人响应。"

"我就说杨素造反,我去征伐他。"杨谅找了个借口。

"杨素犹在朝中,怎能说他造反?"

"那就说去讨伐杨素,以清君侧。"

要知道,出兵反对朝廷,如果没有能说服人的理由,很难得到大众的支持。不错,隋炀帝是历史上有名的暴君,但那是他当皇帝以后的事。在此之前,他由于会"演戏",还博得了个好名声,说他清廉、恭谨、礼贤下士。至于他弑父烝母,那还是个秘密,并没多少人知道。因此皇甫诞断定,杨谅如果起兵,非失败不可。他叹息说:

"大王一旦身陷叛逆,命系刑书,虽然想当个老百姓,恐怕也得不到了。"

听了这种不吉利的话,杨谅大为恼火,便下令把皇甫诞囚于狱中。

王頍给杨谅出主意,他说:

"大王的部下,不少人的家属都在关西(这个关指蒲津关,在今山西永济县西的蒲州,扼守黄河渡口,是兵家重地)。如里想占领京师,就使用这些人。蒲津离潼关不远,只要打下潼关,就可长驱而入,直捣长安。这就是所谓的迅雷不及掩耳。如果只想割据旧齐之地(旧齐指北朝时的高氏为帝的齐朝,当时高齐占有南至黄河,北抵燕、代的大片土地),那就应该使用东方人。"

对王頍的这两个战略,杨谅犹豫不决,最后决定同时进行。他计划兵分三路,一路由大将军刘建率领,出井陉关,占领燕赵等地。一路由大将军余公理率领,出太谷,奔河阳;同时大将军綦(qí)良率军出滏口,扑黎阳。

这两支人马算作一路，目的是占领河南。第三路是主力，由柱国纥单贵、王聃和总管府兵曹斐文安率领，攻打蒲州。

就在这时，传来代州总管李景抗命的消息。代州在晋阳以北，所辖的雁门关是并州北方的门户。假如并州大军出征，李景从后面杀来，便会前后受敌。于是杨谅不得不再分出一路人马，去征服代州。这一路便由柱国乔钟葵率领。

第三路进展得比较顺利。那时并州起兵的消息还没传出。斐文安便派出几百名骑兵，蒙着妇女外出时遮体的幕罴，假称是汉王府的宫人回长安，混入蒲州城中，突然发难。蒲州刺史丘和不曾防备，只好弃城逃走，回长安告警。斐文安等占领蒲州后，准备带兵继续向蒲津进发，渡过黄河，进攻潼关。不料这时杨谅却又突然改变主意，下令以王聃为蒲州刺史，让纥单贵守住河桥，而把斐文安召回。

斐文安回到晋阳后，对杨谅十分不满，他说：

“兵贵神速，攻蒲津过黄河，为的是出其不意。本想大王亲自出征，一鼓作气，攻下长安。而今大王不去，却又把文安召回，失去时机，使彼方得以准备，大势去了！”

杨谅无话可讲。只好推说晋州（山西临汾）重要，是晋阳的屏障，派斐文安去做晋州刺史。

北路征代州却不顺利。乔钟葵的前锋刘暠（hào）来到代州城下，代州总管李景派兵出战，司马冯孝慈把刘暠斩于阵前。乔钟葵率三万大军继至。代州守军只有几千人，便不再出战，只据城固守。代州城年久失修，几处被并州军击破。但司马冯孝慈、司法吕玉都骁勇善战，及时把攻入的敌军打出。仪同三司陈乂又多谋划，善于防守之术，城池随崩随修。乔钟葵连攻了几天，还是不能攻下。

这时朝廷已有准备，隋炀帝派右仆射杨素做并州道行军总管、河北道安抚大使，率领大军讨伐杨谅。杨素是一员名将，曾在征陈的战役中立过大功。他分遣将领击败綦良和余公理的两路大军。又派大将军李子雄自幽州发兵，在井陉将刘建打败。

那时李景在代州已被围了一个多月。杨素派朔州刺史杨义臣去解围。杨义臣率军两万，夜出西陉关。乔钟葵闻报后严阵以待。杨义臣兵少，就征了数千头牛驴，匿藏在涧谷间。黄昏时分，两军交战。杨义臣突然驱出牛驴，一时漫山遍野都是奔跑的牲畜，尘埃遮天，蹄声震地。乔钟葵的士兵以为中了埋伏，四下奔溃，杨义臣率兵纵击，乔钟葵带着残兵狼狈逃去。代州之围便解了。

朝廷的主力由杨素亲自率领，进攻蒲州。他先率五千轻骑夜间偷偷渡过黄河。黎明时分大举攻城。纥单贵和王聃不曾防备，纥单贵战败逃走，王聃却投降了。

杨素率军继续前进。路经晋州、绛州、吕州，这三郡的刺史都是杨谅委派的，杨素不去攻打，只是每个州派去两千人，遥遥牵制，而自带大军继续朝晋阳进发。杨谅派大将军赵子开带十万人，在一个叫高壁的地方布阵，居高临下，连山上的小径也竖上栅栏，连绵五十里，阻挡杨素军。杨素把大军屯于山前，自己带领少数奇兵绕道霍山，去抄高壁的后路。霍山险峻，杨素军缘着悬崖峭壁，攀缘而行。等来到高壁北面，突然发起进攻，鸣鼓纵火，杀向赵子开军的连营。赵子开惊慌失措。这时山前的朝廷军也发起进攻，赵子开军自相践踏，死伤狼藉，全部溃散。

杨谅听到消息，亲自率领大军到蒿泽防守。蒿泽在晋阳以南，地势险要，易守难攻，只是地势低洼。偏赶上连日阴雨，杨谅便要退军。王頍劝他说：

"杨素悬军深入，士马疲敝，大王亲自率领锐卒攻击他，又是以逸待劳，定能得胜。如今望敌而退，灭了自己的威风，沮了战士的斗志，只是长敌人的志气，希望主上不要退兵。"

但杨谅不听，率军离开蒿泽险地，退守清源。清源在晋阳西南，无险可守。杨素大军来攻，杨谅军大败，萧摩诃被擒。王頍带着他的儿子将奔突厥，但逃到山中却又迷路，便对他儿子说：

"我的计谋不减于杨素，只是言不见从，才到了这一步。我不能坐着等人来擒获，以成竖子之名。我死了之后，你觅路逃出，千万不可去投靠亲

故。”

王颊自杀之后，他儿子把他的尸体藏于石窟之中。但他儿子逃出后，去投奔他的一个朋友，终被朋友出卖，拿获斩首。

杨谅率败兵退保晋阳，杨素大军围城。杨谅无计可施，只好投降。

群臣给炀帝上疏，说汉王谋反，理当处死。炀帝就又拿出他的老办法，假惺惺地不许，只是把杨谅除名为民。这是他故作姿态，以表示他多么顾念手足之情。但背地里却把杨谅幽禁起来，断绝了他的饮食。杨谅在悲愤的折磨之下终于死去。而炀帝却摆脱了杀弟的名声。

杨谅所部的吏民受连累而死的，据史书记载，竟多达二十余万家。

六

几个兄弟都被除掉了，杨广放心地做他的皇帝，本性毕露，再也用不着装假骗人了。他的恶迹暴行因不属本文的记叙范围，此处略过不提，读者只记得他是一个蛮横暴虐、贪婪荒淫的暴君就行了。但物极必反，压迫越大，反抗也就越强。到他的末年，各地农民纷纷起义，反抗暴政。而一些大族豪强也趁机起兵，一时天下大乱。公元618年，炀帝在江都（即扬州）被他的骁果军（炀帝的亲兵）杀死，只做了十三年皇帝。同时被杀的有他的小儿子赵王杨杲和齐王杨暕，以及杨暕的两个儿子。

这些年，炀帝一直把蜀王杨秀带在身边，走到哪里带到哪里。难道是他关心这个仅存的弟弟吗？那才不是，他是不放心，怕有人抬出蜀王来反对自己，所以把他放在骁果营里，让骁果看住他。这次叛变，杨秀终于也死了，他有七个儿子，同时遇难。

炀帝的太子杨昭早逝。提起太子的死，也还是一个谜。杨昭是炀帝的长子，炀帝登基后，封为太子。大业二年，炀帝住在洛阳，太子留守长安。7月，太子从长安到洛阳朝拜父亲，炀帝让他侍宴，同席的还有司徒杨素。炀帝之所以能当上皇帝，杨素出力最多，所以才被封为“三公”之一的司徒。但炀帝却也忌他，想乘机将杨素毒死。他准备了一杯毒酒，让侍者送给杨

素。怕杨素疑心,同时还有一杯好酒,送给太子。两杯酒放在一个盘子里,侍者送递的时候弄错了,把毒酒递给了太子。太子喝了之后,三天后而毒发,吐了两斗血。参与阴谋的宫人听说杨素什么事也没有,才知道把毒酒送错了,吓得谁也不敢吱声。太子知道了,叹息说:“没想到当了杨素的替死鬼,这也是命吧!”几天后便死了。

杨素知道皇帝忌他,正赶上生病,他不肯吃药,家人劝他,他说:

“我还需要多活吗?”他是跟太子同月死的,炀帝追赠他为太尉公(三公之首,朝臣中最高的级别),“葬送甚盛”。

炀帝南行的时候,留下他的孙子(太子杨昭的儿子)杨侗留守洛阳,另一个孙子杨侑留守长安,他俩还都是十二三岁的少年。炀帝被弑的消息传来,守卫洛阳的大将王世充便拥立杨侗为帝,称为皇泰主。一年之后,王世充自己当了皇帝,把杨侗杀了。至于杨侑,则早在李渊攻克长安的时候,就被李渊立为皇帝,还曾遥尊炀帝为太上皇。等到炀帝的死讯传来,李渊便也逼着杨侑禅位给他。隋朝终于灭亡了,杨家的王子王孙很少有得到好下场的,只有蔡王杨智积例外。

杨智积是文帝杨坚的弟弟杨整的儿子,是炀帝杨广的堂兄,被封为蔡王。杨智积性情修谨,自奉非常简朴,从没有人上门私谒。文帝很喜欢他。杨智积有五个儿子,他不让他们和别人来往,只让他们在家里,由自己教他们读《论语》。他这样做的原因就是看出宦途险恶,故而不许儿子做官。等到炀帝即位,他越发谨言慎行。大业十二年,他得病死了,临死的时候说:

“我今天才敢说,得以保全首领而死啦!”

炀帝死了十年之后,当时是唐太宗李世民当皇帝。太宗曾问魏征:

“朕看过《隋炀帝集》(唐人收集杨广写的诗文编集),文辞奥博,也知道赞颂尧、舜而谴责桀、纣,但他的行事为什么恰好相反呢?”

魏征回答说:

“人君虽是圣哲,但也应当虚己待人,这才能使智者献其谋,勇者竭其力。炀帝依仗着自己的才能,骄矜自用,口里说的是尧、舜的话,做的却是

桀、纣的行为，却不知道这就是覆亡的原因。”

太宗点头说：

“不错，前事不远，乃是我辈之师啊！”

玄武门的“刀光箭影”

看了题目,有的读者可能会问:“这题目里的‘刀光箭影’是不是写错了?应该是‘刀光剑影’吧?”

是的,我们是有个“刀光剑影”的成语。但我们的故事却与“箭”有关。这“箭”曾射死过两位王子,一位是唐高祖李渊的大儿子李建成,一位是李渊的四儿子李元吉。而射这箭的,却是李渊的二儿子李世民。他们兄弟三人为什么要自相残杀呢?理由很简单——跟历代帝王家族的内部斗争一样——抢着做皇帝。

一

唐高祖武德二年(公元619年),李渊为立太子的事犯了犹豫。他的儿子不少,大体上可分两拨,第一拨是他年轻时窦夫人生的:长子李建成、次子李世民、三子李玄霸、四子李元吉;还有个侧室生的儿子,名叫李智云。李玄霸早死。而李智云则在李渊起兵后,家属从蒲州奔向晋阳时,李建成和李元吉故意把他扔下。李智云被吏卒捉去,送往长安处死。

李渊的夫人窦氏已经去世。李渊进长安后,先做宰相,后当皇帝,便大娶小老婆。唐朝的宫廷制度就是李渊跟大臣们商议制定的,其中规定,皇帝除皇后以外,还可以封四名夫人,选九名贵嫔、二十七名世妇、八十一名御妻,加到一起连皇后竟达一百二十二人。于是小王子一个个生出来。不过这些小王子一来年纪小,二来不是嫡子,册立太子当然没他们的份。

根据“立嫡立长”的封建法统,窦夫人生的大儿子李建成理应册为太子。然而李渊为什么又犹豫了呢?这里有个重要原因,那就是二儿子李世民的功劳太大了。

李世民英俊能干，文武全才，李渊非常喜欢他。所以当他从山西、河东宣抚使任上调为太原留守时，他把别的儿子留在蒲州，只带李世民在身边。那时忽然流传开一首民谣："桃李子，皇后绕扬州，宛转花园里。勿浪语，谁道许？"隋炀帝认为这首民谣预示着姓李的人将夺取他的天下，就把右骁卫大将军郕国公李浑全家杀了。接着又宣召李渊进京。

李渊知道这次宣他八成跟民谣有关，却又不敢不去。正在惊惶失措间，李世民来出主意，让他装病。炀帝自然不信，派使臣来调查。李世民让父亲卧在床上，脸上涂上黄粉。屋子里门窗紧闭，药壶里煎着草药，药香充弥全室。使臣来了，李世民陪他来看李渊。李渊哼哼唧唧，在床上稽首，有气无力地请使臣原谅他，病太重了，不能起床接诏。使者并不信，"哼"了一声便往外走。李世民请他到另一室用饭。使臣进屋一看，屋里摆着两张桌子，一张桌子上是热气腾腾的饭菜，另一张桌子上则摆满了金珠宝玉，灿灿发光。使臣的眼睛也亮了。于是大家心照不宣。使臣回京复命。恰恰炀帝把怀疑已集中到另一个姓李的人身上。那人名叫李密，袭封蒲山郡公。因为他的姓名里有个"密"字，正应了民谣的后两句"勿浪语，谁道许"，不正是秘密的意思吗？有李密去应民谣的谶语，李渊才躲过这场灾难。但那使者回去告诉炀帝说李渊眼看就要死了，也起到了一定的掩护作用——这应该说是李世民立的第一功。

李渊更不能忘记他能够做上皇帝，最早还是李世民"逼"着他干的。儿子怎么能"逼"老子呢？每次回忆起那件事，李渊就忍不住露出笑容……

由于隋炀帝暴虐，民不聊生，各地农民纷纷起义，一些世族豪强也趁机举事，烽火燃遍全国。

李渊是个深沉持重、优柔寡断的人，他看到天下动荡，确是建立功业的大好时机；而儿子李世民也动员了他几次，劝他起兵造反，建立功业。他对此未尝不怦然心动。但他又畏首畏尾，不敢骤下决心。要知道，造反这样的大事确实也马虎不得，"成者王侯败者贼"，闹不好自己掉脑袋不说，全家以至全族都得跟着遭殃哩！

太原郡的郡治称作晋阳。炀帝在这里修了一座行宫，以便他到北方来

巡幸时居住。晋阳宫的宫监名叫裴寂，是李渊的朋友。有一天黄昏，裴寂请李渊到宫里饮酒，酒酣之际，出来两位美女来陪他。她俩分坐在李渊身边，一杯一杯地向李渊劝饮。那兰麝一般的香气一阵阵袭入李渊的鼻孔。李渊的窦夫人已逝，虽有两位侧室也留在蒲州，不曾带来。如今见了这两位如花似玉的美女，不免有点飘飘然，也不想想行宫里的女人会是什么人，竟然手到杯干，不一会儿便迷糊了。

李渊半夜醒来，蒙眬中见身边睡着两个女人，不禁大吃一惊，连问是谁。其中一个美女坐起来说："妾身姓尹，乃是宫中贵人。那一位跟妾一样，她姓张。"李渊简直吓傻了，私淫宫眷，跟造反的罪名差不了多少。他连忙起身去找裴寂，一个劲地嚷："你不该害我，不该害我！"裴寂却哈哈笑着说："怎么是我害你？昨晚你见了两位贵人，非让人家伴宿不可。我刚想拦阻，你就拔出剑来要杀我，我有什么办法？"李渊一个劲地摇头，也许当时真的醉糊涂了？但不管怎么说，大祸惹下了，只好破罐子破摔了！"私淫宫眷"这件事，逼得他不得不下决心举兵造反。然而事后他才知道，那个醉酒事件竟是李世民勾结裴寂干的。这不就是儿子"逼"着老子当皇帝吗？

至于那两位美女，李渊也就顺便留在身边了。当皇帝后，姓尹的封为德妃，姓张的封为婕妤。

"逼"父亲起兵后，李世民设计杀了炀帝派来监视李渊的副留守虎贲郎将王威和虎牙郎将高君雅。同时未雨绸缪，事先派人把李建成和李元吉从蒲州接来，还通知了在长安的姐姐和姐夫，让他们逃走。这样，李渊便可以无顾虑地起兵了。

还有一件事情李渊的印象格外深刻。那是李渊进兵长安途中，在霍邑受到隋军虎牙郎将宋老生的阻击。那时正是7月，天天雨水连绵，道路泥泞。唐军(李渊袭爵唐公，故而把军队称为唐军，登基后定朝代为"唐")被阻于霍邑以北的贾胡堡。秋雨连下了十天，军粮也快没了，李渊决定退兵。李世民谏阻他也不听。军队趁夜拔营，陆续北撤。李世民又来劝谏，李渊那时已经睡了。李世民情不自禁，竟在帐外号啕大哭。李渊在梦中惊醒，便召李世民进来，问他为什么哭得这样伤心。李世民说：

“我军是举义起兵的，前进才能取得胜利，后退只有散伙。那时敌人追来，必然束手就擒。孩儿想到这里，又怎能不悲！”李渊终于省悟过来，停止北撤。两天后，军粮运到，天也放晴了。李世民身先士卒，攻下了霍邑。这是唐军打的第一个大胜仗，也是李世民立的第三次功劳。

以后李世民率军攻下长安，接着又消灭了从陇右来犯的薛仁杲，保卫了长安西陲的安全，使唐军东进无后顾之忧……够了，李渊想，如果用一句话来概括，那就是大唐的天下基本上是李世民打下的。那么该不该立他为太子呢？李渊犹豫不决的就是这个。

后来李渊把李世民找来，想听听他的意见。李渊说：

“皇儿随我起兵以来，屡立大功。如今国基已经巩固，该立皇储了。当初举兵的时候，我曾答应过你，如果事成，便以你为太子。而今天下已定，我准备履行诺言，即日册立你为太子，你看如何？”

李世民推辞说：

“大哥建成在父亲为唐公时，已立为世子，自应继续做太子，这样才不违‘立嫡立长’的原则。儿臣虽有微功，实不足道，请父皇以大局为重，仍册立大哥为太子，以安天下。”

就这样，李建成做了太子，李世民被封为秦王，李元吉被封为齐王。

二

李世民主动推让，不做太子；李建成入主东宫，应该说名分已定，大事妥当了。但事实却又不然，因为隐患仍然存在，李家三兄弟之间有着深深的嫌隙，终于发生了兄弟阋墙的悲剧。

罪魁祸首却是老四李元吉。

李元吉原为并州总管。并州便是晋阳。当初李渊和李建成、李世民率军打天下，晋阳是后方根据地，派李元吉为总管，让他留守。史书上说他“性骄侈，奴客婢妾数百人”。他让这些人分成两队，穿上盔甲，做战斗游戏。但又来真格的，真刀真枪，真杀真砍，“前后死伤甚众”，连他自己“亦尝

被伤”。他的乳母陈氏劝他，正赶上他喝了酒，竟下令让手下人把哺乳他的乳母活活打死。他喜欢打猎，出猎的时候，网罟(gǔ)(罟即是网)等猎具用三十辆车装载，说：“我宁三日不食，不能一日不猎。”他打猎的时候不管不顾，任意穿过农田，蹂践百姓的庄稼。他的左右抢夺百姓的财物，告到他那里他也不管。有时他还跑到大街上，拿弓箭朝行人放射，看行人狼狈逃避的样子取乐。他还是个荒淫的色鬼，“夜，开府门，宣淫他室”，骚扰老百姓。所以“百姓愤怨”。

晋阳北边有个马邑郡(今山西朔县)，太守王仁恭被鹰扬校尉刘武周杀害。武德二年，刘武周见李渊远在长安，想捡便宜，便来攻取晋阳。李元吉骗司马刘德威守城，自己却带着妻妾连夜奔回长安。晋阳便丢给刘武周了。

李渊失了根据地，十分恼怒，但他不怪自己的儿子，反说“元吉幼弱，未习时事”，而把责任推到辅佐他的官员身上。

武德三年，李世民率军打败刘武周，收复晋阳。而且继续北上，把马邑也占领了。刘武周投奔突厥，后被突厥杀害。

接着李世民又率大军攻打洛阳的王世充。李元吉没事可干，李渊便让他到李世民军中，也是让他跟二哥学习锻炼的意思。李世民军中有个猛将叫尉迟敬德，善于避矟(shòu，即槊，长矛)。他常常单骑闯入敌人阵中，敌人几支矛来刺他而刺不伤，还能把敌人的矛夺过来反刺敌人。齐王李元吉素常以善于“马矟”自负，听军中说尉迟敬德善矟，心中不服，便向尉迟敬德挑战，跟他比矟。李世民让他们去掉矛头，以免误伤。尉迟敬德却说：“敬德谨当拿去，齐王可以不必。”这分明是有必胜的把握。李元吉却认为这是尉迟敬德看不起他，真的挺起长矛便向尉迟敬德刺去。可是他接连刺了几矛，都被尉迟敬德用矛杆隔开或闪身躲过。

李世民问尉迟敬德：

“避矟难，还是夺矟难？”

“夺矟难，不过也要看夺谁的矟。”尉迟敬德回答。

李世民便让尉迟敬德夺李元吉的矟看看。李元吉却认为这是二哥故

意让他难堪，而且心中也确实不服气，于是立刻跳上马，挺起矛恶狠狠地刺向尉迟敬德。尉迟敬德赤手空拳，驱着马三转两转，李元吉不但没刺着他，手中的矛却不知怎的就被尉迟敬德夺走了。他连试了三次，连败了三次，不得不表示叹服，但内心里却对李世民十分恼恨。

李元吉跟二哥不睦，却和大哥感情很好。那太子李建成为人也不怎么样，史书说他“昵近小人”，“饮酒无节，信谗慝(tè)，疏骨肉”。“疏骨肉”是什么意思呢？就是指他对二弟李世民的态度。他不感激李世民的不做太子，反而产生猜忌，他怕将来说不定什么时候，李世民一翻脸，就会把他从东宫赶出去。事实上这些年，李世民东征西杀，每战必胜，终于打下了大唐的江山。太子自己身居东宫，虽然也曾带兵打过仗，但比起李世民的功劳来，那可真是小巫见了大巫。连东宫官员太子中允王珪和洗马魏征也说：“秦王(指李世民)功盖天下，中外归心。殿下但以年长位居东宫，无大功以镇服海内。”所以他想：只有把李世民除掉，他将来的皇帝宝座才能安稳不摇。

李建成跟李元吉的关系不错，这跟他俩年轻时长期生活在一起有关系，但更因为他俩趣味相投，都喜欢打猎，喜欢寻花问柳。父皇登基以后，一下子选了许多妃嫔。他年纪大了，照顾不过来，李建成和李元吉就趁机而入，跟那些什么尹德妃、张婕妤，以及昭仪、宝林、才人等等勾勾搭搭。这些年轻女人看到皇帝渐渐老了，将来是太子做皇上，为了给将来留个地位，便去主动巴结太子。她们怕李世民，因为李世民见了她们不但严肃，而且不加照顾，从来是公事公办。因而她们愿意替太子在皇帝面前说好话。

就拿张婕妤来说吧。她就是晋阳宫中曾陪侍过李渊的炀帝的贵人，后来跟随了李渊，也算是“患难夫妻”了，被封为婕妤。武德四年，李世民攻克东都洛阳。由于李渊曾许他便宜行事，他便把洛阳近郊的几十顷公田赐给了李神通。李神通封为淮安王，是李渊的堂弟，在这次战斗中立了功，所以李世民才奖励他。可是那张婕妤的父亲却看中了这片地，让张婕妤去向皇帝索要。李渊便写了个手敕给她。张婕妤拿着皇帝的手敕去要地的时候，由于地已有主，李世民不肯给她，她便上李渊那儿告状，说“敕赐妾父田，

秦王却夺了给李神通”！还有一些妃嫔奉帝命去洛阳选隋宫的宫人和府库的珍宝。这些妃嫔私自向李世民索取宝货，有的还替亲属谋求官职，都为李世民拒绝。李世民说：“官职是给有功官员和将领的，岂能滥赏！”于是就把这些宫嫔们得罪了。

太子李建成后宫有了内应，外廷又联络了大臣封德彝等人，他还想让李元吉当他的帮手，答应他当皇帝后，立李元吉为皇太弟，将来继承皇位。李元吉跟李建成的关系，便又近了一层。

李渊有三个大儿子，十七个小儿子，还有一大帮妃嫔跟小公主，心里十分满意。他常常召集这些人在宫中聚宴，来个“合家欢”。李世民面对这样热闹的场面，想到母亲太穆皇后（窦夫人追尊的封号）早逝，没能看到如此盛况，不禁悲从中来，流下眼泪。李渊认为这是大煞风景，很不高兴。妃嫔们便乘机说李世民的坏话：

“现在海内幸而平安无事，陛下春秋亦高，正该及时行乐。而秦王每每在此时涕泣，分明是憎恨臣妾及诸小王。将来陛下万岁之后，臣妾母子等必定不为秦王所容，死无孑(jié)遗了。”

她们边哭边说，弄得老皇帝也不好过。妃嫔们又说：

“皇太子仁孝双全，陛下如果把臣妾母子托付给他，必然能够保全。”

李渊原先因李建成的品行不好，曾生嫌恶，想把他废了，而立李世民为太子。架不住这些妃嫔们时时在耳边叨咕，天长日久，谗言听得多了，假话也变成真话。他曾对左仆射裴寂不满地说：

“这孩子（指李世民）长久在外带兵，听那些书生们的教唆，早已不是我那昔日的儿子啰！”

尹德妃的父亲叫尹阿鼠，是个市井流氓（听他的名字就可知道）。他仗着女儿在宫中的地位，便也横行霸道起来。他曾规定，不管什么人，走过他尹府的门前时必须下马，以示恭敬。当时天下平定，李渊加封李世民为天策上将，准他开天策府，自行设置官员属吏。他在战争期间收罗的一些文士武将都归入了天策府。李世民还在天策府中设了个文学馆，聚集了十八名著名文人，号称“十八学士”。其中以房玄龄和杜如晦最有名。有一天，杜

如晦骑马从尹阿鼠门前经过，不知规定，未曾下马。尹家恶奴便把杜如晦从马上拖下来，不问青红皂白便是一顿乱棍，竟将杜如晦的手指打断了一根。

尹阿鼠事后得知家奴打的是秦王天策府文学馆的首席学士，也吓了一跳。他怕秦王处置他，赶紧进宫找到女儿。尹德妃便来个恶人先告状，哭哭啼啼向皇帝诉说秦王府的官属怎样依仗势力，无故欺凌臣妾家的人，请皇上做主。耳软心活的李渊信以为真，派人把李世民召来，劈头就叱责说：

“你的僚属这般蛮横，竟连我妃嫔的家也要凌辱吗？”

李世民刚想分辩，李渊却不容他说话，只是说：

“对待官亲犹且如此，对黎民百姓就不须说了。这些人聚集在天策府里不做好事，我要放他们到外地做官，不许他们留在京中为非作歹。”于是下诏降调杜如晦为陕州长史。

武德七年，终于发生了仁智宫之变。

三

仁智宫是李渊新建的离宫，在长安以北一百八十里的宜君。那儿气候凉爽，风景宜人，是个避暑纳凉的好地方。所以那年6月，李渊要到仁智宫去住些日子。他让李世民和李元吉陪他去，留太子李建成在长安，处理日常政务。

李建成为了防范天策府，便充实东宫的警卫力量。他招募了四方的骁勇两千余人，编为东宫卫士，分屯于左、右长林（东宫有左、右长林门），号长林兵。他还嫌兵力不足，想继续招募。庆州都督杨文干曾经宿卫东宫，李建成和他关系亲厚，把他培养成自己的心腹。在此之前，他曾写信给杨文干，让杨文干替他招募壮士。这次父皇去仁智宫避暑，那儿地方幽僻，是个进行兵谏的好地方。他一方面嘱咐随皇帝同去的李元吉，让他瞅机会将李世民杀掉。一方面派郎将尔朱焕和校尉桥公山拿着书信，带一部分兵甲去庆州见杨文干，让他率兵攻打仁智宫，杀死李世民，逼皇帝禅位给太子。

庆州就是如今的甘肃庆阳，在仁智宫所在的宜君西北约三百里。尔朱焕和桥公山从长安出发，走在路上，越想越不对劲，弄不好可是全家抄斩的罪过。等走到豳州（今甘肃宁县），二人商议，决定去见皇上自首告密。他二人从豳州折转东行，来到仁智宫，向皇帝呈上兵甲和书信。

李渊看了李建成写给杨文干的信，气得怒火中烧，立刻写了手诏，托以别的事情召李建成来仁智宫。李建成心里明白，八成是所谋的事业出了纰漏，他不敢去。太子舍人徐师誉劝他干脆据长安城举兵。詹事主簿赵弘智却说那样不行，区区长林兵那几个人，对付天策府简直是以卵击石，还是到仁智宫请罪吧！李建成想想，举兵太没把握，只好听从了赵弘智的意见。

仁智宫里，皇帝和李世民商议，庆州离这儿这么近，快马加鞭一天便可赶到。虽然尔朱焕和桥公山已来自首，但不知李建成还有没有别的阴谋。为了预防万一，李渊把李元吉留在宫里，自己带着禁卫和李世民到南山宿营。同时派随行的司农卿宇文颖去庆州，召杨文干到仁智宫来。但李元吉却悄悄嘱咐宇文颖，要他向杨文干讲实话，告诉他千万别来仁智宫。

李渊在南山临时搭起的御营里思前想后，辗转反侧，怎么也睡不着，便披衣踱了出来。只见月华似水，空山寂静，万籁俱寂，只有李世民率着一队禁卫在帐外巡逻。李渊很感动，便找一块大石坐下，把李世民叫到身边，叹口气说：

“早日我想立你为太子，你却不肯。如果那时你做了太子，哪里会有这些麻烦？”

李世民笑笑说：

“儿臣未做太子，皇兄还这般不容。倘使儿臣真的做了太子，皇兄能甘心吗？怕要更早地发作了。”

李渊想想也不由得点点头，他仰望星斗，慢悠悠地说：

“隋文帝的几个儿子也都是嫡子，他们为了争皇位，拼得你死我活。没想到我大唐也出了这种事，实在令人寒心。”

“儿臣并没有跟皇兄争皇位的想法，只求皇兄不排挤儿臣就行了。”

李渊一拍大腿，果断地说：

“好吧，我的主意已定。看看杨文干那边怎样。如他拒不来见，你便带兵去讨。回来后我就废了建成，立你为太子。”想了想，又说，“我不能像隋文帝那样杀自己的儿子，我要把建成贬到蜀中去，封为蜀王。蜀地偏远，蜀兵脆弱，日后他若是能够服从你，安分守己，你就保全他。他如敢反抗，你取他也不难。”

第二天，李建成赶到仁智宫，拜见父皇。他叩头认罪，“奋身自掷，几至于绝”。李渊怒气不息，吩咐殿中监陈福把他看押起来。这时李世民已离开仁智宫，去调兵遣将，准备开往庆州。陪李渊来仁智宫的妃嫔纷纷给太子讲情，李元吉也替大哥说好话。还有大臣封德彝也在外边活动，约一些官员给太子缓颊。李渊的气慢慢消了。特别是那尹德妃和张婕妤，她俩说：

“太子并不是反对皇上，只是对秦王天策府有那么大的势力感到不放心，所以才想对秦王稍加裁抑，这也是为宗庙社稷着想。”

听了这些话，李渊那耳软心活的老毛病又犯了。他吩咐将李建成释放，只是痛骂了一顿，仍派他回长安留守。却归罪于东宫的太子中允王珪和左卫率卫挺，把他们流放嶲(xī)州，做了太子的“替罪羊”。其实他二人对这件事毫不知情。

那边司农卿奉诏到庆州宣召杨文干。他遵照李元吉的嘱咐，把事情经过一五一十对杨文干实说了。杨文干想想，奉诏到仁智宫去也得杀头，索性反了吧。于是点起他自招的兵马，南下宁州。守城官员猝不及防，竟被杨文干攻破。

杨文干纵兵劫掠府库，放出监狱中的犯人，扩大他的队伍。他还想向长安进军，拥立李建成当皇帝。等走到马岭县的百家堡，远远见一队人马迎面开到，前面的认军旗上写着斗大的“秦”字。这不是秦王李世民到了吗？秦王李世民这几年率领大军东征西杀，威名远震。杨文干的叛兵哪里敢跟他交战，立刻溃散了。杨文干的几员将领还反戈一击，将杨文干杀了，将他的首级献给秦王。至于那私通消息的宇文颖也被活捉。

没想到宇文颖还供出了齐王李元吉也和这件事有关。不过在这件事

里，李元吉得算是从犯。既然主犯李建成都已经放了，这从犯也就不好追究。一场闹闹哄哄的“仁智宫之变”就这样偃旗息鼓。而废立太子的事，皇帝也没再提起。

四

7月，高祖李渊返回长安。

对三个儿子之间的纠葛，李渊也十分忧虑。他把三个儿子找来，摆上酒宴，算是给他们劝和吧！老皇帝讲了孤竹君的二子伯夷和叔齐互让王位的故事，希望儿子们能释去旧嫌，重归于好。当着父皇的面，三人当然不好说什么，一个个甚至满面堆笑，推杯换盏。老皇帝看着开心，捋着胡须哈哈大笑。

从此，他们三人之间表面上总算和和气气。李建成作为大哥，还常常约请两个弟弟及其他一些封王的亲属来东宫聚会。酒酣耳热之际，纵谈过去那些疆场厮杀、建功立业的往事，似乎每人心中的隔阂都已烟消云散了。

此后三兄弟有来有往。有一天，高祖要到城南打猎，要三兄弟都跟去。射猎中间，东宫的侍卫牵来一匹骏马，李建成对李世民说：

“二弟善骑，你看我这匹马怎样？我可告诉你，这匹马跳山越涧，奔驰如飞，只是最难驾驭，二弟敢试试吗？”

原来这马的确是匹好马，跑起来异常迅速，但有个毛病，就是前腿太软，跑着跑着会突然蹶倒。所以李建成才想用这匹马来暗害李世民。

李世民听了李建成的话，不由得生了疑心，试骑一下烈马为什么还要用激将法呢?他表面上不说什么，牵过马来翻身上马，却暗中加了小心。那马果然神骏，跑起来宛如腾云驾雾一般。跑着跑着，那马前蹄突然蹶失，一下子翻倒在地上。幸亏李世民早有准备，他两脚离镫，松开缰绳，身体腾在空中，翻身一个跟头，稳稳地站在数步之外。他冷笑一声，走过去把马牵起来，骑上再跑。如此翻跌了三次，李世民一根毫毛也没损伤。他跑回来把马

交给东宫侍卫。恰好中书侍郎宇文士及站在旁边，就随口对宇文士及说：

“想用这匹马来杀我，可惜死生有命，伤我也不那么容易。”

东宫侍卫把这话告诉了李建成。李建成又去找尹德妃和张婕好，让她们进谗说：

“秦王对人说，我有天命，还要做天下主哪，怎么能马马虎虎就死了呢！”

李渊听说又火了，派人把李世民召来，瞪起眼睛斥责说：

“天子自有天命，不是你有能耐便可以求得的。你想要当天子，我还没死，你也太急了点吧！”

李世民知道又是李建成唆使后宫那些妃嫔说了瞎话，便赌气跪在地上，把王冠摘下，叩头说：

“儿臣不想辩白，只是请父皇将儿臣发下法司案验，查一查儿臣是什么时候，在什么地方，对什么人说那番话的？如果查实，儿当死罪！”

李渊拍得几案“啪啪”响，还想斥骂下去，这时中书令封德彝匆匆跑了进来。原来刚刚来了紧急边报，突厥颉利可汗和突利可汗两部联合，入侵幽州。李渊经这一吓，怒火也消了，想想这三个儿子，谁当元帅去打退突厥呢？恐怕还是得靠这个二儿子吧！于是老皇帝换了脸色，走下位来拉起儿子，又捡起王冠给他戴上，亲切地说：

“我们的家事是小事，国事为重。我要派你和元吉去讨突厥。我儿好自为之，勿负朕望。”

过一天，皇帝下诏，以秦王为元帅，齐王为副帅，统兵去幽州抵御突厥。皇帝还在长安城外的兰池为他们饯行。史书说：“上(指高祖)每有寇盗，辄命世民讨之。事平之后，猜嫌益甚。”

李世民和李元吉来到幽州，在五龙阪跟突厥对阵。李世民要出阵跟两可汗对话，让李元吉同去，说：

“虏势猖狂，不可让他轻视，应当先打一仗，挫他的锐气。你能跟我一起去吗？”

李元吉见敌阵严整，甲戈鲜明，心中害怕，便说：

"敌人声势这么大,怎么可以轻出呢？万一失利,那可就晚了。"

李世民笑笑说：

"你不敢去,我自己去好了,你在这儿看着吧！"

李世民率领百骑,直抵突厥营前的河边,对突利可汗说：

"可汗和我往日订有盟约,说好有急事互相救助,如今却带兵来扰我,难道连一点香火之情也没有吗?"说着驱马前进,将要渡过河去。那边颉利可汗见李世民率少数骑兵前来,又听他跟突利可汗讲什么"香火之情",怀疑是不是突利可汗跟李世民有什么密谋,连忙扬鞭对李世民说：

"大王无须渡河,我等这次前来并无他意,只是跟大王重申以前的盟约罢了！"于是挥军后撤,双方脱离接触。

正赶上连天阴雨,突厥兵的弓矢筋胶多被雨水泡解。突利可汗便派他的叔叔阿史那恩摩过营来见李世民议和,说突利可汗愿跟李世民结为兄弟。李世民答应了。颉利可汗见自己势单,也收兵回去了。这一次李世民不费一兵,不损一卒,便把突厥大兵退了回去。这是武德七年发生的事。

李世民和李元吉回京交旨,皇帝十分满意,一来是退了敌寇,二来也为李世民和李元吉的兄弟合作高兴,却不知这一仗李元吉什么作用也没起到。

日子一天天过去。到了武德九年六月,有一天夜间,李建成又在东宫请李世民和李元吉等人饮酒。饮酒中间,李世民的胸口突然疼痛起来,接着便大口吐血。他的堂叔淮安王李神通在座,立刻扶他回他居住的承乾殿,并找来御医诊治,服了药才慢慢好些。李渊听说后,来探望李世民的病,还给李建成下敕：

"秦王素来不能饮酒,从今以后你们晚上不要再聚饮了。"

李世民见皇帝来了,在榻上顿首,迎接父皇。李渊先问了病情,然后拉着李世民的手旧话重提,他说：

"首建大谋,削平海内,这都是你的功劳。我本来打算立你为皇储,你固辞不干。又见建成年纪大了,久主东宫,我也不忍得把他拿下来。看你兄弟似乎难以相容,同处于京都,免不了发生纷争。你本来就领着陕东道大

行台的职务，不如就以洛阳为行台，以后陕东的事情就由你做主吧！我还准许你建天子旌旗，就如汉朝的梁孝王故事。”

李世民听到这里，忍不住流下泪来。他推辞说：

“父皇春秋日高，儿臣希望能得以时时亲近，不愿远离膝下。”

李渊安慰他说：

“如今天下一家，东、西两都距离又不远，我如想你，随时都可去，不要难过啦！”

事情似乎就这样定了。天策府的官员们也都作好搬往洛阳的准备，眼看就要走了。李建成和李元吉在一起商议。李元吉说：

“老二如果到了洛阳，既有土地，又有甲兵，再要制伏他就难了。不如还把他留在长安，他手中无兵，不过一匹夫罢了，要取他容易得多。”

李建成赞成李元吉的意见。他俩自己不出面阻拦，却唆使心腹官员给皇帝上疏说：

“秦王的左右听说要去洛阳，一个个欢呼雀跃，看他们的志趣，是不想再回来的了。”

有的说：

“一国分由二子掌握，岂不分裂了吗？”

皇帝接连收到类似的表章，封德彝、裴寂等大臣也说这样不好。耳软心活的皇帝终于又动摇了，不再提让李世民还行台的事。

常言道“众口铄金”，皇帝身边说秦王坏话的人太多了，太子和齐王经常嘀咕，尹德妃和张婕妤得空就说，还有前廷以封德彝为首的一些官员，总是说秦王这不对、那不对。日子多了，老皇帝也不免怀疑起来：为什么有这么多人反对他？后来他想，干脆把李世民的秦王废了，免去他的官职，大概就可以平安无事了吧！他拿这事跟近臣陈叔达商量，陈叔达说：

“秦王有大功于天下，怎么可轻易废黜呢！而且秦王性情刚烈，如果加以裁抑，恐怕他不胜忧愤，怕有不测的危险。假如他有了好歹，陛下就悔之晚矣！”

李渊听了觉得陈叔达的话也对，就把这件事又放下了。

李建成和李元吉又想出了一个“釜底抽薪”的策略，他们想用金帛收买天策府的文臣武将，如果能为己用，砍去李世民的羽翼，李世民就容易对付了。他们首先想到的是秦王府左二副护军尉迟敬德。武德四年，李元吉随李世民东征，曾跟尉迟敬德比矟，被尉迟敬德战败，虽然觉得羞辱，但对尉迟敬德的武艺，李元吉还是佩服的，于是便向李建成提出建议，第一个收买的就定为尉迟敬德。

这一天，东宫两名侍卫推一辆车子来到尉迟敬德家，车上装的全是金银珠宝，还附送太子写的一封信。信上说：“愿以薄礼博得长者的眷顾，做一个布衣之交。”尉迟敬德看了信后，冷笑两声，写一封回信交给来使，并把金宝退回。回信说：“敬德是蓬户人家出身，隋末离乱之时沦入匪地，实在是罪不容诛。幸蒙秦王赐以再生之恩，又让我名列天策府，敬德不是负义之人，对秦王自应杀身以报。而臣对殿下并无寸功，因此不敢谬当重赏。如果臣与殿下私自交往，便是对秦王贰心不忠。图利忘忠之人，对殿下又有何用呢？”

尉迟敬德把这件事告诉给李世民，又拿李建成的信给李世民看。李世民说：

“将军心如山岳，即使积金满斗，我知道将军也不会动心。不过他既然送来了，你收下就是了，何必避嫌推辞呢？而且和他接近，得以知道他们的阴谋，不是更好吗？”

尉迟敬德扯着虬(qiú)髯(rán)，愤愤地说：

“敬德是个粗人，做不得两面三刀的事情。”

李世民哈哈大笑，说：

“那么将军可要留心，他们不会放过你的。”

尉迟敬德回到家中。夜间，他安卧在堂上，把重门洞开，等着刺客。夜半时候，果然有刺客来了。他在屋前屋后来回逡巡，看到府门大开，知道尉迟敬德已有准备，而尉迟敬德的骁勇更是天下闻名。刺客转悠了半天，还是不敢过去，只好悄悄溜走了。

李元吉不死心，去皇帝面前进谗，把尉迟敬德押进诏狱，准备杀害他。

李世民去见皇帝，据理力争。李渊安不上尉迟敬德的罪名，只好把他放了。

李建成又以金帛收买秦王府右二护军段志宏，被段志宏拒绝。左一马军总管程知节也拒绝收买，李元吉便捏造罪名，请皇帝贬他为康州刺史，让他离开长安。程知节不去赴任，却找李世民，说：

"大王的羽翼被他除尽了，目的不过是图谋加害于大王。知节决死不走，希望大王早作决计。"

李世民见对方咄咄逼人，再不设法便将不保，于是便召集天策府的文官武将商讨对策。这时有警报传来，突厥的郁射设率领数万大军入侵，兵围乌城。太子李建成推荐齐王李元吉挂帅，领兵北征。皇帝答应了，派右武卫大将军李艺和天纪将军张瑾做他的副手。李元吉借皇帝的名义，调秦王天策府的将领尉迟敬德、程知节、段志宏和秦府右三统军秦叔宝等人从征，并要检阅秦王帐下的精锐士兵，并入李元吉的军队。李世民连夜和部下开会，却有东宫的率更丞王晊匆匆跑来，密告李世民说：

"我听见太子对齐王说，'如今你得到了秦王的骁将精兵，拥有数万人马。明天我和秦王在昆明池替你饯行，届时暗伏壮士，将他拉杀，对圣上说他暴卒，谅也不会不信。对于敬德等人，既然落入你手，就全数坑死，谁还敢不服'！"

送走了王晊，李世民回来向大家讲了王晊送来的消息，一时群情激愤。长孙无忌等便劝李世民先下手。李世民叹气说：

"骨肉相残乃是古今最大的坏事。我诚然知道祸在朝夕，但总是想等他们先发，然后再以义讨之，这样不是更好些吗？"

尉迟敬德说：

"人谁不爱惜自己的生命！如今祸机即将发作，而大王却还宴然不以为忧。大王纵然不重视自己的性命，但对宗庙社稷也不顾吗？大王不听敬德的忠告，敬德将窜身草莽，不能在这儿陪大王束手受死啦！"

长孙无忌也说：

"不听敬德的话，事情非失败不可，我等也要舍大王而去，不在这里等死了。"

李世民看群情激愤，便让卜者再来占一卦，卜卜吉凶。幕僚张全瑾从外边进来，拿起卜具扔到地上，说：

“卜卦是为了决疑，如今事已不疑，还卜卦干什么？”

于是李世民下了决心，去向皇帝告状，先揭发了李建成和李元吉淫乱后宫的事，然后又说：

“儿臣对于兄弟没有对不起他们的地方。如今他们要杀儿臣，似乎是为王世充、窦建德报仇。儿臣将要枉死，永违君亲。”

李渊听了愕然地问：

“你这是从何说起？”

李世民便把李建成和李元吉的密谋说了。李渊也不知他说的是真是假，便说：

“这样吧，明天早朝我召你三兄弟来对证，你早些入朝。”

李世民回去作了布置。这边张婕妤派人把李世民告状的事告诉了李建成和李元吉。接着又有内侍来通知明天上早朝。李建成和李元吉便也调动了东宫护卫的长林兵，准备应变。

武德九年六月庚申，天刚放亮，几位奉诏入朝的大臣从前宫门进宫，而后宫门玄武门边也有两骑姗姗而入，远处随着一队金甲武士遥遥保护。这两骑正是太子李建成和齐王李元吉。他们刚走到临湖殿便发觉情况有异，往日守卫玄武门的羽林军不见了影子，李建成拨马便要驰回东宫，却见李世民从墙后转出来唤他。李元吉见了便摘下弓来，搭上箭朝李世民便射。但他在惊惶之中两臂脱力，三次拉弓都未拉满，箭箭射空。那边李世民的雕弓却张开了。李建成远远见了，以为李世民要还射李元吉，刚刚张口喊了声：“四弟小心……”却见李世民手腕一偏，“噌”的一声响，那支狼牙箭劈空飞来，正中李建成咽喉。李建成哼也没哼，便倒栽到马下了。

这时呐喊声起，尉迟敬德率七十骑天策军飞驰过来。李元吉驱马便跑，尉迟敬德紧紧追上，弓弦响处，李元吉背上中箭，直透前心。东宫的长林兵这时已从后面赶来，天策军和长林兵在玄武门前展开激战。

等到尉迟敬德割下李建成和李元吉的首级，高高挑起赶来的时候，长

林兵立刻溃散了。

这时高祖李渊正和大臣萧瑀、陈叔达、裴寂、裴矩、宇文士及等坐在太极殿里，等着太子等来朝参。远远传来喊杀的声音，大家不免惊异，面面相觑(qù)。不久，便见一员大将顶盔束甲，手执长矛，走到殿前站住。李渊认出是尉迟敬德，便问：

“今天是谁作乱？你来这里干什么？”

尉迟敬德行礼之后，说：

“太子和齐王作乱，已被秦王举兵诛杀了。秦王怕惊动陛下，遣臣来宿卫。”

李渊什么都明白了，他回头对大臣们说：

“想不到今天发生了这件事，众卿看怎么办才好？”

萧瑀和陈叔达回答说：

“建成和元吉本不曾参加举义，又无功于天下，却嫉妒秦王功高望重，共为奸谋，如今秦王已讨而诛之。秦王功比天地，众民归心，陛下若处以元良(太子称元良)，委以国事，自然就不会再有事了！”

李渊听了，叹口气，自我解嘲地说：

“唉！这本来就是朕的夙愿啊！”

李建成的儿子安陆王李承道等五人和李元吉的儿子梁郡王李承业等五人均被杀害。可怜这十个无辜的小王子，年长的只有十几岁，年幼的还在襁褓之中，就无缘无故地死于刀下。人们不禁要问：他们有什么罪过？

三天之后，李渊下诏，立李世民为皇太子。诏书还说：“自今军国庶事，无大小悉委太子处决，然后闻奏。”

又过了两个月，李渊传位于太子，李世民做了皇帝。他便是历史上赫赫有名的唐太宗。

唐太宗诸子争东宫

唐太宗李世民为了争当太子，杀了他的哥哥李建成和弟弟李元吉。但他无论如何不曾想到，等他当了皇帝之后，他的几个儿子也为了入主东宫而展开了争斗。

历史上有许多事情常常是无情地重复着。

这一次让我们先从侧面谈起。

一

先讲一讲侯君集的事。

侯君集是唐朝的开国功臣。李世民为秦王时，统率全国军马，侯君集来投，屡立战功。贞观十三年（公元639年），西域高昌国国主鞠文泰勾结西突厥攻掠唐的盟国伊吾和焉耆。伊吾和焉耆向唐朝求救。太宗便派侯君集和薛万均为正副统帅，带大军去征伐高昌。

贞观十四年，侯君集攻陷高昌都城，俘其新王智盛（老王鞠文泰已死），得其二十二城。太宗把这一片土地划为西州，就是现在新疆自治区的吐鲁番一带。

当年12月，侯君集等班师，献俘于观德殿。太宗封高昌王智盛为左武卫将军、舍城郡公。但立有大功的侯君集、薛万均等人却都下狱问罪。这又是为什么呢？

原来侯君集攻下高昌之后，由于贪心，私自取了高昌宫中的珍宝。将士们知道之后纷纷效尤，不但把战利品窃走，有的还盗抢民间的财物，军纪大坏。侯君集这时想制止也来不及了。这事为有司察觉，上疏皇帝。太宗下诏将侯君集等几个主要将领下狱。

有人还告发薛万均和高昌妇女私通，这也是违犯军纪的行为。太宗非常恼火，准备对侯、薛等人严厉惩罚。

后来中书侍郎岑文本和特进、知门下事魏征上疏为他们求情，太宗才把他们释放。侯君集受了这番挫折，愤愤不平。他那时的官职是吏部尚书。尚书只有三品，他嫌位低，也心怀不满。贞观十七年，太宗建了一座凌烟阁，把一些开国功臣的画像挂在里面。这些功臣一共二十四名，有的已经故去，有的还活着。侯君集也列在其中，排在第十七位，在文臣杜如晦、房玄龄、萧瑀等人的后面。侯君集认为，天下是武将们牺牲流血打下的，那些文官安居后方，身影不动，功位却在自己上面，实在太不公平。

侯君集既然心怀怨气，免不了会泄露出来。他的好友太子詹事张亮外调洛州都督，侯君集为他饯行。张亮也是武将，在凌烟阁里位列第十六。二人饮酒中间，侯君集问张亮对凌烟阁的排位有什么看法。张亮不以为意，认为文臣武将同样有功。侯君集便假装酒醉，斜着眼对张亮说：

"公这次外调，是谁排挤的？"

张亮开玩笑说：

"不是你排挤我吗？"

"哈哈哈！"侯君集大笑，装出醉态可掬的样子说，"我还能排挤你！我凭什么？前年我平了一国回来，功劳没有，反触皇上震怒，怪罪比一间屋子还大。我凭什么还排挤得了你！"

"你不要怪别人，是你自己不检点。"

"算了吧！"侯君集越说声音越大，"你忘了古人的话了吗？'狡兔死，走狗烹；敌国破，谋臣亡'。从来就是这样。文种、韩信的先例不就在那儿摆着吗？像我等久战沙场，今天却还郁郁不得聊生。君且想想，我等应当怎么活？"

张亮听到这里，已知道侯君集有了反意，便顺着他说：

"那就请公有以教我。"

侯君集举起杯来，把杯中的酒一口饮尽，然后将衣袖挽到肘边，做出慷慨激昂的样子说：

“目前我等只有一条路可走，那就是造反！不然的话，等到兔死狗烹的时候，一切就都晚了。”

“这等大事，不可鲁莽。”

“不然，只要我俩同心，你在外，我在内，里应外合，大事可成！”

“你的话也有道理，容我到了洛州，看情形再写信给你。”

张亮从侯君集家出来，并没回府，却到宫里去向太宗报告。太宗大出意外，他对张亮说：

“你和君集都是功臣，你们谈话的时候旁边没人听到，无法证实，如果将他拿了，他定然不服。朕随时留意就是了。这话你不要对别人说。”

张亮答应了，自去洛州上任。

其实侯君集和张亮谈话的时候旁边倒是有一个人听见了，他那时正好就在客厅窗户下边。这个人便是侯君集的女婿——东宫千牛贺兰楚石。千牛是太子的贴身侍卫，极为亲信，他知道太子李承乾由于父皇宠爱弟弟魏王李泰，担心失去东宫之位，时时心怀异念，便把岳父怨狠的话对太子说了。李承乾知道侯君集颇有谋略，善于用兵，心想如果将他拉拢过来，便可确保自己皇储的地位不动。他让贺兰楚石把侯君集请到东宫，二人密谈衷曲，却是情投意合。太子要他想法除去魏王，将来自己登基之后，定会重重报偿。而侯君集却看出太子愚劣，便怂恿他造反，还举起自己的手对太子说：

“这是双好手，我奉献给殿下出力啦！”

他内心想的却是，一旦造反成功，趁热打铁，那皇帝的宝座该让自己坐一坐了。

二

太子李承乾又是怎样一个人？

李承乾是太宗的长子，由于生于承乾殿，便以殿名作为他的名字。

高祖武德九年，太宗即位，李承乾便以嫡长子的身份册立为皇太子，

那年他只有八岁。古代有句俗话,“龙生龙,凤生凤,老鼠的儿子会打洞”,这种唯心的“遗传”论点在古代是很流行的。娶妻交友都要讲门当户对,就是这种遗传论点的体现。

然而让我们来看看李承乾的父母吧。他父亲太宗皇帝英武明达,这不消多说了。而他母亲长孙皇后也是个优秀的女性。史书说:“长孙皇后性仁孝俭素,好读书。”下面以两件事说明她的为人。有个宫女惹得皇帝发怒,要处分她。皇后也假装出生气的样子,对皇帝说,她要亲自处分那宫女。等到皇帝的怒气消了,她才婉转地替那宫女辩解。所以史书说:“宫禁之中,刑无枉滥。”有的妃嫔或宫女生病了,皇后亲自抚视,拿自己吃的药或食物给患者吃。故而“宫中无不爱戴”。

然而就是这样的父亲和母亲,却生了个顽劣的儿子李承乾。

史书概括他的行为是“喜声色及畋猎,所为奢靡……与群小相亵狎”。让我们从下面几件事中看看他荒唐的程度吧!

作为太子,宫中的用度自然是宽裕的了。贞观十六年,太宗还下诏凡是太子用的物品,有司衙门不要限制,要什么给什么。可是太子觉得这样领出来的东西用着不过瘾,他偏偏要去偷。他在东宫后园里做了一个八尺高的大铜炉和中有六隔的大鼎,招募在逃的官奴去偷盗民间的牲畜,拿到东宫洗剥之后,太子还要亲自烹煮,再跟侍役等用刀割着吃。作为一个中原的储君,他却特别羡慕塞外的突厥族,他穿突厥衣服,说突厥话,还找侍役中面貌长得类似突厥的人,也让他们穿上突厥服装,在后园中搭起穹庐(毡帐篷),让这些假突厥人五个人算一个部落,反披着皮袄牧羊。他自己住在一个大帐篷里,帐外竖着五个狼头的大旗,好像一个突厥酋长。他还要扮演突厥的葬礼。他假装一个死去的突厥可汗,僵卧在地上。侍役们便号哭起来。按突厥风俗,大家跨着马绕着他的“尸体”转圈,还要行剺(lí)面礼。剺面是一种少数民族的风俗,参加葬礼的时候,自己用刀在脸上割出血来,表示对死者的哀痛。李承乾不等他自己的“丧礼”结束,突地跳了起来,查看侍役们的剺面礼做得是不是认真。如果有人舍不得割自己的面皮,李承乾就要拿刀在他脸上割,直到出血为止。

他还有个叔叔汉王李元昌，是太宗的异母弟。他常做些不法的事情，屡遭太宗谴责，便怀恨在心。但他却是李承乾的好朋友。叔侄二人臭味相投，“朝夕同游戏”。他们把侍役分成两队，各自统率一队，身披毛毡做的甲，手执竹枪，布阵大呼作战，互相击刺出血，这两位王子才鼓掌大乐。有人不用力，就绑到树上鞭打，有时竟活活把人打死。李承乾还说：

“我若是今天做了天子，明天我就在苑中设置万人营，和汉王分着率领，看他们战斗，那有多快乐呀！”

“那时候大臣该谏阻你了。”汉王说。

“我做天子，想干什么就干什么，谁谏我就杀谁，杀他几百个，看谁还敢来谏！”

其实当时就有谏他的。东宫有一套官属像左庶子、右庶子、中允、中舍人等官员，就是负责辅导太子的。当然，李承乾那时还是太子，不是皇帝。他要“谁谏就杀谁”那是将来的事，眼下太子还没有杀人权，就是打死个把侍役也得偷偷埋了，怕人知道。但他目前却也有对付谏者的办法。比如他忽然想击鼓，便让人弄来一面大鼓，半夜也“咚咚”地敲，闹得大家睡不好觉。左庶子张玄素来谏他了。他唯唯答应，还把鼓拿出来，当着张玄素的面把鼓毁掉。后来太宗下诏准许太子任意取物，张玄素上表说这样会养成太子奢侈的习惯，希望还让东宫按规定领取物品。李承乾知道了，说张玄素是背叛他，密派他的户奴守在街上，等张玄素上早朝的时候，拦住他用大皮鞭猛击，将张玄素打个半死。

李承乾还善于用当面一套、背后一套的办法。他对东宫的宫臣常常谈论忠孝，谈到动情的地方，甚至流下眼泪。但等到退回后宫，便又照样胡闹起来。他还善于观察揣度。有时宫臣要见他，他便预先揣度这位宫臣将谈什么事，心中想好一套说辞，接见时他正襟危坐，摆出一副诚恳的面孔。比如说这位宫臣要谈打猎扰民的事，人家刚开了个头，他就大谈打猎虽然可以锻炼身体，练习骑射，但要爱护百姓的庄稼，所以最好在山林中打猎，尽量避开田地。然后又引咎自责，说自己以前在这方面注意得不够，以后一定注意就是了。

宫臣说不上一句，太子那里抢着说了十句，而且“言辞辩给”，讲得十分流利，“宫臣拜答不暇”，只好频频地点头称是了。

太子詹事（东宫主官）于志宁常常上疏谏诤太子，把李承乾惹火了。他手下养着些不三不四的人，其中有两个武艺高强的，叫张思政和纥干承基。李承乾便派他两人夜间去刺杀于志宁。那时于志宁的母亲去世，按规定应离职丁忧，守孝三年。太宗因为要他主持东宫事务，特许他起复（也叫夺情，就是仍然任职）。张思政和纥干承基夜间偷偷进入于志宁的府中，见他睡在母亲的牌位前面，铺着草席，头枕土块，心中十分感动。按说这叫“寝处苫块”，是孝子应该做的。但当时大官们认真这么干的又有几个？所以张思政、纥干承基二人看到于志宁这种情形，竟然不忍下手，悄悄退走了。

俗话说“没有不透风的墙”。太子干的那些荒唐事终于让皇帝知道了。问题出在一个小乐童身上。这小乐童只有十几岁，隶属太常寺的乐班。他“美姿容，善歌舞”，太子喜欢他，跟太常卿要了来，做了自己的男宠，跟他同卧起，还给他取个名字叫“称心”。又有道士秦英、韦灵符两人，会些左道法术，自称能驱神役鬼，把东宫后园弄得乌烟瘴气。有人报告了皇帝。太宗大怒，下令将称心、秦英和韦灵符都捉起来处死。连坐而死的还有几个人。太宗把太子叫去，“诮让太子甚至”。“诮”是讥讽，“让”是责备。那就是皇帝对太子连挖苦带责备了老半天。李承乾怀疑是弟弟魏王李泰告的密，对李泰恨得切齿。但他对称心却还未能忘情，辟出一间屋子，供上他的画像。又在后园中立了一座假坟，墓碑上刻着称心的名字，早晚祭奠，徘徊流涕。

不过这么一来，太子的那些不端行为免不了又透露出去，朝臣们便有些议论：皇上喜爱魏王，会不会借这个机会把李承乾废了，而另立魏王李泰为太子呢？太宗风闻到这些议论，很不愉快。他觉得太子虽然不肖，但还刚刚二十五岁，加强教育还是可以改正的。他曾对朝臣说：

“治天下就如盖房屋，营构既已形成，就不要轻易更移，即使是动了一椽一柱，也会使整体动摇，必有损害。”虽然他指的是立法，但这种观点在废立太子这件事上也同样体现出来。

太宗还想了一个补救的措施，那就是给太子找个好师傅。他对侍臣说：

“方今群臣之中，忠直没有超过魏征的，我派他做太子的师傅，用来杜绝天下人的怀疑。”贞观十六年九月，太宗拜魏征为太子太师。当时魏征有病，卧床不起，只好上表请辞。太宗给他手诏说：“周幽王、晋献公废嫡立庶，危国亡家。汉高祖几乎要把太子废了，赖四皓才得以安定。我今赖公也就是这个意思。知公有病，你卧床护教他就是了。”魏征只好奉诏。

太宗还亲自带太子到魏征府中探病。可惜晚了，魏征于贞观十七年正月去世，他已没有能力对太子有所教助了。

太子由于过分胡闹，把脚伤了，走起路来一瘸一拐，这也成了人们议论的话柄。在一次朝会上，太宗向群臣说：

“听说外间的士人们议论说太子有足疾，而魏王颖悟，常陪侍我游幸，就传出许多奇异的言论。一些侥幸的小人竟有附会的。太子虽然病足，但不妨碍走路。而且《礼记》说，‘嫡子死，立嫡孙’。太子的男孩已经五岁，即使太子有什么意外，朕还可以立他做皇太孙。朕决不以庶代嫡，以开启窥窬(即觊觎)之源。”

看来太宗虽然认为太子有毛病，但还想保全他。然而不幸的是，太子和侯君集挂上了钩，侯君集警告他，不要当第二个杨勇(杨勇原是隋文帝的长子，立为太子，后为他的弟弟杨广杀害，见《天子有天子的死法》)。使太子决心起来造反，除去威胁他将来帝位的弟弟。而这时恰恰又发生了他的另一个弟弟齐王李祐造反的事件……

三

太宗的儿子只要到了及冠(二十岁)之年，便打发他们到外地去做官；留在京都的，只有太子李承乾和魏王李泰。太子是东宫之主，皇帝外出时他要监国；而魏王留京则是因为皇上喜欢他，让他陪侍在身边，就像当年高祖常常把太宗留在身边一样。

不过王子们即使及冠了，也还太年轻，因此太宗便派一些“刚直之士”去辅助他们，或做州司马，或任州长史。他们还有一个任务，就是随时把王

子们的情况报告皇帝。因此虽然按官制说，这些人是州刺史、州都督的部下，但有时候却又有某些特权。

太宗的第七个儿子齐王李祐担任的是齐州（今山东济南）都督，派给他的辅官则是长史权万纪和典军韦文振。

李祐有点像他大哥李承乾。他喜欢玩乐，特别爱打猎，身边总围着一些宵小之徒。他的舅舅尚乘直长（尚乘局管乘马的官员）阴弘智对他说，皇上的儿子很多，皇上千秋万岁之后，说不定会出什么变故，要他找几个壮士自卫。阴弘智的妻兄燕弘信是齐州人，阴弘智就托燕弘信给齐王物色壮士。燕弘信便把自己的哥哥燕弘亮和昝君谟、梁猛彪等人介绍给齐王，大得齐王宠信。

长史权万纪见那昝君谟、梁猛彪生得容貌凶恶、行动粗野，觉得这种人不该留在齐王身边，便让齐王把他俩辞退。齐王表面上不好不依，暗地里却又把他们悄悄找回，留在府中。

齐王养了一班歹徒，少不了惹是生非，欺压百姓。有人便向京中告状。太宗见这个儿子不肖，就常常写信斥责他。权万纪见这样下去，一旦齐王获罪，自己是他的辅官，也得受连累，于是就想争取主动。他对齐王说，如果齐王能改过自新，自己就入朝向圣上替齐王解脱。他把齐王所犯的过失一条条列出来，让齐王自己坦白认过。齐王只好听从。权万纪拿了齐王的认过书去见皇帝，并保证说，齐王一定能够改过。太宗看了挺高兴，对权万纪予以嘉勉，让他以后对齐王更要严加管教。一面又写敕书给齐王，数他的前过，诫他以后不要再犯。

齐王接到敕书却又火了，他说：

“长史出卖我，劝我认过他却去请功，早晚我非杀了他不可！”

权万纪为人虽然耿直，但性情褊（biǎn）急。皇帝让他对齐王严加管教，他竟过分认真。齐王好打猎，他就把齐王的猎鹰和猎犬都放了，甚至不许齐王出城。有一天，他在府门看见昝君谟和梁猛彪走了出来，就把他俩唤住，斥责一顿，警告他们如果再在都督府看到他们，就打断他们的双腿。

过了几天，权万纪在晚间睡梦中听到后院有动静，掌灯出来一看，是

外边扔进来了一块大石头。权万纪断定这一定是昝、梁二人想谋杀他。第二天就派役吏把昝、梁二人捉来审问。二人不承认，权万纪便把他们押入狱中。又把齐王手下一些为非作歹的人的行为一同上表报告皇帝，请求予以处分。太宗见事情闹大，便派刑部尚书刘德威去调查，结果权万纪所劾大部属实。皇帝下诏，召齐王和权万纪一同入朝。

权万纪奉诏以后，动身赴京。齐王想，自己进京决没有好结果。他对权万纪恨极了，便跟燕弘信、燕弘亮商量，要把权万纪杀死。他们听说权万纪已经走了，燕弘亮便率领二十多人，骑上马追了上去，将权万纪射杀。

这边燕弘信去找典军韦文振，告诉他齐王不进京了，要起兵割据，让他参加。韦文振表面答应，暗中却悄悄出城，想去京师告发。不料又被燕弘信察觉，派人追上去杀害了。

都督府的僚属们不得不服从。齐王便大封"功臣"，这个"上柱国"，那个"开府"，燕氏兄弟还当上了"拓东王"、"拓西王"。他们打开府库，拿出财物来招兵买马，把城外的居民都驱入城中，逼着他们当兵。不少人夜间缒(zhuì)城逃亡。

附近州郡听说齐王造反，一面严加戒备，防他来侵掠，一面上表报告朝廷。太宗大为震怒，下诏委派兵部尚书李世勣调集洛州、汴州、宋州、潞州、滑州、济州、郓州、海州、怀州等九个州的兵马前去征讨。还发敕给齐王说："我常常告诫你不要亲近小人，就是怕有今天。"

齐王李祐却还不以为意，他把燕弘亮等五人留在身边，其余的分派守城。他每夜都大摆宴席，甚至让王妃来同饮。他们对官军即将来征讨似乎并不在意，那燕弘亮擎着酒杯说：

"大王无须忧虑，官军来了，弘亮等弟兄右手拿着酒杯，左手挥刀就把他们斩了！"党徒们轰然笑应。齐王也扬扬得意，频频举杯把酒倒进肚里。

朝廷大军调集需要时间。齐王趁这个机会传檄下属诸县，让他们统兵来齐州，但没有一县听从。而附近的青州、淄州的官军，虽没奉调，却已自动赶来，驻扎在齐州边境，准备参加围剿。

齐州城中一夕数惊。齐王府兵曹参军杜行敏找了几个同僚，大家商

议，想把齐王捉住。他们联络了一些军民。庚申那天夜间，齐州城中突然鼓噪起来，远近一片喊杀声。齐王派去守城或巡逻的人都分别被斩杀了，军民最后都集中到齐王的府外，把王府重重包围。齐王这才警觉，问外边吵吵嚷嚷是什么声音，有人骗他说："英公(李世勣封英国公)的飞骑已经登城了。"齐王惊惶起来，赶忙率领燕弘信、燕弘亮弟兄披甲执兵进屋固守。杜行敏派人几次攻打，都被燕弘亮等打退。从早晨一直到中午，双方僵持着。后来杜行敏派人搬来柴草堆在屋外，声言如不出降就点火焚屋。齐王从室里向外说：

"杜参军，你如保证燕弘亮弟兄不死，我就开门。"

杜行敏答应了。齐王把门打开，外边的军民却一拥而上，有人挖出燕弘亮的眼睛，有人打断燕弘信的股骨，转眼工夫，燕氏弟兄和几名顽抗的同伙就死于群众的拳脚之下了。

这时衙前围聚的百姓有几千人。杜行敏把李祐押到衙前示众，军民们才欢呼散去。

齐州的叛乱被齐州的军民自己平定了。太宗很高兴，下诏李世勣罢兵。李祐被押解到京师。他把事情闹得太大了，太宗想保护他已不可能，只得把他赐死于内侍省。同党被处死的有四十四人，其余胁从的不再追究。

太宗封杜行敏为南阳郡公、巴州刺史。死难的权万纪追赠为武都郡公、齐州都督。韦文振追赠为襄阳县公、左武卫将军。

四

齐王失败的消息传到东宫，太子李承乾撇撇嘴对纥干承基等人说：

"我那个七弟太窝囊了。我这宫的西墙距大内不过二十步，我与卿等如果起事，那可是齐王没法比的。"

这些天，太子一直在为政变作准备。虽然皇帝一再明确表态，不想换太子，但朝野的议论却并没平息。太子派人跟踪魏王，发现他常常进宫，很少回府，说明他跟父皇的关系何等亲密。自己这里呢，推说腿有毛病，"称

疾不朝"，即使偶尔朝见皇帝一次，也是难得听见一句好话。如此下去，天长日久，父皇不变心才怪！他也曾派张思政和纥干承基去刺杀魏王。但皇宫深邃，他俩不敢深入，无功而返。

李承乾极力扩充势力，目前，除了侯君集和汉王李元昌之外，又拉拢了左屯卫中郎将李安俨和洋州刺史赵节、驸马都尉杜荷。李安俨本是隐太子（即李建成，隐太子是他的谥号）的爱将。玄武门之变，李建成被杀的时候，李安俨曾经力战。太宗认为他是个忠臣，事后便任命他为禁卫军的将领。那赵节的母亲是太宗的姐姐长广公主；而杜荷则是太宗的女婿、尚城阳公主的夫婿，是功臣杜如晦的儿子。这二人都是皇亲国戚，为什么又要跟太子谋叛呢？就因为这样的年轻人心比天高，觉得眼下的官职太低，而太子则答应，将来事成之后，封他们个高高的官职。他们官迷心窍，自愿跟着太子履险。至于汉王李元昌，他的要求倒不高，他说，他曾看见皇上身侧有个捧琵琶的美人，事成之后，只要把这个美人赐给他就行了。

几个人为了表示忠诚，都到东宫的秘室，各自用刀割开臂肉，把血涂在布上，再把这些血布烧成灰，和到酒里分开喝了，发誓同生共死。杜荷出主意说：

"天文有变，我等要赶快发难来应变。殿下可以派人告诉皇上，说突得暴疾，那时皇上必然要亲自来探视，我等便可以得手了。"其他几个人连说："好计，好计！"

这伙人正在积极准备，齐王一伙已从齐州押解到长安，在大理寺审问。其中有一个犯人的供词里牵连到纥干承基。大理寺卿便派吏役把纥干承基捉去。纥干承基在狱中想来想去，想出一个保命的办法，那就是把太子的密谋向皇帝告发，说不定不但能够赎罪，还会得到封赏。于是他便把太子的计划一五一十向大理寺卿抖搂个干净。

大理寺卿一听吓得冷汗直冒，立刻下令，在场参加审堂的役吏谁也不许离开，自己慌慌忙忙赶往宫中，告诉皇上。太宗火冒三丈，立刻下诏将太子、侯君集以及李元昌、李安俨、杜荷、赵节等人一齐拿下。太子酝酿了多少天的政变计划，就这样一下子化为泡影。看来饮血酒、向天发誓那一套

根本不起什么作用。

太宗派长孙无忌、房玄龄、萧瑀和李世勣等大臣会同大理寺、中书省、门下省的官员，一同来审讯这起案件。事实俱在，李安俨等只好招认。太宗降旨，将李安俨、赵节、杜荷处死，对于太子、汉王和功臣侯君集，他还要征求一下大臣们的意见。太宗在朝堂问大臣们：

“卿等说说，怎样处置承乾？”

大臣们你瞅我，我瞅你，有的干脆把头低下，谁也不肯表态。后来还是通事舍人来济说了句活络话：

“陛下不失为慈父，太子也得尽天年，这是最好的处置了。”

事实上，太子造反跟齐王不同，因为齐王那里是真刀真枪地干上了，还杀了重要官员；而太子这里却还只是有个阴谋计划，没来得及实行，应该说是“谋反未遂”吧！所以太宗很想保全他这个大儿子的性命，听来济这么一说，立刻同意，下诏废太子李承乾为庶人。

对于汉王李元昌，太宗也想保全他。但大臣们却认为他是太子的叔叔，作为长辈不去训导晚辈，反而教唆他谋反，不可饶恕。于是太宗赐他在家中自尽，他的母亲孙贵嫔和妻子儿女一概不问。

接着又把侯君集解上来。太宗说：

“公是功臣，朕不愿让刀笔吏来辱公，所以我亲自审问。”

但侯君集不肯承认，说他跟太子谋反的事无关。太宗让人把贺兰楚石押来。贺兰楚石把事情的前前后后都说了，太宗还拿出在东宫抄得的他给李承乾的信件，侯君集才不得不认罪。太宗起初听到张亮揭发他的时候，就有杀他的打算。但他是凌烟阁的功臣，杀了他怕引起其他功臣的不安，所以才在朝堂上公开审讯。如今侯君集已经服罪了，太宗便问大臣们：

“侯君集有功，朕想求众卿饶他一命，你们说怎样？”

那侯君集平日趾高气扬，尤其对文臣们不屑理睬，人缘实在不佳。大臣们还听出皇帝话里的意思并不是诚心饶他，于是纷纷反对。太宗便对侯君集说：

“只好与公长诀了。”说着流下泪来。侯君集也伏地痛哭。

侯君集临刑的时候，对监刑的将军说：

“没想到君集蹉跌到这个地步。但我事陛下于藩邸，击取二国（指征服吐谷浑和高昌），立了点微功，请转求陛下，留我一个儿子以奉祭祀吧！”

监刑将军把侯君集的话转告皇帝。太宗下令赦免他的妻、子，流往岭南。

东宫的官员左庶子张玄素、右庶子赵弘智等因不能谏诤，都坐贬为庶人。只有詹事于志宁，曾多次上疏谏太子，受到嘉勉。倒是那个刺客纥干承基，因告密有功，不但免罪，反而封为平棘县公、祐川府折冲都尉，也算是因祸得福了。

事后，太宗到长广公主府上去见姐姐。长广公主以头碰地，哭着为儿子谢罪。太宗也很难过，一面回拜一面哭着说：

“赏不避仇，罚不阿（偏袒）亲，这是天下至公之道，小弟不敢违背，对不起姐姐了！”

其实赵节只能算是从犯，主犯是太子李承乾。可是主犯儿子饶过了，而从犯外甥却被处死，说这是“罚不阿亲”，未免有点自欺欺人吧！

五

如果说李承乾的被废是他咎由自取，那么他弟弟魏王李泰的一些作为也起到了催化的作用。假如不是李泰那样暗中使劲，威胁到李承乾的太子地位，李承乾又何必谋反呢？

李泰和李承乾都是长孙皇后所生，他俩还有个同母弟弟，名叫李治，被封为晋王。他们同胞三人各有独特的性格，李承乾愚顽粗劣，李治柔懦腼腆，只有李泰聪明伶俐。他知道父皇尊重文人，自己也就努力学习，以博得父皇的喜欢。魏王府司马苏勖（xù）给他提个建议，让他在学术上创出点成绩，还给他找来著名文士萧德言、颜胤、蒋亚卿、许偃等人，聘为王府修撰。他们搜集了许多地理资料，编出一部大书叫《括地志》，共计五百五十卷，又有序略五卷。这部书对古代、今代的地理沿革和各州区划，以及山川、

古迹等,都有详尽的阐述,的确是一部有价值的书。李泰把书呈献给父皇。太宗一看书的题签,不由笑了,因为那上面分明地写着“魏王李泰撰”几个字。

太宗当然知道,李泰作为一个年轻的王子,双足未曾踏出都城,又哪里知道天下形势?但他的组织工作也不可抹杀。何况他做的是正经事。于是准他“大开馆舍,广延时俊,人物辐凑,门庭如市”,而且每月的开支比太子还多。太宗还要他从魏王府搬进大内,让他住进武德殿。魏征上疏说:

“陛下爱魏王,常常希望他能够安全,那就应该抑制他的骄奢,不让他处于有嫌疑的地位。想这武德殿就在东宫的西面,海陵(指李元吉,因他追封为海陵刺王)当年曾经住在那里,当时就有人认为不合适。虽然今天时异事异,然而也怕魏王住在那里不能安心吧!”

太宗点点头,对魏征说:

“差一点做错了。”于是又遣李泰住回魏王府。

太宗有时到魏王府看儿子。魏王府所在地是长安城里的延康里。太宗下诏免去延康里居民的租税,并给里中的老人和王府的僚属以赏赐。这样做的目的,无非是想树立魏王在群众中的威信。

后来太子患了足疾,一些行为也惹起朝野议论,李泰暗暗高兴。但他从不在父皇面前说哥哥一句坏话,只是努力表现自己,以博取父皇的欢心。而在朝廷之中,他显得十分谦逊,“折节下士以求声誉”。太宗曾派黄门侍郎韦挺和工部尚书杜楚客来主持魏王府的事务。这两个人都是重臣,交游很广,便为魏王做说客,称他如何聪明,做储君多么适宜。杜楚客还用金帛来贿赂权贵,发展魏王的朋党。

等到太子李承乾谋反失败,李泰便以侍奉父皇为名,干脆住进宫里。有一天,太宗喝了点酒,见李泰在跟前殷勤伺候,想想嫡子还有他和李治二人,而李泰是哥哥,便口头答应李泰将来立他为太子。李泰高兴极了,他对太宗说:

“儿臣今日才得为陛下的儿子,乃更生的日子啊!(这话的意思是指他已不再有被太子李承乾所害的危险。)儿臣有一个儿子,儿臣死的那一天,

当为陛下杀了他，传位给晋王。”

太宗以为李泰说的是心里话，在朝堂上讲给朝臣听。谏议大夫褚遂良说：

“陛下这话大错了！希望陛下仔细考虑，不要造成失误。想将来陛下万岁之后，魏王据有天下，他怎么会杀了自己的爱子而传位给晋王呢？陛下日前既然立承乾为太子，却又宠爱魏王，待遇超过太子，才发生了今日的祸变。前事不远，是很好的鉴戒。陛下今日欲立魏王，希望先把晋王措置了，才能得到安全。”

太宗流泪说：

“朕没法那么做！”说着，怏怏回宫去了。

有依附魏王的大臣把太宗在朝堂上说的话偷偷告诉给魏王。李泰怕父皇册立李治，又知道他们的母舅长孙无忌是支持李治做太子的，便想去吓唬一下李治，让他自己提出不当太子。他找到李治，对弟弟说：

“你和汉王元昌叔友好，如今元昌已伏法，难道你不害怕株连吗？”

李治胆子很小，听了这话吓得提心吊胆，见了父皇竟躲躲闪闪。太宗见他这副样子十分奇怪，问他为什么这样畏缩。李治没法只好把哥哥的话照实说了。太宗不由想起太子李承乾说的话。那时太宗曾面斥李承乾，责他不该谋反。李承乾说：

“儿臣身为太子，还有什么不满足的。但为李泰所图，只得与熟悉的朝臣谋求自安的办法，不逞之徒教儿臣做了不轨的事。如果儿臣废了之后，父皇立李泰为太子，那可是恰好落在他的算计之内了。”

这段话太宗当时不大在意，但今天想起，不啻(chì)为警钟，细想前前后后李泰的种种表现，无不是为了企图达到他入主东宫的目的。想不到自己半生英明，竟险些落入小儿的彀中，气得他一宿也没睡好觉。

第二天，君臣在两仪殿上朝。朝散之后，太宗留下长孙无忌、房玄龄、李世勣和褚遂良四位老臣，对他们说：

“我三子一弟(三子指李祐、李承乾、李泰，一弟指李元昌)，竟做出这等事来，我真是活得没意思！”说着在龙床上撞头，长孙无忌等急忙把他扶

起。他又抽出腰刀，往自己脖子上抹。褚遂良把刀夺下，交给旁边站着的李治。闹腾一阵，太宗才安定下来。长孙无忌等问他想怎么办。太宗说：

“我欲立晋王。”

长孙无忌大声说：

“谨奉诏，有异议的，臣请斩之！”

太宗回顾李治说：

“你娘舅答应保你了，还不赶快拜谢。”

李治跪下给长孙无忌叩头。长孙无忌赶忙避开。太宗对这四位大臣说：

“公等已同意了，只是不知外间怎样。”

四大臣说：

“晋王仁孝，天下早已归心。陛下不妨召来百官，当面问他们。”于是太宗登太极殿，将六品以上的朝臣召来。太宗说：

“承乾悖逆，李泰心地凶险，都不可立为太子。朕欲从诸子中选一个为嗣，谁合适，卿等可以明说。”

不少大臣欢呼说：

“晋王仁孝，当为嗣君！”

太宗听了很高兴。这时李泰知道皇上临时召集百官，定有大事，就带着百余名本府卫士骑马来到永安门，打探消息。门司（守门的官员）去报告皇帝。太宗派人把骑士驱散，带着李泰进了肃章门，幽禁在北苑。

丙戌，太宗下诏立晋王李治为太子，大赦天下。太宗对侍臣说：

“我如果册立李泰，那就是说太子之位是可以经营而得的啦！如今失道的、窥视的，我统统抛弃他，还要把这件事传之子孙，永远作为警戒。”又说：“如果立了李泰，那么承乾和李治都不得保全。如今立了李治，则承乾和李泰可得以无恙了。”

9月，太宗将李承乾送往黔州、将李泰送往均州安置。

李承乾两年后死于徙所。至于李泰，则曾放回，先封东莱郡王，后又晋封濮王，到李治登基后的高宗永徽三年，病逝于郧乡。

对子女心狠手辣的武则天

母亲疼爱孩子，这在世界文学史上被列为“永恒的主题”。所以人们总是把母亲称为“慈母”。唐朝的武则天一共生了六个孩子，四男二女。但其中的五个都程度不同地受到她的迫害，只有那个最小的女儿幸免于难。说起来真是令人难以相信。

这是为什么？

答案只有两个字：“权位”。或者说是政治的需要。她为了当女皇，就要扫除她前进路上的一切障碍——包括她亲生的子女在内。

让我们先从她的第一个女儿说起。

一

武则天原是唐太宗李世民的才人。她十四岁入宫时，还是一个天真娇媚的少女，所以太宗赐给她一个名字，叫“媚娘”。才人在宫中的地位不高。按唐朝的宫廷制度，皇帝除了皇后之外，还可以有贵妃、淑妃等四名夫人；昭仪、充容等九名贵嫔；婕妤、才人等二十七名世妇；宝林、彩女等八十一名御妻。所以才人只能算是三等的宫眷，阶位也只有正五品。

武则天十四岁入宫，到太宗逝世时，她已二十六岁，地位依旧未变。而比她晚入宫三年的徐惠，入宫的时候也是才人，不久就升为婕妤，后来再升为充容。说明武则天在太宗面前并未得宠。贞观二十三年，太宗去世时留下遗诏，除徐充容等几位地位高的妃嫔外，其余宫眷全都送到佛寺去，让她们当尼姑。其中也包括武则天在内。

武则天在感业寺出家。伴着青灯古佛，她把唯一的希望寄托在新皇帝高宗李治的身上。原来武则天入宫时，李治才只有十岁。这个小王子当时

还不解风情，但却被武则天所吸引。用一般的说法，这也许是一种“缘分”吧！后来李治逐渐长大，当上了皇太子，也有了不止一个妃嫔，但他对武则天始终未能忘情，每次见到总要投以倾慕的目光。被太宗冷落的武才人是何等聪明，自然看穿了李治的心思，少不了眉目传情，加以勾引。然而李治生怯懦弱，武才人名义上终究是他的庶母，他怕他的父亲，因而不敢越雷池一步。

这一切却被太子妃王氏看在眼里。李治登基后，太子妃做了皇后。可是王皇后很不如意，因为李治喜欢萧淑妃，不但因为萧淑妃年轻漂亮，而且还给皇帝生了一个儿子、两个女儿；王皇后却是膝下犹虚。后来王皇后的舅舅柳奭(shì)给她出主意，把后宫一个姓刘的彩女生的儿子李忠收养过来，并以李忠年长为理由，请皇帝立李忠为太子。但这也不能改变她和萧淑妃在皇帝心目中的地位。王皇后恨极了，便想起了武则天，她劝皇帝把武则天接回宫来，让这个旧宫人来争夺皇帝对萧淑妃的宠爱。

王皇后的建议正是李治想要干的，他把武则天接回皇宫，这时武则天已经二十九岁了。以前的武才人一下子便被李治封为昭仪。昭仪是九嫔的首位，当时在宫中的地位仅次于王皇后和萧淑妃。

王皇后找来武则天这个帮手，两人合力，终于将萧淑妃排挤下去，打入冷宫。但王皇后万万不曾想到，武则天却翻转过来对付她了。武则天收买了皇后宫中的宫女和太监，随时掌握着王皇后的动静，然后添枝加叶地向皇帝汇报。不过李治念着和王皇后是结发夫妻，虽然听了谗言，跟皇后越来越疏远，却还没给她什么处分。

永徽三年，武则天生了个小男孩。说来也怪，武则天侍奉太宗十二年，从未生养过。而跟高宗仅仅一载，便生贵子。这又是她胜过王皇后的一着。这是高宗的第五个儿子，起名叫李弘，生下来不久便被封为代王。

过了一年，武则天又生下一个小女孩。小公主长得十分可爱，生下刚过百天，便会伸着小手让人抱抚，而且很少啼哭，总是咧着小嘴，两个圆圆的小酒窝盛满了笑意。高宗很喜爱她，要武则天带她住到太极宫里，下朝回来总要抱着她逗弄一会儿。

有一天，王皇后到太极宫找高宗请假，因为她母亲魏国夫人要庆五十大寿，她准备回家参加庆典。她来时高宗不在，武则天也不在屋里，王皇后转身往外走。忽然听到侧室里传来婴儿“呀呀”的学语声，奶声奶气，分外动听。王皇后自己没生育过，因此格外喜欢小孩，便不由自主地走进去，把小女孩抱起，亲热地逗弄了一阵才离开。过了一会儿武则天回来，乳母便把王皇后刚刚来过的事告诉了武则天。武则天的脑子里忽然闪过一个念头，这正是陷害王皇后的好机会呀！她要用她亲生的小女儿的生命把王皇后打下去，然后自己爬上这皇后的宝座。

武则天借个因由把乳母支出去，自己来到小女孩床前。小女孩好像认识母亲，立刻伸出两只胖胖的小胳膊，笑着要母亲抱。可她哪里会想到，她妈妈的两只手却颤抖着扼向她的喉咙。小女孩窒息了，发出轻微的“咳咳”的声音，脸色也由红润转为青紫，终于渐渐地停止了呼吸。

武则天喘息一阵，拖过小被，把女儿的小尸体盖上，然后走了出去。过一会儿高宗来了，武则天高兴地迎接皇帝。两个人一起走进屋子。高宗掀开小被一看，小公主已经死了。武则天立刻号啕大哭起来。皇帝也惊怒了，查问左右，方才有谁来过？乳母和宫女都说，只有王皇后来过这里，于是王皇后便成了唯一的嫌疑犯。因为谁会想到一个母亲能杀死自己的女儿呢？

史书上是这样记载的：“后宠虽衰，然上（即皇帝）未有意废也。会昭仪（武则天）生女，后怜而弄之。后出，昭仪潜扼杀之，覆之以被。上至，昭仪阳（佯）欢笑，发被观之，女已死矣，即惊啼。问左右，左右皆曰，‘皇后适（方才）来此’。上大怒曰，‘后杀吾女’！”

于是王皇后到冷宫和萧淑妃做伴去了。

二

李弘虽然是高宗的第五个儿子，但因为他的母亲武则天做了皇后，根据封建法统“立嫡”的原则，李弘理所当然地做了太子，那年李弘四岁。

原来的太子李忠虽然只有十几岁，却颇有自知之明。他知道自己出身

微贱，只是仗着王皇后收养才以长子的身份位居东宫。现在王皇后被废了，武昭仪做了皇后，李弘成了嫡子。自己如不让位，那将是后患无穷。于是他给父皇上疏，请求让位。高宗便封他为梁王，让他去做梁州刺史。

高宗换了太子，大赦天下。又将年号永徽改为显庆，以示庆贺。

以后武则天又生了三个儿子，依次是沛王李贤、英王李显、豫王李旦；最后生的一个是女儿，封为太平公主。（高宗常常给他的儿子改名，王号也常常更换，如李旦早先的名字叫旭轮，原来的封号是殷王。）

武则天做了皇后，但她并不满足，因为她看到高宗懦弱无能，难以有所作为，于是她就决心干预政治，实现她的野心和理想。为了她的封后问题，朝中的大臣分成两派。高宗当然是站在她这一边的。于是她凭借着皇帝的权力，逐渐地将反对她做皇后的大臣们一个个打下去，而把拥护她的官员提拔到重要岗位。她又嫌皇帝优柔寡断，索性亲自出马。东汉时期，皇帝死了，皇后做了皇太后，她们往往选择一些幼小的王子当皇帝，太后便好“垂帘听政”。高宗当然不是小皇帝，但武则天却也要来“垂帘听政”。上朝的时候，她在皇帝的座位后边挂一幅珠帘，自己坐在帘后，指挥皇帝怎么干。后来她又嫌麻烦，觉得这样“遥控”太吃力，便索性自己坐到前边来，跟皇帝并肩而坐。一切国事也全由她处理，皇帝也就成了傀儡。高宗觉得当这傀儡没意思，干脆借口眼睛有毛病，退了下去，让武则天直接执政。

于是武则天不叫皇后了，新创立一个称呼，叫“天后”。

武则天最怕有人反对她，就任用了一批酷吏，还设了告密箱，只要有人涉嫌造反，便会在酷吏的严刑逼供下屈打成招，连家族也受到株连。而那些拥护她的官员免不了要飞扬跋扈，横行霸道，为所欲为。其中有个叫李义府的人，原任中书舍人（中书省的普通官员）。他善于钻营，看出高宗宠爱武昭仪，便抢先上表，请立武则天为皇后，得到武则天的赏识，以后累升为中书侍郎，最后竟任命为中书令，也就是宰相。李义府小人得志，不但自己大肆搜刮，他的儿子和女婿也凭仗他的权势，到处横行。有一天，李义府进宫向天后禀事，出来时遇到高宗。高宗对他说：

“朕跟你讲一件事情，你该把你的子婿约束一下啦！”

李义府不高兴地反问：

“他们怎么啦？”

李义府的态度不逊，高宗很生气，便对他说：

“他们在外边做的那些不法的事，你不知道吗？”

李义府依仗天后的信任和宠爱，竟然顶撞说：

“陛下这是听谁说的？”

高宗气得做声不得，李义府却径自转身走了。高宗坐在那里生气。武则天走来问他。高宗便把方才发生的事情对她说了。高宗是她的丈夫，她怎么欺负他是自家的事，外人欺负可不行。于是她便找一个借口，把李义府和他的子婿俱都除名，并发配到嶲州等处充军。

事后，武则天问高宗，李义府父子不法的事是听谁说的。高宗笑着回答：

“是咱们的弘儿呀！”

武则天的心里“咯噔”一跳，小太子李弘今年才十三岁，而且在东宫读书，难道竟也这么关心国事了吗？

她隐隐地感到一种威胁——对她将来实现野心的威胁。

太子李弘一天天长大了，出落得潇洒英俊，博学多才，高宗十分喜爱他。而太子在接待群臣的时候也温文有礼，很受大臣们的拥护爱戴。上元二年，有一天太子在宫中的道上碰见两位女子，她俩见到太子，赶忙低头退避到一旁。太子觉得这两人有点面熟，站住仔细一看，原来是他的两个姐姐——义阳公主和宣城公主。

义阳公主和宣城公主的生母是萧淑妃。萧淑妃被打入冷宫后，又被武则天派人处死。萧淑妃有三个子女，儿子李素节封为许王，外放到舒州担任刺史；而两个女儿则幽居深宫，已经过了三十岁了，武则天还不肯让她们出嫁。

太子跟两个姐姐在路上邂逅，见她俩身体羸弱，面容憔悴，由不得心头惊恻。对他的母亲武后，这位二十四岁的太子是了解的，知道如果向她替两位姐姐求情，那是非碰钉子不可。于是便去找他的父亲。他对高宗说：

“义阳公主和宣城公主都是父皇的女儿，她们的情形父皇知道吗？”

高宗摇摇头。

“儿臣在路上遇到她们了。见她们那种情形，儿臣十分心痛。因而来请父皇做主，给她们选合适的驸马，把她们嫁出去吧！她们可都三十多岁了。”

“这件事你去问你的母后，宫中的事该由她做主。”

“母后恨萧淑妃。听说萧淑妃临死的时候，大骂母后，还赌咒说下辈子她要变个猫，让母后变成老鼠，她要把母后吃掉。所以母后才迁怒于她生的女儿，不肯让她们嫁人。我去求母后，母后会答应吗？”

高宗叹口气，心想，这种宫中的丑闻发生的时候太子还在襁褓之中，如今过去二十多年了，仍然还会传到他的耳中，真是人言可畏呀！可是他又十分为难，因为他实在做不了女儿出嫁的主。

太子看出皇帝的心思，便拍拍胸脯说：

“父皇只要降旨就行了，一切由儿臣去办！”

高宗实在无法推诿，只好勉勉强强地写了道手诏，委托太子办这件事。太子找人打听，知道上翊卫（禁军）青年将领权毅和王遂古还没有妻子，便把两个姐姐许配给他们。一切都妥当了，太子才去禀告母后。武则天气得眼睛都红了，她盯着她的大儿子看了半天。然而婚事已经定出去了，无法再悔，武则天只好把两个公主马马虎虎地打发出去。

过了几天，太子在合璧宫得暴病死了。什么病？哪一位御医给诊治的？这些都不曾公布。

史书是这样记载的：“太子弘仁孝谦谨，上甚爱之；礼接士大夫，中外属心。天后方逞其志（想当女皇），太子奏请，数忤旨（违背旨意），由是失爱于天后……己亥，太子薨于合璧宫，时人以为天后鸩之（毒死）也。”

三

太子李弘是4月死的。6月，立雍王李贤为皇太子，大赦天下。

高宗有八个儿子，李贤排行第六；但在武后生的儿子中，他是老二。他继承了哥哥李弘的东宫太子的地位。那时高宗和武则天常住在东都洛阳，便叫太子在西京长安留守。朝廷的大事自然要报告武后；有些例行的公务便由太子处理。二十一岁的李贤挺能干，处理事情也很公正，朝臣们对他大加称颂，和故太子李弘一样地受朝野的欢迎。

李贤喜欢读书，也喜欢跟文人交朋友。他在做沛王的时候，府里有个年轻的修撰(修史的官员)名叫王勃。王勃文才很高，后来人们把他列为“唐初四杰”之一，名篇《滕王阁序》便是他的手笔——不过那是日后的事情。当时京城里盛行一种叫“斗鸡”的游戏。这种鸡是经过专门训练的，喜欢打架。斗的时候还要在鸡身上披彩，鸡爪上套上坚硬的金属套，两只鸡扑啄厮打，血羽横飞，人们看着取乐。小王爷们生逢盛世，锦衣玉食，无忧无虑，“斗鸡”便是他们的消遣。英王李显养的鸡最能打，李贤跟他“斗”了几次都败了。王勃开玩笑，便写了一篇游戏文章，题目叫《檄英王鸡文》，对英王的鸡进行书面讨伐。这篇文章生动有趣，一时风传开来。不料让高宗看到了。这位皇帝对国家大事迷迷糊糊，武则天怎么干他都不管，而对小青年的游戏却认真起来，说这是挑拨诸王不和，命令沛王李贤把王勃辞退。

插叙这个故事，是想说明李贤的志趣和爱好。俗话说“物以类聚，人以群分”，愿跟有学问的人做朋友的人，自然就会对那些装神弄鬼、投机钻营的人瞧不起。而武后跟前恰恰有这么一个人。这个人叫明崇俨，自称会“仙术”，能画符念咒。高宗和武后对他却很相信，封他为正谏大夫(散官，正四品)。有一天，武后让他在宫中表演“仙术”，请皇帝和太子来看。明崇俨拿出一粒瓜种，埋在土里，再浇上水，不一会儿瓜秧就钻出土来，接着生叶、攀蔓、开花，最终结出好几个甜瓜。明崇俨把瓜摘下来分给大家吃。的确是真正的瓜。吃瓜的太监和宫女赞不绝口。李贤却把明崇俨献的瓜扔掉，并揭穿说：

“这是什么仙术，不过是幻术罢了！”

幻术就是魔术，过去民间称之为“变戏法”。唐代的杂技“鱼龙百戏”里

就有，不过明崇俨的戏法变得高明就是了。明崇俨的把戏被太子揭穿，自然怀恨在心。有一天，他陪武后谈话，便说自己还会相面。武后就让他讲一讲她生的几个王子的面相怎样。明崇俨趁机报复，他说：

“臣有话便直说，不敢向天后隐瞒。太子殿下的面相不好，乃是寡相，不但命薄，还克父母。恕臣直言，殿下实在不堪继承大位。”

武则天听了皱起眉头。她又问：

“那么另外两个呢？”

“英王李哲（即李显，因他的“显”字跟哥哥的“贤”谐音，改名李哲）乃大福之相，他相貌英俊，很像太宗皇帝，将来后福无穷。至于相王李旦，面相也佳。如从二王中选一位做皇储，实乃国家之福。”

武后是个挺迷信的人，明崇俨说的明明是谗言，她却信以为真，心里总犯嘀咕。偏偏一天夜里，明崇俨被人暗杀了。这恰好证明这个江湖术士的“仙术”不灵。他本是个江湖骗子，自然有不少江湖上的朋友。后来他巴结上武后，做了官，就对旧朋友不加理睬。江湖上看重恩怨，便有他得罪过的人气愤不过，夜间潜入明崇俨的府里，把这家伙杀了。武后听到报告，便怀疑是太子指使人干的。她一方面敕令有司，捕拿凶手；一方面又追赠明崇俨为侍中（门下省的主官，即左相）。对太子自然也增添了疑心。

太子喜欢研讨学问，他组织人注释了范晔的《后汉书》，并把它献给父亲。高宗看这个儿子有出息，十分高兴，亲手写了诏书加以奖励。

可是武后却神经过敏起来，为什么太子不选别的史书加以注释，却偏偏选中了《后汉书》呢？不错，她自己是喜欢《后汉书》的，因为她从那书里悟出一个道理，后汉几朝的太后们为什么能够执掌朝政，作威作福？重要的原因便是她们控制了小皇帝。而太子注释这部书并献给父亲，是不是用旁敲侧击的方法来提醒父亲呢？因此她断定，太子的献书乃是一种“讽谏”。如果将来有一天，让这样的儿子做了皇帝，又会把她这个当母后的置于何地呢？

武后要“反击”了。她也有一个写作班子，叫“北门学士”。她让“学士”们综合整理出一堆言论，无非是标榜着“忠孝”二字，赐给太子，书名叫《少

阳正范》。“少阳”是东宫的方位，而“正范”则指的是应该怎样做才算忠孝。书里许多地方含沙射影，多所指责。而给太子的另一本书则是《孝子传》，列举了历代孝子的一些事迹，无非是让太子看了向孝子们学习。反过来说，也就表明目前的太子不是“孝子”了。

李贤接到这两本书，心中不安，他知道母后已经对他起了疑心。哥哥的前车之鉴使他触目惊心。他又没有办法跑到洛阳去在父母面前表明心迹。接着，宫中又传播出一种谣言，说李贤不是天后亲生的儿子，而是天后的姐姐韩国夫人所生。谣言传播着，却又无法追查。这愈发使太子惶惶不安。失望之余，一个好学上进的青年王子开始变得纵情声色，“破罐子破摔”，这也可以说是一种消极的“反抗”吧！然而这一切都没用，终于有一天，黄门侍郎裴炎和御史大夫高行周带人来到东宫，召集东宫的官属和侍役、宫监等人，挨个审问。不料一个叫赵道生的宫奴竟供认，明崇俨是太子派他去杀的，弄得太子目瞪口呆、不知所措，因为这根本是没有的事情。接着又在东宫的一所废弃的马坊里查出旧皂甲数百领。于是裴炎和高行周就拿这些朽烂的皂甲作为太子谋反的证据，解送到东京，据以定罪。

谋反罪的判处只有一款，那就是死刑。

那时高宗已经没有处理朝政的权力了。为了救他这个儿子，他向天后苦苦哀告。天后却斥责他说：

“为人子的怀这样的逆谋，那是天地所不容！你应该大义灭亲，怎么还来要求赦免呢？”

高宗想想那一个儿子糊里糊涂死了，这一个又命在旦夕，不禁悲从中来，双目泪垂。武后见皇帝哭得可怜，这才免去李贤的死罪，废为庶人，幽禁起来。跟着又将他押往巴州(今四川巴中)。巴州离长安两千三百六十里，离洛阳两千五百八十二里。废太子李贤将在那远离家乡的僻镇，度过他失去自由的余生。太子妃也被打发回家。而李贤的三个儿子——义丰王李光顺、嗣雍王李守礼、永安王李守义则幽闭宫中。东宫的官属免不得有些人也要被牵连进去，降职、开除、流配，受到各种不同的处分。至于那一堆破皂甲，则拿到洛阳城外的天津桥上当众烧毁，以表明天后在处理亲儿

子这件事情上是多么公正无私。

李贤当了五年太子，就这么窝窝囊囊地忽然变成了“庶人”。其实他哪里赶得上庶人！普通百姓日出而作，日落而息，虽然辛苦操劳，但全家团聚。而他却被囚禁在一个幽僻的院落，形单影只，只跟老树和蔓草做伴。没有人来探望他，他看到的只是一小队监押他的带甲的士兵和照料他生活的两名太监。就这样，他在巴州住了四年。

然而监守他的士兵中也有人同情他，偷偷向他传递一点消息。他知道，他那五十六岁的父亲已经在前一年——即弘道元年（公元683年）的十二月逝世了，他的弟弟太子李哲做了皇帝。李贤听到这噩耗，万分悲痛，眼前浮现出老父亲那眯着双眼的面容。他不敢放声痛哭，怕引起监视他的太监的注意。他只能夜间偷偷在后院的草丛里插几根树枝，权做香烛，向着北方拜了几拜，算是对父皇的遥祭了。

不久，他又听到甲士偷偷传给他的消息，他的弟弟李哲（史书上称为中宗）只当了两个月的皇帝，又被废掉了。不过还算比自己幸运，没做“庶人”，还有个庐陵王的封号，安置的地方也比他近些，是在湖北的房州，并还允许他带上家眷。

下一个皇帝该是年龄最小的弟弟李旦来做了。但奇怪的是，这一朝的年号不是皇帝的，而称之为“天后光宅元年”。李贤叹了口气，因为从这年号他已经知道，母亲已由幕后到了前台，自己来当皇帝了。那么小弟弟又会是怎样的处境呢？

两次新皇帝登基，大赦天下。而他这个“犯人”却一直没得到赦免。这时已是秋天，但还有秋蝉在鸣叫：“知了，知了。”李贤不由得自语：

“你这说大话的蝉儿又知道些什么？”他冷不丁想起一首诗，那是一个叫骆宾王的人写的，诗的题目叫《在狱咏蝉》：

西陆蝉声唱（秋蝉在声声高唱），
南冠客思深（囚徒的乡思更深）。
那堪云鬓影（哪堪见蝉儿的翼影），

来对白头吟(却为囚徒的苦境哀吟)。
露重飞难进(秋露沉重蝉儿难以高飞),
风多响易沉(西风咆哮鸣声渐渐低沉)。
无人信高洁(没有人相信我的高洁),
谁为表予心(谁能为我一表寸心)。

李贤轻吟着。那诗虽然写的是诗人自己的感情,而李贤却觉得仿佛恰恰是为他写的一般,不由得心情激动,他也要写诗了。他踱回屋里,提起笔写了一首《黄台曲》,以寄托他的愤懑和对小弟弟李旦的惦念:

种瓜黄台下,瓜熟子离离。
一摘使瓜好,再摘使瓜稀,
三摘犹为可,四摘抱蔓归。

这是一首象征诗,"瓜"便是他们四兄弟。如今,三个"瓜"已经被母亲"摘"了,他多么担心小弟弟再被母亲"摘"下而"抱蔓归"呀!

诗是随手写的,李贤也就把它随手扔掉了,并没放在心上。过了些日子,左金吾将军丘神勣来到巴州,逼令李贤自杀。李贤问为什么,丘神勣便把李贤写的《黄台曲》那张纸拿出来。李贤明白了,这是监视他的太监拾到了,送给母后,母后才来降罪。他长叹一声,接过丘神勣手中的利剑,朝脖子上一抹,便倒在血泊之中。

丘神勣回京复旨,却又受到天后的责怪。武则天说:

"朕只是让你去训诲他,你怎么竟把他杀了?"

丘神勣慌忙辩解:

"是他畏罪自杀的。"

"那你也有责任!"

"是,是,臣知罪。"

天后降旨,贬丘神勣为叠州刺史。不过人们知道这又是在演戏,因为

丘神颤并没到叠州去，而是不久便官复原职。

李贤死后又恢复了雍王的称号，天后在明福门设祭，予以追悼。举祭那天，天后亲临祭坛，她的眼泪一串串落下来，似乎伤心到了极点。

四

李贤被废之后，英王李哲接替李贤做了太子。高宗逝世，他又当上了皇帝。但却只干了两个月便被天后废掉，这又是为什么？

李哲是一个庸碌的人，既没有多大才能，也没有什么学识，比他的两个哥哥差多了，但却有点固执。他当太子、当皇帝是“挨帮”挨上去的，说起来他弟弟李旦就比他强。李哲当了皇帝，年号叫嗣圣。他跟王妃韦氏感情很好，即位后立刻封她为皇后。韦后的父亲叫韦玄贞，原是普州参军，一个州刺史属下的普通官员，中宗李哲却一下子升他为豫州刺史，当上了一个重镇的主官。李哲还不满足，又要升他为侍中，让他当宰相。就是韦后乳母的一个儿子，也要封他个五品官。

这时裴炎已升任侍中，他觉得让一个参军来跟他并列朝纲，简直是笑话，便坚持不同意。李哲的倔劲上来了，气哼哼地说：

“我把天下送给韦玄贞又有何不可！何必在乎一个侍中呢！”

一看皇帝发火，裴炎倒怕起来，赶忙进宫去向太后报告。二月戊午那天，太后集百官于乾元殿，裴炎和中书侍郎刘祎之、羽林将军程务挺、张虔勖带着羽林军，守住大殿四周。中宗不知道为什么太后要召集群臣，他来到殿上，见母亲正坐在他的宝座上，面色凝沉，狠狠地盯住他。李哲惶悚了，意识到这是冲着他来的。果然，刘祎之宣读太后的懿旨，废中宗为庐陵王。两位羽林将军便来扶他下殿。李哲抗声问道：“儿臣何罪？”武则天怒声回答：“你要拿天下送给韦玄贞，怎说无罪！”

一句气话就断送了一个皇帝，还要被安置到房州。韦后的父亲韦玄贞侍中未当上，却被流放到距京师五千两百五十一里的钦州去了。

李哲被废了，轮到李旦来做皇帝，年号文明。但皇帝不在正殿办公，却

在别殿里待着，正殿里由太后跟大臣们商量国事，皇帝连旁听的资格也没有。到了9月，武则天干脆连这个装饰性的皇帝也不要了，她改元“光宅”，那是她自己的年号。

接着，武则天又为她母家武氏祖先建立七庙，追尊武氏五代祖先为公、为王。大封武氏亲属，让他们雄踞高位，成为她君临天下的羽翼。

李旦的庙号是睿宗。他跟三个哥哥又不同，他把权位看得很淡。他是公元684年当皇帝的，到则天后垂拱二年(公元686年)，武则天对他这个老实巴交的儿子还不放心，故意下诏要“复政”于皇帝。睿宗知道他母亲不是诚心退位，这不过是对儿子的试探。睿宗识时务地奉表固让。武则天满意了，又去“临朝称制”。母子二人也就和和气气地共处了。

到了公元690年，一伙善于见风使舵的官员纷纷上疏，请太后登基，一些百姓也来凑热闹，连和尚、道士也不甘落后，前后上表的竟达六万多人。睿宗自己也上表，请求随母姓，改姓“武”。于是，太后答应了皇帝和群臣的请求，在则天门的门楼上登基，大赦天下。改朝代名为“周”，年号“天授”，表示她这个皇帝是上天授予的。群臣给她上尊号为“圣神皇帝”。赐睿宗皇帝姓武，但仍然立为太子。

当时，李唐的宗室有许多人被害，朝政多为武承嗣等人把持。武承嗣是武则天的侄子。他觊觎帝位，自己想当太子，便唆使一些人替他鼓吹。洛阳人王庆之纠集了几百人给女皇上表，请废去李旦，立武承嗣为太子。武则天召见他，问：

“皇嗣是朕的儿子，你为什么说要废他？”

王庆之回答说：

“《左传》有曰，‘神不歆非类，民不祀非族’，如今是谁家天下？怎么还能以李家的人为皇嗣呢？”

武则天点点头，不置可否，只是吩咐说：

“你下去吧，容朕仔细想想。”

那王庆之死气白赖地趴在地上，哭着祈求，表现了不达目的决不罢休的神气。武则天便赐给他一张纸条，说：

"你先回去,以后再来见朕,就拿这张条子给守门的卫士看,便可以进宫了。"

王庆之叩头起来,接过条子,兴冲冲地出宫,对在宫外等候他的几百名同伙说:

"圣上虽然没点头,可也差不多了,明天咱们再来。"于是这一伙市井流氓拥着王庆之高高兴兴地走了。

第二天,这伙人又到了洛阳宫城的光政门,王庆之拿出武则天给他的通行证,卫士只好放他进去。他见了武则天,还是跪地哭求。武则天让他走了。这家伙第三天又来了。这下子把女皇惹火了,武则天吩咐凤阁侍郎(武则天一度将中书省改称凤阁)李昭德给予杖责。李昭德把王庆之领出光政门,对卫士们说:

"这个贼子要废我皇嗣,立武承嗣做太子。"

卫士们一听愤怒地拥上来,拳打脚踢,打得王庆之口鼻出血。接着执行杖刑,竟一气把王庆之打死了。王庆之的同伙也吓得一轰而散。

李昭德回来复命,对武则天说:

"天皇(指高宗)是陛下的夫君,皇嗣是陛下的儿子。陛下身有天下,当传之子孙作为万代的事业,怎么能以侄子为嗣呢?自古以来,没听说哪一代的皇帝为他的姑姑立庙的。而且陛下受天皇的顾托,若是把天下传给了武承嗣,将来天皇连祭祀也享不到了。"

武则天听了颇以为然。

过了些日子,李昭德又向武则天密奏:

"魏王武承嗣的权柄太重了。"

武则天笑笑说:

"他是我的侄子,所以才委以腹心嘛!"

"不然,"李昭德摇摇头说,"侄子对于姑姑,其亲比之儿子对于父亲又怎样?历史上就有儿子篡弑他父亲的事,何况侄子呢?现在武承嗣既是陛下的侄子,封为亲王,又当了宰相,他的权柄也就跟天子差不多啦!这样下去,臣担心陛下不得久安于天位呢!"

武则天骤然一惊，说：

“朕没想到这一点。”

以后她对武承嗣的权柄稍稍加以裁抑。武承嗣自然不甘心，他便勾结了那伙酷吏，处处找太子李旦的错处来陷害他。有尚方监（又称少府监）裴匪躬、内常侍范云仙曾到东宫私自谒见太子，竟被腰斩。从此公卿以下没人敢和太子见面。

武承嗣又唆使人诬告太子有异谋，想造反。那时公卿中没有和太子会过面的，只好把伺候太子的宫女、太监及东宫的工人抓来审问。问官便是当时最著名的酷吏来俊臣。那时武则天篡据皇位，就怕人们反对她。只要有人告密，立刻让来俊臣、索元礼、周兴等人审讯。这些酷吏发明了许多残酷的刑具，“犯人”忍受不了，只好诬服。有时他们审问“犯人”，竟连问也不问，就把头砍下来，然后造个假口供呈上去结案。史书记载：“九月乙亥，杀岐州刺史云弘嗣。来俊臣鞠（审问）之，不问一款（原书注：狱辞之出于囚口者为款），先断其首，乃伪立案奏之。”史书说：“周兴与索元礼、来俊臣竞为暴刻，兴、元礼所杀各数千人，俊臣所破千余家。”

就是这样一个来俊臣，来审问太子有异谋的案子。一些正直的大臣都为太子担心，怕他这次凶多吉少了。来俊臣将东宫中太子的左右俱都拘到，开始审问。一些宫侍忍受不了酷刑，便想承认自己参与谋反。这时有个管礼乐的太常工人安金藏站起来，大声对来俊臣说：

“公既然不信金藏的话，请剖腹以证明皇嗣的不反！”说着，他拔出身旁刑卒腰间的佩刀，猛地朝自己的肚子上刺去。他的肚子剖开了，肠子掉出来，血流满地。武则天派来监审的官员跑回去报告武则天。武则天听说后立刻派人把安金藏抬进皇宫，让御医给他医治。御医把安金藏的肠子纳入腹中，伤口用桑皮线缝合，敷上药，安金藏过了一夜才苏醒过来。武则天亲自来看他，对他说：

“朕有儿子却自己不能理解他，反而累你吃这样的苦。”立刻命令来俊臣停止审问，把所有拘押的人员都放回东宫。群臣这才松了一口气，庆幸太子幸免于难。

宰相狄仁杰也在武则天面前陈说立谁当皇储的利害关系，跟李昭德讲的道理一样。有一天，武则天做了一个梦，让狄仁杰给她圆。她说：

“朕梦见一只大鹦鹉，十分英武好看，只是两只翅膀折断了，不知主何吉凶。”

狄仁杰回答说：

“鹦鹉的鹉便是陛下的姓，两翼乃是陛下的二子皇储和庐陵王。陛下善待二子，两翼也就复振了。”

圣历元年(公元698年)三月，武则天终于派职方员外郎(兵部的官员)徐彦伯去往房州，托词说庐陵王生病，接庐陵王一家回洛阳治病。李哲是公元684年被赶下皇帝宝座，废为庐陵王的，一直到公元698年才得以回京，中间经过了整整十四年。

这些年一直用尽心机、想当皇储的武承嗣，看到他当皇帝的梦想已成泡影，窝窝囊囊地病死了。

庐陵王李哲是3月回洛阳的。过了半年，皇太子李旦给母亲上疏，请立他的哥哥李哲为太子。他的理由是长幼有序，理应逊位。也由于李旦不贪恋权位，宁愿让哥哥做皇帝。武则天同意了，于9月立庐陵王为太子，仍恢复他原来的名字——李显。李旦则封为相王。

武则天的这两个儿子终于委曲得全，但也饱受了他们母亲的不少折磨。但比起他俩的两位哥哥来，终究是幸运多了。

五

高宗在做皇帝以前就有了四个儿子。他登基后，将长子李忠封为太子。武则天当了皇后，生了李弘，李忠因自己是庶出，上疏让位，被封为梁王，出任梁州刺史——这一过程前文已经提到。次子李孝，被封为许王。三子李上金，被封为杞王。四子李素节，被封为雍王。

算起来，武则天应是这四位王子的嫡母，但武则天对自己的亲生儿子还那么无情，对别人生的孩子又怎能善待呢？而她最厌恶的，便是老四李

素节，因为他的生母是萧淑妃。王子们成人之后，都分封到外地做官，做了州刺史。史书上说："素节……警敏好学。天后恶之，自岐州刺史左迁申州刺史。"为什么要迁呢？因为岐州距长安只有三百一十五里，而申州却远在一千七百九十六里之外。同时给他敕书，说："素节既有旧疾，不须入朝。"这样做的目的，无非是不让李素节跟他父亲见面。其实李素节健康得很，什么病也没有。

李素节好几年见不到父亲，十分想念，便写了篇文章叫《忠孝论》，内容是为人自然应该尽忠尽孝，但有时偏偏想尽忠孝而不可能。他那王府里的仓曹参军张柬之偷着把这篇文章送给皇帝。也许他是好意，希望高宗看到后能宣他的儿子进京，让他见见父亲。但这篇文章偏偏让武则天看到，便诬说李素节纳受贼贿，降封为鄱阳王，发送到长安东南三千五百八十一里的袁州安置。"安置"是说得好听一点，事实上就是流放。这一回李素节离他的父亲就更远了。

过了四年，天后却又上表给李素节求情，请皇帝赦他的罪，任命他为岳州刺史。仍然不许他回京。再过四年，又任为舒州刺史。

高宗的三子李上金，原封杞王，又改封毕王，再改封泽王。他原任沔州刺史，后改任苏州刺史。则天后天授元年——也就是武则天登基当皇帝的那年，武承嗣唆使酷吏周兴在审案的时候，把李上金和李素节罗织进去，说他俩参与造反。刑吏分别解他们进京。李上金自杀了。李素节被押解着从舒州出发，途中遇到老百姓出殡，送葬的人同声号哭。李素节叹气说：

"有病死了多幸运啊，为什么还哭呢？"

可怜这个王子，竟羡慕起生病而死的人来了，因为他知道，他进京去肯定没有好结果。果然，当他们一行走到洛州的时候，李素节便遭到押送人员的缢杀。这二王的子女和亲属也都被杀害。

前太子梁王李忠做了房州刺史。他胆小怕事，由于以前做过太子，怕武则天忌他，便时刻提防。有时候穿上女人衣服，男扮女装，以防备刺客。他又挺迷信，天天自己卜卦，预测吉凶。有人告发他。武则天便废他为庶人，发配到黔州，囚禁在故太子李承乾（太宗的大儿子）的故宅。这伯侄二

人都是长子，也都曾做过太子，却也一前一后被拘囚在这房子里。但武则天还是不肯放过他，终于借上官仪一案牵连，诬他造反，“赐死”于流所。

只有高宗的次子李孝还算幸运，他是因病死于遂州刺史任上的。虽然按年龄说，他得算是“夭折”，因为他那年只有二十岁，但却是“寿终正寝”。

高宗的八个儿子几乎个个都受到武则天的折磨。至于孙辈，也不例外。李贤的三个儿子被他们的祖母幽禁于宫中。天授元年，武则天不知为什么就让人把这三兄弟鞭打一顿，义丰王李光顺和永安王李守义被当场打死；只有嗣雍王李守礼长得皮粗肉厚，才得以存活下来，但也遍体鳞伤。以后武则天还常常打他。旧伤上面摞上新伤，背上的瘢痕长得很厚。后来，他的堂弟玄宗李隆基当上了皇帝，李守礼被封为幽王。有一天，玄宗约他的皇兄皇弟出城打猎。当时天气晴好，万里无云。但李守礼却说，今天不能出去，因为待一会儿会下雨。果然过一会儿，天空乌云堆拢，下起了瓢泼大雨。别的王子说李守礼一定有法术。玄宗问他。李守礼说：

“臣哪里有什么法术。只是由于父亲的缘故，被祖母幽闭于宫中十数年。每年都要赐我几次敕杖，背上长了厚瘢。遇到将雨的天气，长疤的地方就感觉沉闷，晴天则清爽，所以我才能预测晴雨。”说着不禁流下泪来。玄宗让他脱下衣服，用手轻轻抚摸李守礼背上的瘢疤，心中十分难过。

武则天晚年，找了年轻漂亮的小伙张昌宗、张易之等人做面首。这些人本是市井无赖，只凭着生了个好看的面孔，讨年近八旬的女皇的喜欢，便平步青云，做了朝官。而且飞扬跋扈，为非作歹，也没人敢管。那时庐陵王李显已回京做了太子，他的女儿永泰公主嫁给了武承嗣的儿子武延基（当时武承嗣已死，武延基袭爵魏王）。小夫妻对老祖母的行为看不惯。有一天，他俩和太子的儿子邵王李重润在一起谈话，偷偷地说了几句祖母的闲话。不料被宫人听见，告诉了张易之。张易之再向女皇报告。武则天大怒，把太子召来，大加训斥。那窝囊了半辈子的庐陵王吓得战战兢兢地听着，回去立刻逼着儿子、女儿和女婿自杀。

以上讲的，只是武则天对待她自己的儿孙的情况。至于被杀的李唐宗室，则无法统计。公元705年，大臣张柬之、桓彦范等五人发动了一次宫廷

政变，逼着武则天让位。太子李显登基，做了皇帝，才对这些被害的人加以调查。史书说："武后所诛唐诸王、妃、主（公主、郡主）、驸马等皆无人葬埋……至是，制州县求访其柩，以礼改葬。"还有的"子孙或流窜岭表，或拘囚历年，或逃匿民间为人佣保（仆人）"。那就"追复官爵，召其子孙使之承袭，无子孙者为择后置之"。于是"宗室子孙相继而至，皆召见。涕泣舞蹈，各以亲疏袭爵拜官有差"。算是做了一次较全面的善后处理。

当然，以上所述，只是武则天为人的一个方面，因为我们要讲的是"王子被害"的故事。而且这些事情只是发生于统治阶级内部。平心而论，武则天执政期间还是很有作为的。她注意维护国土的完整，高宗时失去的安西四镇（时为公元650年）是在她手里收复的（公元658年）；她训练了强大的军队，隋文帝、隋炀帝，包括唐太宗在内都没能征服的高丽，是她派军队去征服的；她注意为国家发现人才，一年举行一次科举考试，还亲自出题把进士们召到殿堂上来复考，开了殿试的先例；她选任的一些大臣，如狄仁杰、宋璟、姚崇等人，都是当时的有声望的政治家，这些人辅助她把国家管理得兴旺发达。她继承了唐太宗的"贞观之治"，又是玄宗前期的"开元之治"的先声，起到了一个承前启后的作用。特别值得提出的是，在几千年封建制度男尊女卑的时代，她能够以一个女性而掌握国政近半个世纪，实在是难能可贵的。

不错，她杀了不少人，她杀人的目的只是为了扫除她取得"权位"的障碍，或是为了保护她的"权位"。但有时她又是那样通情达理，宽宏大量。此处我们讲两个小故事，作为本章的结尾吧！

武则天当女皇之前，处置了不少大臣。有的她事后想想，是过于严酷了，也有不少是冤案。天授元年，她当了女皇，就派史务滋等人做存抚使，到各处查访属于处置不当的官员的后代，把他们召回京来，封个官职，算是补偿。存抚使回来之后推荐了一些人，武则天便给他们都分封了官职，地位高的做了中书舍人、给事中；其次的则任命为员外郎、侍御史、补阙、拾遗、校书郎。这些官员都是京官，是要有一定能力的。但这些人中有一部分人由于家长受到迫害，本人没受多少教育，结果难以胜任工作，只好算

"滥竽充数"。便有人编了一首打油诗在洛阳流传:"补阙连车载,拾遗凭斗量,欋(四个齿的耙子)推侍御史,碗脱校书郎。"换个说法就是:"补阙一车一车地载,拾遗一斗一斗地量,四齿耙搂来的侍御史,碗模子脱出来的校书郎。"这应该说是当时的"政治讽刺诗"了。有个叫沈全交的举人在后面又增加了两句:"糊心存抚使,眯目神圣皇。"意思是"迷糊了心窍的存抚使,睁不开眼睛的神圣皇"。"神圣皇"当然指的是武则天,说女皇睁不开眼睛,这是对女皇的诽谤,犯了大不敬罪,于是御史纪先知把沈全交抓来,带到朝堂上,准备先打他一顿给女皇消气,再把他斩首。可是武则天却笑着说:

"如果用你们这些人都合格,又何必怕人说闲话呢!不应该治沈全交的罪。"把个御史纪先知臊得满脸通红,只好把沈全交放了。

长寿元年(公元692年)五月,武则天下令禁止宰杀牲畜、捕捉鱼虾。右拾遗张德得了个男孩,按习俗办喜三,买不到肉,就私下宰了只羊,请几个朋友吃酒。右拾遗和右补阙都是谏官,同属中书省,所以客人中就有右补阙杜肃。在吃酒的过程中,杜肃瞅着别人没看见,偷将一块肉饼藏进袖里,回家后连夜修本,向女皇告发张德宰羊的事。第二天早朝,武则天在朝堂上问张德:

"听说卿得了个男孩,挺高兴吧?"

张德急忙跪谢。武则天又问:

"禁屠期间,你在哪儿弄到的肉?"

张德照实说了,并叩头认罪。武则天说:

"朕虽然禁止屠宰,但喜庆丧事还是可以例外的,朕不怪你就是了。但你以后在请客人的时候,也要有所选择。"说着,将杜肃的表章和那块肉饼拿出来给张德看。弄得杜肃面红耳赤,无地自容。这样一来,朝堂上的官员无不对杜肃嗤之以鼻,却又不能不佩服女皇的宽宏大量了。

两个想做“武则天第二”的公主

武则天当上了皇帝,威震天下。便有两位公主也要向她学习,做一个“武则天第二”。这两位公主不是外人,一个是武则天的女儿,一个是她的孙女。

让我们先讲讲武则天的孙女的故事。

一

武则天的这个孙女名叫“裹儿”。

一个皇家的女孩子,为什么起了这么一个粗俗的名字?这还得从她父亲李哲说起。

李哲因为说了一句气话,便被母后从刚坐了两个月的皇帝宝座上撵下来,贬为庐陵王,送到房州安置。裹儿就是在去往房州途中,在马车里出生的。母亲韦妃没有准备,只好把衣服脱下来做襁褓,裹住这小女婴的身体,因此就给她起个小名叫“裹儿”。

庐陵王在房州安置。事实上,“安置”只是名义上好听,其实就是幽禁,不但没有自由,不许到别处去,而且终日提心吊胆,因为说不定什么时候,朝廷就会派来使臣,给予追加的处分。这在唐朝是很平常的事情。因此庐陵王的生活很不安定。小裹儿的童年就是在这样的环境中度过的。

庐陵王性格庸懦,那窝囊劲甚至比他父亲高宗皇帝还厉害些。他怕母后武则天杀他,听说有京里的官员来到房州,便立刻准备了药酒,打算自杀,免得受刀斧之苦。韦妃对他说:

“不就是一死吗?怎么死还不是一样,你急着去死干什么呢?”

其实那是一场虚惊,事后庐陵王对韦妃十分感激,如果不是她的阻

拦，也许他已经死了。感激之余，庐陵王对妻子“许愿”：“将来有一天我若能够复位，你想做什么就做什么，我决不干涉。”

裹儿在担惊受怕的岁月里长大，那种紧张的生活刺激着她小小的心灵。她懂事以后，既恨她的祖母，却又在心灵深处产生一种向往，她希望自己将来也有那么一天，能够像祖母那样为所欲为，把别人的命运掌握在自己手里，想叫谁死，谁就别想活。

她十四岁那年，庐陵王被母后召回洛阳；接着，弟弟李旦又把太子位让给他。小裹儿住进了东宫，被封为安乐公主。她是韦妃的小女儿，上面还有一个哥哥邵王李重润和姐姐长宁公主。后来哥哥和她的同父异母姐姐永泰公主背后议论祖母，被逼自杀。韦妃就对她这个出生于马车中的小女儿格外疼爱。

神龙元年(公元705年)，武则天病了，在迎仙宫的长生殿养病，只有面首张昌宗、张易之在跟前侍奉，宰相竟累月得不到接见。张氏兄弟已培植了相当的势力，如果女皇一旦晏驾，他们乘机夺权是很有可能的事。那时候宰相狄仁杰已经病故了，另外两个宰相杨再思和李峤庸碌无能，同平章事的还有天官侍郎崔玄暐和凤阁(即中书省)侍郎张柬之。他俩怕“二张”得逞，想把他们除掉，就跟司刑少卿桓彦范、尚书右丞敬晖和相王府司马袁恕已商量，说服了右羽林卫大将军李多祚和右羽林将军杨元琰、左武卫将军薛思行等，准备发动一次武装的宫廷政变，除掉“二张”。他们想先跟太子商量。洛阳皇宫的北门跟长安皇宫的北门一样，也叫玄武门。太子东宫在玄武门外。皇太子每天进宫向母亲请安，就从玄武门出入。张柬之便在玄武门等着太子，见面后跟他商量政变的事。太子每次晋谒母亲，还要得到“二张”的许可，他早已感到“二张”的威胁。听说大臣们要帮助自己去掉“二张”，自然同意，便与张柬之约定了举事的日期。

癸卯那天，张柬之、崔玄暐、桓彦范和薛思行等人带五百名羽林军来到玄武门，又派李多祚和左散骑侍郎李湛、驸马都尉王同皎去请太子。他们到了东宫，见到太子李显(做太子后李哲恢复原名李显)。那庸懦的太子却又打了退堂鼓，不干了，借口说，圣上正在病中，怕诛杀“二张”会惊了圣

驾。李湛急了，说：

"诸位将相不顾身家性命，只是为了天下社稷，殿下临时后退，这不是把这些人纳入鼎镬(锅)之中吗？就请殿下自己出去对他们说吧！"

太子还在犹豫，驸马王同皎过去抱起他来，扶坐在马上，一行人向玄武门奔去。张柬之等见太子来了，便率领羽林军进入玄武门。守门的禁卫们见是白发苍苍的老宰相领头，后面还有羽林军的几位将军，便谁也不来过问拦阻。政变军队一路不曾遇到抵抗，顺利地来到迎仙宫。这时张昌宗、张易之两兄弟正在廊庑(wǔ)下商量事情，见张柬之等闯进来，还要耍威风，大声喝斥：

"圣上刚刚睡着，你们怎敢来打扰，不要脑袋了吗？"话声刚落，张柬之一挥手，两名羽林军小校走上来，一刀一个，把两颗涂着脂粉的脑袋砍掉了。

宫人们惊叫着跑进长生殿，把女皇惊醒了。武则天挣扎着坐起来问：

"谁在作乱？"

张柬之走过去，行礼说：

"张易之、张昌宗谋反，臣等奉太子的命令将他们诛杀了。因为怕走漏消息，所以不曾启奏，惊扰了陛下，臣等万死！"

武则天见太子站在众人的后面，便恶狠狠地瞪他一眼，说：

"原来是你呀！好吧，既然已经把那两个小子杀了，你就回东宫吧！"

太子听了转身就要往外走，桓彦范拦住他，面对武则天说：

"太子怎么还回东宫呢？当年天皇(指高宗)以爱子托付陛下，如今太子年龄已这么大了，还久居东宫，这不合天意民心。我等众臣是不忘太宗皇帝和天皇的恩德，这才奉太子以诛贼臣。何况陛下圣体欠安，何不趁此传位于太子，以顺天人之意呢？"

武则天看看大势已去，便叹口气，躺了下去，算是默认了吧！接着该办传位的手续了，自有宰相去办理。甲辰那天，女皇下敕，让太子监国，大赦天下。第二天，下敕传位于太子。第三天，太子即位——应该说是"复位"，因为他以前曾做过两个月的皇帝。史书叙述喜欢用皇帝的庙号，那么下面

就还以“中宗”来称呼他吧。

那时,“二张”的余党都消灭了,拥护他复位的张柬之等人得到了封赏,个个升级晋爵,这些不去详叙。值得一提的是,中宗给他弟弟相王李旦的封号上面加上“安国”二字,称为“安国相王”。妹妹太平公主则加号为“镇国太平公主”。至于韦妃册立为皇后,更是必然的事。那已故去的后父韦玄贞也被追赠为“上洛王”,总算死后沾了女婿的光。

然而朝廷出现了一个大大的纰漏,那就是诸武的势力仍然没动,他们以武则天的侄子武三思为首,仍然把持朝政。而这多少跟安乐公主有点关系,因为安乐公主就是武三思的儿媳。

李显把女儿嫁给武三思的儿子武崇训,是因为武三思是他的表兄,他们这是亲上加亲。而当他做了皇帝之后,朝臣中有人上疏,请他罢黜诸武,他当然不肯答应了。不但不予罢黜,反而加爵升官。他即位之初,就把武三思封为司空。唐朝司空的地位很高,是“三公”之一,品阶是正一品,而宰相班子里的中书令、尚书令和侍中则只是正二品。可见中宗对武三思的信任。中宗还常常穿上便衣,到武三思的府上串门。监察御史崔皎秘密给皇帝上疏说:“国命刚刚恢复,则天皇帝还在西宫,人心仍然浮动,而周(武则天的朝代号)的旧臣尚列居朝廷,陛下怎么能轻易出游,不怕发生意外吗?”崔皎说的本是好话,你皇帝不听也就罢了,可这个糊涂皇帝,却要把崔皎的疏文给武三思看。试想,武氏一伙人还不得把崔皎恨之入骨吗?

五大臣发动政变的时候,有人就建议顺便把诸武除掉。但五大臣意见不一致。这样一拖延,就失去了机会。如果当时下手,五大臣控制全局,那时把诸武收拾掉是不成问题的。等到皇帝登基,权力归于皇帝掌握,再想干什么就得皇帝点头了。中宗既然肯借机升武三思的官职,又怎肯杀他呢?五大臣几次上奏,请求处置诸武,中宗就是不听。

安乐公主做了武三思的儿媳,但她仍然常常回宫,和母后相聚。她在宫中结交了一个女友,两人交情很深。这个女人名叫上官婉儿。

关于上官婉儿的身世,此处略作交代。

上官婉儿的父亲上官仪曾任西台(即中书省)侍郎。那还是麟德(高宗

经常改换年号，他在位时共用年号十四个，“麟德”是他的第四个年号）元年（公元664年），高宗被武则天辖制，也想试着反抗一下。有一天，他把上官仪找来，让他起草一份诏书，要将武则天的后位废掉。早有武则天收买的宫女跑去向武则天密报。武则天怒气冲冲地赶来。这时上官仪已经把诏书写好，自己退出宫去，而那份诏书却还留在桌上。皇后一阵风似的赶来，高宗想把诏书收好已来不及。武则天一把将诏书拿在手中，略略一看，就瞪起眼睛，恶狠狠地将头向高宗的怀里撞，嚷着说：“你杀了我算啦，还废我干什么？杀呀，杀呀！”

皇后珠冠上的珠翠撞在皇帝身上，发出“哗啦啦”的声音。高宗久处于皇后的积威之下，手足无措，对皇后的撒泼毫无办法，只得吞吞吐吐地说：

“这不是我的意思。”

“不是你的意思，难道是我的意思？”

“这都是上官仪教我的。”皇帝要嫁祸于人了，他指着诏书说，“你看，那不是上官仪的笔迹吗？”

第二天，武则天的心腹许敬宗便上疏诬告上官仪造反，顺便把废太子李忠牵连进去，因为李忠被封陈王时，上官仪曾担任过陈王府的谘议参军。这样一来可就是“一石二鸟”，既处置了上官仪，又杀害了李忠（李忠当时被废为庶人，流放黔州）。

皇帝一句瞎话，就断送了上官仪一家。上官仪和儿子上官庭芝被处死，全家籍没。那时上官婉儿还是小姑娘，也被没入宫中为奴。

上官婉儿长得聪明伶俐，武则天倒挺喜欢她，便让她在宫中读书。

上官婉儿逐渐长大，学习又很用功，终于成了一个有学问的女官，而对吏事更为熟习。武则天有些需动笔墨的事情，常常由她代笔。后来官员们的奏章也都由她批理了，武则天竟离不开她。中宗即位以后，宫内的事仍然委她处理，并封她为婕妤，做了宫眷。这个女人最会看风色，她见安乐公主极得帝后的宠爱，便去亲近她，两个人成了好朋友。

上官婉儿早先就和武三思私通，跟安乐公主交好后，就可以有去武三思府的借口了。上官婉儿要讨好韦后。那时皇帝即位，按唐朝宫廷制度，可

以添些宫眷(上官婕妤便是其中的一个),新入宫的多是年轻貌美的少女,皇帝免不了对韦后疏淡起来。上官婉儿便把武三思推荐给韦后,做了韦后的情夫。中宗在房州时曾跟韦后约定,他复位后任凭韦后干什么都不干涉,因此他虽然发现武三思和韦后的关系暧昧,但他是个守信用的人,说过的话算数,所以也不去干涉。有时韦后跟武三思玩双陆(一种可以赌输赢的棋类),他还坐在旁边为他们点发筹码哩!

中宗对武三思言听计从。武三思看时机已到,便向五大臣发起反攻了。他和韦后、上官婉儿、安乐公主等人商议,先采取“欲擒故纵”和“釜底抽薪”的计策。他们为中宗划策,封张柬之等五人为王,罢免他们的职务,赐给金帛鞍马,准许他们初一、十五入朝。但接着又任他们为外州刺史,将他们赶出京师。“五大臣”虽然成了“五王”,但权力尽失,只好任凭诸武宰割了。

俗话说:“没有不透风的墙。”武三思和韦后的丑行还是从宫中传了出来。武三思伺机想了一个计策,一方面陷害“五王”,一方面震慑那些敢于议论他的人。他暗地里派人写了皇后秽行的传单,贴于天津桥。这样把皇后的丑行公开张扬出去,皇帝的脸面何存?中宗发火了,派御史大夫李承嘉去办这个诽谤案。李承嘉正是武三思一党,侦查出结果,回复皇上,说是“敬晖、桓彦范、张柬之、袁恕已、崔玄暐五个人派人干的”,还进一步说,“传单上虽然表面上要求废黜皇后,其实乃是谋逆,企图造反”。他的处理意见是“族诛”——即杀全族。

武三思怕皇帝心软,一面让儿媳安乐公主在宫内进谗,一面让侍御史郑愔在外边活动,非置“五王”于死地不可。但中宗还是念着“五王”拥立他的好处,只给了“五王”以长流边远州郡的处分。

武三思到了这一步,仍然不肯撒手,竟然假传圣旨,派大理正(管刑狱的大理寺的官员)周利用到各流放地把“五王”处死。周利用下去的时候,张柬之和崔玄暐已经死了,周利用便把敬晖、桓彦范、袁恕已分别杀死,回京复命。武三思立刻升他为御史中丞,作为对这个帮凶的奖励。

周利用和侍御史冉祖雍、太仆丞李俊、光禄丞宗之逊、监察御史姚绍

之五个人是武三思的耳目。他们到处伸头探脑，只要听到有一点不利于武三思的议论，马上向武三思报告。当时人们便把他们叫作“五狗”。

武三思的爪牙里还有兵部尚书宗楚客、将作大匠宗晋卿、太府卿纪处讷、鸿胪卿甘元柬等人，他们大多是朝廷各部门的主官。事实上，整个朝政几乎都控制在武三思手中。武三思扬言说：

“我不知道什么叫善人，什么叫恶人。只要有善于我的，我就认为是善人；而有恶于我的，就是恶人。”

中宗即位之初，感念弟弟相王李旦让太子位给他的好处，曾想立李旦为皇太弟，待自己百年之后，将帝位传给他。但李旦对做皇帝没兴趣，推却不干。安乐公主见有机可乘，就去怂恿父亲，要皇帝立她为皇太女。历史上皇帝确定接班人，通常是立儿子，叫皇太子；有时偶或有立孙子的，叫皇太孙；自然也有立弟弟为皇太弟的，但唯独没有立皇太女的。所以中宗还不想创这个先例，对女儿的请求只是笑着摇头。当时韦后生的儿子邵王李重润已死，中宗没有嫡子，便和大臣们商量，立他的庶子李重俊为皇太子(史书上只说李重俊为后宫所生，母亲是谁没有记载)。

韦后由于李重俊不是他亲生的儿子，不喜欢他。而安乐公主更是把他视为仇敌，时常和驸马武崇训找他的碴，凌辱他，甚至称他为“奴”。而武三思和上官婕妤也把太子看成眼中钉，处处加以排挤。

在这种情况下，太子李重俊忍无可忍，便和左羽林大将军李多祚商量。这李多祚便是当初“五大臣”发动宫廷政变时，率领羽林军杀死“二张”的那个将军。由于他是武官，不参与朝政，所以武三思倒没对他进行迫害。但他对目前的局面非常反感，觉得当初和“五大臣”铲除“二张”、中兴唐室时是何等兴奋，却没料到局势竟演变到眼前这样乌七八糟的地步。他本来就愤愤不平，太子来向他求计，他便想再来一次军事政变，把武三思、上官婉儿等人杀死，以清君侧。

李多祚去联络将军李思冲、李承况、独孤祎、沙吒忠义等人，他们都表示愿意拥护太子，以清君侧。景龙元年秋，七月辛丑，太子和李多祚等率领羽林军千骑兵三百多人，先去杀武三思。武三思正跟儿子武崇训在府里商

量事情。千骑兵杀上门来，守卫的几个士兵抵挡不住，太子带人直闯正堂，抓住武三思和驸马武崇训，一刀一个宰了，正在议事的武三思的十几个党羽也做了刀下之鬼。

政变军队再奔皇宫。分派出左金吾大将军成王李千里和他的儿子天水王李禧，率兵把守各个宫门，太子和李多祚则攻开肃章门，到处搜索韦后和上官婕妤。军士们呼唤着上官婉儿的名字，挨个殿阁找她。

上官婉儿十分机警，她一听外边吵吵嚷嚷，就知道形势不对，赶忙往皇帝住的宫里跑。恰好安乐公主也在这里。上官婉儿对皇帝说：

"外边乱军喊着臣妾的名字，是想先杀臣妾，再杀皇后，然后杀大家(大家指皇帝)，怕是太子谋反了。"

于是中宗带领韦后、安乐公主和上官婉儿，跌跌撞撞地奔向玄武门的门楼。正好右羽林大将军刘景仁听到动静，率飞骑(羽林军的军种之一)一百多人赶来。中宗便命他守卫在楼下。不一会儿，太子和李多祚带兵赶来了，看到楼下有羽林军把守，正在犹疑的时候，宫闱令杨思勖却挺刀从楼上冲了下来，站在政变军队最前边的是李多祚的女婿羽林中郎将野呼利，他未曾防备楼上会有人杀下，措手不及，竟被杀死。这时中宗在楼上据着栏杆对楼下的千骑说：

"你等都是朕的忠诚卫士，怎么会跟随李多祚造反呢？你们是上了李多祚的当。你们如果把反贼杀了，朕一定不会吝惜富贵。"

这些千骑本来不知道为什么要举兵，如今听皇上这么说，有的人便反戈了，一时李多祚、李承况、独孤祎、沙吒忠义等均被杀害，千骑们四下溃散。成王李千里和李禧攻打右延明门，准备去杀宗楚客和纪处讷。这时羽林军从四面赶来，李千里等寡不敌众，当场战死。一场政变就这样流产了。

太子逃出京城，原先跟随他的还有一百骑。他们进入了终南山。等走到鄠县(今陕西户县)境内的时候，就只剩下几个人了。太子在林中休息，被左右杀害，提着首级进京请功。

太子政变失败，有关人员受到牵连，许多人被杀，此处不再一一详叙。安乐公主和兵部尚书宗楚客想趁这个机会加害相王。他们唆使侍御史冉

祖雍诬奏相王和太平公主,说他们跟太子同谋,请皇上将他们收审。

中宗把吏部侍郎兼御史中丞萧至忠召来，让他来审理此事。萧至忠说：

"陛下富有四海,难道不能容一弟一妹,而让人罗织罪名加害吗?而且相王当初本是皇嗣,是他向则天皇帝固请,一定要将天下让于陛下,这是海内都知道的事情。为什么他又会勾结太子反对陛下呢?陛下不能因冉祖雍一句话就怀疑他,请陛下三思！"

中宗想想也对,这才把这件事压下。史书上说这也是由于相王李旦淡泊权位、与世无争的缘故。史载:"相王宽厚恭谨,安恬好让,故经韦、武之世,竟免于难。"

景龙二年(公元708年)宫中流传说,皇后装衣服的箱子里有五色的彩云升起,还找来画工绘成图形呈给皇帝。中宗非常高兴,把图展给百官看。刑部尚书韦巨源请皇上把这件事颁布天下,让老百姓都知道。中宗高兴地答应了,还要为此举行一次大赦。

其实这只是韦后和安乐公主搞的障眼法，是为篡夺政权作的舆论准备。安乐公主颇有权势,韦后对她不但宠爱,而且绝对信任。还有那上官婕妤,更是诡计多端,她们对韦后大肆吹捧,无非是想有一天让韦后临朝称制,然后再由安乐公主去做"武则天第二"。

在此之前,中宗已经给了太平、长宁、安乐等几个公主"开府"的待遇。所谓"开府"指的是可以成立府署,自选僚属。这样公主府便成为衙门,府里的僚属也就成为官员了。史书说:"安乐公主恃宠骄恣,卖官鬻狱,势倾朝野。"想做官的人找到安乐公主府的官员,按照公主定的价钱,交足了便可以做官。价钱当然以官阶高低来决定,钱多了官大,钱少的官职当然也小了。任命官员得经过中书省,安乐公主给中书省的公文,为了让中书省的官员知道是通过公主做官的,公文便斜着封口。中书省的官员看到这个记号,就赶紧照办。于是人们把用这种办法做官的人称为"斜封官"。当时不只安乐公主这么办,像长宁公主、皇后的妹妹郕国夫人以及上官婕妤,甚至投靠韦后的女巫第五英儿(第五是姓,英儿是名),都是卖官的大户。

中书省不得不在西京和东都各委派两个吏部侍郎，来应付这些事。

如果买官的人交纳的钱特别多，要当个大官，吏部便决定不了了，得经皇帝批准。对此安乐公主也有办法，史载，安乐公主“自为制敕，掩其文，令上署之；上笑而从之，竟不视也”。这个皇帝对“制敕”这样重要的公文，竟然随女儿任意写，看都不看就笑着签署，你想，公主还什么官卖不出呢！这种事别人可办不到，所以安乐公主的卖官生意格外兴隆。

可是驸马武崇训在政变中死了，安乐公主成了寡妇。她会不会遵照“从一而终”的古训，为武崇训守寡呢？当然不会。她喜欢一个小伙子，这人叫武延秀，官职是左卫中郎将。他“美姿仪，善歌舞”，以前曾常常在武崇训家出入，“公主悦之”。如今武崇训死了，公主刚好可以嫁给这个她“悦之”的人了。

公主结婚这天，中宗派给她皇后的仪仗队，调了羽林军来壮大仪卫，还要公主的叔叔安国相王来送亲。为此，又大赦天下。接着，提升武延秀为太常卿兼右卫将军。还在两仪殿里大摆宴席，宴请群臣。中宗让公主出来拜谢公卿，“公卿皆伏地稽首”。

安乐公主如此得宠，谁也不敢得罪她，只有一个人不买她的账，那人就是太平公主。太平公主是中宗的妹妹，安乐公主的姑姑。这姑侄二人常常在中宗跟前争吵怄气，互不相让，中宗也没有办法。

但别人如果惹了安乐公主，可就要大祸临头了。许州司兵参军燕钦融给皇帝上疏，说“皇后淫乱，干预国政，宗族强盛；安乐公主、武延秀、宗楚客图危宗社”。中宗派人把燕钦融找来，当面问他。燕钦融侃侃而谈，神色不挠。中宗听了默然不语。这时宗楚客也在殿下，他竟假传皇帝的命令让殿上的甲士将燕钦融抓起来，投于殿庭的石阶上，颈骨折断而死。宗楚客还在那里大呼称快。宗楚客在皇帝面前竟这样放肆，中宗虽然不曾追究，但也露出怏怏不悦的神色。

韦后听说这件事，知道皇帝起了疑心，不免产生忧惧。那时有个叫马秦客的散骑常侍（散官，没有具体职权），因为懂得医术，常常被召进宫给韦后看病。马秦客年轻貌美，韦后便和他私通。又有一个光禄少卿杨均，善

于烹调，韦后常召他进宫做菜，也做了韦后的“入幕之宾”。如今既然外边纷纷传扬皇后淫乱，看样子皇帝好像也有些察觉。韦后虽然跟皇帝曾经有过不干涉她行为的约言，但如果做得过火，皇帝面上也太难看，假如一朝翻脸，那可是性命交关的事情。

安乐公主看母后愁眉不展，便去问她。韦后倒是不瞒她的女儿，就把心事对安乐公主说了。安乐公主念念不忘当“武则天第二”，觉得这是个大好机会，只要把父皇杀了，母后就可以临朝称制，再封自己为皇太女，那么女皇的梦想也就实现有望了。这两个女人为了自己的私欲，竟然灭绝天良，在饼里放上毒药，给中宗吃了。景云四年六月壬午，中宗崩于神龙殿。

韦后先不发丧，而是派驸马都尉韦捷、韦灌、卫尉卿韦浚、左千牛中郎将韦锜、长安令韦播等，率领羽林军和万骑（万骑是千骑的改称）护卫皇城；派中书舍人韦元率军在六街巡逻。当这一切安排就绪之后，这才宣布发丧。她怕她的威望不够，不敢直接当女皇，便把中宗的一个十六岁的儿子李重茂扶上来当皇帝，自己作为太后临朝摄政，而把军政大权交给韦温。这样一来，韦氏家族就把所有大权都控制住了。

相王的第三个儿子临淄王李隆基任职潞州别驾，这时正在京中。他喜欢交朋友，有几个万骑将领就是他的朋友。

当初太宗时期，曾选了一部分骁勇的武士，让他们穿虎纹的衣服，跨豹纹的马鞍，随从皇帝打猎。那时人数不多，所以称为百骑。武则天时人数增加，呼为千骑，隶属于羽林军，那就不光是打猎，而负责起守卫皇宫的任务了。到中宗时，更增为万骑。这些人勇猛剽悍，善于战斗。韦后要控制这部分军队，派她的族人韦播、韦浚和心腹高嵩来当万骑的主将。韦播等怕万骑不好控制，一上任就要立个下马威，找碴重责了几名将士。这样一来，他们的威没立成，反倒惹起万骑的仇视。

李隆基去找他的姑姑太平公主，想再发动一次军事政变。参与计划的有太平公主的儿子卫尉卿薛崇暕、皇苑总监钟绍京、尚衣奉御王崇晔、前朝邑尉刘幽求、利仁府折冲都尉麻嗣宗，但这些人官职都不高，又都不掌握军队，因而觉得发动军事政变很困难。这时李隆基想起万骑中的朋友，

便去找他们。

恰好万骑果毅都尉(将领名称)葛福顺和陈玄礼由于受了韦播的气,来找李隆基,说:

“新来这两个姓韦的浑蛋,作威作福,无缘无故地就捶打万骑弟兄,真恨不得杀了他们!”

“他们可是韦太后家族里的人啊!”李隆基故意说。

“韦太后又怎么样,她那些丑行谁不知道,还有脸临朝称制呢!”

“如果大家起来把这些姓韦的除掉,你们看有没有可能?”

葛、陈二人一听,马上表态愿意这么干。陈玄礼还拍着胸脯说:

“公子如果带头,我等绝对跟随,万死不辞。”

陈玄礼又去联络了万骑果毅李仙凫(fú)。李仙凫对李隆基说:

“举这样的大事,是不是应该告诉相王?”

李隆基回答说:

“我等举事全是为了社稷,事成了福归于相王,不成以身死之,也不连累他。再说,我们告诉他,他同意了,也就参与了我们这危险的事;不同意,反而对我们不利。”于是大家决定,就他们这些人干,不让相王知道。

庚子那天黄昏时分,李隆基穿便装,带领刘幽求等人进入皇苑去找钟绍京。钟绍京任西京的皇苑总监,是负责管理皇苑园林的。皇苑地方广阔,树木丛茂,所以李隆基和万骑约会在钟绍京这里见面。到二更时候,葛福顺和李仙凫如约来到,请李隆基发布命令。这天夜空晴朗,忽然一丛流星纷纷下落,像降雪一般。刘幽求说:

“这是上天示意,机不可失!”大家信心更足了。他们先奔万骑营,来到主将营房。守卫的正是葛福顺的部下。葛福顺进入营中,把正酣眠的韦湰、韦播、高嵩都杀了。万骑们闻声惊起。葛福顺对大家说:

“韦后毒死先帝,谋危社稷,今天晚上当共诛诸韦,从相王以安天下。敢有执两端助逆党的,灭他的三族!”

万骑们听了同声响应,大家拿起武器,奔涌而出。这时钟绍京带领苑中的丁匠两百多人,也执着斧锯赶来参加。李隆基派葛福顺率左万骑攻玄

德门，派李仙凫率右万骑攻白兽门。他自己则率一部分羽林兵和总监的工匠等在玄武门外。葛福顺和李仙凫攻下二门，万骑们大声喊杀，攻进皇宫。这时中宗尚未安葬，梓宫（即棺材）还放在太极殿。守灵的将士有的已睡下了，听到喊杀声都披上甲出来响应。李隆基也杀入了玄武门。这时韦后本已入睡，听到呼噪的声音知道大事不妙，爬起来往万骑营跑，想去依靠韦播的保护。恰好遇着一名万骑将领，一刀砍下她的首级，去献给李隆基。

上官昭容（上官婉儿本是婕妤，后加封为昭容）是负责草拟敕制的。中宗死后，她曾草拟了一个以相王辅政的遗诏，不过韦后不肯用。这时听说发生了政变，便执着蜡烛率领宫人出来迎接，用这遗诏的草稿证明她是心向着相王的。李隆基不听她那一套，命令士兵把她斩于旗下。

安乐公主和驸马武延秀这晚恰好住在宫中。安乐公主临睡前还要对镜画眉，军士们冲进来，一刀将她砍倒。武延秀见机得快，先跑了出去，军士在后面追赶，追到肃章门外将他赶上，也是一刀了事。

这时天已亮了，李隆基下令关闭城门，搜捕诸韦的亲属和同党。大臣韦温、韦巨源等都被杀。中书令宗楚客穿上布衣，戴一顶大帽子，骑青驴逃到通化门（京城东北的第一座门）。守门的将士揭下他的帽子，叫着：

"咦！这不是宗尚书吗？"于是把他从驴背上拖下来，斩于路边。

大事已定，李隆基去见父亲相王，为他的不先禀告请罪。相王抱着他流泪说：

"社稷宗庙得以不坠，全靠我儿的力量啊！"

太平公主和百官纷纷要求相王即位，相王仍然推辞。后来刘幽求去找李隆基和宋王李成器（李隆基的大哥），对他们说：

"相王当初已居帝座，为群臣所拥护。如今人心未安，家国事重，相王怎么能拘守小节，不早即位以治理天下呢？"

李隆基说：

"父王性情恬淡，不把帝位放在心上。以前虽然已有天下，仍然让于别人，何况今上乃是亲兄的儿子，父王怎肯去代之呢？"

刘幽求说：

“众心不可违弃，相王虽然想要独善其身，然而对社稷也不关心吗？”

李成器和李隆基去见相王，用刘幽求的话来说服他。相王想想，终于答应了。甲辰这天，少帝李重茂坐在太极殿的御座上，而相王立于中宗的梓宫旁边。太平公主对十六岁的少帝说：

“皇帝把这个位子让给叔父吧，好吗？”

李重茂这几天糊里糊涂，只知道宫里闹翻了天，对他肯定不利，却又不知所措，对姑姑说的话又怎敢不听呢？于是太平公主以皇帝的名义颁布诏敕，传位于相王。

这时少帝还坐在御座上。太平公主走过去，把他领下来，对他说：

“天下之心已归相王，这不是孩儿的座位啦！”在场的大臣欢呼起来，睿宗第二次登上皇帝的宝座，封少帝为温王。

11月，葬孝和皇帝李显于定陵，庙号中宗。但韦后却未能祔葬，因为她已被贬为庶人。被贬为庶人的还有安乐公主裹儿，而她的庶人又与众不同，前面还增加了两个字，称作“悖逆庶人”。

新皇帝登基，有许多善后的工作要做，诸如大赦天下，封奖功臣，捉拿和贬谪韦后的余党，对以前冤死的太子李重俊、张柬之等“五王”、成王李千里和李多祚等人予以平反，恢复爵号，还要追削武三思和武崇训的爵谥，平其坟墓，开棺暴尸……应该一提的是，朝廷要派使臣去往均州宣慰谯王李重福。

谯王李重福又是怎么一个人呢？

李重福是中宗的庶长子，被封为谯王。他的妃子姓张，是张易之的甥女。当初邵王李重润兄妹议论武则天，有人告诉张易之，张易之又去向武则天告发，李重润等才被逼自杀。韦后便怀疑是谯王妃告的密，迁怒李重福。其实这件事倒与李重福夫妇无关，告密的另有其人。然而黑锅已经背上，那就只好自认倒霉了。中宗即位以后，便把他这个儿子外迁均州刺史。

中宗死后，韦后临朝。有个叫郑愔的吏部侍郎被贬为江州司马。他在赴任途中偷偷地跑到均州，去见李重福。郑愔动员李重福起兵征伐韦氏。但还没等他们组织好，韦氏就失败了。这些人中有个洛阳人，名叫张灵均，

他对李重福说：

“大王是先帝的长子，应当继位为天子。相王虽然有功，但他不应承继大统，东都的官民都企望大王。如果大王潜入洛阳，发动左右屯的营兵(守卫宫城的军队)，袭杀洛阳留守(镇守洛阳的主官)，占据东都，就如神兵天降。然后再西取陕州，东取河南、河北，天下就可传檄而定，这可是成功立业的大好时机呀！”

李重福采纳了张灵均的建议，跟郑愔商量。未从举事，先拟定了登基后的敕书，李重福将改元“中元克复”；将尊睿宗为皇季叔，以温王为皇太弟，封郑愔为左丞相知内外文事，张灵均为右丞相、天柱大将军，知内外武事，同伙中还有个叫严善思的，封为礼部尚书，知吏部事。准备工作做完了，郑愔先潜入洛阳，住在他的好朋友驸马都尉裴巽家里，等着接应。李重福和张灵均则率领纠集到的几百人，向洛阳进发。

郑愔借住在裴巽家里，行踪不密，走漏了风声。县官便到裴巽家里查问。这时，有人报告县官，李重福已经向洛阳来了，县官也顾不得查了，赶快跑去告诉留守。这留守是个胆小鬼，不但不组织抵抗，反而弃官逃走了。于是群官俱都逃匿。只有长史崔日知没跑，组织留守府的卫卒去保卫皇城。

这时李重福一伙人已来到洛阳城外的天津桥，被留台侍御史李邕看见。李邕认识李重福，看这伙人手执兵刃，乱糟糟跑来，知道他们是要来占领东都。李邕便急忙驰到左屯营，告诉营中将领说：

“谯王得罪先帝，如今无故带人进入东都，必是作乱，你们应该趁这个机会立功，博取富贵。”他又跑到右屯营，照样布置。又去告诉皇城的守兵，把皇城门关上，作好防御的准备。这时李重福那几百人已入了洛阳城，先去屯营。营中的士兵向他们发箭，箭如雨下，李重福根本进不了屯营。没有办法，只好转向左掖门，想占领皇城。可是城门已经关了，崔日知领留守府的卫卒在城楼上抵抗，李重福便下令放火烧城门。火还没点着，左屯营的士兵已经开营杀来了。李重福率领的是乌合之众，一见军队杀来，竟一哄而散。李重福单骑逃出上东门，到山谷里隐藏起来。第二天，留守派兵到山

上搜索。李重福东躲西藏，不小心跌进漕渠里，淹死了——又一位王子就这样死于非命。

嗣后，朝廷撤了留守的职，拜长史崔日知为留守。侍御史李邕也得到升迁。

郑愔知道李重福失败，便化装成一个妇人，藏在车里，想混出城去。那时洛阳各门盘查行人。军士看他的举动不像女人，便让他把头巾摘下来，现出了一张丑脸，满布络腮胡须，终于没混过去。那张灵均也被拿获。崔日知审讯他们。郑愔吓得身体如筛糠一般，抖个不停，问他话也哆哆嗦嗦答不出来。那张灵均倒是神色自若，他"呸"了郑愔一口，说：

"跟这种废物共同举事，不失败才怪！"

郑愔和张灵均都被斩于东都，灭其全族。

那郑愔是个趋炎附势的小人，到处钻营，看谁有势力便去投靠。他最早依附来俊臣，给这个酷吏做密探。后来来俊臣被处死，他便去谄事张易之。"二张"败后，他被贬为司户参军。由于贪赃，被上司追查，他逃到东都，又去投靠武三思。他很会装腔作势，看到武三思，他先是大哭三声，却又大笑三声。武三思挺奇怪，问他这是干什么。他说：

"我刚见大王时，大哭三声，是对大王将被戮而悲哀。大王虽得天子之意，但'五大臣'位高权重，个个胆略过人，废天后(指武则天)竟易如反掌。大王自思，势位跟天后比谁重？所以臣以为大王危在旦夕。然而我又大笑三声，这是为什么？就是为大王得遇微臣而庆幸，臣自有对付'五大臣'之策。"

武三思很高兴，请他登楼和他长谈，韦后和武三思加害"五大臣"的阴谋，有不少就是郑愔出的主意。武三思保他做了吏部侍郎。武三思和韦后失败后，他再去依附谯王李重福，怂恿他造反，结果终于身败名裂。史书说他："初，愔附来俊臣得进；俊臣诛，附张易之；易之诛，附韦氏；韦氏败，又附谯王重福，竟至族诛。"俗话说，"玩火者必自焚"，这也是玩弄阴谋诡计的人必然得到的下场。

二

这一节讲第二个想当“武则天第二”的公主，她就是武则天的小女儿太平公主。

太平公主长得有点像男子，“方额广颐”，看起来颇具威严，而且很有权略。武则天认为她这个小女儿很像自己，因此对太平公主十分喜爱，武则天生了四男二女，只有她不曾受过任何折磨。高宗也对她很宠信。唐朝规定，公主可以享受食邑三百户，而太平公主最早就得到一千二百户，后来竟累计到三千户，是规定的十倍。那就是说，这三千户老百姓的税赋都归太平公主所有。

当初武则天的父亲武士彟封为太原王。咸亨元年，太原王妃死了，武则天为给她母亲“追福”，让太平公主做了女官。公主处理政务挺有办法，有了些名气。后来吐蕃来请求和亲，就指名要太平公主。高宗便建了一座太平观，让太平公主做了观主。女道士是出家人，不能结婚，用这个办法把吐蕃请婚的请求拒绝了。

太宗的女儿城阳公主嫁给光禄卿薛曜，他们生了个儿子，名叫薛绍。武则天见薛绍长得十分英俊，便把太平公主许配给他。成婚那天，时间是黄昏以后，送亲的人个个手执火炬，队伍由兴安门往南，经过三条大街，直达驸马府所在的宣阳坊，沿途夹路栽植的槐树竟大部分被火炬烤死了。

薛绍的哥哥薛顗娶的是姓萧的女子。武则天以为她出身低微，说：

“我的女儿怎么能跟田舍女子做妯娌呢！”竟要让薛顗把妻子休了。后来有人告诉她，说萧氏是太宗时大臣萧瑀的侄孙，而萧瑀的儿子萧锐又是太宗女儿襄城公主的驸马。有这种国家旧姻的关系，萧顗夫妻才未被拆散——从这件事，也可以看出武则天对太平公主的宠爱了。

太平公主跟薛绍生了四个儿子——薛崇行、薛崇敏、薛崇简、薛崇暕。

垂拱四年，武则天杀了李唐的一些宗室，各地的王子惴惴不安，一些人便联合起来，起兵反对武则天，其中有博州刺史琅玡王李冲。后来诸王

失败，薛绍和哥哥薛顗、薛绪都受到牵连。薛顗、薛绪被处死；薛绍由于太平公主的关系，只打了一百杖，押于狱中。薛绍在狱中瘐(yǔ)死。

尽管武则天疼爱她的女儿，但这个女婿既然敢于反对她，那也是照样惩处，不予宽容。

太平公主成了寡妇。武则天让她改嫁，问她看中了什么人？太平公主说武攸暨不错。武攸暨是武则天伯父武士让的孙子，当时任右卫中郎将。但武攸暨已经有了老婆。武则天就派人偷偷杀死了武攸暨的妻子，而把太平公主嫁给他。

太平公主一直厮守在母亲身边，眼见母亲的事业轰轰烈烈，内心深处除了敬佩之外，也还十分羡慕，她多么希望自己将来也能像母亲那样主宰天下啊！事实上，她也从母亲那里得到过学习锻炼的机会。史书说："太后以为类己（武则天认为太平公主很像自己），宠爱特厚，常与密议天下事。"这样，就使她逐渐形成了想当"武则天第二"的野心。

不过太平公主却也乖觉，她眼见哥哥们一个个遭了母亲的迫害，知道母亲最忌有人染指她的权位，即便是亲生的子女也不行。所以太平公主把自己的野心深深地隐藏起来，她奉公守法，不做分外的事，即使是驸马薛绍的生命不保，她也不去向母亲求情。

"五大臣"发动政变之后，武则天退位，中宗皇帝登基。皇帝喜欢他这一弟一妹，给太平公主的名号上面加上了"镇国"二字。这虽然只是一种荣誉，但也引发了太平公主的野心。对哥哥的庸懦她是知道的，再加上韦后和安乐公主弄权，她也就不甘落后了。中宗下令准许公主开府，而她的后夫武攸暨又做了司徒，并加开府仪同三司。接着又加实封，食邑竟达万户，简直成了京师的第一人家。

但是，太平公主终究是中宗的妹妹，在皇帝面前，不如韦后和安乐公主那样随便，太平公主愤愤不平，因而与安乐公主不和。她俩各有一部分朋党，互相谮毁，弄得中宗左右为难。有一天，他对修文馆直学士武平一说：

"近来内外的亲贵关系不睦，有什么方法能使她们和气相处呢？"

武平一回答说：

“这都是由于有谗谮的人暗中离间，应该对她们多加诲谕，让她们斥逐奸佞、断绝谗言。如果还不行，就请陛下舍近图远，抑制慈心，严加管教，不要使之积恶太多，不可挽回。”

中宗觉得武平一的话很对，赐给金帛，但却不能照办。终于导致了韦后和安乐公主合谋，将他毒死的结局。

中宗死后，韦后和安乐公主专权，太平公主感觉到威胁逼近。恰好李隆基和她的儿子卫尉卿薛崇暕关系密切，她知道李隆基要发动政变，不但支持儿子参加，还替侄儿李隆基出谋划策，终于使政变成功，韦氏的势力瓦解，她的大敌安乐公主也死了。在拥护睿宗即位的过程中，她又出了一把力，得到睿宗的尊重。皇帝要商量大事，常去向她征求意见，或是请她到宫里来，一坐就是半天。不然的话，就让宰相去公主府请教。有时宰相向皇帝奏事，睿宗常问：“这事跟太平公主商量了吗？”或是问：“跟三郎商量了吗？”三郎就是李隆基，因为他在弟兄中排行老三，所以睿宗常这样叫他。

史书说：公主要做什么事，皇帝无不听从，自宰相以下的官员，提升、黜退就凭她一句话。至于通过她推荐、提拔而位居显要的人，更是不可胜数。她的权力实际上比皇帝还大。趋附于她门下的人好像市场上的人一样多。她的儿子薛崇行、薛崇敏、薛崇简、薛崇暕俱都封王。说她“田园遍于近甸，收市营造诸器玩，远至岭、蜀，输送者相属于路，居处奉养，拟于宫掖”。

然而她也有件遗憾的事，那就是不该支持立李隆基为太子。

睿宗登基之后要立太子，按照“立嫡立长”的原则，当然应该立宋王李成器了，因为他是睿宗的大儿子。然而李成器有点像他的父亲，对当皇帝不感兴趣。他对父皇说：

“国家安定的时候，可以立嫡长；国家危急的时候，则应立有功者。如果不这样，便会使四海失望。儿臣不敢居平王之上。”

平王是李隆基刚得到的封号。李隆基自然也要推辞。李成器就到皇帝那儿哭求，“涕泣固请者累日”。

大臣们也认为李隆基的功大，可以立为太子。刘幽求对皇帝说：

"臣闻,除天下之祸的,当享天下之福。平王拯救了社稷的危难,挽救了君亲的风险,论功是没有人能比的,论品德也最贤惠,立平王为太子,没有人反对。"

睿宗于是立李隆基为皇太子。而以宋王李成器为雍州牧、扬州大都督、太子太师。

在立太子这件事情上,太平公主起初是倾向于立李隆基的,一来她和李隆基在反韦的斗争中合作过;二来她认为李隆基年纪小,对他容易施加影响。

然而过了一段时间,太平公主发现李隆基十分英明能干,不像她想的那样。她希望的太子是一个懦弱的人,这样她才能巩固她的权势,实现她做"武则天第二"的梦想。于是,她指使她门下的人四处散布流言,说:"太子不是长子,没资格当太子。"这话传到睿宗耳朵里去了。睿宗不得不为之发布一篇敕文,戒谕中外,说明立太子的理由,以平息舆论。

太平公主还派人监视太子,太子的一言一行她都知道,频频地去向皇兄报告,说太子的坏话。太子还发现,他的左右有人被太平公主收买,做了公主的耳目,因而太子深为不安。

一些投靠太平公主的朝臣经过公主的举荐,大都盘踞重要的岗位。当时朝中七名侍中、尚书令、中书令等宰相一级的官员,竟有五名出于太平公主门下。还有一个御史大夫、同平章事(同平章事是指虽不是宰相,却可以参与宰相事务的官员)窦怀贞,更是太平公主的死党。

这位窦怀贞还有一段颇为可笑的经历,此处顺便说说,看投靠到太平公主门下的都是些什么人物。

那还是中宗景龙二年,除夕的那一天,中宗召集中书、门下两省的官员,诸王、驸马和学士,到宫中守岁。宫中悬灯结彩,大摆宴席,笙箫齐奏。君臣们正饮得高兴,中宗忽然对窦怀贞说:

"听说卿久无伉俪,朕甚为你忧愁,趁今夕是岁除的吉日,朕替你成就一门亲事吧!"

窦怀贞受宠若惊,立刻唯唯拜谢。

过了一会儿，就见一队人由内侍官领头，从殿西廊走了过来。前边是几对纱灯，引着一把金缕罗扇，扇后则走着一个女人，身穿礼服，满头珠翠，一步步走了过来。大家知道这就是新娘子了。皇帝让新娘坐到窦怀贞对面，命令窦怀贞朗诵《却扇诗》。

唐朝风俗，新人成婚的时候，用扇遮面，待新郎诵了《却扇诗》，才能把扇子拿开，露出新人的真容。《唐诗》记录了李商隐代董秀才写的《却扇诗》："莫将画扇出帷来，遮掩春山滞上才。若道团圆是明月，此中须放桂花开。"至于窦怀贞当时诵的《却扇诗》是什么内容，史书上没有记载，只好阙如了。

窦怀贞遵照皇帝的吩咐，诵了《却扇诗》，遮在新人面前的执罗扇的宫女徐徐把扇子移开，大家面前却出现了一个虽然满脸脂粉，却掩不住皱纹的老太婆。原来她是韦后的老乳母王氏。于是皇帝和大臣们捧腹大笑起来。窦怀贞却像得到了无价之宝一样，诚惶诚恐地跪下向皇帝谢恩。中宗当场封王氏为莒国夫人。当时，人们都把乳母的丈夫称作"阿奢(zhē)"，以后窦怀贞在谒见皇帝或写表状的时候，就自称"昭圣皇后(指韦后)阿奢"。人们跟窦怀贞开玩笑，叫他"国奢"，他还欣欣然面有得色。

但等到李隆基发动政变，诛杀韦党的时候，窦怀贞却把他那个"莒国夫人"杀了，提着头去献给李隆基。

过后，窦怀贞又去投靠太平公主，仍然当他的御史大夫。后来，太平公主又保举他做了侍中。他每次退朝回来先不回家，却要到太平公主的府第向公主汇报。公主有什么事，他都颠着屁股争着抢着去办，就像是公主的管家。所以人们说他："前为皇后阿奢，今为公主邑司。"

就是窦怀贞这样一伙人，有机会便在睿宗面前嘀咕，说太子的坏话。有一天，睿宗把太子少保(东宫太子的三位老师之一，职掌是辅导太子)韦安石找来，对他说：

"听说朝廷官员都倾心东宫，你替我查一查。"

韦安石回答说：

"陛下怎么能说这种话！这一定是太平公主那一伙人策划的。太子有

功于社稷，而且仁明孝友，天下谁不知道！希望陛下不要听信那些谗言。”

睿宗点点头，说：

“朕知道了，你不要对别人说。”

太平公主见造谣不管用，竟亲自出马。有一天，她乘辇来到光苑门，召集几位高级官员，提出让他们向皇帝建议，更换太子。官员们的脸色都变了。吏部尚书宋璟抗言说：

“东宫有大功于天下，真是宗庙社稷之主，公主怎么能提出这样的建议呢！”太平公主悻悻地走了。不久，宋璟就被贬为楚州刺史。

睿宗景云三年六月，太平公主的丈夫、右散骑常侍武攸暨死了，追封为定王。

过了几天，太平公主忙活完了丈夫的丧事，就又来对付太子了。她派一个术士去见皇帝，对睿宗大谈“星变”，说“帝座及心前星均有变”。古代迷信，认为天象代表人世。“帝座星座”是皇帝的代表，而“心三星”中的“中星”是皇帝，“后星”是皇后，“前星”是太子。术士说：“如今前星侵了中星，主着太子要当皇帝。”太平公主指使术士这么说的目的，是吓唬皇帝，暗示太子又要搞政变了，让他把太子废掉。

睿宗听了以后却说：

“那朕就传位避灾吧！”

太平公主弄巧成拙，反而促使太子提前继位。她后悔得不得了，又和她的同党去向皇帝进言，认为皇帝春秋正盛，不宜退位。睿宗说：

“中宗在位的时候，群奸用事，天变示警，屡屡发生。朕当时曾请中宗选择贤德的儿子立为太子，以应灾异。中宗不悦，朕为这件事忧恐得好几天吃不下饭。如果说朕能够劝说别人，为什么自己就不能办到呢？”

太子听说这件事，跑进宫来，伏地叩头请求说：

“儿臣以微功得以为嗣，常怀忧惧，怕不能胜任。不知陛下为了什么缘故，突然要以大位传于儿臣呢？”

睿宗说：

“社稷之所以能够转危为安，朕之所以能够得天下，都是靠你出力。如

今‘帝座’有灾，星变示警，所以才把帝位传给你，这是转祸为福，你不必有什么疑虑。”

太子还要固辞，睿宗说：

“你是孝顺儿子，何必非等到在朕的柩前才即位呢？”

太子听父皇这么说，只好涕泣而出。

于是，睿宗发布敕命，传位于太子。太子上表固辞。太平公主又来劝皇帝，说虽然把帝位传给太子了，但也还要自己总揽大政，就像当初天后武则天那样。睿宗不听，终于把帝位传给太子。8月，玄宗（李隆基的庙号）即位，尊睿宗为太上皇。

太平公主怎么也没想到，她的离间计反而促使李隆基提前当上皇帝。她跟李隆基嫌隙已成，她知道，由于哥哥李旦的袒护，她才能在朝中作威作福。如今哥哥佯做了太上皇，不再管理朝政，一切权力归于李隆基，那么她的女皇梦不但要破灭，说不定新皇帝还会对她进行报复，这可真是后患无穷。想来想去，她终于豁出去了，准备来次孤注一掷，用武装政变把新皇帝打下去，再选一个年幼的皇子当皇帝，自己临朝称制，多年的愿望才有可能实现。

搞政变得有军队，她把宰相萧至忠、窦怀贞、岑羲和崔湜找来，秘密商议，串联了左羽林大将军常元楷、知右羽林将军事李慈、左金吾将军李钦，让他们率领军队进攻皇宫。还有死党中书舍人李猷、右散骑常侍贾膺福、鸿胪卿唐晙也参与了密谋。并定于7月4日作乱。他们的计划是，当那天上早朝的时候，常元楷和李慈率羽林军突入君臣议事的武德殿，不但要杀了皇帝，还要把那些不肯依附太平公主的大臣们杀掉。宰相窦怀贞、萧至忠、岑羲则带兵在南牙（“牙”即“衙”，唐时宰相所在的官署，统称南牙）接应。这计划不能说不好，然而可惜的是，机密却泄露了，被侍中魏知古知道。魏知古去报告玄宗。于是玄宗找来四弟岐王李范、五弟薛王李业、兵部尚书郭元振、龙武将军王毛仲、果毅李守德和内给事（内侍省的太监）高力士等人，商议以后，决定先发制人，提前动手，把政变消灭在未发动之前。

3日这天，龙武将军王毛仲带三百名士兵驱御马厩里的闲散军马，乱

糟糟地进入皇城。玄宗召常元楷和李慈去查问。维护皇城秩序本是羽林军将领的职责，所以常、李二人并不怀疑。他们听说群马已从武德殿院内进入虔化门，便急急赶去。他们找到王毛仲，刚要喝问，王毛仲已经拔出刀来，砍掉他俩的脑袋。士兵们赶到中书省，捉获了贾膺福和李猷，再到朝堂拿到萧至忠和岑羲，把这些人统统斩了。只有窦怀贞听到风声，急急忙忙跑出城去。

太平公主也出城逃亡。

京城里侦骑四出，捉拿太平公主的党羽，杀了几十人，太平公主的四个儿子也死了三个，只剩下一个是薛崇简。他曾几次劝过他的母亲，故而饶过他，并保留官职。籍没太平公主的家，那些珍宝财货堆积如山，有些珍奇的东西是皇宫里都没有的。

窦怀贞逃到山上，藏在一个山沟里，搜索的人倒是没找到他。但山沟外面防守严密，他逃不出去，而且又逃得仓促，什么食物也没带。饿了三天，实在熬不住，只好找棵歪脖树，吊了上去。他的尸体被发现后，运到城里示众。改他的姓为“毒”。

太平公主也是饿得受不住才跑回来的。她藏在一座山寺里。那山寺地方隐僻，而那寺又是她资建的，故而寺主愿意保护她。可是庙里吃的是素食，用惯珍馐的公主对那些粗粝的饭食实在咽不下去。她想：不如悄悄进宫，去找哥哥太上皇，说不定会保她不死。她带着几个卫士从山上下来，回到家里，门口的军士并没拦她。可是她刚一进门，皇帝的钦使便到了，带给她“赐死”的处分。她大吵大嚷，要去见太上皇。钦使冷冷地说：

“公主若不奉诏，就只好唤刀斧手进来了。”

刀斧手进来自然要砍脑袋。太平公主没办法，只好饮下了毒酒。她那想当“武则天第二”的抱负也终于化作了南柯一梦。

唐明皇虎毒“食”子

一

唐朝初年，女皇武则天当政的时候，在长安城东隆庆坊有一户人家，主人名叫王纯。有一天，他家的井水忽然溢了出来，越冒越多，无法止住，后来竟漫溢成一个广袤数十顷的大池塘，人们便给这池塘起个名字叫隆庆池。

在隆庆池的北面，一列排着五座王府，那是相王李旦的五个儿子的府第。中宗时这五个儿子都已封王，他们是寿春王李成器、衡阳王李成义、临淄王李隆基、巴陵王李隆范、彭城王李隆业。因而人们就把这儿统称为“五王府”。

有个看风水的术士告诉中宗皇帝说：“那儿郁郁有帝王气。”中宗为了“厌之”，便在池的南边结彩为楼，比池北的“五王府”高出许多。皇帝还亲自到隆庆池，在池中泛舟；又在彩楼上大宴群臣。认为这样一来，就把那儿的“帝王气”给“厌”下去了。

似乎这“厌之”的法子并不灵，因为后来“五王”中的李隆基到底当了皇帝，因而就把隆庆池又称为龙池。

这当然是迷信，是所谓的“帝王之兴，必有祥瑞”的附会。据《长安志》记载：“龙池在跃龙门南，本是平地，自垂拱（武则天年号）初载后，因雨水流潦（lǎo）为小流；后又引龙首渠水分溉之，日以滋广。”说明汇成这池水的是龙首渠的渠水，而龙首渠水则引至浐河，根本就不是从一口井里冒出来的，更与龙无关。

然而李隆基终于做了太子。他搬到东宫去住了，就把他的王府送给了他的堂兄李守礼，所以这儿仍然是“五王府”。李守礼是李隆基的伯父、已

故太子李贤的儿子。李贤得罪了母亲武则天，被流放到巴州监禁，最后被杀害。李贤的三个儿子则被祖母幽禁于宫中。后来李光顺、李守义遭祖母鞭杀，李守礼也备受折磨，武则天动不动就要把他打一顿，“岁赐敕杖者数四”。武则天为什么这么讨厌他？谁也闹不清楚。

睿宗当时是名义上的皇帝，大儿子李成器还一度被立为太子。李隆基弟兄们对他们这个堂兄李守礼非常同情，常常送些衣物和食品给他，并给以安慰鼓励。就因为他们之间有这种关系，所以李隆基才把府第送给他。

景云三年，睿宗传位于太子，李隆基做了皇帝。他常常把“五王”请到宫中欢聚。他让人做了张特大的床，做一个长长的枕头和一床大被。夜间，兄弟六人同睡在这一床被里，一边谈心一边慢慢入睡。不过这样究竟太不方便了，就又在殿中设了五座帐子，让“五王”宿在里面。每天早晨，皇帝要上朝了，“五王”就在皇帝寝宫的门外等着，跟皇帝互相问候早安。皇帝退朝之后，就跟五弟兄在一起，快乐相处。他们有时饮宴，有时斗鸡，有时击毬，而玩得最多的则是在一起演奏音乐。李隆基有很深的音乐修养，而李成器则善于吹笛，李隆范(后改名李范)善于弹琵琶。大家一起弹奏起来，连宫中专司奏乐的宫女也自叹弗如。

宫里玩够了，就骑上马到郊外打猎。他们跑到龙首山上，遥望长安城墙高耸，城内的房屋鳞次栉比，而皇宫和苑林则是在一片郁郁葱葱的绿树丛中时隐时现，好一派太平盛世的景象。王子们纵马驰骋，笑傲呼号，自得其乐。

在这种时候，他们之间免去皇家那一套礼仪，不论什么君臣和官职高低，而仍然“拜跪如家人礼”，互相以“大哥”、“五弟”来称呼，“饮食起居，相与同之”，跟老百姓全家人相处一样。

逢到节庆的日子，皇帝、“五王”和王妃、王子、郡主以及小王孙们几十人都聚集到太上皇(睿宗皇帝李旦)居住的太极殿，把太上皇请到上座，儿孙们簇拥在下面，一边听着宫廷乐工们演奏音乐，一边饮着丝绸古道送来的葡萄美酒。全家男女老少，融融乐乐，好不惬意！

“五王”不宜长居皇宫。等他们回府以后，皇帝便去找他们相聚。五王

府内有楼，朝向隆庆池。月明之夜，星光闪烁。他们集在楼上，面对着天空的清辉，俯视着池中的碧水，遥望池对面百姓家的点点灯火，不免又要把笙箫琴瑟取出，来一个合奏。隆庆坊的住户这时就要互相传告："皇上又在五王府奏乐啦！"他们扶老携幼跑来，远远地坐在池塘边的柳荫下面，静静地欣赏。这又是一幅君民同乐的画面。

不过皇帝出宫十分麻烦，要有羽林军保护，经过的地方还要戒严。玄宗就在皇宫和五王府之间派工匠修一条复道，用高墙把复道跟市区隔开。以后皇帝和"五王"出入宫中，经过复道，那就方便多了。

开元二年，"五王"干脆把五王府献给了皇帝。玄宗把它改建了一下，将五王府全部打通，修成了一座离宫；又因为它在皇城的南边，便称之为"南内"。并以所处的街坊命名。这座坊原称"隆庆坊"，但由于其中的"隆"字犯了皇帝李隆基的讳，便把新宫称为兴庆宫，坊名也改了——至于那隆庆池，也就改叫兴庆池了！

玄宗再在兴庆宫周围的安兴坊、胜业坊为"五王"重新建了府第，新王府跟兴庆宫呈众星环月的形势。"五王"可以随时进入离宫，跟皇帝相聚。

离宫内建有兴庆殿、大同殿、南薰殿、沉香亭等建筑，皇帝可以在这里处理国事或休息。还建了两座楼，一座叫"花萼相辉楼"，一座叫"勤政务本楼"。从这后一座楼的题名可以看出，玄宗早年并不是一味地吃喝玩乐，他还是十分关心国政的。"开元"这年号玄宗使用了二十九年，人们拿这期间跟太宗的"贞观之治"比美，称之为"开元之治"。说明那时候的皇帝还是比较英明的，不像后来他年号"天宝"的那些年那么糊涂昏庸。

有一天，老五李业（李隆业后改名为李业）病了，病得很厉害，玄宗急得"终日不食，终夜不寝"。在朝堂上，他一边跟大臣们商量国事，一边不断地派太监去探视李业的病情，一个上午使者竟往返了十次。药抓来了，玄宗怕太监们煎药大意粗心，就自己动手。他把药罐放到炉子上，坐在旁边掌握火候。火焰有点小，他俯身用嘴去吹，火焰突然旺了起来，火苗燎着他的胡须。左右急忙去救，他一面拂着烧焦的断须，一面说：

"只要薛王饮了这药，病好了，烧一点胡须有什么可惜的呢！"

这“五王”却也很知自爱，他们不去议论时政，更不受人请托。特别是老大宋王李成器，尤为恭慎。因为他本来是应该做皇帝的，既然自动地让给弟弟，自己就应远避嫌疑，不让弟弟为难。他甚至连朋友也很少。因而玄宗对“五王”只有敬重亲密，也不委任他们管理朝政。

依照唐朝的旧例，王子们不能长住京中，成人以后都要外放到地方上任职，一般是兼做州的刺史，有的大臣上疏，请皇帝按例办事，遣“五王”出京。玄宗只好让宋王李成器兼岐州刺史，申王李成义兼邠州刺史，邠王李守礼兼虢州刺史，岐王李范兼绛州刺史，薛王李业兼同州刺史。这几个州都在长安周围，一般相距只有三四百里。还让他们每季轮流有两人入朝，周而复始，使他有机会和这些弟兄们常常见面。

开元七年，宋王李宪（即李成器，李宪是他后改的名字）陪玄宗从复道到兴庆宫。路上见一个羽林军的卫士把吃剩下的饭倒进沟里，玄宗发火了：“竟这样不爱惜粮食！”他下令将那军士打死。跟随的人没人敢劝阻。李宪从容地说：

“陛下从复道中窥人的过失而杀了他，就会使人人不自安。陛下杀他，无非是因为他糟蹋粮食，而粮食是养人的。如今却要因为一点粮食而杀人，这不是本末倒置了吗？”

玄宗听了连连点头，恳切地说：

“不是大哥提起，几乎要滥刑杀人了。”立刻下令将那卫士释放。到了兴庆宫，饮宴的时候，还把自己腰上的红玉带解下来，送给李宪；并把自己心爱的乘马送给他。

接着，又改封他为宁王。

然而“五王”究竟爵高位尊，免不了有人巴结。开元八年十月，玄宗的妹夫光禄少卿裴虚己跟岐王李范在一起饮酒。酒喝多了，免不了话也多了。裴虚己在席上大谈“谶纬”。“谶”是巫师或方士制作的一种隐语或预言，作为吉凶的符验或征兆；“纬”则是对“经”而言，是方士化的儒生编集起来，附会儒家经典的言论。“谶纬”盛行于汉朝（请参阅《刘荆兄弟迷信惹祸》一章），后来逐渐衰微，而隋炀帝时还曾明令禁止。这本是迷信的东西，

凭某种事物预言人的吉凶祸福，当然不会应验，却能起到蛊惑人心的作用。裴虚己酒醉后的高谈阔论，目的是捧一捧岐王，不料有些话触及了朝廷的忌讳。玄宗得报后，勒令他的妹妹霍国公主和裴虚己离婚，而把裴虚己流放到新州。

同席的万年县尉刘庭琦、太祝张谔也都受到处分，刘廷琦被贬为雅州司户，张谔被贬为山茌县丞。

但酒宴主人岐王李范却没受到任何处分。玄宗对左右说：

“我等兄弟之间自是没有什么隔阂，都是那些趋炎附势的人强行托附的，所以朕不因此而责怪兄弟。”

有一次，玄宗病得很厉害。薛王妃的弟弟、内直郎韦宾跟殿中监皇甫恂在一起“私议休咎”。“休咎”就是吉凶，他们议论的就是揣测皇帝能不能死。玄宗发觉后，将韦宾杖死，皇甫恂贬为锦州刺史。这件事薛王李业和王妃并不知道。但由于韦宾是王妃的弟弟，应该连坐，李业便同王妃一起到宫里去向玄宗请罪。玄宗见李业夫妻来了，急忙下阶迎接，握着李业的手安慰他说：

“我若是有心猜忌兄弟，天诛地灭！”

他吩咐人在宫中摆酒，与弟弟、弟妹畅饮。李业夫妻离开时，玄宗还特别慰谕王妃，让她不要把这件事放在心上。

这一节讲的是“手足情深”，是为下一节“父子义薄”作铺垫的。人们会问：唐玄宗李隆基为什么跟弟兄（包括堂兄弟）那么亲，却对自己亲生的儿子又那么薄情呢？

天知道！

二

李隆基在做临淄王时，娶妃王氏。王妃和李隆基是结发夫妻。李隆基谋划反对韦后的政变时，王妃曾经参与出过一些主意。等到李隆基做了皇帝，王妃便被册为皇后。

临淄王府里还有三位宫嫔，分别是刘氏、赵氏、皇甫氏。她们三个都各生有儿子。玄宗即位后，封她们为妃，儿子也都封王。其中赵氏本是娼家女子，善于媚惑，尤为得宠，被封为丽妃，其地位仅次于皇后。她生的儿子名叫李嗣谦。由于王皇后不曾生育，而玄宗又喜欢赵丽妃，“爱屋及乌”，李嗣谦先被封为郢王，以后又立为太子。

后来武惠妃进宫。这武惠妃是武则天的侄子武攸止的女儿。那时武三思已死，连坟都被掘了，武氏的势力已败。因而，有的大臣对武惠妃入宫上表反对。但是武惠妃生得十分美丽，玄宗对她一见钟情，因而力排众议，还是把她纳入宫中。

玄宗在爱情方面似乎不太专一，当初喜欢赵丽妃，把皇后给疏远了；如今爱上武惠妃，赵丽妃和刘华妃又被撇到一边。连同她们生的儿子也都遭到冷落。那武惠妃入宫后，先是生了个女儿，接着又生了个儿子，愈加得到皇帝的喜爱。

王皇后的年纪大了，已是个中年妇人。皇帝对她虽然尊重，但喜欢却谈不上了，因为他守着个如花似玉的年轻的武惠妃呢，怎么肯再去爱王皇后那半老的徐娘？这就引起王皇后的不平。王皇后为人善良，对待左右的宫人关怀照顾，极有人缘，只是脾气不大好，生起气来什么话都敢说。有几次为武惠妃的事跟皇帝大吵大闹，甚至口出不逊。这样闹了几次，惹恼了皇帝，想把皇后废掉。武惠妃是个有心计的女人，她看出皇帝有废皇后的意思，自然要趁机邀宠，争取个皇后当当了。

玄宗把准备废去皇后的打算对秘书监姜皎谈过。姜皎对王皇后有些同情，竟把这件事跟王皇后的妹夫濮王李峤讲了。姜皎的意思，也许是想让李峤去告诉王皇后，让她有所克制，不要再惹恼皇帝。不料李峤不曾告诉王皇后，却去向皇帝告密。

玄宗一听就火了，立刻命令中书令张嘉贞审理这件事。

张嘉贞身为宰相，最善于看皇帝的眼色行事。他看出皇帝的确有废后的意思，便坐实了姜皎的罪名，说他“妄谈休咎”。经玄宗批准，将姜皎杖责六十，流往钦州。姜皎死于途中。

姜皎为王皇后获了罪,王皇后愈发忧惧不安。不过王皇后待下有恩,她的左右竟然没有人落井下石,趁机谮她的。皇帝也就找不到什么把柄,废后的事便拖了下去,玄宗“犹豫不决者累岁”。

王皇后有个哥哥叫王守一,任职太子少保。他认为皇后的失宠就因为没生孩子。假如她生个男孩,那就是“嫡子”了,嫡子是当然的皇储,不但皇后不会废掉,将来儿子继位,她还可以当太后呢！王守一便去向僧人明悟求教,问他怎样才能让王皇后喜得贵子。明悟和尚说他有法术,施法以后,便能够让王皇后如愿。

明悟要施法了,他先为皇后祭了南斗星和北斗星,然后找来两块霹雳木(即被雷电击过的木头),一块写上“天地”二字,一块写上皇帝的名字“李隆基”。再把这两块木头合到一起,让皇后佩戴在身上。明悟还要念祝词:“佩此有子,当如则天皇后。”

为什么要用霹雳木呢?因为霹雳木经过雷击,具有“雷气”,可以辟邪。意思是王皇后不生育,是因为有邪神作祟,佩上霹雳木头就把邪神镇住了。这种迷信活动叫“禳”,是跟那个“厌”差不多的性质。不幸的是王皇后身上带的玩意让人发现了,报告给皇帝。玄宗大发雷霆,立刻把王皇后打入冷宫,贬王守一为潭州别驾。玄宗还不解恨,又让人撵上去,在路上将王守一“赐死”。这件事还连累了一个人,那就是审问姜皎的张嘉贞。他的罪名是跟王守一“交通”,被贬为台州刺史。至于明悟和尚,就得掉脑袋了。

王皇后不久就死在了冷宫。后宫一些宫女,包括一些宫嫔,对她思慕不已。玄宗想想,皇后做的那件事虽然愚蠢,但居心还是为了求得子息,并没有诅咒皇帝的意思。再想想王皇后当初嫁他时,怕祖母武则天说不定什么时候就要降罪下来,天天为他担惊受怕,如今却落得这样下场。玄宗抚今追昔,也不禁黯然神伤,便吩咐仍然以皇后礼安葬她。这是开元十二年的事情。

皇帝的妃嫔多了,儿子也就多了。这些小王子童年便封王。人数太多,有些与本文无关,此处不予详记,只谈谈武惠妃生的儿子。

武惠妃生了两个儿子,其中一个夭折,另一个名叫李清,被封为寿王。

当初玄宗喜欢赵丽妃，封她生的儿子李鸿(李嗣谦改名李鸿)为太子。如今赵丽妃宠衰，武惠妃合了皇帝的意，她生的那小儿子寿王李清也就博得父皇的欢心。不过太子李鸿读书勤奋，颇有才识，却还不曾被废，但也颇受父皇冷落了。

王皇后死了，玄宗打算立武惠妃为后。他向大臣们征求意见。多数人表示反对。有的人说：

“武氏曾经祸乱朝纲，是国家的大敌，怎么能让武家的女儿做国母呢？而且太子不是惠妃所生，惠妃自己又有儿子。如果惠妃做了皇后，又怎么处置太子和寿王的关系？”

玄宗想一想，觉得这话有道理。无缘无故就把太子废了，也有点说不过去。只好中止了立武惠妃为皇后的计划。但武惠妃在宫中却也享受着皇后的礼仪和待遇。

有个吏部侍郎李林甫，是个柔佞狡猾的家伙，最会看人眼色行事。他见武惠妃得宠，就去巴结她，托一个太监对武惠妃说，愿意尽力保护寿王。武惠妃感激他，在皇帝面前说李林甫的好话。玄宗便升李林甫为黄门侍郎——这个人后来当了宰相，非常受玄宗的信任。他把持朝政，使“开元之治”的成果丧失殆尽，以至于后来的“安史之乱”都跟他大有关系。不过这些事和本文关系不大，此处略过不提。

开元二十四年，王子们陆续成人，玄宗再一次替他们改名。太子李鸿改名为李瑛，寿王李清改名李瑁，还有刘华妃生的光王李琚，皇甫德仪(德仪为宫嫔名号，仅次于妃)生的鄂王李瑶。以前诸王子的名字取“氵”旁；这次一律改为“王”旁。

武惠妃母子得宠，太子李瑛自然感到威胁。还有李瑶和李琚，由于母亲失宠，他们也心生怨望。那时太子和诸王还都居住在宫中，太子便常和这两个弟弟在一起相聚，同病相怜，免不了发发牢骚。那时武惠妃生的女儿咸宜公主业已嫁给驸马都尉杨洄。杨洄是一个势利小人，他四处打探，侦伺到太子和“二王”的过失，便去告诉岳母武惠妃。武惠妃就在玄宗面前哭哭啼啼，说：

"太子私下里结成朋党,要谋害臣妾母子,他们还说了些指斥至尊的话。"于是便把杨洄打探来的话一五一十告诉皇帝,免不了还要添油加醋虚构一番。玄宗大怒,把宰相张九龄找来,让他拟具罪名,废了太子。

张九龄说:

"陛下践祚二十多年,太子和诸王都不曾离开深宫,难得与外人见面。而且他们天天接受陛下的圣训,天下万民都庆幸陛下享国久长,子孙蕃昌。现在三子都已成人,没听说犯过什么大错,陛下怎能一旦以毫无根据的话便尽废了他们呢?而且太子是天下的根本,不可轻易动摇。昔日晋献公听骊姬的谗言杀了世子申生,三世大乱。汉武帝信江充的诬告处分了戾太子,京城流血。晋惠帝用贾后的谮言废了愍怀太子,中原涂炭。隋文帝受独孤后的挑唆黜废了太子杨勇,立炀帝为太子,遂失天下。历史的教训不可不慎重对待。陛下必欲处置太子,老臣不敢奉诏!"

玄宗听了很不高兴。李林甫当时也任宰相,却一句话也不说。他们退出之后,李林甫找到玄宗宠幸的太监,说:

"废不废太子是主上的家事,何必问外人呢?"让太监把这话传给皇帝。

不过玄宗听了张九龄的话,虽然不高兴,却也不能不加以考虑。所以废立的事他一直犹豫不决。

武惠妃想做做张九龄的工作,她派宫奴牛贵儿去见张九龄,对他说:

"有废必然有兴,相公帮了惠妃娘娘的忙,宰相就可以长期当下去。"

张九龄一听就火了,他把牛贵儿斥逐出去,跟着就去见皇帝,把牛贵儿的话告诉他。玄宗听了,也不禁为之动容。因而在张九龄做宰相这个期间,太子的地位始终未曾动摇。

但是架不住李林甫在外边使坏,武惠妃在枕边进谗,一个劲说张九龄的坏话。皇帝终于找个碴罢了张九龄的相,贬为荆州长史。但李林甫却还要到张九龄那儿慰问,摆出一副十分同情的样子——有一个成语"口蜜腹剑",说的就是这个家伙。

开元二十五年四月的一天,鄂王李瑶和光王李琚又跟太子在东宫会

面。突然，一个太监急匆匆跑来，说武惠妃宫中有了贼人，请太子和“二王”前去保卫娘娘。太子和“二王”对武惠妃虽无好感，但宫中有了贼人，他们这些二十几岁的大小伙子去捉贼还是应尽的本分。于是三个人穿上甲胄，执着兵器，赶往惠妃宫。当时太子妃的哥哥驸马薛锈也跟去了。四个人跑去一看，哪里有贼人的影子！四人知道上当。可是那报信的太监报罢信就不见了。整个皇宫太监有几千人，又向哪里去找？太子和“二王”这才想起，宫中有贼自有羽林军和万骑去应付，又何至于请太子和王子们动手呢？但他们明白过来已经晚了，那武惠妃早已去向皇帝告发，说太子和“二王”谋反，披甲执刀要来杀惠妃和寿王。玄宗派太监去看，果然见太子等四人披甲执刀，在惠妃宫前发愣。太监去报告给皇帝。玄宗信以为真，派人把宰相找来，商量如何处理。李林甫还是那句话：“这是陛下家事，不是臣等可以参与的。”于是玄宗意决，派太监通报全宫，太子等三人行为不轨，废为庶人，驸马薛锈流瀼州。但却不在朝廷公布，因为李林甫说这是皇帝“家事”的缘故。

一人获罪，还要株连姻亲，太子李瑛的舅家赵氏、太子妃的母家薛氏和李瑶的舅家皇甫氏，遭到流贬的有几十人。太子等三人被安置在城东驿，不久就有使臣来宣布皇帝的敕令，给他这三个儿子以“赐死”的处分。薛锈也“赐死”了。不过他那时正在流往瀼州的途中，刚刚走到蓝田，使者便在蓝田馆驿里把他杀死了。

然而当年12月，武惠妃却也死了，赠谥为贞顺皇后。

太子李瑛死后，东宫的位子空着。如果武惠妃不死，大概寿王李瑁做太子是不成问题的。可是如今李瑁的靠山没了，而皇帝却觉得忠王李玙不错。在玄宗诸子中，故太子李瑛是长子，已经处死了。次子李琮也已不在，而排行老三的李玙便是最年长的了。再加上他“仁孝恭谨，又好学”，玄宗便想立他为太子。而那李林甫倒是不忘他对武惠妃生前的诺言，几次向皇帝建议册立寿王李瑁。为此玄宗犹豫了将近一年，不能决定。

那时皇帝已经五十多岁了，东宫却还空着，如果他一旦宾天，没有法定的接班人，就会招致动乱。而对故太子李瑛等三个儿子的诛死，他事后

反过劲来，也觉得其中大有问题，因而越发愁闷不乐。他忧愁焦虑，又加上后悔，连吃饭睡觉都受到影响。

这些年来一直伴随着皇帝的太监高力士看出玄宗的心事，便从容地问他：

“陛下是不是有什么心事？”

“你是我家的老奴，难道还揣测不出吗？”

“是不是因为郎君未定呀？”

“不错。”

“大家(对皇帝的尊称)何必为这样的事虚劳圣心，只要推年长的立为太子，谁还敢争呢？”

玄宗连连说：

“汝言是也，汝言是也！”

这件事便定了下来，六月庚子，立忠王李玙为太子，更名为李亨。册忠王妃为太子妃。当然又要大赦天下。一场太子之争的悲剧结束了，其代价是皇帝的三个儿子和一个女婿死于他的手下。

开元二十九年，司空邠王李守礼和太尉宁王李宪先后死了，玄宗十分难过。尤其对于宁王，“哀惋特甚”。他说：“天下是我大哥的天下，大哥坚持让给我。如今他去世了，一般的谥号难以表达我对他的感情。”于是玄宗便给李宪上了个“让皇帝”的谥号。装殓的时候，给李宪的遗体穿上皇帝的衣服。玄宗亲自写李宪的灵牌，下面的具名是“隆基白”。将李宪墓称为“惠陵”，追谥宁王妃为“恭皇后”。

天宝十一年，又有一位王子被皇帝逼死。这位王子名叫李琰，封为棣王。当时在京的王子都赐建了府第，在皇宫的北面，皇帝还派了太监去监视他们，称为监院太监。棣王跟他府里的监院太监不睦，太监便准备找棣王的过失，进行报复。

棣王有两个孺人(唐制，王子的宫眷有称孺人的，相当于正五品)，她俩争风吃醋，都想独得棣王的欢心。其中一个孺人去找巫者。巫者给了她一道符，让她放到棣王的靴子里，棣王就会偏爱她了。这无知的女人信了

巫者的话，悄悄把符放进棣王靴垫下面，棣王丝毫不曾发觉。

然而这道符却让伺候棣王的小太监在给棣王刷靴子的时候发现了，去告诉了监院太监。监院太监立刻去奏告皇帝，说棣王的靴子里藏有妖符，是为了诅咒皇上。玄宗最讨厌“厌禳”一类的把戏，偏偏屡次让他遇上。他火冒三丈，马上派人把李琰找来。李琰不知父皇为什么找他，坦然地来了。玄宗问他：

“你知罪吗？”

“儿臣不曾犯罪。”

“还敢强辩！”玄宗吩咐左右，“把他的靴子剥下来！”

一个太监脱下了李琰的靴子，果然在一只靴子里发现了一道用朱砂在黄纸上画的符。李琰这时瞠目结舌，不知自己的靴子里何时藏进了这么个玩意。

但物证俱在，李琰只好叩头请罪，却辩解说，自己的确不知道靴子里有这个东西。后来玄宗便派内侍监去棣王府查问。那放符的孺人没料到闯了这么大的祸，赶忙出来自首，说是她偷偷放进棣王靴中的，棣王并不知道。按说事实已经查清，该证明棣王无罪了。可是玄宗不放心，他怀疑棣王是知道的，何况那符上面画些弯弯勾勾的道，看不明白是不是对他的诅咒，找宰相来也认不出。于是他仍然把棣王监禁在鹰狗坊中。

鹰狗坊里的鹰犬是为伺候皇帝打猎而豢养的。那种腥膻的气味不必说，有时半夜睡梦之中，往往会被猎狗的叫声惊醒。“一犬吠影，百犬吠声”，几百只猎狗一齐吠起来，简直就是一群野狼的嚎叫，听起来分外地凄凉。棣王悲愤交加，竟然逝去。玄宗就这样又杀害了一个儿子。应该说，已经有四个儿子冤死在他手里了。

最后讲一个儿子受父亲伤害的故事。这里说的是“伤害”，而不说“杀害”，因为这个王子的肉体并未消灭，而是精神上承受了重重的创伤。这个王子不是别人，恰恰是玄宗最喜欢的那个儿子，寿王李瑁。

寿王李瑁没当上太子，他也不怎么在意，因为他对政治不大关心，只是喜欢射猎玩乐。那时他已有了王妃，是故蜀州司户参军杨玄琰的女儿，

名叫杨玉环。不过皇帝还没见过这个儿媳,因为纳彩、成婚这些仪节自有内侍监的官员去料理,他只要降诏册封新妇为寿王妃就行了。

玄宗的生日是8月5日,这一天就叫“千秋节”,皇帝要接受后宫的宫眷、诸王和朝廷百官的祝贺。按例是先宫内,后朝堂。开元二十八年的“千秋节”到了。早晨起来,玄宗就坐到长生殿的御座上,后宫的妃嫔、在京的王子、王妃依次向他行礼,叩请皇上万寿千秋。

那时武惠妃已经死了两年多了,玄宗皇帝仍然怀念她。而后宫佳丽三千,皇帝竟没有一个中意的。因为那些妃嫔、宫娥不过是皇帝泄欲、传宗接代的工具罢了。玄宗一共生了三十个儿子、二十九个女儿。这些大大小小的近六十个儿女,有时连他这个当父亲的也认不清楚,常常叫错了名字。而对这些王子、公主的母亲,皇帝也并不爱她们,仍然只是把她们当作“工具”。

今年的千秋节,玄宗是以一种百无聊赖的心情来对待的,接受祝贺变成了一种义务。他在御座上眯着眼睛微微点头,算是对妃嫔们的拜贺的答礼。接着轮到王子、王妃们来祝贺了。玄宗的眼睛突然一亮,他发现站在他第十八子寿王李瑁身边的一个王妃装束的女子,是那样神采焕发、美丽动人。她个头不高,生得丰腴而不显肥胖,特别是那双眼睛,似笑非笑,仿佛正在和你谈话,顾盼之间,光彩四射。五十五岁的老皇帝把眼都看直了,他觉得这是他一生中所看到的最最美丽的女人。

他迷迷茫茫地接受儿女们的祝贺,但那一双开始昏花的眼睛却始终盯在那女人身上。行完礼的人们陆续退出了。玄宗还在目送着那女人的倩影。也许是对老皇帝的失神落魄的样子觉得有些滑稽吧,那女人走到殿门口竟扭回头来嫣然一笑,这一笑简直把老皇帝的魂灵都要勾走了——“回眸一笑百媚生,六宫粉黛无颜色”,白居易的长诗《长恨歌》里这么写着。

事后,玄宗问心腹太监高力士:

“寿王身边那女人是谁?”

“寿王妃呀!大家不认识吗?”

玄宗真有些后悔,当初给寿王娶妃子,自己为什么不先看看呢?假如

那时认识了她，那就替寿王另找一个，而这一个……“叫什么名字呢？”他问高力士。

“杨玉环。”

是呀，那时就把杨玉环接进宫来，做自己的妃子，那该有多好！

然而现在杨玉环已经做了寿王妃，论起来是自己的儿媳妇。这件事看起来有些不好办。民间也偶尔有老公公跟儿媳私通的事，那是很不光彩的丑闻，人们称之为“扒灰”。不过玄宗又一想，他们老李家对这种“乱伦”的事好像不太在乎，比如说，他的祖母武则天当初就是他太爷太宗李世民的妃妾，后来跟着祖父做了皇后。既然老辈可以子纳父妾，自己来个父纳子媳又有何不可呢！他让高力士去办这件事，要想办法把杨玉环弄到他身边。

高力士挺有办法，他来到寿王府，对寿王夫妻说：

“浑天监（掌天文历数的官员，后称钦天监）的监司夜观天象，发现有阴星侵入帝座，应在王妃娘娘身上。”

寿王夫妻吓傻了，不知这突然降临的灾祸是从哪里说起，难道还要把寿王妃杀掉，来应天象吗？

“那倒不用，”高力士安慰他俩，“只要寿王妃出家当几天女道士，就可以禳解了。”

玄宗最烦“厌禳”这一套，却不料高力士替他办事，用的还是这个法门。但不管怎么说，杨玉环还是出家当女道士了，尽管高力士说这并不是真的出家，而只是应应景。宫中有个道观叫太真宫，于是杨玉环就有了个道号叫“太真”。过一天，高力士带一小队羽林军，护送杨太真乘一台肩舆离开寿王府，但却没去太真宫，而是出了长安城的春明门，直奔骊山。那里有一座温泉，叫作华清池，是一座离宫。皇帝这时正在等着他的儿媳。《长恨歌》里写着这件事：“春寒赐浴华清池，温泉水滑洗凝脂。侍儿扶起娇无力，始是新承恩泽时。”

寿王李瑁的王妃失踪了，他惶惶不安，下意识地觉得这件事定有蹊跷。但他又不敢去打听，因为他知道高力士是父皇的心腹，他办的事八成

与父皇有关。他跟杨玉环是青年夫妻,十分恩爱,一旦分手,而且下落不明,他内心的焦虑是可想而知的。

然而过了几天,皇帝的诏旨下来,让寿王娶左卫郎将韦昭训的女儿为妃。寿王这才恍然大悟,原来“阴星”真的侵入“帝座”去了,自己的妻子忽然间竟变成了庶母!他气愤过、哭泣过,要知道,精神上的创伤有时比肉体受损还要痛苦哩!

后来玄宗把杨玉环迎进宫中,封为贵妃,就让她住在五王府改建的兴庆宫里。宫里有座沉香亭。春天,亭畔的牡丹花开了,玄宗和贵妃在亭中赏花。皇帝叫太监把翰林供奉李白找来,让他就贵妃和牡丹花写诗。李白便写了那开句是“云想衣裳花想容”的三首著名的《清平调》。那第三首是:

名花倾国两相欢,
长得君王带笑看。
解释春风无限恨,
沉香亭北依阑干。

如果用白话翻译过来,便是这样:

名花牡丹和倾国美人两两相映,
看得君王脸上长挂着笑容。
愁和恨都将像春风一样消失,
沉香亭北倚着栏杆品评。

也许皇帝的愁恨消失了,可是那失去妻子的寿王李瑁的愁恨能否消失呢?

非要当皇帝不可的朱高煦

本章讲的是明成祖朱棣的二儿子汉王朱高煦的故事。

一

朱高煦长得一表人才，不但魁梧雄壮，善于骑射，而且还有一种奇处，那就是他两腋的下边长着几片像鳞似的息肉。向他献媚的人说那是龙鳞。古代以龙为天子的象征，朱高煦生着龙鳞，岂不是注定要做皇帝吗？

朱高煦是明太祖朱元璋的孙子。太祖有二十六个儿子，孙子自然更多了。太祖曾把在京中（南京）的孙子们召集起来，办了个学堂，请老师教他们读书。朱高煦是其中最调皮捣蛋的一个。史书说："高煦不肯学，言动轻佻，为太祖所恶。"

朱高煦的父亲朱棣是太祖的第四个儿子，封为燕王，封地在北平（即今北京市）。朱高煦长大后随父亲在北平居住。那时他哥哥朱高炽已封为世子。世子是王位的继承人，将来可以接替父亲做亲王，而他将来则只能封个郡王。因此，朱高煦非常羡慕哥哥的世子地位。

朱元璋的大儿子名叫朱标，早年就册立为太子。后来朱标有病死了，该立谁为太子呢？朱元璋有意册立朱棣，他认为朱棣英俊勇武，颇像自己。但这里边却有点麻烦，因为朱棣上面还有二哥秦王朱樉、三哥晋王朱㭎，把老四越次而立，老二、老三不会反对吗？再加上一些大臣坚持立嫡立长的法统，嫡长子死了，不是还有嫡长孙吗？他们建议不再立太子，而将朱标的嫡长子朱允炆（wén）立为皇太孙，将来就由皇太孙继位。朱元璋最后同意了大臣们的这个意见，立朱允炆为皇太孙。

公元1398年，朱元璋驾崩，朱允炆继位，是为惠帝，年号建文。

朱允炆有两位老师，他们是兵部尚书齐泰和太常寺卿黄子澄。他俩见惠帝有二十几个叔叔，俱都封王，掌握着很大的权力，说不定什么时候就会发生事变，因此也像西汉的晁错那样，建议惠帝削藩。同时又怕各地亲王来京奔丧，趁机闹事，便颁下诏书，假说是太祖的遗诏：为了节约民力，让亲王在藩地尽礼就行了，无须亲自来京。

齐、黄二人的建议是有根据的。那时诸王的封地遍布全国，南到云南的岷王朱楩，西到平凉的安王朱楹，西南到成都的蜀王朱椿，东北到辽东的辽王朱植，再加上中原的西安、太原、洛阳、武昌、青州、兖州、荆州、杭州等重镇，几乎都成了诸王的势力范围。更重要的是，各地亲王掌握着军权。史书说："帝（指太祖）念边防甚，且欲诸子习兵事，诸王封并塞居者皆预军务。而晋（指晋王朱棡）、燕（指燕王朱棣）二王，尤被重寄，数命将兵出塞及筑城屯田。大将如宋国公冯胜、颍国公傅友德皆受节制。"这指的是朝廷的军务。此外，亲王还有自己的军队，称为"护卫甲士"，最少的有三千人，多的竟达一万九千人。亲王的势力这么大，万一有人闹事的话，的确难以防范。所以齐、黄才有削藩的建议。

不久，开封的周王朱橚被拿解回京，削去爵位，废为庶人。接着云南的岷王朱楩也废为庶人，安置到漳州。下一个是荆州的湘王朱柏，在禁军捉他的时候，自焚身死。又有齐王朱榑，被诱到南京废为庶人。还有代王朱桂，被囚禁于大同。半年多的时间，这些亲王或废或死，表明惠帝的削藩在加紧进行着。在这种局面下，燕王朱棣不能不担心自己的命运。

建文元年五月，是朱元璋去世一周年的忌日，南京举行祭典，称为"小祥"。又有诏书下来，要各王不必进京，但对王子却不曾规定。朱棣为了麻痹皇帝，就把他的三个儿子——世子朱高炽、次子朱高煦和三子朱高燧一起打发到南京，去参加祖父的祭礼。

朱高炽等来到南京参加完祭典后，齐泰要将他们留下，当作人质，对付燕王。但黄子澄不同意，认为扣留了王子，燕王生疑，便会有所准备，不如把王子放回去，燕王消除了疑心，将来对付他就更容易些。二人争执不休。后来王子们的亲娘舅徐辉祖提出个折中的办法，就是把朱高炽和朱高

燧送回去，只把朱高煦一个人留在徐辉祖的府中，名义上说是舅妈舍不得让他走，留朱高煦多住几天。

徐辉祖的妹妹是燕王妃，也就是朱高炽三兄弟的母亲。不过徐辉祖是赞成削藩的，所以朱高煦住在他家事实上还是人质。

朱高煦住在舅舅府中，舅舅招待得十分周到，每次他外出游玩，舅舅都要派甲士保护。他那年二十岁，早已看出这种保护实质上是监视。他虽然心中愤恨，外表却不露出，每天除了游逛之外，就是在府后的练武厅中习武。徐辉祖是开国功臣魏国公徐达的长子，袭爵魏国公，也是员武将。他府中养了几匹战马，其中一匹叫白龙马的尤为神骏，朱高煦常常骑它在府里的马道上跑步。过了一个多月，徐辉祖见朱高煦没有异常的表现，对他的监视便松懈了一些。有一天中午，天气酷热，徐府中的人大多在午睡。朱高煦却又把马拉出来，骑上它突然冲出府去。门卫阻拦不及，连忙去报告徐辉祖。等徐辉祖派人去追时，朱高煦早已奔驰在回北平的大道上了。

公元1399年7月，燕王在北平誓师，以“诛奸臣齐泰、黄子澄以清君侧”为名，起兵反对朝廷。在他发布的檄文中，历数了齐、黄挑唆惠帝、陷害五王的罪恶，称自己的军队为“靖难军”。史书便把这次军事政变叫作“靖难之役”。

战争发生，朱高煦却认为他的机会到了。原来世子朱高炽性情温和，爱好读书，而朱高煦却厌文喜武。他想在战争中表现自己，借以邀得父亲的欢心，若是自己在战争中建立功勋，说不定将来父亲就会改立自己为世子；再进一步，如果父亲得了天下，自己那时就可能当上太子，将来还要当皇帝哩！

从这时开始，朱高煦就立下非当皇帝不可的决心了。

朱棣亲自率军作战，让世子朱高炽留守北平，朱高煦则随父亲出征。这场战争前前后后进行了将近三年，朱高煦一直当前锋，的确立了不少战功。

战争第二年的4月，朝廷派太子太师、大将军、曹国公李景隆率军六十万人，会同武定侯郭英、安陆侯吴杰进攻真定。燕王朱棣率军迎敌。两军在

白沟河(在河北定兴以南)相遇。

当时燕军只有十万人,双方战力比例是一比六。燕军寡不敌众,朱棣自己也陷入都督瞿能父子的包围,形势十分危急。这时朱高煦率领数千精骑突入重围,不但救出了父亲,还把瞿能父子俱都杀死。燕军士气大振,而官军却为之气沮了。结果燕军转败为胜,官军向南溃逃,等李景隆逃到济南收集溃兵时,只剩下十几万人了。这场战役,朱高煦自是立了头功。

12月,燕军在东昌中了埋伏,主将张玉战死,朱棣只身逃走。官军大队人马在后面追赶,边跑边喊:

"燕王逃不了啦,快投降吧!"

又是朱高煦率兵赶来接应。他让过父亲,挺着长矛当先冲入官军追骑之中。他奋起神威,连挑官军几员将领落马。后边跟随的燕军将士也呐喊着扑向官军。官军气馁了,转过马跑了回去。朱高煦再一次救了父亲。

第三次重要战争发生在浦口。那时燕军准备渡江。徐辉祖领兵决战,燕军逐渐败退。又是朱高煦领着朵颜(北方少数民族)三卫的骑兵前来接应。朱棣大喜,对朱高煦说:

"我太累了,我儿鼓勇再战吧!"

朱高煦答应着,驱白龙马闯入官军阵中,直奔官军主帅徐辉祖。徐辉祖知道自己打不过这个外甥,只好下令撤兵。史书说:"成祖屡濒于危而转败为功者,高煦力为多。成祖以为类己(像他自己),高煦亦以此自负,恃功骄恣,多不法。"

公元1402年,燕军攻下南京。惠帝带着妃嫔、太子和一些太监宫女在宫中自焚。朱棣当了皇帝,改元永乐,史称为成祖。现在,立谁当太子的问题该提到日程上来了。因为朱高炽以前虽然做了世子,但那终究是王世子,而眼下燕王已经做了皇帝,他要立的该是太子啦!

二

淇国公丘福和驸马王宁跟朱高煦有交情,他俩向成祖建议,立朱高煦

为太子。他俩总是提到朱高煦在“靖难之役”中的战功，作为立他为太子的理由。而“成祖以为类己”，几次动摇，想把东宫的位子封给这个二儿子。

但朱高炽的燕世子是太祖封的，如今燕王做了皇帝，将燕世子封为太子似乎是顺理成章的事。而且大臣们纷纷上表，称颂朱高炽不但是嫡长子，而且既仁且贤。所以成祖很长时间迟疑不决。后来他征求翰林学士解缙的看法。解缙知道皇帝特别喜爱朱高炽的长子朱瞻基，便对成祖说，如果皇上将来要让朱瞻基当皇帝，就得立朱高炽为太子，否则朱瞻基是当不上皇帝的。成祖为了他最喜爱的孙子的将来，终于下了决心。永乐二年，成祖下诏册立朱高炽为皇太子，封朱高煦为汉王，封国云南。

朱高煦太子没当上，将来的皇帝梦自然也没法实现了。他十分不满，对父亲说：

“我犯了什么罪，要斥我于万里之外？”

朱高煦说什么也不肯到云南去，成祖对他也没办法，只好由他。永乐七年，北方的少数民族鞑靼骚扰边境，成祖亲自去征讨。他派太子朱高炽留守南京，带着汉王朱高煦北上。那时成祖已将北平改叫北京，并派人在这里加紧建设，准备将来以北京做国都。但这时朱高煦心灰意懒，早已没了“靖难之役”时的兴致。那时他一心讨好父亲，想立功邀宠，将来好当太子。如今太子的事算泡汤了，再出力卖命也没啥盼头。所以到北京后，他就偷懒装病，闹着要回南京。成祖不得已，只好放他走了。他还请求成祖把南京的天策卫作为他王府的护卫。唐朝的时候，唐太宗李世民曾建立过天策府，后来做了皇帝。所以朱高煦觉得“天策”这两个字很吉祥，因此要把天策卫要来。而且他认为自己跟李世民一样，都是皇帝的次子。李世民能当皇帝，自己为什么就不能呢？

成祖朱棣很重视北疆的边防，他多次主动出击，征伐鞑靼和瓦剌各族，常常离开南京。有一年清明，成祖又北上了，由太子和汉王代他谒祭孝陵。孝陵是太祖朱元璋和马皇后的陵墓，位于南京东郊的钟山南麓。太子等来谒陵，要走一段山坡。太子朱高炽身体肥胖，腿脚还有毛病，两个太监挽着他，仍走得趔趔趄趄，常常失足。朱高煦走在后面，忍不住说：

“前人蹉跌，后人知警。”

这话听起来像句警言：“前边的人跌倒了，后边的人有所警惕。”但仔细琢磨，仿佛还有点言外之意，那就是后边的人正警觉着前人的跌倒呢。朱高煦是时时企盼着哥哥“跌倒”的，那时他才有做皇帝的希望。因此，这句语意双关的话便不自觉地出口了。但他的语言刚落，身后又有个声音接着说：

“更有后边的人知警呢！”

朱高煦回头一看，正是自己的侄儿，皇太孙朱瞻基，不由得大惊失色。

皇帝的孙子统称为皇孙，但中间加上个“太”字，那就有了特殊的身份，跟太子一样，是再下一代的法定皇位继承人。惠帝朱允炆就是以皇太孙的资格接替祖父太祖继位的。可是现在太子健在，怎么又立了皇太孙呢？原来成祖是下决心要让他这个最喜欢的孙子当皇帝的。那时太子朱高炽已有了好几个儿子，他怕别的小王子染指他留给朱瞻基的地位，也许更为防范他那位叔叔朱高煦，因此预先封朱瞻基为皇太孙。

如今，朱高煦听后边朱瞻基接过的话茬，知道他这个侄儿怕也不好惹，又怎能不失色呢？

永乐十三年，成祖觉得朱高煦总待在南京也不是事，既然他嫌云南路远，就把他改封青州（今山东益都）。青州原是太祖第七子齐王朱榑的封地，惠帝削藩时他首当其冲，废为庶人。后来成祖登基，朱榑得以复位。但他想图谋不轨，因而再次被废。所以成祖才让朱高煦到青州去，递补这个空缺。

可是朱高煦仍然迟迟不肯离开南京。成祖这才察觉朱高煦怀有异志，便在北京给他下诏说：

“既然受了藩封，怎可常居京中的府邸！以前以云南路遥，惮于远行。如今封于青州，却又托故留侍，恐怕非你的本意。这次诏命，不许推辞。”

但是朱高煦还是迟延着不肯走。并从各卫中选拔英武的健儿，拨入天策卫，做了自己的部下。又私自招募了三千人，不隶籍于兵部，作为私人的军队。这些人中有不少亡命之徒，竟然倚仗汉王的势力，公开抢劫。兵马指

挥使徐野驴捉住几个,押进牢里。朱高煦去向徐野驴要人。一言不合,朱高煦竟夺过卫士的铁瓜,将徐野驴击死。皇帝不在南京,朝中也没人敢管。朱高煦有时出游,竟然摆出皇帝的乘舆,耀武扬威,招摇过市。他是下决心要想法当皇帝的,这是先过过皇帝瘾哪!

永乐十四年,成祖北征凯旋,于十月回到南京。他听说朱高煦种种不法的事情,十分恼怒,命人将朱高煦召来,历数他的几十件过错,将亲王的冠服剥了,囚禁于西华门,准备将他废为庶人。太子朱高炽哭着替他求情。成祖才把他饶了,却杀了他狎昵的一些左右。第二年,徙封他于乐安州(今山东广饶)。并命令他即刻动身,不许逗留。朱高煦这才不得不离开南京,到乐安去了。史书说:"高煦至乐安,怨望,异谋益急。仁宗(即朱高炽)数以书戒,不悛。"

"异谋",自然是他念念不忘的当皇帝的打算了。不过他虽然"异谋益急",却终究怕他的父亲。因此他不得不再拖延下去,一直又拖了八年。

三

永乐十八年,成祖将朝廷迁于北京,定北京为京师。南京改称留都。永乐二十二年,六十五岁的皇帝病逝于他第五次北征的途中。

在此之前,朱高煦的儿子朱瞻圻住在北京的汉王府邸里。那时,各地藩王都要在京里建一座府邸,一来亲王本人进京时有个落脚的地方;二来府邸里的官员还有个任务,就是每天到内阁去抄录主要公文,及时发回亲王藩地。由于这种文件是亲王府邸发回的,便叫"邸报"。汉王驻京府邸的负责人便是朱高煦的儿子朱瞻圻。不过朱瞻圻"邸报"没发多少,倒是常常跑到爷爷那儿,告发他父亲的罪过。原因是朱瞻圻的母亲有一次惹恼了朱高煦,竟被朱高煦打死。朱瞻圻怀着杀母的仇恨,才屡屡告发他父亲,连成祖也觉得这个孙子有些过分,曾皱着眉头对朱瞻圻说:"你父子两个可真够狠的!"但等到成祖去世,朱瞻圻知道父亲有"异谋",他想,如果父亲当上皇帝,自己即使是做不了太子,也能弄个亲王当当呀!于是便不再跟父

亲怄气，而是积极主动地打探有关太子的消息，观察侦伺朝廷中的变化，把搜集到的情报发回乐安，多的时候一昼夜派出六七起使者。朱高煦自己也派人潜入京师，窥探形势，希望发生什么变故。

新登基的皇帝朱高炽（史称仁宗）知道这种情况，派人把朱高煦召到京中，亲切地接见他，增加他的岁禄，并给予大量的赏赐，然后让他回国。朱高煦感动了，觉得他哥哥对他一直是那么关怀，竟然良心发现，把朱瞻圻前后送给他的情报都给哥哥看了。仁宗很生气，把朱瞻圻召来，叱责说：

“你处于父子兄弟之间，这样谗构，实在是罪不容诛。现在念你年轻，姑不杀你，你好好省悔吧！”派人把他送到凤阳皇陵（太祖朱元璋父母的墓地），让他当守陵官员。

但仁宗只做了半年多皇帝便因病去世了。遗诏让太子朱瞻基继位。这时，朱高煦好容易暂时抑制住的当皇帝的野心忍不住又膨胀起来。那时太子朱瞻基留守南京，朱高煦知道他必定要回京师奔丧，然后继位，便派出一支亲军埋伏在半路上，准备截杀太子。可惜派兵时过于仓促，没掌握太子北归的路线，结果扑了个空，太子从另一条路回京了。

太子朱瞻基即位（史称为宣宗）之后，对他的两个叔叔——汉王朱高煦和赵王朱高燧特别优待，给他俩的赏赐比别的亲王要多得多。但朱高煦却在加紧准备，企图通过武装政变来从侄子手里夺取政权。他为了麻痹朱瞻基，还一本正经地上表，提出利国安民的四件事。宣宗很高兴，吩咐有司照办，并回信给朱高煦表示感谢。还在朝堂上对群臣说：

“皇祖（指成祖）曾经告诉皇考（指仁宗），说我二叔有异志，要加以防备。但皇考却仍待他极厚。如今他上表陈情，果然出于诚意，可见皇叔的旧心已然革除，如有所求，朕自应予以满足。”于是朱高煦凡所求请，宣宗都尽量答应。

然而宣宗的绥靖政策并未奏效。宣德（宣宗年号）元年八月，汉王朱高煦终于反了。

在此之前，朱高煦做了大量的准备工作。他派遣亲信枚青等人潜至京师，约一些功臣做内应。又约了山东都指挥靳荣等做后盾。把历年积攒的

弓刀旗帜发到所属各卫所。马匹不够，派人到附近郡县去夺取。然后成立王军，派指挥王斌、韦达、知州朱恒、千户盛坚等率领，让自己的四个儿子做王军的监军。中军则由自己亲自掌握。安排定当之后，预先授给王斌、朱恒等人以太师、都督、尚书等官职——当然，这要等他当上皇帝之后才能实授。

御史李浚是乐安人，因父丧丁忧，住在家中。朱高煦去找他，让李浚跟着干。李浚夜间化装偷偷逃走，从小路奔向京师，向朝廷告变。还有英国公张辅，把约他做内应的枚青捉住，送往朝廷。于是汉王谋反的秘密便公开了。

宣宗起初不想把事闹大。他派中官（太监）侯泰带他的信给朱高煦，劝他不要胡来。朱高煦接见侯泰。他盛陈兵甲，面朝南坐着，对侯泰大大咧咧地说：

"永乐皇帝听信谗言，徙我到乐安。而仁宗只是用金帛来饵我。我岂能长久郁郁地待在这个地方！你回去告诉瞻基，让他赶快把奸臣夏原吉等人缚送给我，然后再慢慢商议我提的条件。"

原来朱高煦仿照他父亲"诛齐、黄以清君侧"的故技，硬派夏原吉为奸臣，要兴兵以"清君侧"。其实夏原吉任职户部尚书，他跟汉王从无瓜葛，而且是个清官。朱高煦要"清"他，只是为了找个举兵的借口而已。

侯泰回京报告。宣宗不得不召集大臣们商量对策。起初决定，派阳武侯薛禄带兵去征讨。后来大学士杨荣等人说，汉王是皇叔的身份，地位最高，又有了充分的准备，怕薛禄无功，劝宣宗还是亲征的好。老将军英国公张辅讨令，说只要给他两万人马，便将朱高煦擒献阙下。宣宗采纳了杨荣的意见，他说：

"朕知道张老将军足以擒贼。但朕即位之初，小人或怀二意，如朕不亲行，不足以安定众心。"于是宣宗宣布亲征。

兵部奉旨调集人马，旬日之间调聚了五万大军。宣宗亲自统率，选择吉日，大军东征。路过杨村的时候，宣宗在马上问跟从的大臣们：

"卿等估计，高煦计将安出？"

“臣以为，他必先取济南，作为巢窟。”

“他以前不肯离开南京，今天定会引兵南下。”

大臣们纷纷议论，各抒看法。宣宗却微微笑着说：

“不然，济南离乐安虽近，但那是坚城，易守难攻。现在大军即至，他也无暇去攻打。至于南京，离乐安太远。而汉王的护卫多是乐安当地丁壮，他们家在乐安，又怎愿远行？而高煦这人，虽然勇悍，但他性情狐疑，临事往往不能决断。他敢于反叛，是轻视朕年少新立，众心未附，不敢亲征。如今听说朕亲自来讨，定会大出意外，心惊胆落，哪里还敢出战？大军一到，便该束手就擒了。”

宣宗还想给他叔叔最后一次机会，他派人骑快马，赶在军队的前头，再给朱高煦送一封信。信上列举了汉朝张敖失国和淮南王被诛的教训，认为朱高煦的谋反定是有贯高一类官员的唆使。只要交出倡谋的人，就可以既往不咎，恩礼如初。否则的话，就将一战成擒；或是有人以他为奇货可居，缚了来请功，那时后悔就来不及了。

朱高煦原先听说朝廷要派薛禄领兵，十分高兴，以为对付薛禄容易得很。等到听说又改成宣宗亲征的时候，便又害怕起来。就这样犹犹豫豫，拿不定主意。接到急使送来的皇帝的信，也不知如何是好。没过两天，朝廷的大军便到了。军队散开，将小小的乐安城团团围住。朱高煦登上城头，朝城外望去，只见顶盔贯甲的将士正在扎营，鲜明的旗帜在秋风中猎猎飞舞。还有一队神机铳兵正在试射。神机铳就是火药枪，一队人一齐发射，枪声轰轰，宛如雷鸣。又见城北一处高阜上，白虎旗迎风招展，那定是皇帝所在的御营了。看到这些，朱高煦才发觉他低估了那个曾在他身后说“更有后人知警”的侄儿了。

当天晚上，朱高煦安排了城上的防御，回到府中坐卧不宁。他召集将领们来商议。遇到这种情况，如果投降，谋臣和重要将领首先是替罪羊。所以王斌、朱恒等人抱着孤注一掷的心态，主张坚决抵抗。但一些中、低级的将领却不愿打。朱高煦左右为难。散会以后，他派人悄悄缒下城去，请见皇帝，说愿意出城归罪。宣宗答应了。当晚朱高煦把兵器和跟别人来往商议

谋反的书信都烧了。第二天,他要出城,却被王斌等人拦住。王斌说:

"臣等宁愿战死,也不束手遭擒!"

朱高煦见走不脱,就骗王斌等人说:

"这件事还须从长计议。你等先去王府,大家再作研究。"

王斌等人到王府去了,朱高煦却趁机从小路跑出城去,到御营去见宣宗。大臣们请将朱高煦明正典刑。宣宗不许,让他写信召他的儿子们出城。不久,城门开了,张辅等率大军入城,将王斌等全部擒住,但对胁从者不问。

这场图谋做皇帝的叛乱竟不费一弓一矢便告结束。人们免不了要讥笑朱高煦的虎头蛇尾。而王斌等那些一心想当太师、都督的人,说不得都要诛死。还有天津、青州、沧州、山西等地那些跟朱高煦有约的都督和指挥们,包括都指挥靳荣等人,也都相继被杀。这一案一共处死了六百四十多人,还有一千五百多人戍边,七百二十人流徙。至于朱高煦父子,则被宣宗带回北京,押在宫中的逍遥城囚禁起来。

有一天,宣宗到逍遥城去看朱高煦。朱高煦坐在地上,瞅宣宗走近,突然把脚一伸,将宣宗勾得跌了个跟头。宣宗站起来,吩咐校尉用一个铜缸将朱高煦罩住。朱高煦力气大,竟将铜缸顶起。宣宗命校尉们用木炭把缸盖住,然后燃火点着。一时烈焰熊熊,铜缸烧得通红,那非当皇帝不可的朱高煦的凄厉的吼声也终于渐渐停息了。

他的几个儿子——都已封了郡王的王子也相继遇害。

宣宗觉得自己的这次亲征干得漂亮,便亲笔写了篇文章,让群臣们传看,以扩大他的威信。这篇文章的题目叫《东征记》。

建庶幽死，福王宠杀

一

“靖难之役”，燕军攻入南京。燕王朱棣派人放出废为庶人的五弟周王朱橚；还有奉命守金川门，而开门迎他的十九弟谷王朱橞，一同来到起火的皇宫。据报，那火是惠帝自己放的。等他们进入宫内的时候，火已被军士扑灭，只见那着火的宫殿已是断壁颓垣，焦木和瓦砾狼藉遍地。在这中间，横七竖八地躺着三十来具焦炭般的尸体。据说惠帝和马皇后就在这里边。

见到这凄惨的情景，朱棣挤出几滴眼泪，叹息说：

“唉，傻孩子，你又何至如此呢？”

这自然是对他的亲侄子惠帝朱允炆说的了。但朱允炆的尸体虽说就在这三十来具“焦炭”之间，可是面目、衣服俱都烧焦，根本无法辨认，只能从一具特小的尸体身材上可以断定，那是七岁的太子朱文奎。朱棣把一些没死的太监和宫女找来询问。他们回答说，宫中火起时，他们就逃离了，没看见皇上和皇后在什么地方。后来一个胆子大的太监冒指着一具高瘦的尸体说，这就是皇帝。其余的内侍们随声附和。接着又认出了皇后和太子。便把这三具尸体单独盛殓起来。至于那尸体究竟是不是帝、后，那就只有天知道了。

就在大家乱哄哄辨认尸体的时候，一个中年妇女抱着一个小娃娃走来。那小娃娃大约一岁多一点，胖乎乎的长得十分可爱。在这种场合出现一个小孩子，自然引起燕王的注意。一问，才知道那是惠帝的小儿子，名叫朱文圭。原来火起的时候，乳母正抱着朱文圭在别的宫里，仓促之中没人寻找，这小文圭才捡得一条性命。

“用不用杀了他斩草除根呢？”朱棣有些犹豫。因为照历代王朝斗争的

旧例,为了免除后患,对敌手的后代是绝不留情的。可是今天的情景有些不同,在遍地瓦砾、尸体之间,出现了这么一个粉雕玉琢的小娃娃,怎么能下得了手呢?朱棣终于发了善心,让人把小孩子和他的乳母暂时收容起来。过后又在广安宫的一角找到一处小小的院落,让这小王子居住。不过却将他废为庶人了。由于他是建文皇帝(建文是惠帝的年号)的儿子,人们便称他为“建庶人”。

这小院落只有两间屋子,建庶人就在这里一天天长大。陪伴他的乳母本是从民间征来的,本人没有文化。又因为战乱的关系,老家的亲人也失散了。她对皇家怀着仇恨,因而对建庶人并不关心,只是不让他冻着、饿着就是了。平时,这一大一小两人就那么相对枯坐着。乳母在想心思,而小王子却连心思也不想,因为他还不会想。由于乳母常年不开腔,那建庶人长到七八岁时,却连话也不会说。只有当送米送菜的太监来的时候,他才听到说话的声音。至于说的是什么,他并不知道。

乳母在忧愤中死了。主管宫中事务的内官监又派一个老太监来照顾建庶人。这样的老太监大多没有亲人,他们在宫中劳碌多半辈子,如今老了,安排他来照顾建庶人,不如说让他在这儿等死。这样暮气沉沉的老人给建庶人做伴,不消说,依然是枯坐着相对无言。建庶人也照样过着衣来伸手、饭来张口的单调生活。

这建庶人虽然能够行动,却不会说话,甚至于不会思考,如果把他称作“动物人”,大概还是能够说得过去的。

老太监死了,又换来一个老太监。而建庶人就在这沉寂无声的世界里生活了十八年。他二十岁了,但仍然什么话都不会说,什么事也不懂。他只是枯坐着,两只眼睛里放出空洞洞的目光,凝视一个地方便长久不动。

有一天,人们把他放进一辆车子里,然后又领他上船。船在水里行驶,前前后后有许许多多船只,排成一长列地走。他当然不知道,这是在迁都。人们总算没忘了他,迁都的时候还把他带上。

在北京新皇宫里,建庶人照样过着他“动物人”的生活,直到他五十七岁那一年。

他是两岁的时候被囚禁的，他不知道，这五十多年中间，外面发生了多么大的变化。成祖皇帝早已死了，以后是仁宗、宣宗，而后是英宗。论起辈分来，建庶人还是英宗的叔叔哩！英宗朱祁镇宠信一个叫王振的太监。王振怂恿他去跟瓦剌打仗，结果土木堡一战，英宗做了俘虏。瓦剌首领也先认为掌握了明朝的皇帝，可说是奇货可居，能够向明朝任意勒索了。但明朝朝廷的大臣于谦等人却请太后同意，改立英宗朱祁镇的弟弟郕王朱祁钰为皇帝，史称为景泰帝。瓦剌见英宗已不起作用，一年后便把他放了。但景泰帝虽然把哥哥接了回来，却不肯把帝位还给他，反而把他幽禁在南宫。英宗又过了六年的囚居生活。后来一伙官员发动了政变，把他救出来，历史上把这叫作“南宫复辟”——这也就是建庶人五十七岁那年发生的事情。

英宗皇帝回到皇宫，过上了自由的生活。想起他在瓦剌部落里当了一年俘虏，又在南宫幽禁了六年多，如今再一次回到黄瓦红墙的殿堂里，心里有一种说不出的滋味。有一天，他让大学士李贤陪他在宫里各处走走。他们来到一处小院落，见院门是锁着的，门上开着一个小洞。英宗凑到小洞前朝里一看，只见院子里全是积雪，不曾打扫。英宗想不到皇宫里还有这么荒凉的地方，便叫随从的太监把管事的找来。不一会儿，内官监的负责太监跑来了。

英宗问他这里住着什么人，内官监这才向皇帝讲了建庶人的事情。

英宗吩咐把院门打开。但门上的铁锁却锈住了，只好找一只铁锤来砸。英宗生气地问：

“门锁得这么紧，他吃什么？”

“禀陛下，建庶人的食物规定一个月送一次，分量是足够的。”

门锁砸开了。太监推开门。英宗踏着积雪走进屋门。只见屋中阴冷潮湿，两个老头正对面坐着吃饭。内官监连忙喊：

“皇上驾到！”

一个穿着太监服装的老头赶忙放下碗筷，趴到地上给皇帝叩头。而另一个老头却像是什么也没听到，仍然在迟缓地咀嚼着。内官监要去拉他，

却被英宗止住。英宗打量他这位叔叔。只见他穿着褴褛的袍子，棉絮东一块、西一块地露着。再看脸上，不但皱纹叠积，面色也是黄中发灰，就像一片秋风中瑟缩的枯叶——难道说，这样一个人也是王子吗？

英宗摇摇头，对身后的李贤说：

“他也是我家的人呀！看了实在不忍，朕想放他出去，怎样？”

“陛下这样做，天地鬼神会知道的，太祖在天之灵也会知道的，尧、舜之心也不过如此。”李贤回答说。

内官监推了建庶人一把，说：

“皇上要放你出去了，还不赶快谢恩！”

可是建庶人的两眼仍然茫然地朝前看着，似乎听不懂内官监的话。

过了一辈子囚禁生活的建庶人被放出宫了，英宗派内臣牛玉送他到凤阳祖皇陵，让他去和老祖宗做伴。派给他二十名男仆、十名侍女，还想给他娶一个妻子。然而史书说：“文圭孩提被幽，至是年五十七矣，未几卒。”“未几”是很短的时间，可怜他连个妻子也没娶上。

古人说：“哀莫大于心死。”建庶人的悲哀则在于他的“心”无所谓生死，因为他根本不会思考。

二

建庶人死后一百三十年，明朝皇宫内又有一位王子降生了。他是明神宗朱翊钧的三儿子，名字叫朱常洵。

朱常洵的命运跟建庶人朱文圭截然相反。建庶人一岁多就成了孤儿，以后度过的是浑浑噩噩的五十多年的岁月。而朱常洵的五十多年却是锦衣玉食，财富山积，享尽了人间荣华富贵。一样是朱家的王子王孙，却有这般的差别，谁又能料得到呢？

朱常洵是幸福的，他的封号就是“福王”。而且当初他的父亲神宗皇帝和母亲郑贵妃还想立他为太子，让他当皇帝哩！可惜他不是长子，而郑贵妃也不是皇后，按照“立嫡立长”的法统原则，他一样也沾不上边。因此，为

立他为太子，皇帝和郑贵妃的确花费了一番心思，以至于闹得朝廷上君臣不和，后宫里乱乱哄哄——让我们就从这件事说起吧！

神宗的皇后姓王，为人端庄贤淑，可惜不曾生养小孩。这样，神宗就没有嫡子了。

神宗的大儿子名叫朱常洛，母亲也姓王。不过她出身低微，是神宗的母亲慈圣太后宫中的宫女。有一天，神宗去慈宁宫看望母亲，恰巧太后不在，一个宫女来照顾他。他一时性欲冲动，就和这宫女发生了性关系。那时皇帝走到哪里都有文书房的内侍跟着，皇帝干什么事也都要记下来，这个记录就叫《起居注》。而且如有宫女被皇帝临幸，还要给予赏赐。这些是照例的事情，不须细说。但凑巧的是，皇帝和王宫女春风一度，王宫女竟然怀孕了。慈圣太后发觉了问她，王宫女只好实话实说。太后不但不生气，反倒挺高兴，因为皇帝已经十九岁了，却还没有儿子。于是在一次皇帝来侍宴的时候，太后问皇帝这件事。神宗起初还不承认。后来太后让文书房内侍把《起居注》拿来，神宗才没话说。

神宗为什么不承认呢？原来他跟王宫女毫无感情，只是把她作为临时的泄欲工具罢了。但慈圣太后却说：

“我老了，到现在还没孙子，如果她生个男孩，那也是宗庙社稷之福。反正母以子贵，又分什么差等呢？”

神宗无奈，只好封王宫人为恭妃。

王恭妃怀孕期满，果然生了个男孩，他便是皇长子朱常洛。

在这之前，慈圣太后盼孙心切，由于王皇后入宫已经三年，尚无子息，所以太后一下子就给皇帝选了九个妃嫔。等朱常洛出生之后，就又有一个小皇子出生，起名叫朱常溆，但他不久就夭折了。第三个出生的皇子便是朱常洵。

朱常洵的生母郑氏就是新选的九个妃嫔中的一个。她十六岁入宫，不但人长得特别漂亮，而且性格活泼爽朗，处处显露出天真少女的本色。她还有个最大的特点，就是不怕皇帝。神宗十岁登基，一直在人们的崇敬、畏惧中生活，大臣们跪着见他，宫侍们低眉顺目对他，就连皇后在他面前，照

样连头也不敢抬。可是这个姓郑的小姑娘却不管那一套，她敢直盯着皇帝的眼睛说话，敢跟皇帝平起平坐，还敢跟皇帝搂搂抱抱，敢用手去摸皇帝的脸和脑袋。这种种被别人认为是大不敬的动作，她却做得那么自然，因为她把皇帝看成是自己的丈夫。这令年轻的皇帝欣喜不已，从这少女身上，他才真正体会到他并不是"神（天子）"，而也是个人，也才真正享受到了人间爱情的乐趣。于是入宫不久，神宗便封郑氏为贵妃。贵妃在宫中的地位是仅次于皇后的。一年多以后郑贵妃生下了朱常洵，神宗便在贵妃的"贵"字前面再给她加一个字，称为"皇贵妃"。册封皇贵妃的礼仪举行得隆重、热闹，国库拨出了五十万两白银才勉强够开销。然而生了皇长子的王恭妃又怎样？怎样也不怎样，皇帝竟连她的宫门也不登了。

母亲的地位如此悬殊，两个小王子的境遇也就可想而知了。朱常洵有五个乳母伺候着，皇帝一天要来看他三遍。而朱常洛呢，却孤零零地跟母亲住在一起，成年累月见不着父亲的面。

神宗当年五岁的时候就开始读书了，可是对皇子的教育却要区别对待。朱常洵七岁时，神宗给他请了老师，教他读书；但却不管朱常洛，以至于朱常洛到了十四岁，还是一个大字不认识。

交代完了背景，现在该谈立太子的事了。既然"有嫡立嫡，无嫡立长"是历代公认的法则，神宗按理自然应该立朱常洛为太子啦！然而神宗不干，他偏要立爱子朱常洵为太子，这就引起了一场历史上称之为"争国本"的事件。"国本"指的就是太子。以一些大臣为一方，牢守着祖宗传下来的规矩，主张册立皇长子朱常洛；而皇帝则和他的几个幸臣坚持立朱常洵。双方争来争去，纠缠不休。当然，在封建朝廷里，皇帝是绝对权威，如果皇帝坚持一件事，不顾朝臣反对硬干下去，甚至于谁反对就杀谁的头或罢他的官，事情就好办得多。但神宗却还想做个"开明"的皇帝，他不愿为立太子的事让人笑骂，于是就采取了"拖"的办法，从万历十八年一直拖到了万历二十九年。他当然有他的想法，那就是有个机会把郑贵妃升为皇后。假如她做了皇后，朱常洵便是"嫡子"了。立嫡是第一原则，那时候再让朱常洵做太子，不就理直气壮了吗？

可是怎样才能让郑贵妃做皇后呢？只有一个办法，那就是叫王皇后退下去。如果王皇后有病死去，这是最理想的了。不然就得把她废掉。废后得有理由呀，王皇后端庄贤淑，极受朝臣和宫中拥护，实在找不出她的缺点。凭空废了，不消说大臣们又要反对，那麻烦也不会比立太子差多少。这条废后的路显然是走不通的。而这位王皇后虽然常常闹病，却偏偏活着，不肯跟皇帝和郑贵妃“合作”。有时，她还要到王恭妃的宫里，照看一下皇长子朱常洛！

为立太子的事，神宗大伤脑筋，后来竟赌气采取了一种消极对抗的办法，他从此不再上朝。皇帝竟然也闹“罢工”，这实在是亘古未有的奇闻。

幸而朝廷多年延续下来的官僚制度还在起作用，内阁及各部、府、院仍然照常工作。有事呈奏上去，皇帝不批，那就认为是默许，于是便照章办理。当然，也还有大臣要上表论立太子的事，史书说：“群臣争言立储事，章奏累数千百，皆指斥宫闱，攻击执政。帝概置不问。”

不过神宗起初还是问的，把一些“指斥宫闱，攻击执政”的官员停职罚俸。但那时有个制度，凡是朝廷发生的事情，或是颁布诏令，便颁发给负责章奏的六科给事中公布，再经各藩王的“邸报”抄录，弄得全国很快就都知道了。皇帝渐渐明白，这些官员乃是在“讪主卖直”，是企图“沽名钓誉”，于是便改用“留中”——又叫“不报”的办法来对付。奏章疏文上来，往旁边一扔，连看也不看，让它自动作废，外间也就无法知道真相了。

到了万历二十九年，皇帝将近四十岁了，再不立太子，如果他一旦晏驾，朝廷非大乱不可。在这种情况下，神宗不得不收起“拖”的办法，再度考虑立太子的大事。那郑贵妃却早有准备。几年以前，她曾趁皇帝喝得醉醺醺的时候，骗皇帝写了个手谕，答应将来立朱常洵为太子。神宗酒醒之后便把这事忘了。但郑贵妃却将这张纸看成宝贝，用一个锦匣珍重地装着，放在她宫中的大梁上。如今要立太子了，她对神宗说：

“陛下不是早就立太子了吗？”

“朕何时立过太子？”神宗惊讶地问。

“有陛下亲手写的手谕呀！”

神宗记不起这件事，便让郑贵妃把手谕拿来看。朱常洵正在旁边，这小伙子兴冲冲地亲自动手，搬来梯子爬上大梁，把锦匣取下。郑贵妃将锦匣打开，取出那张手谕。神宗接过一看，的确是自己的亲笔，上面写着："朕决定立……"下面却是几个窟窿，原来手谕让衣鱼（即专食纸类的蠹虫）咬了，偏偏把朱常洵这几个字咬去了。郑贵妃目瞪口呆。神宗挺迷信，认为这是天意。

后来慈圣太后也来干涉了。她问神宗为什么不立朱常洛，神宗回答说：

"他是都人生的。"

那时宫中把宫女称为"都人"。神宗这么说自然是指朱常洛的生母王恭妃的出身是宫女，没有高贵的门第。慈圣太后却生气地说：

"你自己不就是都人的儿子吗？"

原来神宗的父亲穆宗朱载坖原封裕王。慈圣太后是裕王的侍女，后被裕王纳为王妃，朱载坖即位后封为贵妃。所以太后才这么说。

神宗见太后发怒，连忙伏在地上请罪。就这样"天意"加上"母命"，神宗才不得不于万历二十九年，册立长子朱常洛为皇太子；封三子朱常洵为福王，封国洛阳；五子朱常浩为瑞王，封国汉中；六子朱常润为惠王，封国荆州；七子朱常瀛为桂王，封国衡州。二、四、八子均幼年夭折，也追加了邠王、沅王、永思王等王爵封号。

朱常洛从恭妃宫迁入东宫，神宗下令朱常洛不得随意离开东宫，那用意就是不让朱常洛再去看望母亲。其余王子也都各到藩地去了，却唯独把福王朱常洵留在宫里，原因是郑贵妃舍不得让他走。

三

朱常洛虽然做了太子，但他被父亲限制在东宫的范围内，行动不得自由。幸亏王皇后常常去看他。史书说："光宗（即朱常洛）在东宫，危疑者数矣，（皇后）调护备至。"

福王朱常洵虽然还没去洛阳，却已在那历史古都大兴土木了。皇帝派人去洛阳给他修王府，不消说亭台楼阁、假山水池，几乎皇宫里有的那里也都要有，营缮费花了二十八万两白银，是其他各王修王府费用的十倍。郑贵妃给福王娶了个妃子，婚费又花了三十万。那时，神宗在民间大肆搜刮，他派出许多太监充作税使和矿使，垄断了全国的税收和矿产，全都纳入宫库，成了皇帝的私产。史书说他“明珠、异宝、文毳（鸟兽的毛皮）、锦绮”像山一样聚积，其他的搜刮也以“亿万计”。皇帝就把这些民脂民膏作为给福王的赏赐。

但“国本之争”虽说是暂告结束了，然而福王留在宫中不走，自然又会惹起物议。不久，民间流传着一份叫《续忧危竑议》的传单，内容是记叙一个叫“郑福成”的人的自问自答，中心意思是皇帝立朱常洛为太子是不得已，他日必然还要更立。还说现在朝中的大学士（即宰相）是朱赓。这里面都有很深的含义。“郑福成”是什么意思呢？乃“郑”贵妃的儿子，“福”王最终必“成”为太子也。而“赓”字与“更”字同意，自然也是“更立”的意思，说皇帝特任朱赓为内阁首辅，也就暗寓着更立太子的居心。这份传单流播开来，人们纷纷议论，都说这是郑贵妃指使人干的，目的是为朱常洵做太子制造舆论。大学士朱赓拿这份传单去找皇帝，请求皇帝追查。神宗大怒，下敕锦衣卫严厉搜捕。后来找到一个叫皦生光的人，硬说是他干的，处以极刑了事。流言也才慢慢平息下来。

但福王仍然住在宫中，而神宗也还不上朝。他们夫妇、母子天天饮酒享乐，坐等着各地的官员和派出的税使、矿使将搜刮的民脂民膏源源不断地输进宫中，供他们享受。而东宫的太子朱常洛却也仍然寂寞孤单地过着死水般的生活。万历三十四年，东宫王才人生下神宗的长孙朱由校。皇帝一时高兴，让王恭妃借孙儿的光，得了个皇贵妃的封号。到万历三十九年，王贵妃病重了。太子向父亲请求，批准他去看望母亲。神宗同意了。朱常洛来到他小时候的旧居，见殿宇颓圮，蔓草覆阶，一片荒凉景象，而母亲的双眼都已瞎了。太子跪在母亲的病榻前，失声痛哭。王贵妃用颤抖的手抚摸着太子的脸颊，又顺着身体摸下去，哭着说：

"我儿已长得这么大了,我死也无恨啦!"说完就咽了气。太子和仅有的几个宫女、太监号啕大哭。宫侍们不但因为王贵妃为人和善,屈己待人,而且也同情她的不幸遭遇。就在这凄切的哭声中,隐约从正宫方向传来欢快的乐曲,那自然是皇帝、郑贵妃和福王在饮宴喽!

万历四十一年,百户(低级武官)告变,说有妖人孔学等为巫蛊,将不利于王皇后和太子,据说又是郑贵妃指使的。大学士叶向高劝皇帝别追究这件事,只要赶快把福王送往藩国去,离开京师,谣言自会止息。在这种情况下,皇帝和郑贵妃才不得不把那已经二十八岁的儿子朱常洵打发去洛阳就国。皇帝恨不得把宫库中的珍宝都让福王带去,还下诏赐给他庄田四万顷。所司的官员力争,因为弄不到那么多的土地,最后才减去一半。但这两万顷土地河南一带也划不出来,有司只好把山东、湖广等地的公田划给他。前大学士张居正家住江陵,他死后家产充公,在江陵有一座宏伟华丽的府邸,皇帝把这府邸也赐给福王,让他有个别墅。

福王要走了,神宗派御营兵护送。福王在皇宫北门上车,皇帝和郑贵妃在宫门口送他。福王的车刚走去不远,郑贵妃又把他喊回来,又是一番流着泪的叮咛,又是一番流着泪的嘱咐,答应他可以打破王子不奉召不得入朝的旧例,准许他三年回京一次。福王哽咽地答应着,再一次上车,但却又被郑贵妃召了回来。史书说是"召还数四",实在是难舍难离呀!

福王朱常洵到了洛阳。现成的宫室,堆积如山的财富,他还不满足,又向皇帝请求,把从江都到太平这沿江一线的税收划拨归他收取,还要求把四川的井盐和茶税也拨给他。皇帝也答应了。这样一来,福王的田地、税署竟遍布山东、湖广、四川各地,他派出去收租和收税的官员仗势横行,所到之处一片骚然。

而福王自己呢?史书说他"日闭阁饮醇酒,所好唯妇女倡乐"。这位王子就是以这样腐朽的生活方式,度过了他的大半生。

万历四十八年,神宗皇帝死了,太子朱常洛继位,是为光宗。但他只做了一年皇帝就离开人世。他的长子朱由校登上皇帝宝座,是为熹宗。七年后他也死了,由他的弟弟朱由检继位。他就是明朝的末代皇帝思宗。

思宗的年号是“崇祯”。崇祯十三年冬，李自成农民起义军进入河南。那年河南连遭旱、蝗双灾，饿殍遍野，人们易子而食。而福王府里却依然是朝朝玉食，夜夜笙歌。官军调动经过洛阳的时候，相率说：

“王府金钱百万，而让我辈饿着肚子死于流贼之手。”

南京兵部尚书吕维祺家住洛阳，他听说后怕惹起兵变，去拜见福王，告以利害，请他拿出点钱粮来资助军队。但福王毫不在意，反而嫌吕维祺多事。

崇祯十四年正月（这时福王朱常洵已经五十五岁了，只比建庶人的逝年少两岁），李自成起义军连陷永宁、宜阳后，准备进攻洛阳。可是福王府里却还在酣歌曼舞，这位王爷似乎不知道还有战争这回事。

这一天，门上来报，洛阳知府求见。福王让他进来。知府行礼后，福王不耐烦地说：

“你不是已经来拜过年了吗，又来干什么？”

“回禀大王，”知府躬身说，“流贼李闯已率叛军进入河南，巡抚李仙风大人告谕各地加强防范。下官跟总兵官王绍禹商量，洛阳城大，守军兵力不足，想招募一些乡勇协助守城，只是……”

“只是什么？”福王转动着三百斤重的身躯不耐烦地说，“又要来要钱，是不是？上次你来要粮食赈灾，我说没有，怎么才过这么几天，我就又有了？”

“是，下官知道大王困难……”

“谁又说我困难了？”福王再次打断知府的话，“我问你，你们这些做官的，包括什么李仙风、王绍禹，都是干什么的？朝廷把城池交给你们，守不住小心你们的脑袋！”

知府也急了，大着胆子说：

“如果一旦守不住，下官的脑袋自然不保，可是大王那时又怎么办呢？”

“我怎么办？我的安全就是要你们负责！哼！给我滚出去！”

然而风声终于渐渐紧起来，城里百姓纷纷传说李闯王要来攻打洛阳。

省里的副将刘见义和罗泰也奉命令，率军来洛阳协守。福王这才有点吃惊。他派人把总兵王绍禹和新来的副将刘见义、罗泰请到府里赐宴款待，想用一顿酒席表示他对军人们的关心。正月十八日，农民军果然开过来了，几十万大军把洛阳城团团围住，炮声隆隆，烽火处处。福王这时候真的有点怕了。他忍痛拿出一千两银子来，招募了百来个亡命之徒，要他们在夜间缒下城去，击退贼兵。农民军不曾防备，还真让这些人冲杀了一阵。可是在几十万大军面前，这百十来个"勇士"又起什么作用？到头来还是死的死、降的降。福王那一千两银子白花了。

半夜，王绍禹的一部分亲军在城上跟军官要欠饷，军官拿不出，这些官兵便将军官杀死，打开北城门，迎接农民军入城。还有一部分官军在跟农民军巷战，城内一片喊杀声。福王这才真正意识到大事不妙，想再拿出钱来买命也已来不及了。他只身逃出王府，藏到迎恩寺里。第二天，被老百姓发现，报告农民军，将他捉住。

20日，福王的"福"终于享到头了，他被杀后，那三百斤重的肥肉跟鹿肉掺到一起，做成肉糜，和到酒里，叫作"福禄酒"，分给了恨他入骨的老百姓。

福王府被打开了，一座座粮仓里，不少粮食已经霉烂；一座座绸库里，许多绸缎已经腐朽；至于珠宝金银，更是满箱盈柜，无法统计。李自成把这些战利品分给穷苦的老百姓，于是更多的人参加了义军，农民军迅速地发展到一百万人。

福王朱常洵和他的父亲神宗皇帝、母亲郑贵妃费尽心机搜刮、积攒的财富，却起了为农民军募兵的作用，这恐怕是他们当初无论如何也预料不到的吧！

康熙帝群子争夺宝座

清圣祖康熙皇帝爱新觉罗·玄烨，八岁登基，六十九岁去世，在位六十一年。如论当皇帝的年头之长，在历代皇帝中，他得算是第一名。

皇帝在位时间长，首先是由于他身体好，活了个大寿数。其次是他统治有方，治国有术，因而地位得以稳固。但他皇帝当久了，又会带来一个新问题，那就是他老占着皇帝宝座，后来的人急不急呢？尤其是康熙的儿子特别多，竟达三十五个。尽管其中一些人早逝了，可是也还有二十多个王子，觊觎着金銮殿上的那个座位，以至于引发出一场又一场的内部斗争，似乎也就不足为怪了。

让我们先从太子胤礽(réng)谈起。

一

太子胤礽是康熙的次子。但由于他是皇后赫舍里氏生的，虽然前面已有个大哥胤禔，康熙也还是立胤礽为太子。因为康熙沿袭了汉族“立嫡”的封建法统，又因为赫舍里皇后生下胤礽就死了，她是康熙的元配妻子，康熙夫妇情深，因而对她生的儿子格外钟爱。于是在康熙十四年，胤礽刚刚两岁的时候，就把他的太子地位确定下来了。

后来康熙又立了新后，而一些妃子也陆续生子，形成了一个大家族。胤礽由于已经确定为皇位继承人，自然要受到特别优待。康熙喜欢读书，胤礽小时候，康熙自己教他。稍大以后，又给他请了大学士张英和李光地做他的老师，教他四书五经。请大学士熊赐履教授他理学方面的知识。再加上胤礽生得一表人才，魁梧英俊，骑射、文学都有一套，因此康熙对他这个能文能武的儿子十分满意，常常在群臣面前夸奖。有时皇帝外出打猎或

是巡游，也总要带着他，让他这个儿子在群臣面前炫耀一番，觉得自己脸上也有光彩。

王子们一天天长大，开始跟外界接触，接触最多的，除了亲戚之外，就是朝臣了。胤礽已经做了太子，将来便是皇帝，有些势利小人认为可以在他身上投机，好好巴结他，将来太子继位，自己是他的亲信，还愁不封个大大的官职吗？于是太子周围便聚集了一批谄媚取巧之徒。少年太子懂得多少道理？天长日久，太子被这些人朝熏暮染，竟然滋生邪念，盼着他父亲早死，他好来做皇帝。

康熙二十九年六月，西疆的准噶尔部首领噶尔丹攻掠喀尔喀蒙古，侵入大清边境。康熙皇帝派大臣苏尔达、康亲王杰书等备边。七月，康熙率大军亲征。走到博洛和屯，因天气炎热潮湿，康熙病了，就在博洛和屯养病。有旨宣太子胤礽和三皇子胤祉去侍疾。

那年皇帝三十七岁，太子也十七岁了。按说三十七岁正在壮年，偶感风寒也不是什么不治之症。可是太子的表现却十分反常，他在父亲的病榻前还绷着脸装出一副严肃的样子，但刚一转身立刻就笑逐颜开，让人觉得他心中藏着莫大的喜悦。

隐藏感情不是一件容易事，康熙终于察觉到了太子的心思，原来这小子高兴的是以为父亲要死了，他即将接班当皇帝啦！康熙气不打一处来。可是这种感情上的事又没有证据，康熙没法处置他，只好把这两个儿子一起打发回京了事。8月，抚远大将军裕亲王福全大败噶尔丹于乌兰布通，噶尔丹派喇嘛济隆来请和。康熙准了，这时他的病也已痊愈，便返回北京。但从此他对太子产生了芥蒂，认为他不是一个孝顺儿子。

太子回到北京后，仍然和他周围的一伙人打得火热。而这时，一些小王子也一个个长大了。他们之中少不了有些野心家，再加上他们的母亲也想“母以子贵”——如果儿子当了太子，她们也就有了做太后的希望。这些后妃中有些机灵的，发现太子已不像以前那样合皇帝的意，少不得来个落井下石，把道听途说的流言飞语再添油加醋地在皇帝面前吹风。天长日久，皇帝的耳朵里灌得多了，不信也会变成相信。再加上太子自己又不检

点，在外边屡做错事，惹得朝臣们也来拨弄是非，于是太子的地位就岌岌可危了。

康熙三十六年二月，康熙皇帝再次亲征噶尔丹。四月。噶尔丹穷途末路，服药自杀。他的女儿钟齐海投降。多年为患的准噶尔族叛乱暂时平定。康熙回到北京。第二年三月，借庆功的机会，封长子胤禔为直郡王，三子胤祉为诚郡王，封四子胤禛、五子胤祺、七子胤祐、八子胤禩为贝勒。“贝勒”是满语，有王或诸侯的意思，不过地位要排在亲王和郡王的后面。

年龄大一些的王子有了封号，尤其封王的胤禔和胤祉还有了自己的王府，以后再搞谋位的活动就更方便了。那胤禔本是长子，他自认为应该最有资格继承帝位，因此活动得也最欢。第二年，三皇子胤祉的生母敏妃张佳氏死了，胤祉母死不足一百天就剃了头，这是违犯丧制的，被康熙看出来，下诏废去王号，降为贝勒。现在皇子中封王的就只有胤禔一个了。有了这样优越的条件，胤禔便拉拢了一伙人，结成死党，还在朝廷大臣中活动，争取对自己的支持。

四皇子胤禛是个胸有城府的人，他不像别的弟兄那样不加收敛地活动，而是在暗中使劲。一些皇子往往采取在父亲面前诽谤别人的办法，这样做对方虽然受到伤害，自己却也把内心暴露了出来。胤禛却不同，他从不在皇帝面前议论弟兄，有时反而给别人说上几句好话，给人的印象是谦虚谨慎，很懂得孝悌之道。因而也就博得了康熙皇帝的好感。

胤禛还有一个优越条件，那就是他的养母佟佳氏是康熙的第三任皇后，他和太子胤礽有着基本相等的地位，如果太子废了，他继位做太子的可能性极大。这些他都隐藏在心里，单等有了机会再说。

此外，还有一个积极活动的是皇八子胤禩。胤禩是良妃卫氏生的，母亲的地位不高，但是他凭着生得眉清目秀，又很有学问，再加上善于交际，竟然拉拢了好几个大臣，这些人有机会就替他吹嘘。所以他也是一个有力量争夺太子地位的皇子。

二

康熙皇帝对太子胤礽还是关心的。康熙四十一年一月，康熙南巡。走到德州，京中来人报说太子病了。康熙不放心，回銮返京，看儿子的病。

四十三年，太子的亲信内大臣索额图替太子做说客，到处活动，竟然要大臣们上表请皇帝退位，去当太上皇，而让太子登基。事情暴露后，康熙把索额图捉起来。但太子却推说这件事他并不知道。于是康熙只把索额图拘捕，死于狱中，对太子未予追究。

四十七年六月，炎夏季节又到了。康熙到热河离宫避暑山庄去避暑。避暑山庄在承德，这儿山清水秀，更难得的是群山环抱，却又地势高峻，因而虽在炎夏仍然气候宜人。康熙四十二年，皇帝在这儿兴建离宫，经过五年的经营建设，如今已然初具规模（避暑山庄的最后建成在乾隆五十七年，中间经过了八十九年）。康熙设置了三十六景，每一处景点都有匾额，由皇帝亲自题写。匾额都是四个字，像什么"万壑松风"、"云山胜地"、"无暑清凉"、"月色江声"、"水芳岩秀"、"芝景云堤"等等，无不布置得秀丽典雅，的确是避暑的胜地。后来乾隆又补设了三十六景，匾额题三个字。康熙的寝宫叫"烟波致爽"，在离宫正殿"澹泊敬诚殿"的后面，康熙日常就在这一宫一殿中憩息。

8月，北京宫里的顺懿密妃王氏给康熙送来一封紧急的信，原来是她的八岁的儿子皇十八子胤祄病重，请求皇帝设法救治。康熙找了几个随驾的大臣商量，准备派人回去给儿子治病。这时晚饭已过，暮色苍茫。康熙和几个大臣正在烟波致爽宫里商量这件事，忽听窗外"扑通"一声，还夹着一声呻吟，似乎有人摔跌。殿内的近侍出去一看，发现一个人影隐于花丛。近侍以为是刺客，大声喊叫。卫士们点着火把搜索，却从花丛后面捉到一个太监。这太监虽然穿着太监的服装，却不是伺候皇帝的。

内务府的官员便要以行刺皇帝的罪名，将他斩首。那太监不得已说了实话。原来他被太子收买，在离宫替太子做内线。他听说今天下午京里的

快马送来急件，皇帝找大臣议事。他不知是不是跟太子有关，偷偷来窥探。不料被一块西瓜皮滑倒，弄出响声，竟被捉获。康熙这才知道，太子在他身边还布下了耳目，这一气简直要发昏，立刻吩咐回銮返京。九月丁酉那天，召集廷臣，宣示太子胤礽的罪状，将他废掉。同时颁示天下。

10月，康熙把八皇子胤禩的贝勒也革除了，这又是为什么呢？

原来那年夏天，太子被废之前，北京来了一个相面的江湖术士，名叫张明德，又称张半仙，据说相面特别灵验。一时王公贝勒、文武官员，不少人去找他相面，看看自己到底能富贵到什么地步。那江湖术士展开如簧之舌，净说些受听的话，骗得去找他相面的人个个眉开眼笑。张半仙的大名便传开了。八皇子胤禩平素觉得自己长得最像父亲。凭父亲的面相能做皇帝，那么自己跟父亲如此相像，能不能有做皇帝的福分呢？有一天，他穿上便衣，一个人去了张明德的相馆。那时张明德已挣了不少钱，就雇了几个当地的官场子弟，要他们提供来相面的人的底细。胤禩一到，便有人认出了他，悄悄告诉张明德。等胤禩坐到相桌的前面，张明德睁开老鼠眼一看，就装出十分吃惊的样子，把胤禩请到里屋，口称"万岁"，纳头便拜。

胤禩又惊又喜。接着张明德又指着胤禩的脸，什么"天庭"、"地阁"胡诌了一通，无非说胤禩生就了帝王之相，将来非当皇帝不可。

胤禩早就有了非分之想，张明德的话恰恰搔着他的痒处，两个人一拍即合。胤禩说不得要把随身带的银子掏出来，一股脑赏给张明德。张明德知道攀上了高枝，还和胤禩约定，说他认识不少江湖豪杰、武林高手，一旦需要，便可将他们召来，图谋大事。胤禩出了相馆，摇摇摆摆往回走。不料路上遇着大阿哥胤禔。胤禔笑着问他：

"八阿哥从何处来？"

"随便走走。"

"你休瞒我，"胤禔笑着说，"张半仙还叫你万岁哩！"

原来胤禩方才的一幕让胤禔的一个腿子看见了，报告了胤禔，所以胤禔才在街上堵他。这哥两个平日关系不错。胤禔便把胤禩请到王府，摆下酒席，弟兄二人畅饮起来。胤禩几杯老酒下肚，越发高兴，简直以为太子地

位已经唾手可得了。胤禔问他：

“你虽然是福相，可是胤礽占着太子的位子，怎么会轮到你呢？”

“是呀，”胤禩挠挠头说，“有什么办法能叫胤礽死了就好了。”

胤禔凭着酒兴，给他出主意：

“我认识牧马厂一个蒙古喇嘛，他精通巫蛊之术。他若咒人，那人就非死不可。”

“那就求大阿哥快去找他。只要能害死胤礽，我做了太子，将来继位以后，跟大阿哥平分天下。”

那个蒙古喇嘛名叫巴汉格隆，的确和胤禔有交情。胤禔跟他一说巫蛊的事，他便答应了，取出一些镇压物，交给胤禔，还给他一个小木偶，只要在木偶身上写上对方的名字，再标上生辰八字，用镇压物刺在木人的心口和七窍，过了七七四十九天，对方便会生病，或遭厄运。当然这跟张半仙的相术一样，统统都是骗人的把戏。胤禔却信以为真，回府以后，在木人身上写下胤礽的名字和生辰八字，埋在后园地下。

凑巧的是，到了9月，太子胤礽果然被废了。

胤禔喜出望外，认为是巴汉格隆的法术生效。但他却不肯把太子地位平白地让给胤禩，而是去见皇帝，告发胤禩勾结江湖匪人，图谋不轨。在胤禔看来，这是一箭双雕，把八皇子除掉，自己将来做太子便少了一重障碍。

康熙听了胤禔的告发，勃然大怒，立刻派刑部官员把张明德捉到。动刑一问，张明德只好招了。康熙吩咐将张明德以谋反的罪名凌迟处死。对八皇子胤禩却还舍不得杀，只把他的贝勒革去了事。

爵位没了，八皇子被监禁起来。他想想跟张明德的来往只有大阿哥一个人知道，莫不是他去告发的？便对监押他的宗人府官员说，他有事向皇上禀报。

康熙在宫中接见八皇子，先劈头盖脸揍了他几下，才坐下来气哼哼地问：

“奴才，你有何话讲？”

胤禩捂着打肿了的脸，做出委屈的样子，说：

“儿臣所做的事，都是大阿哥教我的。”

“什么？”康熙不信，“是他教你，还会来向我告发？”

胤禩证实了自己的猜测，越发恨大阿哥，便添枝加叶地讲了胤禔如何拉拢大臣、收买死党的事。临了，才对皇帝说：

“大阿哥在二阿哥身上施了巫蛊之术，二阿哥神志被迷，做事乖张，才惹得父皇生气废他。”

康熙简直不敢相信自己的耳朵。他熟读史书，知道历代皇朝有不少弟兄阋墙的宫廷事变，还以为汉人心思巧猾，不似满人质朴，却没想到自己家门竟也出了这种丑事。他照着胤禩的揭发，派人去牧马厂把巴汉格隆喇嘛捉来，动刑审问。喇嘛招认了。接着，又在胤禔的王府中挖出了上面写着胤礽名字的木人。

康熙异常震怒，认为胤禔做的这些事比胤禩严重多了。胤禩还只是有谋位的想法，而胤禔却见诸行动。他拔出自己的佩刀，吩咐驾前侍卫用这把刀将胤禔的头砍下拿来。这时候胤禔的生母惠妃已得到宫监报知的消息，急匆匆赶来，跪着向皇帝替儿子求情。康熙见惠妃跪在那里，面上涕泪纵横，一再叩头，连称“皇上开恩”，也觉得有些不忍，便亲手把惠妃拉起，叹口气说：

“家门不幸，出了这种逆子，是寡人作孽了。”

侍卫看皇帝的样子是不想杀胤禔了，赶忙把皇帝的佩刀献上。康熙接过来，插入鞘中，接着吩咐，将胤禔的直郡王爵削去，幽禁起来。就这样，三位王子为了争夺皇帝宝座展开的一场混战暂告结束。

不过这么一来，废太子胤礽却又有了转机。因为康熙认为胤礽以前之所以行为乖戾疏狂，可能是由于喇嘛镇魇的缘故，便把他放了。又认为胤禩的过错较轻，宣布恢复他贝勒的爵位。到四十八年三月，康熙下诏，让废太子胤礽复位，再一次立为太子。

接着，又册封三皇子胤祉为诚亲王，四皇子胤禛为雍亲王，五皇子胤祺为恒亲王，七皇子胤祐为淳郡王，十皇子胤䄉为敦郡王，九皇子胤禟、十二皇子胤祹、十四皇子胤祯俱封为贝勒。

然而俗话说得好,“江山易改,本性难移”。第二次做太子的胤礽开头确也收敛了许多。但天长日久,却又故态复萌。他是个纨绔子弟,爱好的是酒色货贿,成天喝得醉醺醺;在妓院花馆里出出进进;至于金银珠宝,只要有人送来,他就照收不误,也不管这些东西的来处。于是谋官求职的、打官司的,都来走太子这条门路。这样一来,朝野议论纷纷。康熙起初还忍着,只是斥责过几回。但后来看他实在难改,终于再次下决心把他废了,那是康熙五十一年九月的事。

三

康熙皇帝两次废太子,深深觉得他儿子虽多,但选一个能如人意的却又那么难。后来他索性把立太子的事暂时搁置起来,容他慢慢观察选定。此外,也还有另一个原因,那就是他自觉身体很好,虽然年近花甲,但依然还像年轻时一样不时出巡,尤其是在打猎这项运动上,许多年轻的宗室和将领还赶不上他哩。

满族人过去是牧猎民族,擅长骑射,八旗的骑兵更是以勇猛著称,所以才能以一个少数民族统治天下。康熙重视骑射,认为打猎是练习骑射的好方法。他于康熙二十年在北京东北约五百里处选了一处猎场,那里山深林密,离避暑山庄不远,起名叫“木兰围场”(即现在的河北省围场县)。那时皇帝打猎,先用许多人围赶野兽,慢慢将兽群围赶到猎者所在的地方,再由猎者猎杀。所以打猎又称“打围”,猎场便叫“围场”了。木兰围场设围点七十二处。康熙规定,每年中秋以后在这里举行大规模的秋猎,不但有本朝的王公、宗室、官员参加,还邀请北方和东北、西北少数民族的领袖来会猎,事实上这也是一次外交活动。

康熙是个好猎手。史书记载,康熙三十七年十月,他在打猎的时候,一次就射死两只老虎,其中一只还是隔着一道山涧射中老虎的肋下。过了几天,又用猎枪打死两头黑熊。直到他五十七岁的时候,还在一份诏书中说:“行围塞外,水土较佳,体气稍健,每日骑射,亦不疲乏。”

既然皇帝对身体的自我感觉相当良好，立皇储的事便拖延下来。起初，也还有些满、汉官员上表请立太子。康熙五十二年二月，左都御史赵申乔上疏提出，太子是“国本”，应该早日册立。康熙对大臣们说，“建储大事，未可轻定”。将赵申乔的原疏退回。

康熙五十六年，皇帝又在一份诏书中说：“立储大事，岂不在念！但天下大权，当统于一，神器至重，为天下得人至难，是以朕垂老而惓惓不息也。”

皇帝既然下决心暂时不立太子，那些皇子们也就活动不起来，只好望着太子宝座兴叹了。

康熙六十一年，皇帝六十九岁了，却还要外出打猎，并为打猎的劳师动众辩解。他对大学士们说：“有人说朕塞外行围，劳苦军士。须知承平日久，岂能忘却武备？以前军旅屡兴，都能克敌制胜，就是因勤于训练的缘故。”

不过木兰围场路远，康熙并不年年去，而是在北京南苑开辟了一个小围场，里面虽然没有虎、熊等猛兽，但獐、鹿、羊、兔却也不少。平时加以保护，禁止老百姓猎取，专门留着给皇帝过猎瘾。这年10月，康熙又到南苑行围。由于骑马奔跑，出了不少汗，休息的时候贪图凉快，将猎袍脱下。恰巧一阵秋风吹来，将冷汗憋进体内，回去就病了。这种病古代医生称之为“卸甲风”。有的武将在沙场上战后卸甲，如不注意便会患上这种病。其实也就是风寒之类。但康熙毕竟年龄大了，这一病竟然卧床不起。他为了能安心养病，离开皇宫，住进北京西郊的畅春园。

清代的王子跟其他朝代不同，他们没有封地，亲王只是爵号。如有事情要他做，便另封官职，这是一种加强中央朝廷的措施。所以不曾封官的王子、贝勒们平时住在各自的府中。如今听说皇帝病了，纷纷赶到畅春园来探病，只有十二皇子胤祹任职满洲都统，十四皇子胤祯任职抚远大将军，驻师西宁，这两位皇子不在京中。

皇子们晋见父亲后退出，各自找地方住下。但皇帝身边得有人办事呀，康熙知道四皇子雍亲王胤禛很能干，有些事便要他去做。

畅春园的警卫工作由步军统领隆科多负责。隆科多是康熙的第三任皇后孝懿仁皇后佟佳氏的弟弟，虽然不是胤禛的亲舅舅，但两个人的关系极好。隆科多是希望胤禛继位的，由于他在园中可以随意行动，因而能够掌握皇帝的所有情况，随时密报给胤禛，然后商量对策。

皇帝的病一天天加重，太医院的御医们川流不息地奔波于京城和畅春园之间，但皇帝的病却不见什么起色。皇子们一个个瞪圆了眼睛，心中时刻像揣着一只小鼓，都盼着忽然一道旨意下来，皇帝传位于自己。11月的冬至要到了。按常例，皇帝这一天要祭天。康熙自己不能去了，他把胤禛召来，要他代表皇帝去南郊进行祭天大典。这时刻是多么要紧的关头啊！皇帝的病是那样重，说不定什么时候便会晏驾。这当儿离开，实在不妥。因此胤禛没有立刻应声。康熙生气了，大声问：

"怎么，你不愿去吗？"

"儿臣怎敢！只是父皇有病，儿臣想在身边侍奉。"

康熙的脸色才缓和下来，喘息了一会儿，才接着说：

"皇儿只管放心去吧，这里有人照料。但你斋戒沐浴一定要诚啊，否则上天会怪罪的。"

胤禛答应着，怏怏地走了。康熙望着他的背影，心中明白，这个胤禛说什么不放心父亲的病，还不是惦着继位的事吗？

但现在的确到了该选定继位人的时刻了。那么让谁来继位好呢？皇长子胤禔、次子胤礽和八子胤禩是不须考虑了，其余的几个儿子，有的虽然学问不错，但缺少才干；有的又花天酒地，不务正业。这个四皇子倒是精明强干，但他性格内向，人们常说"知子莫若父"，自己当父亲的，竟然看不出这个四儿子平日净寻思些什么。有这样城府的人，胸怀绝不会坦荡，自然也不是当皇帝的最佳人选。

康熙想来想去，把他的二十来个儿子一个个在脑子里过筛，最后选定了四皇子胤禛的同母弟弟——十四皇子胤祯。但胤祯远在青海，而这件事又不能让别人知道，以免其他皇子来争位。于是康熙便亲手写了一道手诏，派中使（宫廷中派出传达旨意的太监）送往青海，召胤祯急速回京。那

时畅春园戒严，人们出入都要由负责警卫的隆科多盘查。隆科多跟那太监认识。太监随口说：

“天寒地冻，又要跑一趟大西北，还是十万火急，真够受的。”

隆科多一听吃了一惊，装出同情的样子问：

“是呀，身不由己嘛！是不是皇上有病，想十四皇子了？”

“八成是吧，圣旨就是面交大将军王的，还限我明天起程哩！”

太监回城准备了。这边隆科多急忙派人去南郊找胤禛，让他急速回城。

夜里，胤禛和隆科多在雍亲王府里见面了。隆科多讲了皇上派中使到青海的事。两人估计，一定是皇上准备让十四皇子继位了。怎么办呢？两个人急得像热锅上的蚂蚁一样走来走去。后来还是胤禛想出一个办法，先把皇帝的诏书弄到手看看再说。他们连夜找到中使家里，逼着他把诏书交出来。胤禛拍着胸脯说，一切差错由他负责，并答应将来给他好处。那太监不敢不遵，把皇帝的诏书交了出来。胤禛拆开封口，将诏书取出一看，的确是皇帝的亲笔，上面明明写着要传位于十四皇子。

胤禛和隆科多面面相觑，想不出办法。那胤禛一会儿拿起诏书看看，一会儿又放回桌上。忽然，他一拍桌子，叫道：

“有了！”他指着康熙的手诏说，“就在这诏书上做做文章！”

胤禛写了份假诏书，封好后让中使明天照样起程，他这里却把皇帝的手诏带回府里，进行加工去了。

原来康熙的右手曾经患指病，手指曲伸不灵，虽然不影响射箭，但写字却差了，一个劲哆嗦，康熙便改用左手写字。康熙五十四年还曾晓谕大学士：“朕右手病不能写字，用左手执笔批答奏折，期于不泄露也。”因此康熙以后的批答或手谕往往写得简单，而且字迹歪歪斜斜，都是由于用左手不习惯的缘故。因而这道手谕上也只有寥寥几个字：“朕决定传位十四皇子胤祯，著继朕登基，即皇帝位。”而胤禛的加工则是把“十”字上面加一短横，变成“于”字，此字本应写为“於”，简体为“于”，也是出于左手写字的无奈；“祯”字的改写也很容易，把“贞”上面的一横拉长就行了，何况康熙左

手写字，笔画潦草，改起来一看，真是天衣无缝。那诏书如今变成了这样子："朕决定传位于四皇子胤禛，著继朕登基，即皇帝位。"

康熙皇帝的病越发重了，有时不省人事。但各位皇子却被拒于门外。原来隆科多假传圣旨，说："近日朕体稍安，需静心调养，群臣子侄未经宣召，不得入宫打扰。"皇子们只好每天来到畅春园，在门外候着，等待皇帝的消息。

11月13日这天，康熙自觉一阵阵昏迷，知道寿数已到，但跟前却不见一个儿子，只有御医和几个内侍在惶恐地站着，寝宫内没有一丝声音。康熙哑着嗓子唤人，只见一个官员匆匆走了进来，却是自己的内弟隆科多。康熙问：

"诸皇子在哪里？"

他因病久了，舌头发硬，吐字不够清楚，所以人们却听成了"四皇子在哪里"，隆科多马上出去传唤：

"宣四皇子！"接着"宣四皇子"的传呼一递一声地传了出去。不久，四皇子胤禛从园门走了进来，一直步入寝宫。康熙见只有他一人进来，知道这中间定有阴谋，便伸手在枕旁摸出平素佩戴的那串朝珠，朝胤禛打了过去。胤禛顺手接过，刚唤了一声"父皇"，只见那康熙皇帝脸色铁青，用手指着胤禛，连说："好……好……"便手臂垂落，双眼一翻，一代颇有作为的皇帝溘然长逝了。胤禛见了这番情景，连忙把父亲的朝珠往脖子上一套，伏地大哭起来。内侍们也一齐跟着痛哭。园外的皇子们听到哭声，知道不好，不再管什么禁令，一拥而入。刹时间康熙病榻前黑压压跪了一地，哭声也震天动地地响了起来。

隆科多等皇子们哭声稍歇，才把已篡改了的皇帝手诏拿出来，朗声说道：

"阿哥们听我宣读皇上遗诏。"

皇子们一个个爬了起来，个个用企望而又贪婪的目光盯着隆科多手里那张诏书。只听隆科多不紧不慢地宣读：

"朕决定传位于四皇子胤禛，著继朕登基，即皇帝位。"

隆科多刚读完，皇子们便惊诧起来，因为他们差不多都认为只有自己才有做皇储的资格，怎么父皇会传位给四阿哥呢？隆科多见众人怀疑，便把“遗诏”递给皇子中年龄最大的三皇子诚亲王胤祉，对他说：

“三阿哥，你看这手谕是不是皇上亲笔？”

胤祉接过一看，果然不错。他是个老实人，立刻跪下说：

“臣服从皇考遗诏。”

胤禛把三哥扶起，指着脖颈上套的朝珠说：

“这是皇祖赠给皇考的，方才皇考弥留之际转赐于我，要我以江山社稷为重。”说着，又假惺惺地哭了起来。

众皇子传看了诏书，不由不信，只好一个个跪在胤祉身后，拜见新帝。于是大家再号哭一通。对大多数皇子来说，这哭声是表示失望；而胤禛的哭却是得意心情的流露，不过换了个方式罢了。

他就是雍正皇帝。

四

胤禛知道，夺取了帝位还只是第一步，还有个如何保住帝位的棘手问题在等着他呢！

爱新觉罗·胤禛做了皇帝，别人都得避皇帝的讳。当然“爱新觉罗”这个姓是不能改的，可是名字却不得跟皇帝重复。康熙的儿子名字中的首字都是“胤”，这叫“泛胤字”，表示叫“胤”的都是弟兄。而后一个字则都采用“礻”做部首的字，如“禔”、“礽”等等。可是如今胤禛做了皇帝，那么其他皇子们便得避讳改名了。雍正下诏，将皇兄、皇弟名字中的“胤”一律改为“允”，所以以后得把胤禩称为“允禩”，胤禟称为“允禟”，而对十四弟，则嫌他那个“祯”字看着别扭，索性也给他改了，叫他“允禵”。

允禵跟雍正是同母的亲兄弟，都是德妃乌雅氏生的。不过这时康熙已死，她做了仁寿皇太后。她还生了个儿子，那就是六皇子胤祚，不过早就死了。雍正知道允禵很有才能，要不然父皇也不能派他到大西北去独当一

面。其实这皇帝宝座本是皇考传给他的，如今虽说被自己巧夺了来，但没有不透风的墙，将来万一他知道了真相，岂不要找自己拼命吗？何况他手里掌着兵权，如果率兵反了，却是件麻烦事。于是即位之初，便下诏让四川都督年羹尧接替允禵的工作，令允禵回京奔丧。

允禵回京，拜见了皇帝哥哥，又去拜见母亲仁寿皇太后。他京中本有府邸，便回府居住。他跟九哥允禟、十哥允䄉关系较好，常常在一起聚会。允禵听了九哥、十哥讲到父皇临终时的情景，又想起曾接待过远程前来的中使，诏书中却说些无关紧要的事情，怀疑是不是哥哥从中做了什么手脚，免不了说了些揣测和怨望的话。那时雍正通过年羹尧豢养了一些江湖武士，这些人都有较高的武功，飞檐走壁，来去无踪。雍正便派他们做爪牙，四处探听王公大臣们的言行。允禵三兄弟怨气的话被他们探知，回去报告皇帝。雍正便削去允禵的爵位，让他去看守康熙的陵墓景陵，实际上是把他囚禁起来。

接着，雍正皇帝又把允禵的护卫孙泰、苏柏、常明等人找来，问他们允禵在军中是否酗酒逞凶。孙泰等人极力为允禵辩白。雍正火了，下令将这几个人押入狱中。

仁寿皇太后最喜欢她的小儿子允禵，听说被囚禁于景陵，便去找雍正，问他这个大儿子，允禵犯了什么罪。雍正便给弟弟捏造了若干罪名。当然捏造的东西漏洞百出，太后并不相信，知道这是哥哥故意要害弟弟。她要求到景陵去一次，看一看小儿子，雍正不准。太后一气之下，竟然自尽了。

亲生的母亲死了，雍正并不难过，他还在合计怎样迫害允禟和允䄉。不久，雍正下诏派允禟去西宁犒师。接着，又派允䄉巡视张家口。先把他们打发出去，然后慢慢地制造罪名。还有八皇子允禩，原是贝勒，雍正继位后封为亲王。可是他还念念不忘相面术士张明德的话。其实张明德如果真的相面灵验，也不会横遭惨死了。但允禩迷了心窍，还是终日里求神问卜，算一算未来有多大的福分。雍正知道他这个八弟想当皇帝的心思没死，少不了也要算计他。

允禵奉命去青海犒师，到了西大通，就被年羹尧拘禁起来，原来年羹尧早已接到雍正的密旨，他这是奉旨行事。允䄉不肯到张家口去，雍正便指使大臣参奏他，将他革去王爵，交宗人府拘押。接着一封封揭发允禩、允禟、允禵的奏章不断报来，有的说："允禟在青海密结西洋人穆经远，又编了密码，与八皇子允禩联络，图谋不轨。"有的说："八阿哥允禩天天夜间焚香祷告，祈求上天让雍正皇帝早死。"还有的说："有一奸民蔡怀玺，暗向十四阿哥投书，已被缇骑拿下。"等等。雍正吩咐，将允禵、允禩一齐拿回北京，并暗示王公大臣，让他们补充这三位王子的罪证。于是一些趋炎附势的官员，借这个机会向皇帝讨好，说不得昧着良心给三个王子捏造了许多无中生有的罪过。那时隆科多已任吏部尚书。他加以整理，给这三个外甥开列"账单"，计允禟有二十八条大罪，允禵有十四条大罪，允禩的罪状最多，竟有四十条。雍正交由大臣们讨论，该怎样处置。大臣们议决应明正典刑，予以处死。雍正却又要"宽大处理"，免去死罪，将允禩拘禁终身。对允禵和允禟则要重一些，不但削去爵位，连宗籍也削去了，把他俩开除出爱新觉罗家族。雍正觉得还不够劲，竟将允禩改名"阿其那"，允禟改名"塞思黑"。这是满语，"阿其那"意思是猪；"塞思黑"则是狗。那就是说，雍正皇帝把他这两个弟弟的人籍也开除了。

然而不久，塞思黑和阿其那竟先后在禁所暴病而死。人们猜疑是皇帝豢养的武士干的。这些人便是通称为"血滴子"的江湖败类。

还有废太子允礽，囚禁在咸安宫，也已死去。不过据说他是真的病死的。雍正皇帝还曾亲往祭奠，对二哥的灵柩大哭了一场。又封允礽的儿子弘皙为理郡王，追封允礽为和硕理亲王。弘皙在京北的郑家庄盖了一座私第，奉母居住，不问朝事。至乾隆四年时终于发生弘皙逆案，不可不谓是康熙朝储位斗争的余波。

附录

历代被害王子简表

公　元	朝　代	被害王子姓名	被　害　经　过
前841—前221	春秋战国（郑）	共叔段	为其兄庄公寤生杀害
	（陈）	世子免	为其叔公子佗杀害
	（卫）	世子急子、公子寿	为其弟公子朔杀害
	（齐）	公子纠	为其弟桓公小白杀害
	（周）	公子子颓	为其侄周惠王杀害
	（楚）	令尹公子子元	为其侄楚成王杀害
	（鲁）	公子庆父、公子叔牙	为其弟公子季友杀害
	（郑）	公子子华、公子臧	为其父郑文公杀害
	（晋）	世子申生	为骊姬谮害，自杀
	（齐）	公子无亏	与世子昭争位，在变乱中被杀
	（周）	太叔带	与其兄周襄王争位，被晋军杀害
	（卫）	公子叔武、公子适、公子子仪	在君位之争中被害
	（楚）	公子职	为其兄楚穆王杀害

（接上表）

公 元	朝 代	被害王子姓名	被 害 经 过
	（晋）	公子乐、公子雍	为权臣赵盾杀害
	（齐）	世子舍	为其弟齐懿公杀害
	（鲁）	世子恶、公子视	为其兄鲁宣公杀害
	（郑）	公子骓、公子发、公孙辄	在郑人尉止领导的暴动中被杀
	（齐）	太子牙	为其兄齐庄公（前太子光）杀害
	（卫）	世子角	在权臣宁喜发动的政变中被害
	（楚）	公子幕、公子平夏	政变中为楚灵王公子围杀害
	（陈）	世子偃师	为其叔公子招、公子过杀害
	（蔡）	世子友	国灭时为楚灵王杀害
	（楚）	公子禄、公子罢敌	为其叔楚平王弃病杀害
	（楚）	公子子干、公子子晰	为其弟楚平王欺骗，自杀
	（宋）	世子痤	为其父宋平公杀害
	（楚）	太子建	为其父楚平王迫害出逃，被郑国杀害
	（吴）	公子庆忌	为其伯父吴王阖闾派人刺死
	（吴）	公子掩余、公子烛唐	为其堂兄吴王阖闾杀害
	（齐）	安孺子荼	为其兄齐悼公杀害
	（吴）	太子友	在战争中阵亡
	（卫）	太子疾	与其父卫庄公逃亡途中，被戎人杀害

（接上表）

公　元	朝　代	被害王子姓名	被 害 经 过
	（楚）	白公芈胜	谋反事败，自杀
	（楚）	王子启	白公芈胜欲奉之为王，不从，被杀
	（魏）	太子申	在战争中被俘，自杀
	（赵）	安阳君舞	为其弟赵惠王杀害
	（秦）	长安君成蟜	为其兄秦王政杀害
	（燕）	太子丹	其父燕王喜被秦王政胁迫，将丹杀害
前221—前206	秦	太子扶苏	为其弟二世胡亥矫诏赐死
		公子22人、公主10人	均被二世胡亥杀害
前206—25	西汉	赵隐王刘如意	为吕后鸩杀
		赵幽王刘友	为吕后囚禁，幽死
		赵共王刘恢	为吕后迫害，自杀
		广陵王刘胥	因诅咒案，自杀
		济北王刘兴居	起兵谋反，兵败自杀
		江都王刘建	在国暴虐，惧谴自杀
		吴王刘濞	发动“七国之乱”，兵败被杀
		楚王刘戊	发动“七国之乱”，兵败自杀
		赵王刘遂	参加“七国之乱”，兵败自杀
		胶西王刘印	参加“七国之乱”，兵败自杀
		胶东王刘雄渠	参加“七国之乱”，兵败被杀
		淄川王刘贤	参加“七国之乱”，兵败被杀

（接上表）

公　元	朝　代	被害王子姓名	被 害 经 过
		济南王刘辟光	参加“七国之乱”，兵败被杀
		淮南王刘长	为其兄文帝流遣，不食而死
		临江王刘荣	原为太子，后贬临江王，受辱自杀
		卫太子刘据	被奸臣江充迫害，起兵自卫，失败后自杀
		燕王刘旦	谋位事败，自杀
25—220	东汉	楚王刘英	因被废外迁，自杀
		广陵王刘荆	因巫蛊诅咒案，自杀
		勃海王刘悝	有司控告其欲谋位，被责自杀
220—280	三国（吴）	鲁王孙霸	为其父吴帝孙权杀害
		废太子孙和	为权臣孙峻杀害
265—420	两晋	东安王司马繇	为成都王司马颖杀害
		东莱王司马蕤	为齐王司马冏杀害
		愍怀太子司马遹	为贾后杀害
		汝南王司马亮	为楚王司马玮杀害
		楚王司马玮	为惠帝杀害
		赵王司马伦	“八王之乱”中被杀
		齐王司马冏	“八王之乱”中被杀
		长沙王司马乂	“八王之乱”中被杀

（接上表）

公　元	朝　代	被害王子姓名	被 害 经 过
		成都王司马颖	“八王之乱”中被杀
		河间王司马颙	“八王之乱”中被杀
		清河王司马覃	为东海王司马越杀害
		新蔡王司马腾	为汲桑、石勒军杀害
		新蔡王司马确	为石勒杀害
		武陵王司马澹	为石勒杀害
		南阳王司马模	为汉主刘聪杀害
	（汉）	齐王刘裕	为其兄太子刘和杀害
		鲁王刘隆	为其兄太子刘和杀害
		太子刘和	为其弟刘聪杀害
	（后赵）	彭城王石堪	因反对石虎，被杀
		河东王石生	反对石虎失败，为部下所杀
		秦王石宏	为石虎杀害
		南阳王石恢	为石虎杀害
		太子石邃	桀骜不驯，为其父石虎杀害
		秦公石韬	被太子石宣派人暗杀
		太子石宣	暗杀石韬事暴露，为其父石虎杀害
		燕公石斌	为刘皇后矫诏杀害
		太子石世	为其兄石遵杀害
		太保石冲	起兵反对石遵，兵败被杀
		石虎儿子5人，孙子38人	均被冉闵（石虎养孙）杀害

（接上表）

公　元	朝　代	被害王子姓名	被 害 经 过
	（前燕）	幕容翰	为其弟燕主慕容皝猜忌赐死
	（前秦）	河南公苻双	谋反，为其兄苻坚杀害
		车骑大将军苻柳	谋反，为其弟苻坚杀害
		平原公苻晖	屡败，为其父苻坚谴责，愤而自杀
		太子苻宏	苻坚失败后，苻宏逃奔东晋被杀害
	（后秦）	广平公姚弼	因争位谋反，为其父姚兴杀害
		南阳公姚愔	争位，为其兄姚泓杀害
		征北将军姚恢	谋反，被杀
		王子姚佛念	因其父姚泓将出降，自杀，年仅11岁
	（后燕）	世子慕容令	为其弟慕容麟陷害，出逃中被杀
		清河王慕容会	谋做太子，事败被杀
		高阳王慕容隆	为其侄幕容会暗杀
		山西王慕容农	段速骨作乱，被杀
		太子慕容策	为兰汗杀害
		平原公慕容元	为其叔父慕容熙杀害
	（北魏）	太子拓跋晃	因被中常侍宗爱谮害，自杀
		东平王拓跋翰	被宗爱矫太后诏杀害
		清河王拓跋绍	弑其父道武帝拓跋珪，为太子拓跋嗣处死
		建宁王拓跋崇	与其子济南王拓跋丽谋反，被杀
		新兴王拓跋俊	因怨望，被杀

（接上表）

公　元	朝　代	被害王子姓名	被 害 经 过
420—581	南北朝 （北魏）	南安王拓跋余	宗爱矫诏立为帝，旋又将其杀害
		安东王拓跋长乐	图谋不轨，赐死
		咸阳王拓跋禧	谋反，与其子拓跋通被杀
		广陵王拓跋羽	与员外郎冯俊兴妻通奸，夜间为冯俊兴狙击，伤重致死
		彭城王拓跋勰	与权臣高肇不和，被高杀害
		北海王拓跋祥	为高肇谮害，自杀
		废太子元珣	为其父孝文帝元宏杀害，年仅15岁
		京兆王元瑜	自立为帝，为其父宣武帝元恪杀害
		清河王元怿	为领军元乂谮害
	（北齐）	永安王高浚	为其兄文宣帝高洋杀害
		上党王高涣	为其兄文宣帝高洋杀害
		彭城王高浟	为群盗劫持，欲奉以为主，不从被害
		博陵王高济	为后主高纬杀害
		河南王高孝瑜	为其叔武成帝高湛毒死
		河间王高孝琬	为其叔武成帝高湛毒死
		兰陵王高长恭	名将，为高湛毒死
		安德王高延宗	与周兵作战，兵败被害
		乐陵王高百年	为其叔武成帝高湛杀害
		南阳王高绰	为其兄后主高纬杀害
		琅玡王高俨	为后主高纬杀害

（接上表）

公　元	朝　代	被害王子姓名	被害经过
		北平王高贞	为后主高纬杀害
	（周）	卫王宇文直	谋反，为其父文帝宇文泰杀害
		纪王宇文康	为其叔武帝宇文邕杀害
		齐王宇文宪	为其侄宣帝宇文赟杀害
		赵王宇文招	为权臣杨坚（后为隋文帝）杀害
		陈王宇文纯	为杨坚杀害
		越王宇文盛	为杨坚杀害
		代王宇文达	为杨坚杀害
		滕王宇文逌	为杨坚杀害
		明帝3子，武帝7子，宣帝5子	均被杨坚杀害
	（宋）	庐陵王刘义真	为其兄少帝刘义符杀害
		竟陵王刘休文	为其兄孝武帝刘骏杀害
		庐江王刘休秀	勾结地方官员，败露后被迫自杀
		武昌王刘休渊	自封为楚王，其兄孝武帝刘骏迫令自杀
		海陵王刘休茂	起兵谋反，兵败被杀
		桂阳王刘休范	谋反，兵败被杀
		豫章王刘子尚	为其叔明帝刘彧杀害，时年16岁
		晋安王刘子勋	为其叔刘彧杀害，时年11岁
		松滋侯刘子房	为其叔刘彧杀害，时年11岁
		临海王刘子顼	为其叔刘彧杀害，时年11岁

（接上表）

公　元	朝　代	被害王子姓名	被 害 经 过
		始平王刘子鸾	为其兄前废帝刘子业杀害，时年10岁
		永嘉王刘子仁	为其兄刘子业杀害，时年10岁
		始安王刘子真	为其兄刘子业杀害，时年10岁
		邵陵王刘子兴	为其兄刘子业杀害，时年9岁
		南海王刘子师	为其兄刘子业杀害，时年6岁
		淮南王刘子孟	为其兄刘子业杀害，时年8岁
		南海王刘子思	为其兄刘子业杀害，时年6岁
		东平王刘子嗣	为其叔明帝刘彧杀害，时年4岁
		皇子刘子趋、刘子其、刘子悦	出生不久，尚无封号，均被刘彧杀害
	（齐）	巴东王萧子响	为其父武帝萧赜杀害
		鄱阳王萧锵	为权臣萧鸾（后为齐明帝）杀害
		桂阳王萧铄	为萧鸾杀害
		江夏王萧锋	为萧鸾杀害
		南平王萧锐	为萧鸾杀害
		宜都王萧铿	为萧鸾杀害
		晋熙王萧銶	为萧鸾杀害
		河东王萧铉	为萧鸾杀害
		巴陵王萧子伦	为萧鸾杀害
		建安王萧子真	为萧鸾杀害
		安陵王萧子敬	为萧鸾杀害

（接上表）

公　元	朝　代	被害王子姓名	被 害 经 过
		晋安王萧子懋	为萧鸾杀害
		随王萧子隆	为萧鸾杀害
		南海王萧子罕	为萧鸾杀害
		邵陵王萧子贞	为萧鸾杀害
		临贺王萧子业等7兄弟	萧鸾篡位称帝后，均被杀害
		郁林王萧昭业等4兄弟	均为萧鸾杀害
		江夏王萧宝玄	为其兄废帝萧宝卷杀害
		鄱阳王萧宝寅	投奔北魏，封齐王，后谋反被杀
		邵陵王萧宝攸等3兄弟	均为梁武帝萧衍杀害
	（梁）	长沙王萧懿	在南齐做官，为齐废帝萧宝卷杀害
		桂尉王萧慥	为湘东王萧绎（后为元帝）杀害
		临贺王萧正德	与侯景勾结，篡号称帝，后为侯景杀害
		河东王萧誉	内战中，为其叔萧绎杀害
		武陵王萧纪	内战中，为其兄萧绎杀害
		邵阳王萧纶	在与魏作战中阵亡
		太子萧大器及宗室20余人	均被侯景篡位时杀害
	（陈）	始兴王陈伯茂	途中遇盗，被害
		衡阳王陈伯信	隋军伐陈时被害
		始兴王陈叔陵	拟弑其兄后主陈叔宝，失败被杀
		岳阳王陈叔慎	抵抗入侵隋军，战败被杀

（接上表）

公　元	朝　代	被害王子姓名	被 害 经 过
581—618	隋	太子杨勇	为其弟炀帝杨广杀害，其8子均被杀
		汉王杨谅	起兵反对其兄，兵败后囚死
		蜀王杨秀	为其兄炀帝囚禁，宇文化及叛乱时被杀
		齐王杨暕	为宇文化及杀害，其2子同时遇害
		赵王杨杲	为宇文化及杀害，时年12岁
618—907	唐	太子李建成	为其弟太宗李世民杀害
		齐王李元吉	为其兄太宗李世民杀害
		楚王李智云	为隋廷杀害，时年14岁，王号是追谥的
		太子李承乾	被其父太宗废为庶人，卒于徙所
		汉王李元昌	与其侄李承乾图谋不轨，为其兄太宗杀害
		荆王李元景	谋反，为其侄高宗李治杀害
		舒王李元名	为武则天杀害
		鲁王李灵夔	为武则天杀害
		齐王李祐	谋反，为其父太宗杀害
		吴王李恪	为其弟高宗杀害
		蒋王李恽	被人诬告谋反，惶惧自杀
		越王李贞	起兵反对武则天，兵败自杀
		琅玡王李冲	李贞长子，与其父同时起兵，兵败被杀
		燕王李忠	为其父高宗杀害
		泽王李上金	为武则天迫害，自杀，子7人卒于徙所
		许王李素节	为武则天派人缢死，子9人同时遇害

（接上表）

公　元	朝　代	被害王子姓名	被 害 经 过
		太子李弘	为其母武则天杀害
		太子李贤	废为庶人，其母武则天又派人杀于徙所
		曹王李明	涉嫌与李贤通谋，为武则天杀害
		懿德太子李重润	与其妹永泰郡主窃议祖母武则天，同被武则天杀害
		谯王李重福	起兵谋反，兵败被杀
		节愍太子李重俊	发动宫廷武装政变，兵败被杀
		安乐公主	为其堂兄玄宗李隆基杀害
		太平公主	为其侄玄宗李隆基杀害
		太子李瑛	为武惠妃所谮，为其父玄宗杀害
		鄂王李瑶	为武惠妃所谮，为其父玄宗杀害
		光王李琚	为武惠妃所谮，为其父玄宗杀害
		棣王李琰	为其父玄宗囚禁，忧惧而死
		永王李璘	“安史之乱”中，私自统兵东下，其兄肃宗李亨派兵讨伐，兵败被杀
		越王李系	为太监李辅国杀害
		齐王李倓	为其父肃宗李亨杀害
		德王李裕等兄弟9人	均为后梁太祖朱温杀害
907—960	五代（后梁）	博王朱友文（本名康勤）	为朱友珪杀害
		郢王朱友珪	弑父朱温，在兵变中自杀

(接上表)

公　元	朝　代	被害王子姓名	被害经过
		康王朱友孜	谋反，为其兄末帝朱友贞杀害
	(后唐)	睦王李存乂	为其兄庄宗李存勖杀害
		薛王李存霸	为乱兵所杀
		申王李存渥	为部下所杀
		雅王李存纪	为乱兵所杀
		通王李存确	为乱兵所杀
		魏王李存岌	战败自杀
		太保李从璟	为庄宗杀害
		秦王李从荣	政变失败后自杀
		许王李从益	为后汉高祖刘知远杀害
		雍王李从美	后晋兵入城时自焚而死
	(后晋)	楚王石重信	在叛乱中被杀
		寿王石重义	在叛乱中被杀
	(后汉)	蔡王刘信	兵变中，惶惧自杀
		湘阴公刘赟	为后周太祖郭威杀害
	(后周)	剡王郭桐	其父郭威起兵时，为后汉杀害
		杞王郭信	其父郭威起兵时，为后汉杀害
960—1279	宋	燕懿王赵德昭	为其父宋太祖斥责，愤而自杀
		燕王赵俣	为金兵俘虏，饿死
		越王赵偲	为金兵俘虏，北行途中病死

（接上表）

公　元	朝　代	被害王子姓名	被 害 经 过
		徽宗赵佶诸皇子	徽宗有子31人，其中6人早逝，其余大都随他被金兵掳往北地
		徽宗赵佶诸皇女	徽宗有女34人，其中14人早逝，其余大部被金兵掳往北地，包括已出嫁的
907—1125	辽（契丹）	人皇王耶律倍	为后唐末帝李从珂杀害
		章肃帝（追谥）李胡	受其子喜隐牵连，死于狱中
		赵王喜隐	谋反失败，被杀
		泰宁王察割	因弑世宗耶律阮，为穆宗耶律璟杀害
		昭怀太子耶律浚	为魏王耶律乙辛陷害，死于狱中
		魏王耶律乙辛	诬害太子耶律浚事发，被道宗耶律洪基处死
		晋王敖卢斡	为其父天祚帝耶律延禧缢杀
		秦王耶律重元	谋反失败，自杀
		楚王涅鲁古	谋反，攻打行宫，中箭而死
		冀王敌烈	在与宋军作战中阵亡
1115—1234	金	胙王完颜常胜	为其兄熙宗完颜亶杀害
		安武军节度使查剌	与其同母兄完颜常胜同时遇害
		邢王宗敏	为海陵王完颜亮杀害
		郃国公宗贤	为海陵王完颜亮杀害
		太宗完颜晟子孙70多人	均为完颜亮杀害
		太子光英	其父完颜亮被弑后遇害

（接上表）

公　元	朝　代	被害王子姓名	被 害 经 过
1206—1388	元（蒙古）	赵王秃剌	因对武宗无礼，被杀
		安西王阿难答	因谋夺位，被杀
		周王和世㻋	为其弟文宗孛儿只斤图帖睦尔杀害
		淮王帖睦耳不花	明军攻破大都时遇害
1368—1644	明	潭王朱梓	因受胡惟庸案牵连，自杀
		湘王朱柏	为其侄惠帝朱允炆所迫，自杀
		太子朱文奎	“靖难之役”，与其父惠帝同自焚死
		庶人朱文圭	惠帝少子，2岁起终生囚禁
		汉王朱高煦	谋反，为其侄宣宗朱瞻基杀害
		福王朱常洵	为李自成农民军杀害
		瑞王朱常浩	为张献忠农民军杀害
1560—1911	清（后金）	广略贝勒褚英	努尔哈赤长子，因诅咒罪，死于囚所
		梅勒额真巴布海	因涉嫌诬告，被其兄皇太极处死
		英亲王阿济格	涉嫌谋反，为其侄顺治帝杀害
		贝子硕托	私议拥立睿亲王多尔衮为帝，被杀
		郡王阿达礼	私议拥立多尔衮为帝，被杀
		肃武亲王豪格	为其叔多尔衮所谮，死于狱中
		诚隐王允祉	为其弟雍正帝杀害
		贝勒允禩	为其兄雍正帝幽禁，死于囚所
		贝勒允禟	为其兄雍正帝幽禁，死于囚所

南北朝时期，宋朝有个小王子叫刘子鸾，封为新安王，年方十岁。他十六岁的哥哥刘子业做了皇帝。刘子业想起父皇刘骏活着的时候，对刘子鸾格外喜爱，惹得自己整天提心吊胆，生怕东宫太子的位子让刘子鸾夺去，如今父皇死了，自己做了皇帝，说不得要进行报复，便勒令这个小弟弟自尽。刘子鸾临死的时候对左右说："愿身后不再生于帝王家！"

一个十岁的小孩子说出这样沉痛的话来，恰恰可以证明，帝王亲族之间的关系是建立在权位之争的基础上的。上表列举了历代一部分王子们的遭遇，其中死于国事或遭逢意外的只占少数，而90%以上是死于皇族之间的互相残杀。这里边有父子之争，有兄弟之争，有叔侄之争，甚至还有祖孙之间的争杀。这一幕幕血淋淋的惨剧就发生在亲人们中间，这事实上是对封建皇朝的一种控诉。我想，这一点是值得我们认真思考的。

（京）新登字 083 号

图书在版编目（CIP）数据

解读王朝. 王子卷 /韶华，亚方，邓荫柯主编；吴梦起著. —北京：中国青年出版社，2011.1

ISBN 978-7-5006-9748-0

Ⅰ.①解… Ⅱ.①韶… ②亚… ③邓… ④吴… Ⅲ.①皇室-人物研究-中国-古代 Ⅳ.①K827=2

中国版本图书馆 CIP 数据核字（2010）第 244782 号

策　　划：庄志霞
责任编辑：杜海燕
出版发行：中国青年出版社
社　　址：北京东四 12 条 21 号
邮　　编：100708
网　　址：www. cyp. com. cn
编辑电话：010-57350503
门市电话：010-57350370
印　　刷：三河市君旺印装厂
经　　销：新华书店
开　　本：700 × 1000　1/16
印　　张：23
插　　页：4
字　　数：330 千字
版　　次：2011 年 1 月北京第 1 版
印　　次：2011 年 1 月河北第 1 次印刷
印　　数：1—6000 册
定　　价：34.00 元